本书为中国社会科学院"'一带一路'法律风险防范与法律机制构建"大型调研项目最终成果。

编委会名单

编委会名誉主任

刘楠来　陈泽宪

编委会主任

陈国平　莫纪宏

编委会副主任

柳华文　廖　凡

编委会委员
（以姓氏拼音为序）

戴瑞君　傅攀峰　郝鲁怡　何晶晶　何田田　黄　晋　蒋小红
李庆明　李西霞　李　赞　刘敬东　刘小妹　罗欢欣　毛晓飞
马金星　曲相霏　任宏达　沈　涓　孙南翔　孙世彦　谭观福
田　夫　王翰灵　张卫华　张文广　钟瑞华

当代国际法丛书
丛书主编 莫纪宏
丛书副主编 柳华文

国际法研究导论

Introduction to International Law Research

柳华文　主编

中国社会科学出版社

图书在版编目（CIP）数据

国际法研究导论/柳华文主编. —北京：中国社会科学出版社，2021.12
（当代国际法丛书）
ISBN 978-7-5203-9425-3

Ⅰ.①国… Ⅱ.①柳… Ⅲ.①国际法 Ⅳ.①D99

中国版本图书馆 CIP 数据核字（2021）第 262834 号

出 版 人	赵剑英
责任编辑	李凯凯　李　沫
责任校对	周　昊
责任印制	王　超

出　　版	中国社会科学出版社
社　　址	北京鼓楼西大街甲 158 号
邮　　编	100720
网　　址	http://www.csspw.cn
发 行 部	010-84083685
门 市 部	010-84029450
经　　销	新华书店及其他书店

印　　刷	北京明恒达印务有限公司
装　　订	廊坊市广阳区广增装订厂
版　　次	2021 年 12 月第 1 版
印　　次	2021 年 12 月第 1 次印刷

开　　本	710×1000　1/16
印　　张	30.25
插　　页	2
字　　数	485 千字
定　　价	158.00 元

凡购买中国社会科学出版社图书，如有质量问题请与本社营销中心联系调换
电话：010-84083683
版权所有　侵权必究

序

2021年是一个承上启下，具有特殊意义的年份。有太多的值得珍藏和回味的记忆。当然，作为法律人，还是要聚焦到去年11月16日习近平总书记在中央全面依法治国工作会议上提到的"十一个坚持"上。"十一个坚持"中有一个重要的坚持事项是"坚持统筹推进国内法治和涉外法治"。对于国际法学者来说，要准确地理解这一个坚持的理论内涵和思想底蕴，确实需要从法理上下点功夫。为什么不说"坚持统筹国内法治和国际法治"呢？那样从字面上看比较旗帜鲜明地提出了"国际法治"的重要性。所以，"坚持统筹国内法治和涉外法治"这一坚持事项的理论内涵和实践意义值得国际法学者的认真思索，其背后有着更加深刻和复杂的法理问题和实践背景。

《国际法研究导论》一书是我在担任中国社会科学院国际法研究所所长期间策划的重大研究项目。背景是2018年底中国社会科学院院长谢伏瞻学部委员牵头设立了中国社会科学院大型海外调研项目"'一带一路'法律风险防范与法律机制构建"（课题编号：2019YJBWT003），具体实施工作由我负责，中国社会科学院法学所、国际法所、西亚非所、世经政所等所相关的科研人员参加。课题的主要工作立足于到"一带一路"沿线国家去调研，了解中国企业和公民走出去之后所遇到的各种法律风险，研究这些法律风险形成的原因，提出解决法律风险的对策和建议。2019年课题组到近20个国家进行了深入的"海外"基层调研，走访了大量的中国企业、机构、组织，掌握了大量的第一手材料，撰写了近50篇内部研究报告，很多要报反映的情况和提出的建议引起了有关领导和部门的高度重视。2020年年初突发的新冠肺炎疫情使得课题原计划继续实施的海外调研工作不得不中止。但课题组对"一带一路"法律风险问题的研究并没有止步。在过去的两年中，课题组加大了对"涉外法治"建设的基础理论问题研究，特别是对当代国际法的基本问题进行了全面和系统的深入探讨，本书就是这一基础性研究的重要成果。旨在通过梳理我国法学界对国际法理论和实践重大问题的研究成果，提出带有倾向性的研究建议，供学界同行参考，同时也为贯彻落实"坚持统筹推进国内法治和涉外法治"提供法学基础理论的学术支撑，为中国企业和公民"走出去"提供必要的法律帮助和指引。

《国际法研究导论》既有对传统国际法基础理论问题的全面关注，同时又结合当代国际法的实践，提出了带有创新性的诸多学术观点。确实，在过去的一年，在涉外法治建设和维护国际法秩序方面，有太多值得认真思考和关注的理论和实践问题。只要留心，就不难发现，当代国际法理论必须要面向现实，去及时和有效地回答和解决新时代我们所面临的在国际交往中出现的新问题。尤其是要以习近平法治思想为指导，站在一个更高的历史平台上来审视国际法基础理论的学术发展方向。2021年是值得中国国际法学界认真关注的一年。

一是，2021年是中国政府和中国人民奋力抗击新冠肺炎疫情取得进一步胜利同时助力世界团结战疫、在发展国内经济的同时助力世界经济复苏的不平凡的一年。中国国家主席、中共中央总书记习近平提出的推动构建人类命运共同体的理念和主张，在世界团结战疫的进程中彰显了真知灼见，体现了国际社会的大趋势和大方向。

二是，2021年是中国共产党成立100周年。我们党从诞生那一天起，就同中国人民和中华民族的前途命运紧密联系在一起，始终不渝为中国人民谋幸福、为中华民族谋复兴。国际法与历史有密切的联系。因为国际法不仅是规则的总和，更是源于国家实践、由国家实践产生并伴随国际实践发展的体系，所以中国国际法学界的老一辈资深学者如北京大学的王铁崖教授等，一直主张将国际法的研究与国际关系史、外交史的研究结合起来。中国共产党和中国政府历来重视国际法。党史、中华人民共和国史、改革开放史和社会主义发展史中可以找到一个国际法维度的线索，可以看到中国共产党发挥国际法的作用，开展外交工作，维护国家主权、安全和发展利益的生动实践。7月1日习近平总书记在庆祝中国共产党成立100周年大会上的重要讲话中强调，"以史为鉴、开创未来，必须不断推动构建人类命运共同体"。他指出："中国始终是世界和平的建设者、全球发展的贡献者、国际秩序的维护者！"这些鲜明的主张为中国国际法研究和实践以史为鉴、不断发展指明了方向。

11月11日，中共中央十九届六中全会通过的《中共中央关于党的百年奋斗重大成就和历史经验的决议》指出，以习近平同志为主要代表的中国共产党人，从新的实际出发，创立了习近平新时代中国特色社会主义思想，其重要内容包括：中国特色大国外交要服务民族复兴、促进人类进步，推动建设新型国际关系，推动构建人类命运共同体。决议强调，面对复杂严峻的国际形势和前所未有的外部风险挑战，必须统筹国内国际两个大局，健全党对外事工作领导体制机制，加强对外工作顶层设计，对中国特色大国外交作出战略谋划，推动建设新型国际关系，推动构建人类命运共同体，弘扬和平、发展、公平、正义、民主、自由的全人类共同价值，引领人类进步潮流。决议特别指出，我国积极参与全球治理体系改革和建设，维护以联合国为核心的国际体系、以国际法为基础的国际秩序、以联合国宪章宗旨和原则为基础的国际关系基本准则，维护和践行真正的多边主义，坚决反对单边主义、保护主义、霸权主义、强权政治，积极推动经济全球化朝着更加开放、包容、普惠、平衡、共赢的方向发展。决议承前启后，高屋建瓴，具有深远的历史价值和重大的指导意义。

三是，2021年是中国辛亥革命110周年。10月9日，习近平总书记在纪念辛亥革命110周年大会上号召："海内外全体中华儿女更加紧密地团结起来，发扬孙中山先生等辛亥革命先驱的伟大精神，携手向着中华民族伟大复兴的目标继续奋勇前进！"中华民族是世界上古老而伟大的民族，创造了绵延五千多年的灿烂文明，为人类文明进步作出了不可磨灭的贡献。近代以来，由于西方列强入侵和封建统治腐败，中国逐步成为半殖民地半封建社会，中华民族面临深重的危机。中国共产党带领中国人民经过百年不懈奋斗，克服重重困难，终于实现了民族独立，并逐步走向国家富强，迎来了中华民族伟大复兴的光明前景。现在，我们比历史上任何时期都更加接近中华民族伟大复兴的目标。站在新的历史起点上，抚今追昔，我们更能清晰地看到中华儿女为国家、为民族不屈不挠，历经坎坷，走向未来的光辉道路；也更能深刻体会辛亥革命的先驱们团结、爱国、振兴中华的伟大精神。发扬孙中山先生等辛亥革命先驱的伟大精神，就要学习和弘扬他们为振兴中华而矢志不渝的崇高精神，激励和团结海内外全体中华儿女团结一心，众志成城，为中华民族伟大复兴的中国梦早日梦圆而奋斗。纪念辛亥革命110周年，我们更能深刻理解中国国际法研究需要承载的历史责任和时代担当。

四是，2021年是中华人民共和国恢复在联合国合法席位50周年。中国是联合国创始会员国之一，也是1945年于旧金山第一个在《联合国宪章》上签字的国家。1971年10月25日，第二十六届联合国大会通过第2758号决议，决定恢复中华人民共和国在联合国的一切权利，承认中华人民共和国政府代表是中国在联合国的唯一合法代表，是一个中外关系史的历史性转折，标志着新中国摆脱西方国家的孤立和排斥，已经在政治上和国际法上开始全面融入国际社会大家庭。2001年加入世界贸易组织是中国融入经济全球化、加入世界经贸体系的里程碑；2008年成功举办北京奥运会、2022年继而举办北京冬奥会是中国参与并引领国际文化体育交流的标志。随着中国国力的提升，中国走向世界，也向世界开放中国，取得了前所未有的成就，这与中国参与联合国工作的成效相辅相成。中国正在日益走近世界舞台的中央，我们应总结经验，抓住世界百年未有之大变局带来的机遇，胸怀中华民族伟大复兴战略全局，坚定维护以联合国为核心的国际体系、以国际法为基础的国际秩序。

50年来，中国参与联合国的工作取得了很多经验。这些经验的总结和进一步向实践转化也是中国国际法研究需要加以关注和研究的重点。

第一是坚持中国共产党的领导。中国共产党的领导是中国特色社会主义事业的本质特征。新中国成立以来，中国的几代领导人总是立足国情，总揽全局，审时度势，顺应历史和时代发展潮流，做出正确的判断和决策，制定并执行外交路线、方向和政策，保证了中国内政与外交的有机统一，保证了外交工作、包括国际法实践能够打开局面并走向胜利。

第二是坚持从实际出发，用正确的理论、原则和理念引领。新中国几代领导集体关于划分三个世界的战略，和平共处五项原则，建立国际政治经济新秩序的主张，建设和谐世界的主张，推动构建人类命运共同体的理念，全人类共同价值的主张等，不断回答世界和时代之问，越来越有效地向国际社会提供新的公共产品、新方案、新话语，为我国对外交往和参与国际治理提供了指引，也有效提升了中国主张、中国方案的感召力、说服力和影响力。

第三是坚持始终同发展中国家站在一起。作为世界上最大的发展中国家，中国基于本国的历史和现实，坚持公平正义的立场，始终与广大发展中国家站在一起。中国一直积极主张提升发展中国家在全球治理体系中的地位和作用，提高发展中国家在联合国中的代表性和发言权。中国坚定不移地维护发展中国家的正当权益，坚定不移地为发展中国家仗义执言。中国对外援助坚持不附带任何政治条件，不干涉受援国内政，中国努力为中小国家创造了发展机遇。中国致力于团结广大发展中国家，并同广大发展中国家实现群体性崛起，这将继续成为21世纪鲜明的时代潮流。

第四是坚持不断扩大友华朋友圈。中国外交不以意识形态划界，不干涉别国内政，不结盟，既反对帝国主义和霸权主义，又团结一切可以团结的力量。中华人民共和国成立至今，与中国建交国家不断增加，现在中国的朋友遍天下。中国对别的国家，不论大小、贫富、强弱，不论何种政治制度或者发展程度，都平等相待。在中国和平崛起和发展的过程中，中国始终坚持走和平发展道路，坚持和平、发展、合作、共赢。中国在联合国安理会、大会等联合国主要机关和专门机构中的工作，是做好大国外交、团结广大发展中国家和友华国家、与各国政府和人民一道推进国际治理的重要契机，是关涉中国外交和外部环境建设成功与否的重要环节。

第五是坚持逐步全面参与联合国的工作。中国与联合国的关系经历了从"局外者"到"局内者"再到"引领者"的转变，中国正是通过参与联合国体系的国际制度逐步参与到全球治理进程中来的。作为联合国安理会常任理事国，中国时刻意识到自己肩负的国际责任与义务，愿意力所能及地为解决世界上的各种问题和挑战，提供更多的公共产品，发挥中国独特的积极作用。在国际安全领域，中国是向联合国维和行动派出最多人员的安理会常任理事国。在财政支持方面，中国是联合国第二大会费国。中国与联合国一起在中国境内建立全球性人道主义应急仓库和枢纽，以确保向有需要的国家提供抗击疫情的医疗物资，充分展现了中国参与全球卫生治理的责任。

第六是坚持深度融入以联合国为基础的国际体系。改革开放特别是冷战结束后，中国与世界的关系日益密切。中国将自身的发展进步与世界的繁荣稳定密切联系。从20世纪90年代初开始中国越来越多地参与国际机制，批准了大量多边条约，同时在反对恐怖主义、应对气候变化和加强国际人权保护等发展议题上积极参与讨论并发挥建设性作用。随着经济的增长，中国日益自觉参与全球治理并积极推动全球治理体系变革，"负责任大国"的形象日益彰显，显著增强了在国际社会特别是联合国中的代表性和权威性。

第七是坚持以国际法为基础的国际秩序。中国旗帜鲜明地主张维护以联合国为核心的国际体系、以国际法为基础的国际秩序，坚持真正的多边主义。与中国形成对照的是，美国奉行孤立主义、单边主义和保护主义。美国高调要求别人遵守《联合国海洋法公约》，自己却不是缔约国。美国鼓吹"以规则为基础的国际秩序"，却至今不是联合国《经济、社会和文化权利国际公约》《消除对妇女一切形式的歧视公约》《儿童权利公约》《残疾人权利公约》等一系列多边条约的缔约国。美国动辄挥舞制裁大棒，实施"长臂管辖"，开展美国法的域外适用，将美国国内规则凌驾于联合国和国际法之上。合则用，不合则弃，部分国家以规则之名打压别国，违背现行国际法，不得人心。

五是，2021年是中国加入世界贸易组织20周年。中国入世，是中国深化改革和扩大开放的新阶段，是中国现代化建设和发展的里程碑，影响广泛而深远。中国入世本身，极大地推动了中国国际法学的发展。

中国社会科学院国际法研究所可以说是中国深化改革、扩大开放的产物，应运而生，并不断在新的时代背景和社会环境下乘势而上。它的成立与中国入世有密切的关系。2002年10月，在中国加入世界贸易组织的大背景下，在中国社会科学院前院长李铁映同志的直接关心和支持下，经中央机构编制委员会办公室批准，中国社会科学院正式建立了所级的国际法研究中心，2009年9月更名为国际法研究所。它是专门的国际法科研、教学和国际交流中心，也正在努力担当好党和国家在国际法领域的思想库和智囊团的角色。2013 年 12 月，中国社会科学院获得了《国际法研究》双月刊的刊号，由国际法研究所具体办刊，成为国内第一本专门的原创性国际法学术期刊。党中央要求，以马克思主义为指导，不断推进中国特色哲学社会科学学科体系、学术体系、话语体系建设。有党和国家的重视和关怀，也是国情发展和国家实践的迫切需要，中国国际法学研究近年来备受重视，中国国际法学面临加速和跨越式发展的良好态势。

六是，2021 年是中国实施国民经济和社会发展"十四五"规划的开局之年。党的十九届五中全会擘画了"十四五"乃至 2035 年中国发展的目标和愿景，正在激励着全党、全国各族人民在各个领域焕发新的积极性、主动性和创造性，不断推动各项事业实现更好更快发展。加强国际法研究和运用，也是落实"十四五"规划和国家中长期发展目标和愿景的重中之重。

如何立足既有的基础，收集和总结近年来国际法研究的成果、经验，回应国际法理论和实践中出现的新问题、新动向，如何坚持立足国情，发展中国特色的国际法概念、理论及其体系，为促进"一带一路"倡议的有效实施和科学地构建人类命运共同体提供理论指引，这是中国国际法同仁的共同任务。

国际法研究所科研人员集体努力，推出《国际法研究导论》一书，旨在落实中国社会科学院谢伏瞻院长关于落实哲学社会科学"三大体系"建设的要求，为中国国际法研究提供一本新的理论与实践相结合，推动学习贯彻习近平新时代中国特色社会主义思想，特别是学习贯彻习近平法治思想和习近平外交思想，促进当前和今后国际法教学和研究的新书。该书力求反映新时代中国国际法研究的新特点、新要求和新方向，也努力将过去国际公法教材中不包括的国际卫生法、国际劳工法等近年来受到更多关注的部门法纳入进来，将一些新的国际人权法、国际人道法、国际海洋法、国际环境法等领域的新发展反映出来。书中澄清了国际法理论研究中的一些错误观点和认识。

我们深知，国际法学内容博大精深，由于时间仓促，能力有限，在政治和政策认知、实践信息收集、理论和学术分析等方面尚有不足，希望能够获得国际法同仁的批评、指点、理解和支持。衷心希望我们所有与中国国际法研究和实践相关的人共同努力，携手推动中国国际法研究，促进中国国际法学走向繁荣！

中国社会科学院法学研究所所长　莫纪宏
2021 年 12 月 5 日于北京

目　　录

第一章　绪论 …………………………………………………… （1）
　　第一节　国际法研究与运用为改革开放做出重要贡献 ………… （3）
　　第二节　"百年未有之大变局"开启国际法研究与
　　　　　　运用的新时代 ……………………………………… （6）
　　第三节　进一步加强国际法研究与运用的方向 ……………… （11）

第二章　国际法的性质与国际法的发展 ………………………… （16）
　　第一节　国际法的性质 ………………………………………… （16）
　　第二节　国际法的发展 ………………………………………… （20）

第三章　国际法的渊源 …………………………………………… （27）
　　第一节　概述 …………………………………………………… （27）
　　第二节　条约 …………………………………………………… （31）
　　第三节　习惯 …………………………………………………… （33）
　　第四节　一般法律原则与确定法律原则的辅助资料 ………… （37）
　　第五节　与国际法渊源相关的几个问题 ……………………… （40）
　　第六节　国际法渊源的前沿与展望 …………………………… （44）

第四章　国际法与国内法的关系 ………………………………… （51）
　　第一节　国际法与国内法关系的理论观点 …………………… （51）
　　第二节　国际法与国内法关系的实践面向 …………………… （58）
　　第三节　新时代国际法与国内法关系的新课题 ……………… （67）

第五章　国际法基本原则 …………………………………………（70）
　第一节　当代国际法基本原则的主要内容及研究现状 …………（70）
　第二节　国际法基本原则的积极作用及时代意义 ………………（78）
　第三节　新时代国际法基本原则的研究需求及新方向 …………（81）

第六章　国际责任问题 …………………………………………（91）
　第一节　国际责任问题的历史沿革 ………………………………（91）
　第二节　联合国国际法委员会编纂与逐渐发展国家责任
　　　　　制度与国际责任问题 ……………………………………（98）
　第三节　国际责任问题的嬗变与特点 ……………………………（101）
　第四节　国际责任问题的研究现状 ………………………………（104）
　第五节　中国对国际责任制度的研究需求与思考 ………………（107）

第七章　国家管辖权、国家豁免 ………………………………（112）
　第一节　国家管辖权、国家豁免的概念和依据 …………………（113）
　第二节　国家管辖权、国家豁免问题的新发展及
　　　　　中国的现实需求 …………………………………………（117）
　第三节　国家管辖权、国家豁免问题的研究现状与
　　　　　未来展望 …………………………………………………（124）

第八章　国际法主体 ……………………………………………（134）
　第一节　概述 ………………………………………………………（134）
　第二节　国际法主体的含义 ………………………………………（137）
　第三节　作为主要国际法主体的国家 ……………………………（139）
　第四节　其他与国家相关的国际人格者 …………………………（157）
　第五节　国际组织与个人 …………………………………………（159）
　第六节　国际法主体理论和实践的中国立场 ……………………（163）

第九章　国际法上的领土 ………………………………………（167）
　第一节　理论与规则概述 …………………………………………（168）
　第二节　传统的"领土取得模式说"的局限性 …………………（175）

第三节　研究动向：领土的权利来源问题 ……………………（178）

第十章　南极、北极治理国际法问题 …………………………（186）
　　第一节　南极、北极治理的国际法框架及研究现状 …………（187）
　　第二节　南极、北极治理问题的新发展及中国实践 …………（193）
　　第三节　当代南极、北极治理国际法问题研究展望 …………（199）

第十一章　国际法上的个人 ……………………………………（205）
　　第一节　"国际法上的个人"的理论范畴与基本内容 ………（205）
　　第二节　国际法上有关"国际法上的个人"的新发展
　　　　　　和我国的现实需求 ………………………………………（210）
　　第三节　"国际法上的个人"的研究现状与未来展望 ………（217）

第十二章　条约法 ………………………………………………（222）
　　第一节　条约法基本制度述要 …………………………………（223）
　　第二节　条约法的新近发展 ……………………………………（234）
　　第三节　对条约法的研究状况 …………………………………（238）
　　第四节　条约法学的未来发展 …………………………………（239）

第十三章　国际人权法 …………………………………………（245）
　　第一节　国际人权法作为法律领域和研究领域的定位 ………（245）
　　第二节　目前的形势和需要 ……………………………………（249）
　　第三节　国际人权法研究的现状和近期应研究的
　　　　　　重点问题 …………………………………………………（252）

第十四章　国际海洋法 …………………………………………（259）
　　第一节　海洋法的历史与现状 …………………………………（259）
　　第二节　各海洋区域的法律制度 ………………………………（262）
　　第三节　海洋环境保护和海洋科学研究 ………………………（274）
　　第四节　国际渔业法律制度 ……………………………………（276）
　　第五节　海洋争端的解决 ………………………………………（280）

第六节　当前国际海洋法值得关注的前沿问题 ……………（282）
　第七节　中国与海洋法 …………………………………………（287）

第十五章　国际组织法 ……………………………………………（291）
　第一节　国际组织法概述 ………………………………………（291）
　第二节　国际组织目前发展的新形势 …………………………（293）
　第三节　国际组织法的研究现状 ………………………………（296）
　第四节　当前和今后一段时间特别值得关注的几个问题 ……（301）
　第五节　结语 ……………………………………………………（306）

第十六章　国际环境法 ……………………………………………（307）
　第一节　国际环境法概述 ………………………………………（307）
　第二节　绿色发展的战略布局为国际环境法研究提出
　　　　　现实需求 ………………………………………………（314）
　第三节　国际环境法热点问题指引 ……………………………（316）

第十七章　国际卫生法 ……………………………………………（320）
　第一节　国际卫生法概述 ………………………………………（320）
　第二节　世界卫生组织及其运行机制 …………………………（321）
　第三节　国际卫生法中的国际法规则 …………………………（325）
　第四节　新冠肺炎疫情与国际卫生法 …………………………（330）
　第五节　国际卫生法的动向与发展 ……………………………（335）

第十八章　国际劳动法 ……………………………………………（342）
　第一节　国际劳动法概述 ………………………………………（342）
　第二节　我国进入新发展阶段构建新发展格局，亟需
　　　　　加强国际劳动法研究 …………………………………（347）
　第三节　国际劳动法的渊源 ……………………………………（352）
　第四节　国际劳动法的实体性规范和程序性规则 ……………（357）
　第五节　国际劳动法研究展望 …………………………………（363）

第十九章　国际航空法 …… (369)
第一节　国际航空法的概念和特征 …… (370)
第二节　国际航空法的主要部门及其条约体系 …… (371)
第三节　国际航空法学的研究现状和发展趋势 …… (374)
第四节　当前国际形势下我国对国际航空法的研究需求 …… (377)

第二十章　外层空间法 …… (383)
第一节　外层空间法的诞生具有深刻的冷战背景 …… (383)
第二节　外层空间法的条约体系 …… (384)
第三节　冷战后外层空间的新发展及软法体系 …… (388)
第四节　中国外层空间法研究现状 …… (391)
第五节　当前国际形势下我国对外层空间法研究的需求 …… (392)

第二十一章　外交与领事关系法 …… (397)
第一节　外交关系与领事关系概述 …… (397)
第二节　外交与领事关系法 …… (399)
第三节　研究重点与方向 …… (403)
第四节　研究展望 …… (406)

第二十二章　国际刑法 …… (413)
第一节　概述 …… (413)
第二节　国际罪行与个人刑事责任 …… (417)
第三节　国际刑事司法的实践与制度 …… (424)
第四节　反恐、反腐败与打击跨国有组织犯罪的全球治理 …… (429)
第五节　国际刑法问题的前沿与发展 …… (432)

第二十三章　和平解决国际争端机制 …… (437)
第一节　和平解决国际争端机制在国际法中的定位 …… (437)
第二节　研究国际争端解决机制的重要意义 …… (438)
第三节　国际争端解决的中国立场 …… (439)
第四节　国际争端解决机制的研究现状 …… (442)

第五节　国际争端解决机制研究的未来发展 ……………（447）

第二十四章　国际人道法 ………………………………（450）
　　第一节　国际人道法作为法律领域和研究领域的定位 ………（450）
　　第二节　目前的形势和需要 …………………………（452）
　　第三节　国际人道法研究的未来发展 …………………（454）

参考文献 …………………………………………………（459）

后　记 ……………………………………………………（466）

第一章

绪　　论

2019年10月28日至31日在北京举行的中国共产党十九届四中全会的一个重要特点就是把党的十八大以来党中央部署的各项改革任务紧密结合起来，形成新的整体部署和工作安排。全会通过的《中共中央关于坚持和完善中国特色社会主义制度　推进国家治理体系和治理能力现代化若干重大问题的决定》（以下简称《决定》）提出，到中国共产党成立100周年时，在各方面制度更加成熟更加定型上取得明显成效；到2035年，各方面制度更加完善，基本实现国家治理体系和治理能力现代化；到新中国成立100年时，全面实现国家治理体系和治理能力现代化，使中国特色社会主义制度更加巩固、优越性充分展现。正是在这个重要文件中，专门提到了国际法。它明确提出："加强涉外法治工作，建立涉外工作法务制度，加强国际法研究和运用，提高涉外工作法治化水平。"① 全会关于加强国际法研究和运用的强调，是立足中国实际、促进中国改革开放和发展的必然要求，也为进一步繁荣中国国际法学、发挥国际法作用指明了方向。

2020年10月26日至29日党的十九届五中全会在北京召开。这是在我国将进入新发展阶段、实现中华民族伟大复兴正处在关键时期召开的一次具有全局性、历史性意义的重要会议，全会审议通过的《中共中央关于制定国民经济和社会发展第十四个五年规划和二〇三五年远景目标的建议》（以下简称《建议》）全面总结了我国"十三五"期间的历史性成就，深刻指明了今后一个时期我国发展的指导方针、目标任务、

---

① 《中共中央关于坚持和完善中国特色社会主义制度　推进国家治理体系和治理能力现代化若干重大问题的决定》，人民出版社2019年版，第38页。

战略举措。这次大会明确了我们全面建设社会主义现代化国家的目标方向和战略路径举措，昭示我国即将迈入全面建设社会主义现代化国家的新发展阶段，开启第二个百年奋斗目标的新征程。《建议》中专门提到："坚持多边主义和共商共建共享原则，积极参与全球治理体系改革和建设，加强涉外法治体系建设，加强国际法运用，维护以联合国为核心的国际体系和以国际法为基础的国际秩序，共同应对全球性挑战。"[①] 这个承前启后的重要文件再次重视和强调国际法，具有重要的指导意义。

2020年11月16日至17日在党的历史上首次召开的中央全面依法治国工作会议正式确立了习近平法治思想，将习近平法治思想明确为全面依法治国的指导思想。会议强调，习近平法治思想内涵丰富、论述深刻、逻辑严密、系统完备，从历史和当代相贯通、国际和国内相关联、理论和实际相结合上深刻回答了新时代为什么实行全面依法治国、怎样实行全面依法治国等一系列重大问题。[②] 全国人大常委会委员长栗战书指出，习近平法治思想是马克思主义法治理论中国化的最新成果，是习近平新时代中国特色社会主义思想的重要组成部分，是全面依法治国的根本遵循和行动指南。[③] 习近平法治思想包括国内法治和涉外法治，兼顾国内治理和国际治理，包含了丰富的国际法内容。习近平法治思想中的国际法内容，既与中国深化改革、扩大开放、促进经济发展和社会进步相关，亦与经济全球化、全球范围内维护和平与促进发展的种种机遇和挑战相关。随着中国日益走近世界舞台的中央，中国作为最大的发展中国家对于国际法的立场、态度、主张和贡献引人注目，并越来越具有更广泛和深远的影响。[④]

---

① 《中共中央关于制定国民经济和社会发展 第十四个五年规划和二〇三五年远景目标的建议》，《人民日报》2020年11月4日第4版。
② 《坚定不移走中国特色社会主义法治道路 为全面建设社会主义现代化国家提供有力法治保障》，《人民日报》2020年11月18日第1、4版。
③ 《人大工作要认真贯彻习近平法治思想 为全面建设社会主义现代化国家履职尽责》，《人民日报》2020年11月20日第1版。
④ 参见柳华文《论习近平法治思想中的国际法要义》，《比较法研究》2020年第6期。

第一节　国际法研究与运用为改革
开放做出重要贡献

一　国际法研究与运用与改革开放同时起步

早在中国改革开放启动之初，中国卓越的领导人邓小平就专门注意到了国际法。

党的十一届三中全会拉开了改革开放的序幕。1978年12月13日，邓小平在全会前召开的中央工作会议上发表了题为《解放思想，实事求是，团结一致向前看》的讲话，明确提出"要大力加强对国际法的研究"。① 这是为十一届三中全会定调的重要讲话，如春风，如号角，使中国国际法研究获得极大的鼓舞。可以说，中国国际法学近四十多年的发展与改革开放同步。

北京大学、吉林大学于1978年招收了"文化大革命"结束后的全国首批国际法硕士研究生，它们都在1979年创办了全国首批本科国际法专业。这对于尽快为中国改革开放培养法律人才，特别是国际法人才，具有重大意义。1980年2月，中国国际法学会成立，中国社会科学院副院长宦乡担任首任会长。《中国国际法年刊》于1982年创刊，成为一直以来反映我国国际法研究成果的重要平台。

国际法教材是改革开放以后恢复和加强国际法教学与研究的重中之重。北京大学的王铁崖先生组织国内各大学国际法教授和专家二十余人，编写出版了中华人民共和国第一本国际法教科书，② 是国内使用时间最长、影响最大的国际法教材，曾于1988年荣获全国高等学校优秀教材特等奖。1983年王先生在北大创立了国际法研究所。

1979年韩德培先生在武汉大学主持了法律系重建工作。他于1980年组建了武汉大学国际法研究所。早在1983年，韩先生就注意到，香港、澳门的回归和中国的统一事业将使解决区际法律冲突的区际私法在

---

① 邓小平：《解放思想，实事求是，团结一致向前看》，《邓小平文选》第二卷，人民出版社2008年版，第147页。
② 王铁崖主编：《国际法》，法律出版社1981年版。

中国的国际私法研究中占有重要地位。①

外交部法律顾问、曾任中国社科院法学研究所研究员的李浩培先生1985年当选为瑞士国际法研究院院士,后来在1993年当选为联合国前南斯拉夫问题特设国际刑事法庭法官。他在1987年出版的700多页的专著《条约法概论》是获得第一届国家图书奖一等奖的一本由中国国际法学者撰写的经典国际法著作。②

老一辈国际法大师们为中国的国际法学和国际法实践的发展呕心沥血,做出巨大的贡献。在他们的努力下,我国的国际法学伴随国家的改革开放迅速起步,不断发展,并始终与中国改革开放的实践紧密联系在一起。

改革开放伊始,中国就不乏涉及国际法运用的实践。1979至1987年,美国持有清朝政府湖广铁路债券的个人针对中华人民共和国提起湖广债券案。中国方面根据国际法据理力争,强调主权豁免和恶债不予继承的国际法原则,美国最高法院最终撤销了不利于中国的判决。

二 国际法研究和运用在改革开放中深化

改革开放使中国逐步走上发展社会主义市场经济的道路。中国对外交往增多,经济联系更加紧密。改革开放的推进过程,也是全面确立依法治国基本方略、不断走向法治中国的过程。与此同时,中国对国际法的重视不断加强。

国际法多次成为中共中央法制讲座的主题。比如,1994年12月9日,中共中央政治局第一次法制讲座在中南海举行,时任华东政法学院教授的曹建明主讲的题目是《国际商贸法律制度与关贸总协定》。1996年12月9日,外交学院卢松副教授为中共中央政治局主讲《国际法在国际关系中的作用》。2006年5月26日,中国社会科学院的郑成思研究员和中南财经政法大学吴汉东教授为中央所做讲座的题目是《国际知识产权保护和我国知识产权保护的法律和制度建设》。

党的十八大以来,习近平总书记多次发表加强国际法治的重要讲

---

① 韩德培、李双元:《应该重视对冲突法的研究》,《武汉大学学报》(社会科学版)1983年第6期。

② 李浩培:《条约法概论》,法律出版社1987年版。

话，阐明了中国的国际法立场和主张，为国际治理和中国国际法学的发展指明了方向。比如，2014年6月28日，习近平总书记在和平共处五项原则发表60周年纪念大会上指出，各国应该共同推动国际关系法治化。推动各方在国际关系中遵守国际法和公认的国际关系基本原则，用统一适用的规则来明是非、促和平、谋发展。2015年11月30日，习近平总书记在气候变化巴黎大会的开幕式上发表的《携手构建合作共赢、公平合理的气候变化治理机制》讲话中指出："我们应该创造一个奉行法治、公平正义的未来。要提高国际法在全球治理中的地位和作用，确保国际规则有效遵守和实施，坚持民主、平等、正义，建设国际法治。"①

在改革开放的大背景下，中国老一辈国际法学家学贯中西、继往开来，新一代的国际法学人刻苦钻研，使中国国际法基础理论与应用研究都伴随改革开放的进程获得了极大的推进，涌现出大量学术成果和一批又一批的国际法学人才。

2001年中国加入世界贸易组织是中国经济与世界接轨的重要标志。这极大地鼓舞了中国国际法学者的研究热情。国际法特别是国际经济法在人才培养和研究成果上都取得了突破，为我国对外经济交往提供了有效的法律服务和有力的智力支持。

加强国际法研究的一个重要举措就是机构建设。比如，2002年10月，在中国加入世界贸易组织的大背景下，中国社会科学院正式在原法学研究所国际法研究室的基础上建立了所级的国际法研究中心，2009年9月更名为国际法研究所。2007年4月，武汉大学成立跨学科的边界与海洋研究院。

2013年12月，中国社会科学院获得了《国际法研究》双月刊的刊号，使其成为国内第一本原创性国际法专业学术期刊。此后短短几年间，又有《边界与海洋研究》《武大国际法评论》《国际经济法学刊》《国际法学刊》等国际法领域的学术期刊相继获得正式刊号。它们是反映中国国际法学研究成果的重要平台。

进入21世纪以来，深海、极地、网络、外空等"新疆域"，反恐、非传统安全、气候变化、反腐败、中国海外企业合规、反对美国所谓

---

① 习近平：《携手构建合作共赢、公平合理的气候变化治理机制》，载《习近平谈治国理政》（第二卷），外文出版社2017年版，第529页。

"长臂管辖"、海外中国公民权益保护等新课题、前沿问题成为中国国际法学界的研究重点。近年来,菲律宾单方面提起南海仲裁案是典型的国际法律战,使得本来就颇受重视的海洋法研究更成为学界热点。中国国际法学界运用法律武器有力地批驳仲裁庭通过的所谓的南海仲裁案裁决,① 积极维护我国的海洋权益,并为国际海洋争端的和平解决贡献智慧。

中国国际法学家走出国门、在联合国及其专门机构等国际组织中担任重要职务的人也越来越多。原外交部法律顾问、国际法院法官史久镛先生还担任过国际法院院长。张月姣女士是中国第一位就职世界贸易组织争端解决机制上诉机构的国际法专家,还担任过上诉机构主席。2018年12月18日举行的庆祝改革开放40周年大会上,史久镛和张月姣两位国际法学家被党中央、国务院决定授予改革先锋称号。②

改革开放以后,中国国际法理论研究和实践工作的广度、深度和速度均大幅度提升。③ 可以说,中国国际法研究和运用在中国改革开放和现代化建设的进程中做出了重要的贡献,并面临前所未有的发展空间和发展机遇。

第二节 "百年未有之大变局"开启国际法研究与运用的新时代

一 世界出现"百年未有之大变局"

世界正处于大发展大变革大调整时期,世界多极化、经济全球化、社会信息化、文化多样化深入发展,全球治理体系和国际秩序变革加速推进。对于现在的世界局势,十九届四中全会的《决定》做了准确的概括,即"当今天世界正经历百年未有之大变局"。④

---

① 见中国国际法学会《南海仲裁案裁决之批判》,外文出版社 2018 年版。
② 《改革先锋、中国改革友谊奖章获得者名单》,《人民日报》2018 年 12 月 19 日第 3 版。
③ 朱晓青:《新中国国际法治 70 年》,载高培勇主编《新中国法治建设 70 年》,中国社会科学出版社 2019 年版,第 340 页。
④ 《中共中央关于坚持和完善中国特色社会主义制度 推进国家治理体系和治理能力现代化若干重大问题的决定》,人民出版社 2019 年版,第 4 页。

2015年10月12日，中共中央政治局举行第二十七次集体学习，主题是全球治理格局和全球治理体制。习近平总书记当时就指出："国际社会普遍认为，全球治理体制变革正处在历史转折点上。国际力量对比发生深刻变化，新兴市场国家和一大批发展中国家快速发展，国际影响力不断增强，是近代以来国际力量对比中最具革命性的变化。"① 2016年9月27日，中央政治局第三十五次政治学习，主题是二十国集团领导人峰会和全球治理体系变革。习近平总书记又指出："全球治理格局取决于国际力量对比，全球治理体系变革源于国际力量对比变化。"②

新兴市场和发展中国家的群体性崛起，是最近十几年来国际格局最引人注目的变化之一。其经济总量，根据购买力平价计算，2014年已经超过发达国家，到2017年占世界经济比重已达到58.2%；按现价法计算，这个比重是近40%。③ 这其中，中国经济快速发展的贡献是主要因素。

回顾历史，近一百多年以来，对于中国而言，也是百年未有之大变局。习近平总书记说："当前，我国处于近代以来最好的发展时期，世界处于百年未有之大变局，两者同步交织、相互激荡。"④ 1840年开始，中国面临西方列强入侵，被迫面对世界；⑤ 1949年，中华人民共和国成立，中国人民站起来了，但是积贫积弱，百废待兴；1978年，中国改革开放，主动走向世界；2001年，以加入世界贸易组织为标志，中国开始深度融入世界，中国人民开始逐渐富起来，国家开始逐渐强起来。现在，中国已经成为世界第二大经济体，中国与世界的互动进入新的阶段。

---

① 习近平：《弘扬共商共建共享的全球治理理念》，载《论坚持推动构建人类命运共同体》，中央文献出版社2018年版，第259页。

② 习近平：《提高我国参与全球治理的能力》，载《论坚持推动构建人类命运共同体》，中央文献出版社2018年版，第384页。

③ 引自全国干部培训教材编审指导委员会编：《全面推进中国特色大国外交》，人民出版社、党建读物出版社2019年版，第7页。

④ 习近平：《坚持以新时代中国特色社会主义外交思想为指导 努力开创中国特色大国外交新局面》，载《论坚持推动构建人类命运共同体》，中央文献出版社2018年版，第539页。

⑤ 1840年英国对中国发动的鸦片战争是西方工业文明与东方农业文明的碰撞，也可以说是引起中国三千年未有之变局。

中国经济实力的增长是实实在在的变化，但是包括软实力在内的综合国力的增强、在参与全球治理中的能力和作用的加强还处在一个渐进发展的过程当中。值得注意的是，中国作为新崛起的发展中大国，与美国等发达国家在整体财富、人均国民生产总值、核心科技、国际话语权等方面还存在差距。

中美关系是世界上最重要的双边关系之一，也事关世界经济增长和国际和平与发展。近年来，美国坚持"美国至上"，不断以退出或者威胁退出国际条约、国际组织的形式破坏现有的国际法规则和体制，以达到自己重塑国际秩序和国际体系的目的。从2018年年初以来，中美经贸摩擦一度不断升级，愈演愈烈，实质是美国以单边主义行为违反国际法。中国以互利共赢为经贸关系的目标，主张国与国之间本着相互尊重的态度，通过平等对话找到解决问题的办法。中国坚定不移地维护以联合国为基础的国际体系和以国际法为基础的国际秩序，支持和推动真正的多边主义。

当今世界的不确定性来源于西方世界内部，中国等发展中国家继续崛起，成为世界局势的稳定力量；中国正在以一个负责任大国的姿态为不确定的世界提供着确定性，并提供着当今国际秩序所必需的国际公共产品，表明中国已具备能力对国际秩序和区域秩序作出制度性补充的能力。[1]

二 加强国际法研究和运用的新要求

中国的发展需要和平的国际环境和良好的外部条件。党的十九届四中全会的《决定》专门在第十三部分阐述"坚持和完善独立自主的和平外交政策，推动构建人类命运共同体"的主题。它指出："必须统筹国内国际两个大局，高举和平、发展、合作、共赢旗帜，坚定不移维护国家主权、安全、发展利益，坚定不移维护世界和平、促进共同发展。"[2] 这为新时代中国国际法学的发展指明了方向，赋予了中国国际法学者和国际法研究新的使命。

当今世界，国际社会的不确定性增多，去全球化的声音不绝于耳。

---

[1] 郑永年：《为世界提供确定性和正能量》，《人民日报》2019年12月26日第8版。
[2] 《中共中央关于坚持和完善中国特色社会主义制度 推进国家治理体系和治理能力现代化若干重大问题的决定》，人民出版社2019年版，第38页。

也有人歪曲中国立场，变换方式渲染"中国威胁论"。正如国家主席习近平于2018年4月10日在博鳌亚州论坛开幕式主旨演讲中指出，"无论中国发展到什么程度，我们都不会威胁谁，都不会颠覆现行国际体系"。①2014年10月24日，在"联合国日"到来之际，外交部部长王毅在《光明日报》发文，旗帜鲜明地指出"中国是国际法治的坚定维护者和建设者"。②

党的十九大报告正式提出"两个构建"的对外关系新主张，即构建新型国际关系，构建人类命运共同体。报告指出："中国秉持共商共建共享的全球治理观，倡导国际关系民主化，坚持国家不分大小、强弱、贫富一律平等，支持联合国发挥积极作用，支持扩大发展中国家在国际事务中的代表性和发言权。中国将继续发挥负责任大国作用，积极参与全球治理体系改革和建设，不断贡献中国智慧和力量。"③

2018年3月11日第十三届全国人民代表大会第一次会议通过了新的宪法修正案，其中在宪法序言第十二自然段中增加了"坚持和平发展道路，坚持互利共赢开放战略"和"推动构建人类命运共同体"的新内容。这是对中国自20世纪50年代以来主张的和平共处五项原则的意义深远的坚持和发展。

在新时代，中国提出并践行的"一带一路"倡议，源于中国，属于世界；构建新型国际关系、构建人类命运共同体的主张，是中国方案，又是世界视野。中国国际法学要与时俱进，阐释和支持中国的新理念、新主张和新实践。正如2018年12月28日，中央政治局委员、中央外事工作委员会办公室主任杨洁篪在外交部和中国国际法学会共同举办的改革开放40周年国际法工作座谈会上的主旨讲话所指出的，我们要深刻把握新一轮改革开放对国际法工作提出的新要求，努力开创中国

---

① 习近平：《开放共创繁荣，创新引领未来》，载习近平《论坚持推动构建人类命运共同体》，中央文献出版社2018年版，第524页。
② 王毅：《中国是国际法治的坚定维护者和建设者》，《光明日报》2014年10月24日第2版。
③ 习近平：《决胜全面建成小康社会，夺取新时代中国特色社会主义伟大胜利》，《中国共产党第十九次全国代表大会文件汇编》，人民出版社2017年版，第48、49页。

国际法工作新局面。①

"加强国际法研究和运用"写进十九届四中全会通过的《决定》，从坚持和完善中国特色社会主义制度、推进国家治理体系和治理能力现代化的高度来认识国际法，这是对近年来中国对外交往方针和政策的一次重要总结、重申和发展。法治的内涵扩大了，涉外法治成为重要的法治建设的内容，涉外法务工作成为新的制度性设计和要求，国际法获得新的、更大的重视和强调。决定中提到的两个"坚定不移"，即坚定不移维护国家主权、安全、发展利益，坚定不移维护世界和平、促进共同发展，可以说是中国国际法研究和运用的两个面向或者两个任务。

根据十九届五中全会通过的《中共中央关于制定国民经济和社会发展第十四个五年规划和二〇三五年远景目标的建议》表明，今后一个时期我国继续坚持多边主义和共商共建共享原则，积极参与全球治理体系改革和建设，加强涉外法治体系建设，加强国际法运用，维护以联合国为核心的国际体系和以国际法为基础的国际秩序，共同应对全球性挑战。

2020年11月召开的中央全面依法治国工作会议正式确立了习近平法治思想。习近平总书记在此次会议上强调：要坚持统筹推进国内法治和涉外法治。要加快涉外法治工作战略布局，协调推进国内治理和国际治理，更好维护国家主权、安全、发展利益。要强化法治思维，运用法治方式，有效应对挑战、防范风险，综合利用立法、执法、司法等手段开展斗争，坚决维护国家主权、尊严和核心利益。要推动全球治理变革，推动构建人类命运共同体。② 2018年6月召开的中央外事工作会议确立了习近平外交思想的指导地位。习近平外交思想是新时代我国对外工作的根本遵循和行动指南。③ 中国国际法学者可以结合习近平外交思想，深入学习领会和贯彻作为全面依法治国指导思想的习近平法治思

---

① 《杨洁篪出席改革开放40周年国际法工作座谈会并发表主旨讲话》，外交部网站，https://www.fmprc.gov.cn/web/zyxw/t1625935.shtml，访问时间：2021年8月15日。
② 《坚定不移走中国特色社会主义法治道路 为全面建设社会主义现代化国家提供有力法治保障》，《人民日报》2020年11月18日第1、4版。
③ 中共中央宣传部、中华人民共和国外交部：《习近平外交思想学习纲要》，人民出版社、学习出版社2021年版，第1页。

想，特别是其中的国际法内容和主张。

第三节 进一步加强国际法研究与运用的方向

国际法研究有承上启下的意义。它的上游是要加强国际法教学，下游是要加强国际法运用。反过来说，上、下游两端又能起到最好的支撑和拉伸作用，促进中国国际法学的快速发展和真正繁荣。我国目前的一个突出问题是，国际法研究在扩大科研队伍规模、增加机构设置和资金投入上都有了不少举措，而它的上、下游情况仍不乐观，实践中亟需大量的、优秀的涉外法律人才，国际法教学和运用的水平尤其需要提升。如何加强国际法研究与运用，应该是一个系统工程，需要国际法学界、相关政府部门等发挥聪明才智，做出不懈的努力。

一 加强国际法教学，为培养涉外法律人才奠定基础

中国资深外交官、联合国国际法委员会委员黄惠康指出："改革开放40年来，中国国际法人才队伍培养取得了长足的发展，国际法能力不断提长。但现在有的国际法队伍和能力与民族复兴、构建人类命运共同体的目标仍然有着很大的距离，具有国际化水平、在重要国际法岗位的国际法人才以及有国际竞争力和影响力的国际法智库存在明显'短板'，应对国际事务捉襟见肘。"①

2014年10月23日中共中央十八届四中全会通过的《中共中央关于全面推进依法治国若干重大问题的决定》中就提到："建设通晓国际法律规则、善于处理涉外法律事务的涉外法治人才队伍。"②

习近平总书记非常重视加强全球治理人才队伍建设。2016年9月27日，他在中央政治局第三十五次集体学习时指出："参与全球治理需要一大批熟悉党和国家方针政策、了解我国国情、具有全球视野、熟练

---

① 黄惠康：《中国特色大国外交与国际法》，法律出版社2019年版，第494页。
② 引自编写组编著《〈中共中央关于全面推进依法治国若干重大问题的决定〉辅导读本》，人民出版社2018年版，第33页。

运用外语、通晓国际规则、精通国际谈判的专业人才。要加强全球治理人才队伍建设，突破人才瓶颈，做好人才储备，为我国参与全球治理提供有力人才支撑。"① 新时代，新任务，我们亟需加强国际法教学和人才培养工作。习近平总书记的重要论述也指明了具体的要求和工作路径。我们从中可以获得重要的启示：学习国际法，不仅是学习国际法律规则，还要了解党和国家的方针政策，了解国情，了解世界，具有全球视野，需要学好外语，还要学习和掌握国际谈判的技能。

特别需要强调的是，国际法人才培养需要认识到了解国情，掌握中国立场、中国主张和中国实践的重要性。西方学者安西娅·罗伯茨在比较了联合国安理会五个常任理事国的国际法教学情况后指出，美国的国际法教科书经常含蓄地传达一种"我们所实践的就是国际法"的信息，而中国的教科书在潜意识中给人的感觉好像是"国际法是其他国家所实践的"。② 一方面，从中可以看出美国作为发达国家甚至是超级大国在国际法上的单边主义特点，可以看出中国作为发展中国家对于国际法从遵守、跟从到参与和促进的过程中所体现出来的一种支持多边主义、较为客观和谦卑的态度；另一方面，也在一定程度上说明中国国际法教学存在对中国国际法实践关注和表述不够充分的问题。国际法教学还有很大的发展潜力。应该在课程设置和引导中鼓励高校学生学习国际法，并积极引导优秀学生在国际法领域深造。

国际法和国内法作为两个相互独立的不同的法律体系，在概念、内容、方法和运作规律上均有不同，在知识和能力培养结构上也有差异。与国内法学不同，国际法学与外交史、国际关系史、国际政治和国际关系属于有所交叉并密切联系的学科。③ 王铁崖先生历来有一个主张："研究国际关系和国际关系史必须有一定的国际法知识为基础，而研究国际法则必须以国际关系和国际关系史为背景。"④

---

① 习近平：《提高我国参与全球治理的能力》，载《论坚持推动构建人类命运共同体》，中央文献出版社 2018 年版，第 385 页。

② Anthea Roberts, *Is International Law International?* (Oxford University Press, 2017), p. 161.

③ See, Michael Byers, "International Law", in Christian Reus-Smit and Duncan Snidal (ed.), *The Oxford Handbook of International Relations* (Oxford University Press, 2008), pp. 612–631.

④ 王铁崖：《国际法引论》，北京大学出版社 1998 年版，序言第 2 页。

国际法学者注意到，当代中国国际法教学存在的主要问题可能是我们自己的教学体制约束了中国国际法教学的高水平发展。① 中国国际法学会会长黄进教授对完善法学学科体系、健全国际法学科体系，特别是将国际法学确立为法学门类下的一级学科也提出了建议。②

二　加强国际法的运用，充分发挥国际法的作用

国际法的研究当然要立足实际，要落脚在运用上。现代外交，在形式上体现为法律外交，它是一种工作范式。国家利益及其维护要通过法律概念表达出来，赢得尊重和支持。对外经济交往也是法律实践，离不开国际法保驾护航。当下亟须建立涉外工作法务制度，提高涉外工作法治化水平。

十八届四中全会《中共中央关于全面推进依法治国若干重大问题的决定》中也专门提到了"加强涉外法律工作"。它的具体阐述是："适应对外开放不断深化，完善涉外法律法规体系，促进构建开放型经济新体制。积极参与国际规则制定，推动依法处理涉外经济、社会事务，增强我国在国际法律事务中的话语权和影响力，运用法律手段维护我国主权、安全、发展利益。强化涉外法律服务，维护我国公民、法人在海外及外国公民、法人在我国的正当权益，依法维护海外侨胞权益。深化司法领域国际合作，完善我国司法协助体制，扩大国际司法协助覆盖面。加强反腐败国际合作，加大海外追赃追逃、遣返引渡力度。积极参与执法安全国际合作，共同打击暴力恐怖势力、民族分裂势力、宗教极端势力和贩毒走私、跨国有组织犯罪。"③ 相比这种列举性的规定，十九届四中全会的《决定》更为概括，并提出了总的制度性要求和更高的法治化建设水平的要求。涉外法律与国际法是相互交叉的概念，十九届四中全会的《决定》更突出和强调了国际法。十九届五中全会的决定更进一步，提出加强涉外法治体系建设，加强国际法运用，维护以联合国为核心的国际体系和以国际法为基础的国际秩序。党的全面依法治国工

---

① 何志鹏：《中国国际法教学提升的"道"与"术"》，《中国大学教学》2017年第4期。
② 黄进：《如何加强涉外法治人才培养》，《法制日报》2019年11月20日第9版。
③ 引自编写组编著《〈中共中央关于全面推进依法治国若干重大问题的决定〉辅导读本》，第40页；参见汪洋《加强涉外法律工作》，第48—58页。

作会议上，总书记强调坚持统筹国内法治和涉外法治，从国内法治和涉外法治的有机联系的角度阐述了涉外法治问题。结合中央一直以来对于越来越多的对国际法研究和运用的重视，我们要立足中国国情，从全面推动国内法治建设和发展需要、不断加强涉外法治工作、参与国际治理的角度全面理解当代加强和运用国际法的新要求。

三　统筹国内和国际两个大局，加强国际交流与合作

国家治理体系和治理能力现代化是一个有机整体。发展的关键是立足实际，首先把国内的事情办好；同时，要有全球视野，重视统筹国内和国际两个大局，适应新时代改革开放、扩大对外交往、参与和推进全球治理的需要。

一方面，由内而外，国内经济实力、对外交往能力的增强，有助于我们"走出去"，开展平等互利的合作，参与和推动共商共建共享的世界经济和全球治理；另一方面，由外而内，在市场要素和资源全球配置的背景下，我们的对外开放与合作有利于满足国内发展的需要，外国和国际组织等的先进或者成功的治理经验也可以供我们参考和借鉴。

国际法是长时间逐渐累积、发展而来的法律规则体系，西方发达国家曾在相当程度上主导了国际法的形成和发展乃至运作的过程。联合国成立以来，随着非殖民化运动的兴起和发展中国家的不断壮大，国际法的体系和具体制度不断进步，虽然不尽完美，但已经成为国际社会和平与发展不可或缺的制度支撑。从整体上看，中国是现有国际法律秩序和国际体系的受益者。不过，从法律规则和制度中受益不是自然而然的，需要由具备法律技能的人才队伍来完成，需要通过有效地利用和运用、通过努力才能真正获益。

闭关锁国发展不了经济，学习、掌握、运用国际法也是一样。国际法研究和运用需要在立足本国国情的基础上，有国际视野，了解、追踪国际动态，积极开展国际交流与合作。中国国际法学要尽可能消除研究空白，涵盖国际法理论和实践的方方面面。中国国际法学者要争取成为国内外在相关领域有影响力的专家。我们也要熟悉国外国际法专家队伍的情况，多与他们交流交往，多结交知华、友华的国际法学界的朋友。

随着改革开放的深化和发展，利用"外脑"，聘请国外法律专家、利用国外法律人才为中国国家、企业或个人提供法律服务的情况会越来越多。

在国际交流与合作方面，中国国际法学会、北京国际法学会等不同层面和领域的国际法学术团体，国内高校和科研院所中的国际法研究机构都可以进一步发挥学术外交、智库外交、民间外交的作用。

总之，中国对国际法研究和运用的重视和强调前所未有，必将进一步促进中国国际法学的发展和繁荣，有利于提高中国涉外工作法治化水平。对于中国国际法学界和实务工作者而言，新的目标就是，多出人才，多出成果，不断提高国际法研究和运用的水平和能力，进一步丰富和发展中国国际法实践。"十四五"期间对于国家和国际法学界来说都至为关键，亟须努力，值得期待。

第二章

国际法的性质与国际法的发展

国际法概念反映对国际法的性质的判断和把握。国际法是法律，而不是国际道德。国际法的主体主要是国家；一些国际组织在一定范围和程度上享有国际法主体地位，享有国际法意义上的权利和承担国际法意义上的义务；正在争取民族独立的实体可以具有国际法主体地位；个人在一般国际法上不是国际法主体。

对国际法性质的认识还涉及对国际法功能和作用的认识。过高地估计或者夸大国际法的作用不切实际，过低地看待或者贬损国际法的作用不仅不符合实际，也会错误理解国际关系的发展规律，不利于有效开展对外交往并切实维护本国利益。

国际法是一个动态发展的体系，在第二次世界大战结束、国际社会建立联合国后更有快速的发展，国际政治、经济、科技和人权运动等的发展都给国际法的发展带来巨大的影响。当代国际法在维护世界和平与发展，推动人类文明和进步方面发挥着前所未有的作用。当代国际法并不完美，仍然面临着重要的机遇和挑战。

中国重视国际法，对国际法的性质和发展有更加客观和科学的认识，新的时代背景下，这有利于中国国际法研究和实践更好、更快地发展。

第一节　国际法的性质

一　国际法是法律

国际法是调整以国家为主要参与者之国际关系的法律制度的总和。

"国际法"(international law)的名称反映了这样的定义。国际法通常又称为"国际公法"(international public law),它与"涉外法""外国法"是不同的概念。其内涵突出了调整"国际关系"的特点,因此与国际经济法、国际私法在法律主体和法律关系主要内容上有一些差异。国际经济法和国际私法是在国际法基础上在具体领域的细化,同时更有自己独特的调整对象和方法,是与国际法成为既有联系又有区别的学科。

日常生活中,人们会在广义上将国际公法、国际经济法和国际私法统称为"国际法",但是并不意味着对它们的研究可以合起来构成一个具体的学科;国际公法在相当程度上可以构成国际经济法和国际私法的基础,但是三者难以在一个体系里使用通用、一贯的概念、原则和方法。

17世纪初,荷兰法学家——"国际法之父"格劳秀斯(Hugo Grotius)在创立独立的国际法体系时采用的是拉丁文"万民法"的用词。17至18世纪,欧洲各国普遍以"万民法"指调整主权国家之间关系的法律。19世纪,"国际法"的名称出现了。20世纪以来,国际社会已经广泛使用"国际法"来表示调整主权国家以及国际组织等国际法主体之间关系的法律制度。

国际法是法律的一种,因此是有法律效力的,包括层级不同的效力,典型的如国际条约对缔约国产生法律约束力,国际习惯也是如此。辅助性的国际法渊源如联合国大会决议可能表达了成员国的一种法律确信,没有法律约束力,但是具有倡导、建议或者表达成员国法律倾向和意愿的一定效力。

国际法是法,因此与国际道德、国际礼让是有区别的。国际道德、国际礼让本身可能并不具有详细、具体的规则,或者即使有相关规则,但是并不具有法律约束力、强制力,不遵守本身引起的是道义和政治意义上谴责或者对等报复,而不是直接产生法律责任和后果。国际法涉及的领域和规则体系化、具体化的程度远发达于国际道德或者国际礼让,它强调国际法渊源和效力,并在体系化、机制化方面不断获得推动和发展。

从历史到当代,破坏国际法的现象和事例不胜枚举,一些实例让人印象深刻。但是,违法情形的存在本身并不能否定国际法的法律性质。

实际上，国际秩序的存在本身是以绝大多数国家遵守现行国际法为基础的。守法是普遍和经常的情况，这才使得破坏国际法的情形比较显眼，从而引起关注。国际社会的连带性不断加强，国际法对于国际范围内的不同领域的国际治理正在发挥越来越大的作用。换一个角度，可以这样说，越是国际法被挑战和破坏的时候，越需要强调国际法治，强调国际法的法律性质。

"弱国无外交"，有人会把国际关系的调整视为由国家实力决定，从而认为国际法无足轻重，谈不上法律或者法律约束力。其实不然，良好的国际秩序让国际社会的大多数成员在长期和整体上获益，而且法律的重要特点是普遍和平等的适用性。广大发展中国家、特别是发展中的和不发达的中小国家，在政治、经济和军事上无力与大国平起平坐、平等交涉解决纠纷的情况下，更希望在法律的框架下解决国际问题，通过国际法主张和维护自身权益。国际法的形成和适用与国家实力有密切关系，但是国际法本身也是对包括大国、强国在内的所有国家的一种约束。国际法不仅是大国，也是小国，是所有国家可以使用、努力最大限度使用的法律武器。

任何大国的崛起都是全方位的发展，国家实力包括硬实力和软实力，其对国际法形成与适用的积极参与、推动甚至是引领，标志着国家实力、影响力的提升。

二 国际法效力的根据

进一步解释国际法的性质，就涉及如何描述和论证国际法的效力，简单地说，就是国际法的约束力源在哪里、根据是什么？

近代以来，不同国家的学者们有不同的理论解读，形成了不同的学派，其实是从不同的角度来认识国际法，并且服务于特定国家、特定时期的国际实践和国际法态度。它们往往都有一定的科学性和合理性，但是会有时代和学者所服务的国家及其实践的烙印。我们对国际法效力根据的认识，离不开对国际社会现实状况、未来发展趋势的认识，因此是一个与时俱进的课题。

（一）自然法学派

自然法学派主要主张自然法为正义的标准，强调正义的绝对性。在国际法学史上，代表性人物主要是荷兰的格劳秀斯、德国的普芬道夫和瑞士的瓦特尔以及英国的劳里默等。格劳秀斯认为，自然法是国际法的独立渊源，国际法对各国的约束力不仅来自各国的意志，而且也来源于自然法。在实在国际法并不发达的年代，这种主张可以为大国出海、加强国际交往等提供更多支持。即使在今天，在国际法规则和制度尚属于空白的领域，自然法的思想和主张仍可以填补实在法的缺失，具有重要意义。但是在当今世界过于抽象的情况下，主观判断的余地太大，也可能不符合现代法治理念中立法先行的法治原则。

（二）实在法学派

实在法学派主张实在法是人定法，不接受自然法的存在，即由人制定或者认可的法律。因此，国际法是由国家参与制定或者接受的法律。实在法学派的产生与早期实在主义思想家有关，包括英籍意大利人真提利斯、英国的苏之（Zouch）、德国的黑格尔、英国的奥斯汀等人。奥斯汀被公认为是实在法学说的创始人。他们提出的国家的概念、国家意志、国家同意或者共同同意等学说是国际法上实在法学的基础。黑格尔认为国家意志是最高的，不存在任何高于国家意志的权威，就是法律也要服从国家这个抽象的概念。实在法学派在相当程度上反映了现代和当代国际法的现实，是影响最大、影响最广的学说。实在法学的思想和方法具有现实意义。但是完全排斥自然法概念和思想，特别是奥斯汀把主权、命令和制裁归为法律的三大要素，因而否定了国际法的法律性质，称国际法为国际道德则是偏颇和错误的。

自然法学派和实在法学派是最具代表性的解释国际法效力根据、认识国际法性质的学说，此外还包括纯粹法学派、社会连带主义学派、政策定向学说等不同的学派或者理论，从不同的角度和侧重来考察、分析国际法，能够反映国际法的一些特点，提供分析的思路和方法，具有参考意义。

我国国际法学界在国际法效力根据上的主流观点跟苏联的国际法思想类似，认为国际法的效力根据是各国意志的协调，既强调国际法是国家意志的反映，更点明它不是哪一个国家意志的反映，而是多国的国家意志的互动、协调之后的结果。这是符合现实的科学的认识。在主流认识之外，为了更好地认识国际法的性质和运作规律，学者还可以借鉴国内外不同的理论成果、分析工具，从不同侧面去发现和揭示国际法的性质、特点、运作和发展趋势等。时间和实践是真理的检验标准，立足本国和国际社会的实际进行研究和阐释，才是正确和有价值的。有一点特别重要——是实践，特别是国家实践，包括国家的意志和行为在根本意义上决定了国际法的形成、发展、解释和实施，决定了国际法的效力根据。

在抽象的理论和学术观点指导下，科研工作可以更具体地研究国际法制度、原则和规则的形成、产生过程。从而能够更具体、生动、真切地揭示国际法的性质和规律。当今世界，国际社会中活跃的行为者除了国家和政治之外，还有政府间和非政府间国际组织、富可敌国而且影响力很大的跨国企业等，所以"国家意志的协调"变得更加复杂，国际法产生和运作的过程有诸多新特点值得关注和研究。

第二节 国际法的发展

国际法的产生和发展都是实践的结果。国际法本身有漫长的发展史，是人类社会史、人类文明史的重要组成部分。

一 古代国际法

是否存在古代国际法是一个有争议的问题。问题的焦点是在古代没有现代意义上的国家。虽然时空局限很大，但是类似现代意义国家的实体、社会治理单位是存在的。特别是在包括古埃及、古希腊、古罗马、古代印度和古代中国，的确存在一定形式的国际法，或者至少称为国际法的萌芽。在古埃及，公元前3100年就曾出现了美索不达米亚城邦之间订立的条约。在古代印度，产生了关于国家之间交往形成的战争和人道法等这方面的国际法规则和制度。中国的春秋战国时期，诸侯国林立，相互之间形成了类似近代国际法规则的制度。一些共同信守的习惯和规则，有国际礼让的特点，也有国际法的特征。美国传教士丁韪良称其为"中国古代国际法的遗迹"。公元前221年，秦始皇统一中国，中国进入两千多年的统一的封建帝国时代，与邻邦和外国之间是一种"天

"朝"与"藩属"或者"夷狄"的关系，并以朝贡制度维系这种关系。由于不存在平等主体之间的交往关系，所以缺少国际法存在的社会基础。

古代国际法的情况告诉我们国际法的产生是人类文明发展的必然，是跨地域、跨文化的人类智慧的结晶，是社会宏观治理的规律性要求。古代国际法实践、相关做法、思想或习俗等反映了国际法存在和发展的"本土资源"、社会基础，也可以给当今国际法的考察和研究提供启示。

二 近代国际法

1648年，结束欧洲长达30年战争的《威斯特伐利亚和约》的签订具有划时代的意义，是国际关系和国际法发展史上的里程碑，标志着近代国际法的产生。它的突出成就是，促成了一大批罗马帝国统治下的城邦国家取得了独立，产生了主权国家的概念，在欧洲建立了主要国家体系，从而确立了领土主权、国家平等、国家承认、条约必须遵守等国际法原则。

1789年的法国大革命和1806—1815年的拿破仑战争促进了近代国际法的发展。从1815年维也纳公会到1914年第一次世界大战爆发前，欧洲出现了长达一个世纪的欧洲协作时期，也是总体和平时期，国际法获得了诸多发展，特别是促进了外交制度的法典化、开创并发展了定期多边会议制度、国际条约实践更为丰富、建立了国际河流制度、逐渐走上禁止奴隶贸易和奴隶制度的道路、在战争法和人道法以及国际争端解决法的编纂上有诸多进展。

不过，近代国际法是有很大的局限的，带有强权政治、欧洲主义、殖民主义色彩，不是普遍适用于全世界的、跨文明的国际法，而是源于欧洲、主要适用于欧洲或基督教"文明国家"之间的所谓国际法，亚洲、非洲、美洲是欧洲列强的殖民地、半殖民地，被排斥在国际法的适用范围之外。在18世纪，随着美国的崛起，国际法逐步在美洲和非洲得到适用；到19世纪，主要是由于西方列强侵略和扩张的需要，国际法才被有选择地适用于亚洲特别是近东和远东地区。

在中国，1662至1690年清朝与荷兰交往的过程中，接触到了国际法。林则徐派人翻译了瓦特尔《万国法》一书中有关战争、封锁和扣船等章节。到清朝末年，中文"国际法"或"国际公法"开始更多使用并代替"万民法"或"万国公法"。

1689年中国与俄国签署的《尼布楚条约》是中国与外国缔结的第一个条约，也是代表中国与外国缔结的极少的平等条约。在近代中国，清政府中的一些开明官员如张之洞、林则徐等人都曾努力利用国际法维护本国利益。但是囿于种种局限，中国被西方列强排斥在"文明国家"之外，套上了一个又一个不平等条约的枷锁。从1842年中英签订第一个不平等条约《南京条约》开始，中国进入了一个不断遭受武力侵略、强加不平等条约的时期。八国联军侵华战争后，西方列强与清政府在1901年签订《辛丑条约》，中国完全成为半殖民地社会。不平等条约规定了西方列强的种种特权，包括领事裁判权、租借地、赔款、驻军等。不平等条约的法律性质、效力，废除不平等条约的历史和法律分析乃至对当代的影响是国际法研究的一个重要领域。

现在，相对于国际法学前辈，国际法学者的历史研究有所欠缺，对于近代不平等条约的研究有大为减少的趋势。一方面，不平等条约史是近现代中国的重要国际法实践，本身有历史和现实意义；另一方面，不平等条约史反映了国际法发展的经验教训、历史规律，值得深入探究和挖掘。

三 现代国际法

相对于近代国际法，现代国际法进入一个崭新的国际法深入和全面发展的时代。

现代国际法的开始时间并不明显，开始阶段有一个过渡性的阶段。代表性的事件包括1917年俄国十月革命胜利、第一次世界大战结束和国际联盟建立以及第二次世界大战结束和联合国的建立。现代国际法与当代国际法难以在时间上准确划分，大致可以将冷战结束后，特别是进入21世纪以来的国际法发展时期归为当代国际法。

一战和十月革命打破了旧的世界格局，国际社会出现了不同的社会制度，一些体现主权平等的原则出现并对国际法的进步、适用范围的扩大有了实质性的突破。联合国是有史以来最具普遍性的国际组织，确定了集体安全制度并以和平、发展和人权作为宗旨，首次系统地确立了国际法的基本原则，为国际法的全面发展奠定了基础。

非殖民化运动风起云涌，一大批亚非拉国家实现了民族独立，第三世界形成并兴起。主权国家数量急剧增长，联合国会员国从50个增加到190多个，国际法的主体和效力空间有了历史性的变化，国际法真正具有了"国际"的特征。结构性的变化使国际法更具民主化的可能，国际体系的改革和发展可以具有更加坚实的基础。

正在争取独立的民族也获得了国际法主体的资格。非殖民化运动本身也是国际法实践，至今仍然有许多历史遗留问题没有解决。2019年2月25日，国际法院以13∶1的压倒性多数就查戈斯群岛案发表咨询意见，认定英国1965年将查戈斯群岛从毛里求斯分离"构成国际不法行为"，毛里求斯的非殖民化进程尚未合法完成，英国应尽快结束对查岛的管理，各国应协助联合国大会尽快实现毛里求斯的非殖民化。在亚非拉许多国家之间的领土与边界纠纷、民族宗教矛盾等都源于西方殖民统治时遗留下来的问题。

科学技术的进步，尤其是交通和通信技术日益发达，使得整个世界沟通更加便捷。经济全球化逐渐加强，国际法的角色向外层空间、深层海底延伸。大陆架等地理概念演化成国际法概念，国际合作在深度和广度上不断拓展，达到人类历史上的新的水平。

作为对两次世界大战人类两度惨不堪言的战祸的反思，国际社会突出强调人权保障的重要性。1945年《联合国宪章》和1948年《世界人权宣言》标志着人权保护国际化在普遍意义上的开始。国际人权法的发展具有历史性意义。联合国首任人权司司长约翰·汉弗莱认为，由于国际人权法的发展，国际法"不仅在内容上正在更新，而且它的特点和构成也在发生变化。就其特点而言，它曾是水平式的，因为它只是规定国家间的关系；现在它是垂直式的，因为它延伸到了作为个人的男男女女。从现在算起100年以后，当历史学家就20世纪的国际法著书立说的时候，他们就会说，这个体系的这些历史发展是最重要和最彻底的"。[①] 美中不足的是，东西方意识形态领域的对立一直影响着国际人权法的发展。从20世纪70年代末、80年代初开始，美国开始将人权政

---

① John Humphrey, *No Distant Millennium: The International Law of Human Rights*, UNESCO, 1989, p. 203.

治化，美国的人权外交是将人权作为工具自我授权，通过发布人权国别报告等形式对其他国家的人权状况品头论足，甚至歪曲、诋毁。而人道主义干涉等概念也为干涉他国内政等提供了论据。面对前南斯拉夫和卢旺达等地发生的人道主义悲剧，国际刑法有了突破和发展，国际刑事司法有显著的成就，也有明显的局限。比如，国际刑事法院管辖的案子几乎都是非洲国家的案子，难有突破。在联合国，保护的责任的概念获得了讨论，但是尚无定论，历史的经验教训值得重视，如何前行，需要谨慎对待。

国际组织的发展是影响现代国际法发展的重要因素。普遍性、区域性政府间国际组织本身可以具有一定的国际法主体地位，类似奥委会一样的有重要影响的国际非政府组织也一样非常活跃并产生重要影响。国际组织的兴起对于国际法的形成、运用和发展产生了积极影响。在国际法制度设计和实际运作中，国际组织、包括国际非政府组织的作用和影响成为重要的研究课题。一方面，国际组织不同于国家，不是完全的国际法主体；另一方面，国际组织的实践是直接的、具体的国际法实践，是研究和运用国际法的主要阵地，值得关注。

关于非政府组织在国际法形成、适用和发展中作用的研究，要务必区分国内法意义和国际法范畴研究的差异。在国内社会，非政府组织的活动和发挥影响自然受所在国本地的政治和法律制度全面的规范和监督，但是在国际社会，不存在"世界政府"和关于非政府组织活动的全面有效的规范和监督，不论是机制还是规则，因而存在"问责赤字"或者"规范真空"，再加上目前活跃在国际舞台的非政府组织主要是来自西方发达国家的非政府组织，其代表性和利益与价值取向是值得关注的。将国内法语境中的非政府组织的探讨与国际法语境中的非政府组织的考察混为一谈是不正确、不科学的。

四 当代国际法

20 世纪 80 年代末 90 年代初，冷战结束，此时，经济全球化趋势更加明显，科技尤其是互联网、大数据、人工智能等技术运用深刻改变了生活、生产方式以及国际经济交往状况。恐怖主义威胁凸显，传统安全和非传统安全问题交织，气候变化、生物多样性、环境保护和可持续发展的问题更加突出，国际贸易秩序面临单边主义的威胁，国际卫生健康合作的必要性日益突出……进入21世纪，国际社会的紧密联系前所未有，国际组织的运作更加成熟，国际立法越来越多、越来越快，国际法实践更加丰富。

美国一家独大的情况和全球多极化趋势并存，国际社会的国际法治成为新的课题，挑战和机遇并存。中国在坚持和平共处五项原则的基础上，提出发展新型国家关系，推动构建人类命运共同体，符合了国际社会的发展趋势、各国人民的普遍期待和人类社会的共同利益。对于当代国际法向何处去，如何积极推动构建人类命运共同体，特别是实现反映人类命运共同体理念和原则的法律化落实，已经是中国国际法学界的研究热点。我们需要立足现实，将理论与实践相结合，团结其他国家及其国际法学者，共同倡导和推动构建人类命运共同体的进程。

美国在相当程度上主导了联合国的建立和战后国际秩序的形成。在联合国的建立、发展和运作过程中，在国际立法和法律实施中，美国在相当程度上发挥了主导性的作用。但是，美国一直在国际法领域有独特的立场，这一立场也将它与其他西方国家比如欧洲国家区分开来。美国对待国际法，具有孤立主义、实用主义、单边主义的特征。美国倡导甚至主导国际法规则的制定、国际机构的建立，也经常敦促其他国家履行相关的国际条约，但它自己却置身其外，不批准大量它曾积极参与促成的国际条约，比如《联合国海洋法公约》、《国际刑事法院罗马规约》等。近年来，美国一再退约、"退群"，破坏多边主义与国际合作。作为世界上最大的发达国家，美国其实是国际法律体系和秩序的最大受益者。然而，美国并没有满足。美国正在违反、破坏既有的法律框架，成为现有法律秩序的威胁。一国有重塑国际秩序的愿望是正常的，但是美国的表达和实现路径以"美国至上"为口号，动辄对他国和国际组织进行胁迫、压制和强求，缺乏合法性、正当性和建设性。

国际法的国别研究值得重视。安西娅·罗伯茨的著作提出一个引人思考的题目就是，国际法是国际的吗？[①] 国际法的产生和运用，归根结底，是国家的实践。各国对国际法的态度、做法，共同影响了国际法的

---

① Anthea Roberts, *Is International Law International?*, Oxford University Press, 2017.

发展。对于重要利益相关国的国际法立场和主张以及实践，我们要努力了解和掌握。比如，改革开放的中国，正在积极推动"一带一路"建设，对于"一带一路"沿线国家的法律状态、国际法立场等，同样迫切需要加强研究。

大国的国际法实践具有重要影响，值得关注、跟踪。中小国家对国际法的运用具有明显和特殊的特点，同样值得研究。2020年，在学科调整、加强研究室建设的背景下，中国社会科学院国际法研究所成立了国别研究室，体现了这样的一种认识。

国际法界的交流与合作也颇具意义。世界范围内，国际法领域的国内和国际学术团体更加活跃。亚洲是区域一体化较弱的区域，秘书处在新加坡的亚洲国际法学会成立较晚，不少中国学者有积极的参与。中国国际法学人"走出去"的机会更多，更有很大的潜力和空间。中国国际法学者可以更多地参与国内外的国际法学学术团体和组织，并努力发出中国国际法学者的声音，表达中国立场和中国主张。

中国青年国际法学者思维活跃，往往有很好的国内外学习的背景，是中国国际法学者"走出去"的重要力量，是深度开展国际法研究、参与国际法实践的生力军。

总之，国际法性质、国际法效力是国际法研究的基本理论问题，也是把握国际法产生、运作和发展规律的关键问题，结合历史和当代的实证研究，我们应该努力做到"知其然"，"知其所以然"，推动形成符合实际、符合中国和国际社会发展需求和时代趋势的中国国际法观、中国国际法基本理论，这是进一步丰富和发展中国国际法学、服务中国国际法实践的基础。以史鉴今，国际法的发展史，国际法的实践史，本国和他国与国际法发生联系、开展互动的历史和案例，都值得研究。国际法的发展进程是曲折、复杂的，也有比较明确的轨迹和方向可循，顺应历史和时代发展潮流，中国国际法学研究和实践都有巨大的发展潜力。

第三章

国际法的渊源

第一节 概述

第十九届中央委员会第四次全体会议通过的《中共中央关于坚持和完善中国特色社会主义制度 推进国家治理体系和治理能力现代化若干重大问题的决定》提到,"加强涉外法治工作,建立涉外工作法务制度,加强国际法研究和运用,提高涉外工作法治化水平。"2020年11月16日至17日,党首次召开了中央全面依法治国工作会议,将习近平法治思想明确为全面依法治国的指导思想。会议上,习近平总书记强调,坚持统筹推进国内法治和涉外法治。

"加强国际法研究和运用""统筹推进国内法治和涉外法治"体现在国际法所有分支领域。国际法的运用和涉外法治的推进,首先遇到的第一个问题就是寻找该问题"可适用的法律",也就是寻找国际法的渊源。由此,国际法的渊源问题是落实与贯彻"加强国际法研究和运用""统筹推进国内法治和涉外法治"精神的关键所在。

国际法的渊源这一问题,相关著作论文甚多,一直以来就是国际法理论与实践上的重要问题。理论上,学者们对国际法的渊源认识不一致,对其含义和种类均存在较大分歧。实践中,由于国际法没有一个适当的、如国内法那样具有全面和强制的立法、行政与司法体系来创造、解释和发展法律;所以联合国国际法院在其诸多判决中总会将"可适用的法律",即渊源问题作为首要问题和重要问题来对待。

一　国际法渊源的概念

"渊源"（source）是一种形象但似乎含义并不清楚的措辞。学者意见经常不一致，这是由于对法源（source of law）这一词就有不同理解所致。狭义地说，法源是指法律的规则所依以成立之方式或程序。依此类推，国际法的渊源（sources of international law）是指国际法的规则所依以成立之方式或程序。例如，凯尔森就认为，渊源是指创造国际法的方法。渊源不仅用以指各种创造法律的方法，而且用以表明法律的效力理由，特别是最终的理由。国际共同体的"宪法"是一套国际法规则，调整国际法的创造，决定国际法的"渊源"。创造国际法的两种主要方法是习惯和条约。① 周鲠生教授认为："所谓国际法渊源可以有两种意义：其一是指国际法作为有效的法律规范所以形成的方式或程序；其他是指国际法渊源第一次出现的处所。从法律的观点说，前一意义的渊源才是国际法的渊源；后一意义的渊源只能说是国际法的历史渊源。"② 王铁崖教授认为，国际法渊源是国际法原则、规则、规章、制度第一次出现的地方。③

国际法渊源在学理上也分为实质渊源与形式渊源。例如李浩培教授提出，国际法渊源，正如国内法渊源一样，主要可以区分为实质渊源和形式渊源两类。国际法的实质渊源指国际法规则产生过程中影响这种规则的内容的一些因素，如法律意识、正义观念、连带关系、国际互赖、社会舆论、阶级关系等。国际法的形式渊源是指国际法规则由以产生或出现的一些外部形式或程序，如条约、国际习惯、一般法律原则。④ 再如詹宁斯、瓦茨也将国际法渊源分类为形式渊源和实质渊源，但解释"形式渊源是法律规则产生其有效性的渊源，而实质渊源则表明该规则的实质内容的出处。并将渊源同起因、根据、证据加以区分。"⑤

---

① ［美］汉斯·凯尔森：《国际法原理》，王铁崖译，华夏出版社 1989 年版，第 253 页。
② 周鲠生：《国际法》（上册），商务印书馆 1976 年版，第 10 页；也可参见周鲠生（著）、周莉（勘校）《国际法大纲》，中国方正出版社 2004 年版，第 14—15 页。
③ 王铁崖主编：《国际法》，法律出版社 1995 年版，第 10 页。
④ 李浩培：《国际法的概念和渊源》，贵州人民出版社 1994 年版，第 52 页。
⑤ ［英］詹宁斯、瓦茨修订：《奥本海国际法》（第一卷，第一分册），王铁崖、陈公绰、汤宗舜等译，中国大百科全书出版社 1995 年版，第 13 页。

归纳上述主要观点，国际法渊源被分别理解为实质渊源、形式渊源、历史渊源、规范形式、规范出处、造法方式等。这些不同观点都各有其道理，反映的是理解者不同的角度。① 如果从国际法的运用，即国际裁判实践中要解决的争端事项来理解，国际法的渊源就是指从哪里找到适用于该问题的法律规范，这些可适用的国际法有何种表现形式，这些法律是否已被争端双方或国际社会所认可。因此，国际法的渊源也可以理解为在国际法上具有法律上拘束力的，且能在具体事项中适用的规则。

二 《国际法院规约》第 38 条

国际法渊源的任何讨论的起点，都离不开《国际法院规约》第 38 条，虽然《国际法院规约》第 38 条实际上并未使用"渊源"这一表述或概念，但第 38 条第 1 款一般在学理与实践层面，均被视为国际法渊源的一种完整陈述。

但是，必须在这里指出的是，《国际法院规约》第 38 条第 1 款的内容自从制定以来，已经经过了将近一个世纪，国际法规则从内容到形式都发生了非常重大的变化。那个时代的学者们针对当时国际社会的现实，认为条约和习惯法是用来回应和规制主权国家的期待、欲求、利益、价值体系和权力关系的两种最佳形式，这是可以理解的。国际法的形式并非一成不变，对于上个世纪的主流理论，我们在加深与加强认识的同时，还应保持一种历史的批判性视角，而不是盲目沿袭既有的学说。

第 38 条

1. 法院对于陈诉各项争端，应依国际法裁判之，裁判时应适用：

（1）不论普通或特别国际协约（international conventions），确立诉讼当事国明白承认之规条者；

（2）国际习惯（international custom），作为通例之证明而经接

---

① 慕亚平、周建海、吴慧：《当代国际法论》，法律出版社 1998 年版，第 15 页。

受为法律者；

（3）一般法律原则（general principles of law）为文明各国所承认者；

（4）在第 59 条规定①之下，司法判例（judicial decisions）及各国权威最高之公法学家学说（teachings），作为确定法律原则之补助资料者（subsidiary means）。

2. 前项规定不妨碍法院经当事国同意本"公允及善良"（ex aequo et bono）原则裁判案件之权。

第 38 条其实仅规定法院应该如何处理其所面临的争端案件，但关于第 38 条的学术争议一直都存在，例如第 38 条本身没有提及"渊源"，那各条款是否就是对渊源的穷尽性列举；再如第 38 条是否表明了国际法各渊源之间存在一种顺序或等级；还如，有观点认为不应该从"争端解决之法律适用"的角度考虑国际法的渊源。② 在这些不同的观点中，大部分的国际法学者对于第 38 条所列即国际法渊源是最广为接受的。③

当然，多数学者主张第 38 条顺序列举的几种国际法渊源没有严格的位阶。第 38 条的渊源使用上也相当的灵活，各款之间的顺序也并非刚性，在实践中取决于国际性法庭或仲裁法庭需要解决的问题以及所面临的客观背景和具体情况。④ 王铁崖教授据此总结道："国际法的渊源主要是条约、国际习惯和一般法律原则，另外有辅助渊源，是司法判例和公法学家学说，再则有公平和国际组织的决议问题。"⑤ 本文先就第 38 条第 1 款列举的前三个法律渊源作更多的指引性阐释。

---

① 《国际法院规约》第 59 条规定："法院之裁判除对于当事国及本案外，无拘束力。"
② 参见张乃根《国际法原理》（第二版），复旦大学出版社 2012 年版，第 32 页。
③ ［英］蒂莫西·希利尔：《国际公法原理》（第二版），曲波译，中国人民大学出版社 2006 年版，第 15 页。
④ 参见贾兵兵《国际公法：和平时期的解释与适用》，清华大学出版社 2015 年版，第 25 页。
⑤ 王铁崖：《国际法引论》，北京大学出版社 1988 年版，第 55 页。

第二节 条约

一 概述

条约在实践中称谓很多,有关内容可参见本书与国际条约相关的指引内容。条约是国际法渊源之一,多数国际法规则都以条约的形式表现。条约包括双边条约和多边条约,按其性质可分为造法性条约、契约性条约和建立国际组织的条约。

造法性条约实际上是一种国际立法。有学者给出造法性条约的定义,认为造法性条约(law-making treaty)指多数国家参加的以制定共同遵守的行为规则为目的并载有共同遵守行为规范的条约,具体是指由许多国际法主体参加或承认的能够对国际法原则、规则产生创立、确认、补充或修订意义的国际条约。例如《联合国宪章》《联合国海洋法公约》《维也纳条约法公约》等都是典型的造法性条约,创立了许多具有拘束力的国际法规范,因而在一定程度上,这些造法性条约构成直接的国际法渊源。《布赖尔利万国公法》认为,造法性条约的"称呼"是正确的,但只是为了便利,因为一套法律秩序的所有规则不一定应当对社会的所有成员有拘束力;同时提醒,即便是一个造法性条约也受到适用于其他类型条约的限制,如对非缔约国没有拘束力。[①]

契约性条约(contractual treaty)是指国家之间所订立的确定特定事项的具体的权利和义务的条约。如交通运输协定、贸易协定均属此类,它们多是双边条约,都是对具体事务的协商,在处理具体问题的目的达到后即告终止,并不能创制国际法规则,而且仅对缔约各方有拘束力,不具有普遍性质,对其他国家没有拘束力,不直接产生一般国际法规范,因而契约性条约并不直接成为渊源,只有在经过发展该约所载规则被反复采用并以认,及构成国际习惯后成为间接的渊源。

造法性条约和非造法性条约是很难严格区分的。条约是复杂的,造法性条约中常常会出现契约性的具体的权利和义务,而非造法性条约中

[①] [英]安德鲁·克拉彭:《布赖尔利万国公法》(第7版),朱利江译,中国政法大学出版社2018年版,第34页。

有时也体现出"造法性"的特点。将一切合法有效的条约都视为国际法的渊源可能也是一个较合适的观点。①

二 中国的条约实践

条约是国际法最主要的法律渊源,是国际关系的重要法律载体,在各国对外交往与合作过程中发挥着重要作用。新中国成立至今,向来重视条约缔结的相关实践。②

根据《中国国际法实践案例选编》的回顾与总结,新中国成立以来,中国对外缔约了25000多项双边条约,参加了近500项多边条约,涉及中国参与政治、经济、社会、文化等领域国际交往的方方面面。总体看,中国缔约实践大体可以划分为三个阶段。

第一阶段是1949年至1978年。这一时期,新中国刚刚建立,维护国家生存是头等要务。由于受以美国为首的西方封锁,国际环境恶劣,中国对外交往有限,缔约工作在曲折中得到初步发展。主要特征为:条约继承上"打扫干净屋子再请客"。主要目的是巩固新生政权并满足国家生存基本需要,条约法制建设初步发展。

第二阶段是1979年至1990年。在1978年党的十一届三中全会上,中央决定把全党工作重点转移到社会主义现代化建设上来,并实行改革开放。随着1979年中美建交,中国陆续同西方发达国家全面建交。这一时期,中国缔约工作取得了新发展,主要表现在:条约数量增加,范围扩大,种类增多;逐步参与多边国际条约,开始融入国际体系,条约法制建设取得突破。

第三阶段是1991年至今。这一时期,中国继续深化改革开放,综合国力不断增强,国际影响力持续上升,特别是在2001年中国加入世界贸易组织后,与国际社会的联系更加紧密,中国缔约活动也进入一个新时期,呈现出一些新特点,例如缔约行为活跃,数量大幅攀升;缔约领域不断扩宽,积极参与规则制定。

---

① [英]阿库斯特:《现代国际法概论》,中国社会科学出版社1981年版,第30页;端木正主编:《国际法》(第二版),北京大学出版社1997年版,第22页。

② 相关研究可参见戴瑞君《国际条约在中国法律体系中的地位》,中国社会科学出版社2020年版。

因此，从中国条约发展的历程看，条约与国家和外交发展一脉相承、同步同频，是中国综合国力和国际地位不断上升的缩影，每个阶段的条约都鲜明地反映出该阶段的时代特征。①

第三节 习惯

第 38 条第 2 款提到另一种重要的国际法渊源，即"国际习惯"，并定义为"作为通例之证明而经接受为法律者"。布赖尔利提出，习惯不仅仅是惯例（habit）或通例（usage）。"这里所寻求的是各国对于特定的实践作为义务而予以一般的承认。"虽然有时习惯和惯例可以交替使用，但是这两个术语有特定的技术范围并具有不同的含义。惯例是一种不表示法律义务的通例。② 国际习惯，多称为"习惯国际法"或"国际习惯法"。

习惯怎么与不具有法律义务的通例相区分呢？传统观点认为，具有以下两个要素，习惯国际法规则才有效：客观因素，即"通例"；主观因素，即"法律确信"（opinio juris）。客观因素指的是国家的行为和实践；而主观要素指的是法律及必要的信念，即国家主观上确信有关的行为是强制性的，而非国家可自由决定的。正如国际法院在"大陆架划界案（利比亚/马耳他）"中所指出的，国际习惯的实质内容必须在国家的实际行为和法律确信中寻找。因而，习惯法国际法规则必须由客观要素和主观要素来验证它是不是真正的习惯法规则。这两个要素缺一不可。

一 国家实践

从习惯法的性质或特征可知，普遍的、广泛的、具有代表性的国家实践的存在，是习惯法生成的必要条件。"普遍的、广泛的、具有代表

---

① 中华人民共和国外交部条约法律司编著：《中国国际法实践案例选编》，世界知识出版社 2018 年版，第 81—84 页。

② ［英］安德鲁·克利彭：《布赖尔利万国公法》（第 7 版），朱利江译，中国政法大学出版社 2018 年版，第 35 页。

性的"这些用语没有精确的含义,但是它至少应该包括特定行为下利益受到特别影响的国家的主要实践,不应存在大量的、相反的国家实践。在一个实践究竟经过多久可以发展成为习惯法规则的问题上,国际法并无定论。例如,1945年杜鲁门宣言才第一次提出了大陆架属于沿岸国的主张,而到1958年《大陆架公约》通过时大陆架已经成为国际法上明确确立的概念。

查明属于国家实践的"接受为法律的通例"并不容易,属于这样的国家实践证据种类庞杂且多样。伊恩·布朗利(Ian Brownlie)曾作出了如下列举,包括外交文书、政策声明、新闻发布、政府法律顾问在正式场合表达的观点、有关法律问题的官方手册、行政决定和实际做法、向武装部队下达的命令、国家对国际法委员会起草的草案所作评论、国家立法、国际司法判例、条约和其他国际文件、国际组织实践、联合国大会有关法律问题的决议等。① 但是,这些列举并不代表就是所有可以证明国家实践存在的证据。在一些情况下,其他代表国家行动或发言的人的作为或不作为也可能会被认为构成国家态度的表示。因此,某项习惯国际法规则存在与否的证据,完全取决于场合和具体的情形。

二 法律确信

"法律确信"作为习惯国际法两要素中的一个重要因素,同样不容易识别与认定。国际法院对1969年"北海大陆架案"就"法律确信"问题提出过一些经典的阐述。在该案中,荷兰和丹麦主张1958年《大陆架公约》第6条已经发展成为习惯国际法,国际法院否认了这一主张,提出:

> 这个问题的核心是……即使关于公约非缔约方划界活动的例子比实际进行的此类活动多,这些例子加总一起也不足以构成法律确信;因为法律确信的存在需要两个构成条件。它不仅要求相关行为已经成为确定的实践,而且要求必须有证据证明相关国家这样行为是因为确信法律上有规则要求这样行为。这种信念作为一个主观要

---

① 参见贾兵兵《国际公法:和平时期的解释与适用》,清华大学出版社2015年版,第31—32页。

素而存在之必要隐含于"必要的法律确信"的概念之中。因此，相关国家必须认为它们是在遵守法律上的义务。行为的频繁程度，甚至具有惯常性的特征，都不足以证明法律确信的存在。①

另一方面，也有观点认为证明法律确信也并非想象般的复杂。"针对尼加拉瓜的军事和准军事行动案"（尼加拉瓜诉美国）实体阶段判决中，国际法院在考虑习惯法中是否存在禁止使用武力规则时，依据了一系列联合国大会决议的内容，并认为禁止使用或威胁使用武力规则存在法律确信。② 在面临法律确信的问题时，一致、稳定的国际实践实际上提供了初步证据，在没有相反实践的情况下，甚至可以说法律确信已经形成。因此，确定法律确信存在与否，很大程度上是个证据问题。在证据的不断取舍、比较之中，最终可以得到一个较为确定的结论，即习惯国际法规则要么存在，要么不存在。如果不存在，法官或仲裁员可以通过其他渊源来寻找可适用的规则，从而解决争端。

三　国际法委员会"习惯国际法的识别"专题

习惯国际法形成、识别及其证据问题的复杂性与重要性受到了国际社会的关注。国际法委员会在2012年第64届会议上决定将"习惯国际法的形成与证据"专题列入工作方案，并任命迈克尔·伍德爵士（Michael Wood）为特别报告员。2013年，委员会第六十五届会议决定将专题标题改为"习惯国际法的识别"（Identification of customary international law）。委员会于2018年审议了起草委员会的报告，二读通过了关于习惯国际法的识别的整套结论草案。草案结论对于习惯国际法的识别具有一定的研究借鉴价值，如下列出相关的草案结论。

结论3　两个构成要素的证据评估

1. 为查明是否存在一项一般惯例及该惯例是否被接受为法律（法律确信）而对证据进行评估时，必须考虑到总体背景、规则的

---

① *North Sea Continental Shelf*, Judgment, I. C. J. Reports 1969, p. 3, para. 77.
② *Military and Paramilitary Activities in und against Nicaragua* (*Nicaragua v. United States of America*), Merits, Judgment, I. C. J. Reports 1986, p. 14, para. 188.

性质以及有关证据被发现时的具体情况。

2. 两个构成要素中的每一要素必须单独予以确定。这就要求评估每一要素的证据。

结论 7　评估国家实践

1. 应考虑特定国家的所有已知的实践，作为一个整体进行评估。

2. 如果特定国家的实践不一致，可根据情形减少赋予该实践的权重。①

四　"一贯反对者"规则

在适用范围上，习惯国际法要受到"一贯反对者"（persistent objectors）规则的制约。② 也就是说，如果一个国家在习惯国际法的一项新规则形成之初就公开表示反对，并且此后一贯保持这一立场，那么它将不会受到这项新规则的约束。国际法院在1951年的"渔业案"中充分阐释了这一原则。该案是国际上首例有关领海基线问题的判例。挪威有着漫长和曲折的海岸线，其沿海水域蕴藏着非常丰富的渔业资源。一战后，英国和挪威经常就挪威沿岸的渔业资源发生争端。为保护本国利益，1935年，挪威公布敕令，用直线基线的方法划定了本国的领海区域，这种方法在二战后对英国适用。英国在1949年向国际法院起诉，坚持认为正常领海基线的划定规则对挪威有拘束力，挪威不应采用直线基线的方法而应采用正常基线划定领海。国际法院首先在一般国际习惯法的层面上阐述了这一问题。国际法院认为，挪威一直对该规则表示反对，从未有任何企图将它适用于自己的领域内，英国提供的相关证据也不能表明此项习惯规则对挪威具有拘束力。国际法院进而明确了"在习惯国际法规则形成的过程中，如果一个国家从开始就反对，同时持续长久的反对该规则约束自己，一方面尽管它难以影响规则建立，另一方面

---

① 参见联合国大会《国际法委员会报告》（第七十届会议）（2018年4月30日至6月1日和7月2日至8月10日），A/73/10，第121—160页。

② 参见高健军《"一贯反对者"规则在中美有关军舰领海通过分歧中的作用初探》，《边界与海洋研究》2019年第5期。

它可以因此有不适用规则的权利。一国家仅仅可以对正在建立中习惯国际法表示反对意见,当此项国际习惯建立以后,这个就只能受这项习惯国际法的约束,此时的抗议无效"。① 由此观之,在一项习惯法的形成过程中,只要一个国家未对这项原则有过明确的反对表示,那么原则上这项规范就可以约束该国家。

当然,有学者指出,一贯反对者规则在具体适用上不能走极端,在认定该反对是否成立时,其他国家对于该反对行为的默认或支持也是需要考量的因素,② 一项新的习惯法规则在何种程度上可以强加于反对国将取决于并且应当取决于所有相关情况。但无论如何,一贯反对原则的存在限制了习惯国际法的适用范围,使其无法自动成为具有普遍适用效力的法律。也就是说,即便证明了某一规则是习惯国际法,也不意味着它就具有了普遍有效性。但是,这种限制条件在一般国际法中却不存在,因为只有那些对所有成员都具有拘束力的规则才能成为一般国际法。相反,特殊习惯国际法的就不能约束所有国家,它的效力仅仅及于特定的国家。

除了条约与习惯,《国际法院规约》第 38 条还提到了一些其他渊源,例如一般法律原则、司法判例及公法学家的学说等。

第四节　一般法律原则与确定法律原则的辅助资料

一　一般法律原则

《国际法院规约》第 38 条第 1 款 C 项的 "一般法律原则（general principles of law）为文明各国所承认者",究竟是指国际法基本原则,还是 "文明国家" 普遍承认的法律原则是较难区分的。例如有学者就认为,前者是普遍国际法或习惯法的一部分,后者仅存在于国内法律制度中。

---

① *Fisheries case*, Judgment of December 18th, 1951, I. C. J. Reports 1951, p. 116, p. 131.
② 王铁崖:《国际法引论》,北京大学出版社 1998 年版,第 79 页。

一些外国学者介绍了第38条第1款C项的历史背景，可能有助于对这一项的理解。例如，当时法学家咨询委员会主席建议常设国际法院在具体案件中也应适用"被文明国家法律良知所确认的法律规则"，但这一建议遭到了委员会其他成员的反对，他们主张法院应仅适用来源于国家意志及体现在习惯或条约中的规则和原则。后来英国代表提议了一个折衷的建议，即法院应该适用"文明国家所承认的一般法律原则"。这一建议得到接受，并规定在《国际法院规约》中。这些"一般法律原则"的范围也没有得到国际法院的明确确认。实践中，国际法院本身在审理案件时没有明确称其要援引《国际法院规约》第38条第1款C项，仅在法院法官的个别意见或异议意见中使用了被"文明国家所承认的一般法律原则"这一表述。① 蒂莫西·希利尔认为第38条第1款C项中的"文明国家"说法是过时的，而且带有歧视的含义。② 由于组成国际社会的国家在政治、社会制度等方面互不相同，能共同适用于国际法中的一般法律原则是为数不多的。因此，即使是能适用于国际法中的、作为渊源的一般法律原则，也要注意它在任何时候都是为了填补条约与习惯法的空白的。

二 司法判例

司法判例在国际法渊源中很重要。按照《国际法院规约》第38条的表述，司法判例及各国权威最高之公法学家学说是认定一般法律原则的辅助资料，而不是实际的法律渊源，但在实践中，尽管根据《国际法院规约》第59条的规定，国际法院的判决除了在当事方之间以及对正在处理的案件以外，并没有拘束力，但法院确实以实际行动在努力保持在相同问题上遵循过去的判决与说理，并在此过程中不断增加一些判断与说理的确定性与延续性。因此，虽然国际法上不存在普通法上所谓的遵循先例理论，但仍然可以发现，争端当事国、国际性法庭或仲裁庭的法官或仲裁员等国际法工作者都经常在各种场合援引国际法院和常设国

---

① ［英］蒂莫西·希利尔：《国际公法原理》（第二版），曲波译，中国人民大学出版社2006年版，第26页。
② ［英］蒂莫西·希利尔：《国际公法原理》（第二版），曲波译，中国人民大学出版社2006年版，第27页。

际法院的判决。近年来，国际司法判例对于一些传统不确定的法律问题的发展，起到了极其积极的推动作用。尽管如此，这并不意味着国际司法判例在个案中创造性裁决或发展性说明，势必会被嗣后的国际立法进程所吸纳。"司法造法"的成果得到正式国际立法进程的认可，相关创造性和发展性的裁决才有可能成为国际法上具有法律约束力的渊源。

除了常设国际法院和国际法院之外，司法判例这一用语还包括国际仲裁裁决和国内法院判决。值得注意的是，国内法院判决在推动习惯国际法的形成方面也能发挥作用，构成国家实践的证据。① 国内法院判决这种形式的证据，虽然完全不属于《国际法院规约》第 38 条所作的渊源和所适用法律的描述，但却提供了国家实际行为的具体例子。一些学者倾向于国际性法庭或仲裁法庭在实践中应广泛地参考国内法院的判决。② 一般而言，国内法院判决的重要性取决于国内法院的地位，一国内最高法院作出的一些涉及公法性质的判决较容易获得国际法庭上的参考与援引。

三 各国权威最高之公法学家的学说

作为确定法律原则的辅助资料，第 38 条包括了"各国权威最高之公法学家学说"。一方面，在历史上，公法学家的学说对国际法发展的影响是显著的。随着实证主义的兴起以及随之而来的对国家主权的强调，条约和习惯取得了国际法规则的主导地位，公法学家论述在渊源中的重要性开始下降。但不能忽视的是，当国家在提出它们的主张，国家法律官员向政府提供咨询意见，各国际司法和仲裁机构考虑其判决，以及国内法院的法官认为仍有必要时，都会参考并引用著名公法学家权威的法律论著及相关学说。当然，谁是各国权威最高之公法学家是一个主观评价的问题，并无定论。

---

① 例如，国际法委员会的"习惯国际法的识别"二读通过的整套草案结论评注中提到，国际性法庭和各国国内法院之间的区别并不总是那么明确；依据各国国内法院的判决作为确定习惯国际法规则的辅助手段时需要采取审慎的态度。参见联合国大会：《国际法委员会报告》（第七十届会议）（2018 年 4 月 30 日至 6 月 1 日和 7 月 2 日至 8 月 10 日），A/73/10，第 154 页。

② ［英］马尔科姆·N. 肖：《国际法》（第六版）（上），白桂梅、高健军、李永胜、梁晓晖译，北京大学出版社 2011 年版，第 90 页。

第五节　与国际法渊源相关的几个问题

如前述，关于国际法渊源的探讨不能仅局限于《国际法院规约》第38条。《国际法院规约》第38条第1款提供了一个简单明晰的框架，只要把某一规则划归到某一范畴之中，就可以马上确定它的适用范围，不需要再多费气力去寻找更多的资料来做佐证。从这个意义上说，该条款大大简化了国际法学家的工作。它确实具有重大价值。但是，就一般国际法的认定而言，虽然这一条款可以提供一个有用的线索（useful clue），却不能成为决定性的标准（decisive test）。因为这一条款并非穷尽性的规定，它只是列举了主要几类可以被国际法院适用的有拘束力的法律规则的形式。从文本上看，没有任何明确的规定，禁止国际法院适用第38条第1款以外的规则。

国际法在这些年的发展最明显的一个方面就是国际组织数目的增加，以及"软法"概念的出现。这些都对国际法的渊源有很大的影响。

一　国际组织的决议

国际组织的决议的法律地位，特别是联合国大会决议是否能成为国际法的渊源，尤其是能否在国际性裁判机构中成为裁判案件时的法律适用依据问题，一直以来都是有争议的。王铁崖先生认为，"并不是所有的国际组织的决议等文件都有可能成为国际法的海涛，而只有普遍性国际组织的才有此可能；而且只能是这些文件中一部分形成国际法的渊源。它们或者反映着国际法的原则、规则和制度，或者体现着正在形成国际法中的原则、规则和制度，而且在国际法的发展中起着一定的作用。这样，这一部分国际组织的决议等文件才形成国际法的补充渊源"。[①]《奥本海国际法》（第9版）认为，国际法院在裁判案件时已经在运用国际组织的决议来解决问题。

由此可见，国际组织的决议，尤其是联合国大会的决议在国际法的

---

① 邓正来编：《王铁崖文选》，中国政法大学出版社1993年版，第174页。

渊源问题还是相当重要的。在讨论决议的效力时，可以根据联合国大会决议的三个不同种类，对其与国际法的渊源问题展开思考。① 第一类是决定（decision）。按照《联合国宪章》第 2 条第 5 款和第 17 条的规定：联合国这类"决定"对会员国有约束力。第二类是建议（recommendations）。《联合国宪章》第 10 条规定："大会得讨论本宪章范围内的任何问题或事项，或关于本宪章所规定的任何机关的职权，并除第 12 条所规定，得向联合国会员国或安全理事会或兼向两者提出对该问题或事项的建议。"因此，"建议"的本质是没有约束力的，建议自身不能立即创制有约束力的国际法规则。但是，建议能被用作国家实践的依据，根据上文提及的国际法委员会的专题结论，这是有助于习惯国际法的确立的。第三类是宣言（declarations）。《联合国宪章》第 4 章虽未对宣言作出明确的规定，但根据联合国大会的实践，宣言也是联合国大会决议的一种。有很多重要、经典的由联合国大会通过的宣言，例如 1948 年联合国大会通过的《世界人权宣言》；1970 年《关于各国建立友好关系及合作的国际法原则宣言》；1946 年通过的《确认〈纽伦堡法庭宪章〉所包含的国际法原则》。虽然，对宣言的效力存在争议，但是宣言不是建议，也不能用评价建议的方式来评价宣言的渊源问题。

关于联合国决议的效力，近年有些经典的司法实践，值得关注与回顾。

国际法院在 1996 年"威胁和使用核武器咨询意见案"中指出，"联大决议即使不具有约束力，有时也可能具有规范价值。在某些情况下，它们能为确立一项规则的存在或法律确信的产生提供重要证据。为了确定某一联大决议是否如此，有必要分析其内容和通过情况；也有必要了解对其规范性是否存在法律确信"。② 法院的此种意见也得到了其他案件的支持，例如在"查戈斯咨询意见案"中，为了确定联大第 1514（XV）号决议是否反映了习惯国际法，法院注意到该决议获得 89 票支持、9 票弃权，并且参与表决的国家都不质疑民族自决权的存在，部分

---

① Blaine Sloan, "General Assembly Resolution Revisited (Forty Years Later)", (1987) 58 *British Yearbook of International Law* 39, pp. 39 – 150.

② *Legality of the Threat or Use of Nuclear Weapons*, Advisory Opinion, I. C. J. Reports 1996, p. 254, para. 70.

国家之所以弃权是认为需要更多时间实施该项权利。并且，法院还认为该决议的用语具有规范性，因为其前言确认了"所有人都享有自决权"，其内容规定了"在托管领土和非自治领土或者所有其他尚未取得独立的领土内，应立即采取步骤，按照这些领土上人民自由表达的意愿和愿望，无条件或保留地将一切权力移交给人民"。①

经典的案件还出现在海洋法领域中。2020年，《联合国海洋法公约》附件七仲裁法庭在乌克兰诉俄罗斯"黑海、亚速海和刻赤海峡沿海国权利案"认为"联大决议决定事实和法律的效果在很大程度上取决于决议的内容和通过的情况和背景"。② 2021年1月28日，国际海洋法法庭特别分庭对毛里求斯与马尔代夫印度洋海洋划界案作出的管辖权和可受理性问题的初步反对意见判决中更是对联大决议的影响作出了不当的解读。③

由此可见，在某些情形下，联合国大会的决议能被用来设立有约束力的国际法规则。一个特殊的决议是否被看作是有效的国际法取决于许多标准，其中包括决议通过时的背景，对决议的表决及对决议所涉条款的分析。

二 软法

近些年来，软法理论得到了兴起与发展。这一理论认为，国际法是由具有不同程度法律约束力的行为规范所构成的，除了我们最常见的条约规则构成实在法义务以外，仍有一些尽管不是以条约规定的形式约束国家的国际法律文件，也为国际法主体设定了规范性的权利，并为行为规范提供标准。这两类规范，前一类称之为"硬法"，后者称之为"软法"。软法这一概念目前已在国际人权法和国际环境法等领域大量使用。

从国际法渊源角度看，"软法"是可以朝着"硬法"的方向发展

---

① *Legal Consequences of the Separation of the Chagos Archipelago from Mauritius in* 1965, Advisory Opinion, I. C. J. Reports 2019, pp. 132 – 133, para. 151 – 153.

② *Dispute Concerning Coastal State Rights in the Black Sea, Sea of Azov and Kerch Strait (Ukraine v. the Russian Federation)*, Award concerning the Preliminary Objections, 21 February 2020, para. 174.

③ 参见"国际海洋法法庭新近实践与法治"专题，《国际法研究》2021年第5期；另参见何田田《联合国安理会决议与国际法渊源关系的思考》，《南都学坛》2017年第3期。

的。例如，1948年的《世界人权宣言》是联合国大会以"宣言"形式通过的决议，没有法律拘束力，可被看作是软法。但是，从1948年起，《世界人权宣言》的内容和诸多规定已经得到逐步发展，以不同的形式发展为具有法律拘束力的"硬法"规范。除此以外，"软法"的概念也通常出现在国际环境法和卫生法领域。国际环境法的学者大量使用软法这一概念，在涉及环境问题的各种国际组织的决议中，一般含有大量的"软法"，这些组织例如世界卫生组织、国际原子能机构、国际海事组织以及粮食及农业组织等。随着科学技术的发展，国际环境法和卫生法领域的"软法"也能逐渐变成"硬法"。

软法理论最初主要是在国际法领域大行其道，目前已经从国际法发展进入国内法。学者们提出，软法理论引入中国，可以提供一种新的看问题的视角，提供一个新的理论工具和理论框架，能够有效解释中国的法律制度和法治现状，也为软法发展提供了广阔的空间。①

三 强行法

"软法"与"硬法"相对应，而"硬法"中的国际强行法也是国际法渊源中很有特色的一个问题。② 原则上，法律规范本身在国际法中是不存在等级之分的。效力等级的排序等也没有被常设国际法院和国际法院所采纳。但是，如果某个国际法规范是违背强行法（jus cogens）的，则该规范自始无效。

1969年《维也纳条约法公约》（以下简称《条约法公约》）第53条中规定了国际强行法："条约在缔结时与一般国际法强制规律抵触者无效。就适用本公约而言，一般国际法强制规律指国际社会全体接受并公认为不许损抑且仅有以后具有同等性质之一般指国家之国际法律始得更改之规律。"另外，《条约法公约》第64条也规定了条约缔结后，因与新产生的国际强行法规范相抵触使得该条约成为无效而终止。以上两项条款是《条约法公约》就国际强行法有关方面所作的主要规定，对国际法的渊源和当代国际法的发展都产生了深远的影响。

一些学者认为，一般国际法的某些原则是具有强行法特征的，所有

---

① 罗豪才、周强：《软法研究的多维思考》，《中国法学》2013年第5期。
② 参见邓华《国际法院对强行法的发展：规则和方法》，《南大法学》2020年第3期。

与这类原则相抵触的条约应属无效。我国国际法学界在强行法是否存在这一问题上，基本上还是承认国际法有强行法原则和规范的。例如，李浩培教授认为："任何法律秩序，不可能只含有任意法规则，可以由法律主体任意排除适用。认为主权国家有权将一切国际法规则以条约排除适用的理论，倾向于否定国际法的法律性，这是同国际社会的客观实际和客观需要相违反的。违反强行法规则的条约无效的原则，是各文明国家承认的一般法律原则，是久已存在的一个重要的法律原则。"①

第六节　国际法渊源的前沿与展望

一　一般国际法

20世纪的国际法学界在定义"特别国际法"与"一般国际法"的概念时，存在着一种通说，认为条约就是特别国际法，而习惯国际法则是一般国际法。这种认识实际上并不准确，因为一般国际法与习惯国际法之间存在着诸多差别，不能等同视之。

新时代的一般国际法，既不等于也不限于习惯国际法，而是包括了从各种认识根据中结晶形成的国际法规范。而且，新时代的一般国际法也不局限于裁判规范，在最广泛的意义上，它包括了和我们每一个人的日常生活息息相关的行为规范。对于中国而言，要应对来自周边海域国家的挑战，就不能局限在以《联合国海洋法公约》为核心的裁判规范或者在此基础上形成的习惯国际法规范，而应该进一步拓展视野，从更广泛的认识根据中寻找到建构一般国际法规则的依据，扩大话语空间，获得于己有利的规范性支持。同时，当代世界中各国力量格局的变化，国际社会整体结构的改变，也要求我们不能盲目沿袭既有的学说，而应密切结合当代国际社会的现实，考虑到不同主体在不同时期认识和运用国际法的情况，从多个层面上综合加以考量，发明出更加贴近现实生活的法律理论，以一种更加广阔的视野，灵活把握国际法的存在动态，力求在灰色的理论中展现出"活生生的国际法"（a living international law）

---

① 李浩培：《强行法与国际法》，《中国国际法年刊》，中国国际法学会主编，1982年，第62页。

的应有姿态。①

二 一般法律原则

国际法委员会在2018年其第70届会议上将"一般法律原则"列入其工作方案，并任命马塞洛·巴斯克斯—贝穆德斯先生为特别报告员，特别报告员目前已作出了两份相关报告。这一专题涉及研究作为国际法渊源之一的一般法律原则的源起、类别、功能、性质，以及一般法律原则与其他国际法渊源之间的关系等问题。目前，一般法律原则专题下的其中一个主要关注点是"两类"法律原则的问题，即是否区分源自国家法律体系的一般法律原则，以及在国际法体系内形成的一般法律原则。

根据国际法委员会和第六委员会到目前为止的辩论情况，国际法委员会很快就会围绕这一专题讨论了一般法律原则的功能，以及其与其他国际法渊源的关系。②

2019年10月，中国代表、外交部条法司贾桂德司长在第74届联大六委审议关于"国际法委员会第71届会议工作报告"议题的发言中提出，对于特别报告员第一次报告涉及的有关实质问题，有两点意见：一是一般法律原则的识别应有明确和严格的客观标准。此类原则是否满足《国际法院规约》第38（1）（c）条规定的为"文明各国所承认"这一条件，需要在各国实践的基础上，进行严谨充分的论证，不宜将少数国家、区域国家或个别法系认可的国内法律原则识别为一般法律原则。二是识别一般法律原则要和识别习惯国际法一样具有严格的标准。"一般法律原则"一般理解为来自各国法律体系中普遍适用的规则，用以弥补国际法规则的不足。如果认为作为例外情况一般法律原则也可来自于国际法本身，考虑到一般法律原则与习惯国际法有很大的相似性，特别是相关实践同样须具有普遍性和广泛接受性，一般法律原则的识别标准至少应同样严格，避免不满足习惯国际法识别标准的做法或实践被认定为

---

① 禾木：《当代国际法学中的"一般国际法"概念——兼论一般国际法与习惯国际法的区别》，《中山大学学报》（社会科学版）2014年第5期。

② 参见国际法委员会网页，https://legal.un.org/ilc/guide/gfra.shtml，2021年9月25日。

一般法律原则。①

"一般法律原则"作为国际法渊源之一具有重要意义。以《国际法院规约》第38（1）（c）条为起点，以广泛的国家实践和国际司法机构判例为基础，并采取审慎严密的方法开展研究，将有助于澄清一般法律原则的性质、来源、如何识别以及与国际法其他渊源的关系等重要问题，从而更好地发挥一般法律原则的作用，完善国际法体系。

三 国家单方行为

单方行为长期存在于国际关系中，而且日益频繁地出现。在某些情形下，国家单方行为可能产生国际法律义务。国际法院在1974年12月判决的"核试验案"（新西兰诉法国）中明确指出，以单方行为所作的关于法律或事实情况的声明可以具有创造法律义务的效力，这已经得到公认。这类声明的生效不需要其他国家的交换条件性质的行动或任何事后的接受，甚至不需要任何反应。形式问题也不具有决定意义。准备受拘束的意图是从对此行为的解释确定的。承诺的拘束性质产生于行为的条件，是以诚意为基础的，有关国家有权要求遵守该义务。有的学者认为，国家单方行为是国家行为中一项基本要素，条约行为与国家单方行为同样也是密切相关的，例如每个国家都是以一个又一个的单方行为表示对某一个条约的缔结、加入、签署、批准或退出等条约活动的。当然，这些与条约行为相关的国家单方行为依然有着重要的区别。

"单方面行为"的定义，本指引采纳国际法委员会于2006年通过的一套10项适用于能够产生法律义务的单方面国家声明"指导原则"中"原则1"的表述，如下：

国家的单方面行为指一国作出的单方面声明，目的是根据国际法产生某些特定法律效果。②

典型的单方行为有：抗议（protest）；承认（recognition）；放弃

---

① 参见 https://www.un.org/en/ga/sixth/74/pdfs/statements/ilc/china_23.pdf。
② 国际法委员会的这个定义也是源自国际法院1974年在"核试验案"判决中的意见。See Nuclear Tests (Australia v. France), Judgment, I.C.J. Reports 1974, p. 253, pp. 267-268, paras 43, 46; pp. 472-473, paras. 46, 49; Frontier Dispute (Burkina Faso/Republic of Mali), Judgment, I.C.J. Reports 1986, p. 554, at p. 573, para. 39.

(renunciation);通知(notification);允诺(promise)。允许是唯一产生严格意义上的国际义务的单边行为,确立了对向其他一个或更多国家作出允诺的国家具有拘束力的新规则。① 有学者指出,国家单方法律行为既是国家义务的渊源又是国际法的渊源;由于单方法律行为和条约同属国家的法律行为,它们的效力根据应当是相同的,国家意志、善意原则、基本规范、习惯法、一般法律原则等都可以作为其效力根据的解释。②

作为国家在国际关系中的一种表达方式,国家的单方面行为日益重要。单方行为这一概念涵盖各种各样的行为,涉及的范围很广,需要考虑所涉问题的具体情况,所涉问题的相关法律规则,才能较全面地评估单方面行为的法律效力和作用。当前,中国的单方行为较多地运用在不同的场合中,在当今错综复杂的国际关系下,中国不但要积极关注国际司法判例上关于国家单方行为的论述,运用这些论述来维护自己的合法权益;同时,也应巧妙地运用国家单方行为来表达我们的观点与意图。因此,国家单方行为同样能产生与国际法渊源相同的法律效果,也具备了与条约行为等国家行为的密切联系,进一步对该问题作出研究是非常必要的。

四 国际造法

一般而言,国家是通过缔结条约形成国际法规则,或以习惯法国际法的方式反映国际法。然而,目前国际法正越来越多地由国际组织和非国家行为者所创设。在一些情况下,国家授权国际组织制定对国家有约束力的规则;国际组织又发展了一些无法律约束力但具备一定参考性的规范和标准。非国家行为者,尤其是近年来呈爆炸性增长的非政府组织与跨国公司,在创设国际规范方面也发挥着越来越重要的作用。这些规则正在对国家、国际组织、跨国公司和个人产生重大影响。国际造法问题值得我们关注。一些学者指出,"国际造法",是指国家通过条约或习

---

① 参见[意]安东尼·奥卡塞斯《国际法》,蔡从燕等译,法律出版社 2009 年版,第 244—246 页。
② 周忠海、张卫华:《试论国家单方行为的若干基本问题》,《河南省政法管理干部学院学报》2007 年第 6 期。

惯等方式，制定、承认、修改和废止国际法规范的活动；所谓国际造法原则，是指国家在国际造法中所遵循的行为准则，它是国家据以进行国际造法的重要准绳，反映着国际造法的内在要求和精神品格。[①]

近年来，跨国公司在全球治理，乃至国际造法过程中的作用也受到了关注。跨国公司（transnational corporation），又称"多国公司"（multinational enterprise）、"国际公司"（international firm）。20 世纪 70 年代，联合国经社理事会较为全面地考察了跨国公司的各种准则和定义后，决定统一采用"跨国公司"这一名称。自国际法院 1970 年"巴塞罗那公司案"后，跨国公司在国际层面的实践以及引发的问题日渐增多。国际社会规范跨国公司行为的努力一直在持续，并产生了一些具有软法性质的文件，如经济合作与发展组织于 1976 年发布的《跨国公司指南》、国际劳工组织于 1977 年发布的《有关多国公司和社会政策之原则的三方宣言》。跨国公司所处的全球环境日益复杂和不稳定，并已开始在跨国尝试界定和实施治理政策等方面发挥更加积极的作用。[②]

五 研究展望

不争的事实是，随着综合国力和国际地位的提升，中国将越来越多地担任国际条约和国家实践的引领者和塑造者。国际社会高度关注中国的国际法治观，高度期待中国的国际法国家实践。为此，我们要配合中国特色大国外交理论和实践的发展需要，从理论和实务的角度深入研究人类命运共同体等重大外交思想，深入阐述习近平法治思想丰富的国际法内涵，推动国际法理论与实践创新，全面加强国际法的研究与运用。因此，对中国而言，国际法渊源的研究存在如下的挑战与相关重点方向。

第一，加强外交实践中的条约解释能力。条约解释在一定意义上体现了一个国家运用国际法的能力。条约的解释，是指条约解释主体（包

[①] 古祖雪：《国际造法：基本原则及其对国际法的意义》，《中国社会科学》2012 年第 2 期。关于国家在国际造法进程中的角色，可参见罗欢欣《国家在国际造法进程中的角色与功能——以国际海洋法的形成与运作为例》，《法学研究》2018 年第 4 期。

[②] Janet Koven Levit, "Bottom-Up International Lawmaking: Reflections on the New Haven School of International Law", 32 (2007) *Yale Journal of International Law* 393, pp. 400 – 401 (2007).

括有关国家或机构）按一定的规则和方法，对条约各条款、各条款相互间关系以及构成条约整体的其他文件的正确含义加以阐明。《维也纳条约法公约》第 31、32、33 条规定了"解释通则""补充的解释资料""两种以上文字认证的条约的解释"等条约解释规则。具体来说，条约应当就其用语按照上下文并参照条约的目的和宗旨所具有的通常意义，善意地予以解释。在条约解释能力方面，我们目前应该重点加强研究。

第二，注重通过国内法院的作用，尤其是最高人民法院的作用，逐步发展国家实践。如前所述，国内法院判决可能为某项习惯国际法存在与识别的证据类型，构成国家实践和法律确信的证据。因此，我国各级人民法院，尤其是最高人民法院，应该全方位注重一切有涉外因素的判决阐述与说理，这将能极大地有利于维护我国国家主权权利和发展利益，同时将有助于创造逐渐被国际社会所接受的国家实践。

第三，注重香港特别行政区和澳门特别行政区适用和缔结条约的法律安排和条约实践总结。"一国两制"是一项史无前例的伟大工程，如何解决香港、澳门特区适用和缔结条约问题，在条约层面落实好"一国两制"和两特区《基本法》，没有现成的做法和先例可循。中国政府做出一系列的"天才性"安排，创造性地解决上述问题，切实维护了国家主权统一和两特区繁荣稳定的同时，也极大地丰富和发展了国际条约法律理论和实践。中国成功处理港澳适用条约问题，是根据"一国两制"方针，从港澳特区的历史和实际需要出发，创造性运用国际法的结果。在具体的条约解释和适用中，港澳特区也给中国的条约实践提出了一些新课题和新挑战。例如，中国关于条约适用于港澳的实践是对条约地域适用原则的进一步丰富和发展；再如，特区是以特殊的缔约身份和名义具有对外缔约权，突破了传统条约法对缔约主体的限制，是对单一制国家地方政府缔约制度的重要发展；还如特区以不同身份参加的条约，相关国际权利和义务的承担方式有所不同。

总之，独具特色的特区适用条约模式，是中国对当代国际法发展的重要贡献，为国际社会解决类似问题提供了有益借鉴。港澳已分别回归多年，正处于承前启后、继往开来的关键时期，维护特区长治久安的任务仍然十分艰巨。我们未来的研究要加强对"一国两制"中与国际法渊源、国际条约、国家创新实践相关国际法问题的研究和总结，不断探索，为推动贯彻落实"一国两制"和发展国际法作出新的贡献。

第四，积极参与国际立法进程。在推动构建人类命运共同体的实践中，中国应主动将我国国际法理念和主张与以《联合国宪章》为基础的国际法体系衔接，在坚持《联合国宪章》宗旨和原则的基础上，不断推动相关制度、原则、规则的发展，更好应对国际社会共同挑战，同时，妥善应对当前保护主义、单边主义"逆流"，坚定维护多边体系和国际公平正义，为国际秩序的健康稳定发展做出中国贡献；继续积极推进在海洋、外空、网络、极地、气候变化等领域规则制定中探索体现人类命运共同体思想的方式和路径，不断完善全球治理体系。①

---

① 参见黄惠康《中国特色大国外交与国际法》，法律出版社2019年版。

第四章

国际法与国内法的关系

国际法与国内法的关系，既是国际法的基本理论问题，因为"它牵涉到国际法的性质、国际法的渊源、国际法的效力依据、国际法的主体等国际法上带有根本重要性的问题",① 又是国际社会如何对待国内法，特别是国家如何对待国际法的实践问题。伴随国际法调整范围的不断扩大，国家经常面临如何协调国际法与国内法、如何履行依据国际法承担的义务、国际法在一国法律体系中处于何种地位、如何解决国际法与国内法可能发生的冲突等实际问题。

第一节 国际法与国内法关系的理论观点

对国际法是否构成一个独立于国内法律秩序的体系的不同回答，形成了几种关于国际法与国内法关系的代表性学说。最为典型的是"一元论"与"二元论"，后又有所谓"协调论"。我国学者在反思这些理论的基础上，提出了"自然调整说""法律规范协调说"等思考国际法与国内法关系的新思路。

一 一元论

关于国际法与国内法关系的"一元论"（monism）认为，全部法律，无论它约束的是国家、个人还是非国家实体的行为，构成一个统一

---

① 王铁崖：《国际法引论》，北京大学出版社1998年版，第177页。

体。在他们看来，法律科学是一个统一的知识领域，一旦承认国际法是具有真正法律性质的规则体系，就无法否认国际法与国内法同属于法律科学这一整体的组成部分，并且是互有联系的两个部分。在这个大前提下，持一元论的学者在法律科学的统一体中，就国际法与国内法谁属优先的问题又有歧义，大致可划分为"国内法优先说"和"国际法优先说"。

（一）国内法优先说

一元论的国内法优先说主要为19世纪末20世纪初的德国学者所倡导，① 代表人物如耶利内克（Georg Jellinnek）、佐恩（Zorn）、考夫曼（Ehrich Kaufmann）、文策尔（Wenzel）等。他们虽然承认国际法是法律，但是认为国际法的效力来源于国内法，是从属于国内法的次一等的法律。这种学说认为，法律是国家意志的体现，并且国家的意志在法律上是绝对的和无限的；国家的一切活动，包括对外交往活动，均应依其国内法而定，例如若没有国内宪法关于缔约权的规定，国家便不得对外缔结条约。这派的代表人物，如佐恩、文策尔等进一步将国际法理解为"对外的公法"，是国内公法的一个分支，因此国际法的效力和权威均来自于国内法；只有依据国内法，国际法才能成为法律。

根据这一学说，既然国际法的效力来源于国内法，那么国家就可以依其国内法任意地否定国际法的法律效力，解除其根据国际法承担的义务，从而根本否定了国际法的存在。这一学说在理论上的片面性受到了其他学说，特别是二元论的强烈抨击；又因其同现实经验的脱节，在第一次世界大战后逐渐失去了影响力。

（二）国际法优先说

一元论的国际法优先说兴起于第一次世界大战后，其代表人物有社会连带法学派的波利蒂斯（Politis）、塞尔（Scelle），以及规范法学派（也被称为维也纳法学派）的凯尔森（Kelsen）、菲德罗斯（Verdross）和孔慈（Kunz）等人。持这一观点的学者认为，国际法与国内法同属于一个法律体系。在这个法律体系中，国际法的地位高于国内法，国内

---

① 一元论之国内法优先说最早由德国学者 J. J. Moster 提出，后经 C. Bergbohm、A. Zorn 和 M. Wenzel 发展完善。参见［意］安东尼奥·卡塞斯《国际法》，蔡从燕等译，法律出版社2009年版，第284—285页。

法从属于国际法，在效力上依靠国际法。而国际法的效力则最终依赖于一个最高规范——"约定必须遵守"。代表人物凯尔森从国际法与国内法的主体、规定事项、渊源、效力理由等方面论证国际法与国内法属于同一个法律体系，而不是两个不同的法律体系。根据凯尔森的理论，构成这个法律体系的法律规范有高低等级之分，低级规范从高级规范中获得效力，国内法从国际法规范中获得效力。不能从更高规范中得到自己效力的规范称为"基础规范"（basic norm）。这个基础规范就是"约定必须遵守"，它的效力是不证自明的，它既是国际法效力的依据，也是整个法律规范体系的效力依据。①

国际法优先说在第二次世界大战后受到欧美一些学者的推崇，其影响延续至今。英国的劳特派特（Hersch Lauterpacht）和美国的杰塞普（Philip C. Jessup）均倾向于此说。但是国际法优先说的缺陷也是显而易见的。首先，理论上，所谓基础规范或最高规范的效力从何而来，该学说并没有给出令人信服的论据。其次，这一学说以世界主义思潮为背景提出来，主张国内法从属于国内法，在逻辑上将否定国家主权原则这一国际法的基本原则，与当今国际社会的现实不符。

尽管如此，国际法优先说强调了国际法对国家行为的控制，强调各国及其代表应当遵守国际法律规则。这一理念对第二次世界大战之后各国处理国际法与国内法的关系产生了重大影响。许多国家在宪法中明确规定：该国缔结的条约具有优于国内法的法律地位。

二 二元论

19世纪末20世纪初，在英美国际法实践的基础上，出现了承认国际法权威的二元论（dualism）。它对一元论之国内法优先说进行了有力批驳，并与一元论之国际法优先说一度形成学术上的论战，其代表人物有德国学者特里佩尔（H. Triepel）和意大利学者安齐洛蒂（Anzilotti）等。二元论以实在法理论为基础，主张国际法和国内法分别构成各自的法律秩序，属于完全不同的两个法律体系。国际法与国内法的关系不是一种从属关系，而是一种平行关系，因此该学说又被称为"国际法与国

---

① ［美］汉斯·凯尔森：《国际法原理》，王铁崖译，华夏出版社1989年版，第339—348页。

内法平行说"。特里佩尔在其著作中阐明了国际法与国内法的主要不同。首先，二者调整的社会关系有别，国际法调整国家与国家之间的关系；国内法调整一国范围内的个人与个人之间的关系，或者国家同其管辖下的个人之间的关系。其次，二者的效力依据不同，虽然二者的效力均来自于国家的意志，但是国内法的效力来源于一国单独的意志；而国际法的效力则来源于多数国家的共同意志。安齐洛蒂则进一步认为，国际法和国内法的区别还在于决定各自体系的基本原则不同，国内法取决于"国家立法必须遵守"的基本原则，而国际法则是由"约定必须遵守"原则决定的。基于上述理由，二元论认为国际法与国内法属于法律的不同分支，各成体系，虽可以相互参考，但是彼此并不隶属，不存在等级高低的问题。除实证法学派的学者外，一些非实证法学派的学者，尤其是国内法院也支持二元论。但他们的着眼点在于国际法与国内法的渊源不同，国际法的渊源主要是条约和习惯，而国内法的渊源则主要包括国家立法机构通过的成文法以及法院的判例。

与一元论之国内法优先说相比，二元论承认国际法的法律约束力，反映了遵守国际法的意愿，但也为国家留下了某种"紧急出口"：由于国际法只有通过国内法律机制的"转化"才能在国内法确定的范围内实施，所以当遵守国际法与国家利益产生严重冲突时，国家可以通过不予转化国际法的方式阻止国际法规则在国内发挥作用。① 因此可以说，二元论反映了适度的民族主义，反映了那一时期国际社会的现实。

然而也应看到，关于国际法与国内法平行或对立的二元论过分强调了二者在形式上的区别，而忽视了它们在实际上的联系。这种联系因为国家既是国内法的制定者，又参与制定国际法而愈加紧密，将二者简单对立起来不能全面说明国际法与国内法之间在现实中的复杂关系。

三 协调论

协调论（theories of Co-ordination）是一种解释国际法与国内法关系的新理论，以杰拉尔德·菲茨莫里斯（Fitzmaurice）、奥康内尔（O'Connel）等人为代表人物。这种理论认为，既然国际法与国内法运

---

① 参见［意］安东尼奥·卡塞斯《国际法》，蔡从燕等译，法律出版社2009年版，第286—287页。

作的领域不同，两种法律秩序作为体系就不会发生冲突，它们在各自的领域内都享有最高地位。但国家可能面临义务上的冲突。此时，需要将国际法和国内法解释得协调一致。另一方面，如果国家在国内法层面上未按照国际法所要求的方式运作，其结果并不是国内法的无效，而是国家应在国际层面上承担责任。这是因为，在协调论者看来，国际法是一种协调法，不会使与国际义务发生冲突的国内法规自动废止。英国国际法学者伊恩·布朗利（Ian Brownlie）也赞同这一理论，认为它与一元论和二元论相比，更加接近于现实。①

实际上，协调论与二元论有着共同的前提，即国际法与国内法属于两个不同的法律体系，两个体系在各自的领域中都是最高规范，哪一个领域都不能对另一个领域享有支配权。协调论揭示了国家在处理国际法与国内法的冲突时一种常用的方法，就是将二者解释得协调一致。

四 自然调整说

中国大部分学者既不赞同一元论，也不支持绝对的二元对立理论，而主张国际法与国内法关系的"自然调整说"。我国国际法学家周鲠生先生较早阐释这一学说。他认为，国家制定国内法，同时也参与制定国际法，国家的对外政策和对内政策都有密切的联系，而法律是为政策服务的，国家的对外政策自然影响它对国际法的态度和立场。因此，国际法和国内法按其实质来看，不应该有谁属优先的问题，也不是彼此对立的。国际法和国内法的关系问题，归根到底是国家如何在国内执行国际法的问题，也就是国家如何履行国际法义务的问题。按其性质，国际法约束国家而不直接约束国家的机关和国内的人民，即使国内法违反了国际法，其国内法庭仍需执行，但国家因此将负违反国际义务的法律责任。所以，国家既然承认了国际法规范，就有义务使它的国内法符合国际法的规定。而"从法律和政策的一致性的观点来说，只要国家自己认真履行国际义务，国际法和国内法的关系总是可以自然调整的"。②

与协调论一样，自然调整说也承认国际法与国内法属于两个不同的

---

① ［英］伊恩·布朗利：《国际公法原理》（第5版），曾令良、余敏友等译，法律出版社2003年版，第52页。
② 周鲠生：《国际法》（上册），商务印书馆1981年版，第20页。

法律体系。二者之间的关系之所以能够自然调整，是因为首先，既然国家既制定国内法，又参与制定国际法，那么当国家在参与制定国际法时会考虑到本国的国内法，当制定国内法时也会考虑到自己依据国际法承担的义务，这就使得国际法和国内法能够在内容上保持一致。其次，自然调整说一方面确认了国际法具有不会使与之冲突的国内法当然无效的"协调法"性质，另一方面认为国家认真履行国际义务的态度，能够避免国际法与国内法之间的冲突，使二者达到自然调整的状态。而国家认真履行国际义务在实践中包括调整与其承担的国际义务不相符合的国内法。

自然调整说既强调国家主权，也强调国际法对国家的拘束力，较为全面地反映了国际法与国内法关系的现实。从自然调整说我们还可以看到国际法与国内法在内容上相互渗透、相互转化的动态关系，当今在人权保护等法律领域中国际法与国内法相互影响的趋势也证明了这一点。

五 其他理论

近年来，我国有学者提出了国际法与国内法关系的"法律规范协调说"，此学说可以被看作是运用规范法学的理论，对国际法与国内法规范的内在关联性的进一步思考。该学说认为法律规范的和谐一致是准确把握国际法与国内法关系的理论起点，法的内在特质的普遍性与形式特征的共同性以及法治社会对法律体系融合协调的基本要求，决定了国际法与国内法必须而且只能在法律规范的统领下和谐共生、协调一致。国际法律规范与国内法律规范既分别在各自的法律系统范围内达到内部的和谐一致，又在总体上相互关联、互为因果、互相渗透、互相促进。[①]

还有学者根据全球化和国际治理的原理，以经济分析的方法提出了国际法与国内法之间实质上是一种和谐共处、互济共赢的"利益协调关系"。[②]

另有学者指出，当今世界，全球化进程刺破国际法与国内法的分野

[①] 李龙、汪习根：《国际法与国内法关系的法理学思考——兼论亚洲国家关于这一问题的观点》，《现代法学》2001年第1期。

[②] 参见万鄂湘主编《国际法与国内法关系研究》，北京大学出版社2011年版，第34—59页。

而呈现出的一元化倾向与"新民族主义"导致的国际法的碎裂并存，提出可以用"全球法律多元主义"（global legal pluralism）① 来描述国际法与国内法关系的现状。论者认为，全球化进程促使国际社会出现三方面的新发展：首先，出现了一套超越国家与国际的疆域界限的国际价值观。这些价值观，特别是法治与人权，往往被视为各国在国际秩序和国内社会都应保障的真正的普遍价值，是国家、国际组织、非政府组织政策的共同基础。其次，权力来源剥离了国家，从纵向（分享主权职能）和横向（私人行动者的参与）分散开来。尤其是考虑到私人、公司之间更多非正式的安排，国际法和国内法的界限就变得更不重要了。再次，是法律的非正式化。在全球化进程中，与国际治理的其他规范形式相比，国际法作为一种正式机制的重要性正在下降。② 全球法律多元主义是国家、非国家以及由多元化共同体创建的混合的法律制度。由于这些制度和与之关联的碎片化根植于一个原则共同体中，使得国家之间的多种法律制度以及国家以外的私法制度可以共存、合作。一个原则共同体内的这种多元化概念，刺破、超越和回避了国际法和国内法之间的分野，而没有结束这种分野。共同价值的存在、新的权力持有人的出现、法律的非正式化，这些都有助于超越或者避开国际法与国内法的分野，更多地将二者之间的关系看作是一种存在连续性和非连续性的流动体系（a fluid set）。③

事实上，随着实践的发展人们逐步认识到对国际法与国内法关系的教条式的理论阐释常常陷入与法律现实相矛盾的境地。不论是二元论还是一元论，"二者都是学者为了解释国家所采取的不同的方法而提出的理论"。④ 没有一个国家在国内法律制度中声称自己是奉行"二元论"

---

① Janne Nijman and Andre Nollkaemper, "Beyond the Divide", in Nijman & Nolkaemper (ed.), *New Perspectives on The Divide Between National and International Law*, (Oxford University Press, 2007), p. 359.

② See Nijman & Nolkaemper (ed.), *New Perspectives on The Divide Between National and International Law*, (Oxford University Press, 2007), p. 11.

③ Janne Nijman and Andre Nollkaemper (ed.), "Beyond the Divide", in Nijman & Nolkaemper, *New Perspectives on The Divide Between National and International Law*, (Oxford University Press, 2007), p. 359.

④ ［英］安托尼·奥斯特：《现代条约法与实践》，江国青译，中国人民大学出版社2005年版，第143页。

抑或"一元论"。换言之，理论的提出是为了解释实践，但国家却并不一定按照这两类二元对立的理论去安排实践。国际法规范的多样性和国家接纳国际法路径的多样性也表明，"任何有关国际法与国内法关系的单一学说都无法圆满地阐释国际法与国内法的关系"：一方面二元论并不否认鉴于对某个国际法规范采取国内法措施将产生的法律后果；另一方面一元论也部分地承认国际法中的规定可能需要转化为国内法来适用。因此可以说，"学说之争的实践意义已经大大降低"，"抽象地、教条式的理论建构已经收效甚微"。① 在这种情况下，考察国际法与国内法的关系最终仍应转向实践。

第二节 国际法与国内法关系的实践面向

历史地观察国际法与国内法的关系可以发现，国际法与国内法并非泾渭分明，而是相互渗透，有时甚至是相互转化的。现实中国际法与国内法的关系如何，可以从国际法如何对待国内法，以及国内法如何对待国际法两个方面来考察。

一 国际法与国内法相互渗透、相互转化

（一）国内法转化为国际法

从历史渊源来看，国际法作为一种后发的法律秩序，其形成和发展过程自然会受到国内法的影响。学界公认近现代国际法受到国内私法的强烈影响，国内私法中的平等原则促使国际社会在规范国际关系时确立了国家主权平等原则。近年来的研究注意到，国内私法影响下的国际法存在着将复杂的国际关系简单化以及无法持续、有效保障主权国家对和平与安全的需求等潜在风险。国际法需要建立在某种等级制和集中化构架基础上的公法意义上的制度发展，这一发展毫无疑问需要吸取和借鉴国内公法中的有效经验。②

---

① ［德］沃尔夫冈·格拉夫·魏智通主编：《国际法》（第五版），吴越、毛晓飞译，法律出版社2012年版，第81页。

② 见蔡从燕《国内公法对国际法的影响》，《法学研究》2009年第1期。

从实证法的角度,国际法各项渊源的形成都与国内法有切不断的联系。条约,作为国家间之协议,不可否认会从国内法律规定中汲取资源。这一点在国际人权法中有明显的体现。20 世纪 70 年代一项对各国成文宪法与《世界人权宣言》的比较研究得出结论:《世界人权宣言》的诞生导源于 1948 年之前制定的宪法。① 那么以该宣言为基础起草的联合国诸项核心人权条约自然也吸取了国内宪法的成分。国际习惯,谓之作为通例之证明而经接受为法律者。普遍的国家实践和法律确信是构成习惯的两个基本要素。国内立法、行政行为、国内法院的判决都是国家实践的证明,因此对于形成国际习惯具有决定性作用。一般法律原则作为"文明各国所承认者",是国际法的另一重要渊源。一般认为,一般法律原则是各国国内法所产生的基于各国之间的共同法律意识的原则。它"着眼于那些以一般法律思想为基础并且可以移用于国际往来上的法律原则"。② 因此,一般法律原则主要来源于国内法上的共同原则。可以说,包括国内立法在国内的国家实践在国际法规则的形成过程中发挥了基础和推动作用。

(二) 国际法转化为国内法

国家根据国际法制定国内法、修改国内法、使国内法与所承担的国际法律义务保持一致,是各国执行国际法最常见的形式之一。对于将国际法纳入国内法的国家,即认为国际习惯或所缔结的条约自动成为国内法的组成部分的国家,国际法一经其正式接受即成为国内法。

二 国际法如何对待国内法

(一) 基本原则——善意履行国际义务

国际法对各国施加了善意履行国际法的义务。1945 年《联合国宪章》在序言部分要求各成员国"尊重由条约与国际法其它渊源而起之义务,久而弗懈"。1969 年《维也纳条约法公约》第 26 条明确"凡在有效期内的条约对各该当事国有拘束力,必须由其善意履行"。在这个

---

① 该项研究选取的对象是 1976 年 3 月 31 日前刊登在 A. P 布劳斯坦和 G. H 弗朗茨编辑的《世界各国宪法汇编》中的 142 个国家的成文宪法。详见[荷]亨利·范·马尔赛文、格尔·范·德·唐《成文宪法的比较研究》,陈云生译,华夏出版社 1987 年版。

② 周忠海主编:《国际法》,中国政法大学出版社 2008 年版,第 71 页。

前提下，各国对如何履行国际法义务，如何在国内适用国际法拥有很大的自主权，也因此出现了各种不同的立法例和司法实践。在芬兰船东仲裁案（Finnish Shipowners）中，① 英国的意见非常典型地反映了这种观点："关于如何构建国内法的问题，国家根据国际法享有完全的行动自由，其国内法属于国内事务，任何其它国家均无权置喙，只要该国内法足以履行其承担的国际义务。"②

（二）国家不得以国内法为由拒不履行国际义务

在遵守国际法与遵守国内法的关系问题上，《维也纳条约法公约》第27条做了如下规定："一当事国不得援引其国内法规定为理由而不履行条约。"这一规定表明，在国际法看来，国际法具有优先性。19世纪70年代美英之间的阿拉巴马号索赔案（The Alabama Claim）③ 生动阐释了这一点。

阿拉巴马号是英国利物浦市制造的一艘战舰。美国南北战争时期，英国是中立国，却将阿拉巴马号战舰卖给了南方同盟政府，给北方造成了严重损失。内战结束后，美国向设立于日内瓦的仲裁法庭指控英国，认为后者未能防止在其管辖下的地方为南方同盟制造和装配军舰，并且当这些军舰停靠于英国的港口时也没有采取措施拿捕它。这些行为已经违反了英国的中立义务，美国要求英国给予赔偿。英国政府辩称：根据英国的国内法，英国政府没有权力阻止这条战舰的交易，因此英国不应对美国的损失负责。但仲裁庭驳回了这一辩解，认为英国作为一个国家，在国际法上对美国负有义务；英国自己的国内法不能成为不履行其国际法义务的借口。在国际法看来，一个国家如何在内部建立自己的组织机构，如何在国家的各个分支机构中分配权力，是国内事务，国际法对此并不关心。但是，一国不得以自己内部的组织结构为借口，不履行

---

① "Claim of Finnish shipowners against Great Britain in respect of the use of certain Finnish vessels during the war"（Finland，Great Britain），(1936) 17 *Reports of International Arbitral Awards*, Vol. III，3 May 1934，pp. 1479–1550.

② Alexander P. Fachiri，"The Local remedies rule in the light of the Finish Ships Arbitration"，*British Year Book of International Law* 19，pp. 23–34.

③ "The Alabama Claim"，William W. Bishop Jr，*International Law，Cases and Materials*（3rd Editon），Litter Brown & Co Law & Business，1971. 转引自陈致中编著《国际法案例》，法律出版社1998年版，第479—483页。

在国际法下承担的义务。

国际法的这一要求让不少联邦制国家感到棘手。对绝大多数的联邦制国家来说，缔结条约和发展对外关系是联邦政府的权力。而某些具体事项，例如环境保护，则属于州政府的权力。如果联邦政府代表整个国家签署了一个环保类条约，就会出现如何处理联邦和州的宪法权力的问题。但在国际法看来，条约的义务主体是作为国际社会一员的整个联邦国家；至于联邦国家如何在国内分配联邦权力和州权力，不是国际法问题。联邦国家不能以其国内的组织结构为由不履行国际法律义务。

（三）国际法庭中的国内法

国际法庭通常会特别关注国际法，就好比国内法院一般会首先注意国内法一样。国际法庭对于国际法的优先适用，并不意味着国内法在国际法庭审理案件时毫不相干。国际法庭在审理某些涉及国际损害赔偿的案件时，常常需要首先查明、解释和适用国内法。其次，国际法庭为了确定是否存在一种已经演化为习惯国际法的规则，需要普遍研究各国的国内法。再次，为了解决国际法上的疑难问题，在适当条件下国际法庭也会从国内法中寻找可类推适用的规则。最后，国内法院的判例在特定情况下对国际法庭也有参考作用。根据《国际法院规定》第38条第1款（卯）项，国际法院可以将"司法判例"（包括国际判决和国内判决）作为确定某项法律原则的补助资料。换言之，国内法上的某些规则和方法可以对国际司法实践，久而久之对国际法的内容产生影响。此处亦体现了国际法与国内法在内容上的相互影响和相互渗透。

（四）国际法对国家履行义务的具体方式作出规范

虽然通常情况下，国际法只关心国家履行国际义务的结果，不过问国家履行义务的具体方式，但是当代国际法在某些领域已经开始对缔约国如何履行国际义务发表意见，要求国家使其国内法与国际义务保持一致。此方面的进展集中体现在国际人权法、国际人道法、国际刑法、军控和裁军方面的国际法等领域。例如，1949年《关于战俘待遇之日内瓦公约》对缔约国应当为战俘提供何种待遇做了详尽的列举，[①] 为国家

[①] 例如，该公约关于在俘战俘的待遇问题，细化到"服装、内衣及鞋袜应由拘留国充分供给战俘"（第27条第1款），"在各战俘营内应设贩卖部，俾战俘得购买食品、肥皂、烟草及日常用品。其售价不得超过当地市价"（第28条第1款）的程度。

履行条约义务提供了非常具体的指导。而一些国际人权条约则明确要求国家修改与之相悖的国内法。如《消除对妇女一切形式歧视公约》第2条（g）项就要求缔约国"废止本国刑法内构成对妇女歧视的一切规定"。根据这些规定，国际法已经对国家如何在国内落实条约义务给出了明确指引。由此可见，国家落实国际法的自主裁量范围正逐步受到国际法的约束。

三 国内法如何对待国际法

从国内法来看，是否给予以及怎样给予国际法以国内法上的效力取决于每个国家的宪法。① 鉴于各国在处理这一问题上具有高度的自主性，对各国实践的大体考察就已经表明各国的做法形形色色，甚至有言："有多少种国内法律制度，就有多少种使国际法在国内法律体系生效的方法。"② 不论一国采用何种模式处理国际法与国内法的关系，一般而言都需要解决以下三个相互关联的问题：国际法是否属于以及如何成为一国法律体系的组成部分、国际法在一国法律体系中的法律位阶以及国际法在国内的具体适用方式。

习惯和条约是国际法的主要渊源。不少国家以不同方式对待二者与国内法的关系，下面分述之。

（一）国内法如何对待习惯

一些国家在宪法中明确习惯与国内法的关系。在相关的宪法规定中，习惯一般被称作"习惯国际法"（customary international law）或者"普遍承认的国际法规则"（generally recognized rules of international law）。宪法对习惯的地位作出规定的国家，一般都认为习惯是国内法律体系的组成部分。例如《葡萄牙共和国宪法》③ 第8条第1款规定："一般的和公认的国际法准则与原则，为葡萄牙法律的组成部分。"

习惯在国内法律体系中通常处于低于宪法的地位。但是，关于习惯

---

① ［英］安托尼·奥斯特：《现代条约法与实践》，江国青译，中国人民大学出版社2005年版，第143页。

② Eileen Denza, "Relationship between International Law and National Law", in Malcolm D. Evans (ed.), *International Law*, (Oxford University Press, 2003), p. 421.

③ 《葡萄牙共和国宪法》1976年4月2日通过，2005年第七次修正。

与其他国内法的位阶关系各国规定不尽一致。有的国家规定习惯的地位低于国内法，例如1996年《南非共和国宪法》① 第232条规定："习惯国际法只要不与本宪法和国会法案相冲突，即成为共和国的法律。"这一规定的言下之意是宪法和国会通过的法案优于习惯国际法。有的国家规定习惯的地位等同于法律，例如《大韩民国宪法》② 第6条第1款规定："根据宪法缔结、公布的条约及得到普遍承认的国际法规具有国内法同等效力。"还有的国家规定习惯的地位高于普通法律，例如《德意志联邦共和国基本法》③ 第25条除规定习惯是联邦法律的组成部分外，还规定："它们优先于法律并直接为联邦领土内的居民创设权利和义务。"依此规定，在德国习惯不仅在地位上优于法律，而且具有直接适用性。

中国法律是否规定了习惯的法律地位，对此存在不同认识，分歧的焦点是"国际惯例"是否等同于国际法上的"习惯"。中国现行有效的法律规范中没有出现对国际法意义上的习惯的规定，但有4部法律规定了国际惯例的法律地位，且用语非常类似。以《票据法》为例，该法第95条第2款规定："本法和中华人民共和国缔结或者参加的国际条约没有规定的，可以适用国际惯例。"从这类规定可以看出，首先，国际惯例在适用次序上后于国内法，也后于条约，仅在前两者没有相关规定的情况下适用，因此起到补充作用；其次，国际惯例是"可以"适用而不是"必须"适用的，并没有严格的拘束力；再次，一般情况下，适用国际惯例不得同我国的社会公共利益相违背，而对适用条约则没有这样的限制。与"国际惯例"不同，作为国际法渊源的习惯，一经确立即对所有未一贯表示反对的国家具有法律拘束力。中国法律中使用的国际惯例一词侧重指惯常的做法，"只有经过适用，才具有法律拘束力"，④ 这与国际法上的习惯是不同的。据此判断，中国法未对习惯的法律地位作出规定。

---

① 《南非共和国宪法》1996年12月16日通过，2012年第十七次修正。
② 《大韩民国宪法》1987年10月29日修正。
③ 《德意志联邦共和国基本法》1949年5月23日颁布，包含截至2012年7月11日的修正。
④ 王铁崖：《国际法引论》，北京大学出版社1998年版，第211页。

(二) 国内法如何看待条约

1. 条约是否构成一国法律体系的组成部分

经适当批准或加入的条约是否构成一国法律体系的组成部分，是考察条约与国内法关系的一个重要方面，也是一国对待国际法态度的重要体现。有相当数量的国家在宪法中明确规定经批准或加入的条约是该国法律体系的组成部分。在这些国家，条约已经被当作具有强制性和拘束力的"法"来对待。但并不是所有国家都会在宪法中明确规定条约是该国法律体系的组成部分。有些宪法虽然未作明确规定，但是规定了条约与该国宪法、其他国内法相比的法律位阶关系。由此可以推断，条约已经被视为该国法律体系的组成部分。因为只有处于同一法律体系中的法，才可以判断相互之间的位阶高低以及发生冲突时何者优先的问题；若不在同一个法律体系之中，则不存在比较的前提。

2. 条约在一国法律体系中的法律位阶

条约在一国法律体系中的法律位阶，建立在条约是一国法律体系组成部分的前提之下，主要考察进入一国法律体系的条约与宪法、法律、行政法规等具有不同法律位阶的国内法相比，谁的法律效力更高、发生冲突时谁应当得到优先适用的问题。条约与国内法相比的法律位阶关系不外乎以下几种类型。

条约优于宪法。此类规定较为罕见，因为宪法是一个国家的根本大法，是"母法"，是一切公权力的来源。因此几乎没有哪个国家规定条约整体上有等同于宪法甚或优于宪法的地位。只有个别国家赋予国际强行法以优于宪法的地位。例如，《瑞士联邦宪法》在多处体现了国际强行法相对于宪法的优先效力。该国宪法规定，修改宪法的倡议、对宪法的全部或部分修改，均不得违背国际法上的强制性规范。[①]

条约等同于宪法。整体上规定条约等同于宪法的国家也很少见。但随着国际人权法的发展和人权在国际和国家层面的主流化，有一些国家赋予国际人权条约以等同于宪法的地位。国际人权条约的宪法地位体现在条约中规定的权利被看作宪法基本权利的组成部分，或是宪法按照人权条约解释宪法中的基本权利条款等方面。

---

① 参见《瑞士联邦宪法》（1999年4月18日通过，包含截至2020年1月1日的修正）第139条第3款、193条第4款、194条第2款。

条约低于宪法高于普通法律。这是不少国家采用的立法模式，体现了国家对国际法优先性原则的认可。

条约的法律地位等同于国内法。美国、韩国等国家持这种态度。这种立法模式的问题在于，通过适用"后法优于先法"的原理，制定在后的国内法可能会推翻缔结在先的条约，从而使国家面临承担国际责任的潜在风险。

条约的法律地位低于国内法。这一立场直接否定了国际法的效力，因此很少有国家做这样的规定。

3. 条约在国内的适用方式

对条约而言，缔约国的立法、司法和行政部门都负有适用条约的职责。"执行条约就是适用条约。"[1] 条约在国内的适用方式，解决的是进入一国法律体系的条约如何得到适用或执行的问题，即经过适当的批准和公布程序之后，条约就可以像其他国内法一样被直接适用了，还是仍需额外的立法程序辅助才可以被适用。

人们常用转化、纳入、直接适用、间接适用、自执行、非自执行等几对相似相关又易生混淆的概念来回答"条约如何在国内适用"的学术提问。一种较为典型的说法是由一元论和二元论推导而来的在国内适用国际法的做法大体分为两类，即国际法已被"纳入"（adopt）国内法中并可直接适用，或国际法需要"转化"（transform）为国内法来间接适用。[2] 根据这一说法，采"纳入"者基于一元论，对应于直接适用；采"转化"者基于二元论，对应于间接适用。在这种说法之下，有学者进一步提出，所有采用将国际法"纳入"国内法体系的国家都有区分"自执行"和"非自执行"的国际法的必要。[3] 然而，对上述概念的用法还有不同的理解，即认为"直接适用"等同于"自执行"、"间接适用"等同于"非自执行"，两对概念含义相同只是表述不同；并且"直接适用"和"间接适用"是"纳入"制度下对条约适用方式的进一

---

[1] 参见李浩培《条约法概论》，法律出版社2003年版，第313页。
[2] 参见朱晓青、黄列《条约与国内法的关系评析：中国的理论与实践》，载朱晓青、黄列主编《条约与国内法的关系》，世界知识出版社2000年版，第9页。
[3] 参见李浩培《条约法概论》，法律出版社2003年版，第323页。

步细分。① 另有学者认为，所谓的"非自执行"实质上就是"转化"适用。② 但也有观点认为，非自执行的概念与国际法必须转化为国内法才能适用的概念，是两个不同的概念，不可混淆。③ 显然，对这些在学理上创设的概念的含义及用法还存在较大的争议。但是这些理论对某个国家适用条约实践的解释力是有限的。各国立法中并未采用上述学理讨论中的概念。同时，各国适用条约的做法也不是非此即彼，同一国家对待不同的条约也可能采用不同的做法。

各国对如何在国内适用条约，尽管措辞上可能有较大差异，但实质上大致可以分为三类：第一类是所有的条约需要通过法律来实施，即学理上所说的通过"转化"为国内法来适用；第二类是条约在经批准和公布后可以被直接实施，具有直接效力；第三类也是大多数国家所采取的方式，规定某些条约需要通过制定法律来实施，而另一些条约则在批准或公布之后即具有法律效力，可以被直接适用。

在没有一般的法律规定或者法律规定不明的情况下，国内法院适用条约的实践对于理解一国对待国际法的态度至关重要。各国法院如何对待条约，虽然原则上受到立法或已经形成的判例法的指导，但是由于受法官的自由裁量权等因素的影响而产生了千差万别的结果。随着国际法调整的法律关系不断向纵深发展，国内法院适用条约的情形会越来越普遍。

4. 条约与国内法的冲突与协调

解决条约与国内法的潜在冲突的方法可以概括为预防方法和解释一致的方法。

所谓预防方法，就是在国家缔结或批准条约前即消除二者之间可能的冲突。不少国家通过对拟缔结的条约进行合宪性审查来实现这一点。如《喀麦隆共和国宪法》第 44 条规定："如果宪法委员会查明条约或国际协定的条款与该宪法不一致，那么只有修改宪法后才能授权批准相

---

① 参见左海聪《直接适用条约问题研究》，《法学研究》2008 年第 3 期。
② 参见万鄂湘主编《国际法与国内法关系研究》，北京大学出版社 2011 年版，第 65、69 页。
③ 参见李浩培《条约法概论》，法律出版社 2003 年版，第 319 页。

关的条约或协定。"① 由此推断，经合法批准的条约与国家的宪法是一致的，鉴于宪法在一国法律体系中的至上地位，合法批准的条约原则上与其他国内法律也应该是协调一致的。

解释一致的方法是当国际法或国内法的含义不是非常明确时，在可以有多种解释的情况下，应推定国内法与国际法是一致的。这也是"协调论"者所主张的解决国际法与国内法冲突的方法。例如《南非共和国宪法》第233条规定："在解释任何立法时，每一法院都应采纳与国际法相一致的合理解释，而不是与国际法不一致的其他解释。"

5. 条约与中国国内法的关系

中国宪法没有规定条约与国内法的关系，但是中国法律、法规甚至规章中不乏对条约与国内法关系以及条约如何在国内适用的规定。从现行有效的法律规定和审判实践来看，中国批准的条约是中国法律体系的组成部分。就条约与国内法相比的法律位阶而言，条约优于国内法、条约等同于国内法、条约服从于国内法的规则并存。在条约的适用方式上，直接适用和间接适用的实践并存。中国法院适用条约的具体情形包括依据条约确立管辖权、直接依据条约确定案件事实、将条约作为裁判理由以及将条约作为裁判的直接依据。

尽管中国处理条约与国内法关系的实践不可谓不丰富，但由于宪法依据缺失，导致国内法中规定条约地位的法律条文之间存在内在的逻辑冲突，这进一步加剧了审判活动中适用条约的实践不确定、不统一。因此，中国亟需从宪法开始，建立健全自上而下的条约与国内法关系的制度体系。

第三节　新时代国际法与国内法关系的新课题

近年来，国际法的发展历程见证了国家从"离开"到"回归"的演变。所谓"离开"，概指国家日益接受国际法对主权的约束和限制。所谓"回归"则是指国家强化对主权的诉求与维护。② 这一描述较为贴

---

① 《喀麦隆共和国宪法》1972年6月2日通过，1996年1月18日、2008年4月14日修正。
② 参见蔡从燕《国家的"离开""回归"与国际法的未来》，《国际法研究》2018年第4期。

切地呈现了国际法与国内法关系的新的发展动向，也是新时代研究国际法与国内法关系应予关注的新课题。

一　全球化背景下国际法与国内法关系的"一元化"倾向

国家通过缔结条约、加入国际组织等方式自愿接受国际法对自身行为的约束。全球化的不断推进促进了国际法的普遍化和国际社会的法治化。特别是第二次世界大战之后，国际人权法、国际贸易法等法律部门的迅速发展对国内法治产生了显著的推动作用。以国际人权法为例，各国从宪法到立法再到司法实践无不受到批准国际人权公约的影响，国际人权条约乃至人权机构的意见频繁地出现在哪怕是传统的"二元论"国家的司法裁判中。在区域层面，以欧洲联盟为代表，国家以让渡部分主权的形式加入区域性国际组织，接受区域组织通过的文书在国内法上的优先地位和直接适用性。一时之间，国际法与国内法关系呈现出明显的一元化倾向，国际法的优先性不断得到确认。新的历史时期，这一趋势继续延伸，因此仍然值得关注和研究。

二　21世纪以来"民粹主义"浪潮下的国内法优先倾向

全球化不断深化的过程也伴随着逆全球化和反全球化的声浪。进入21世纪，以欧美为中心的新一轮民粹主义浪潮持续高涨，对多边主义国际秩序造成重大冲击，进而对国际法与国内法关系的走向产生了不可忽视的影响。

近年来，英国"脱欧"、美国"退群"等事件频频成为挑战多边主义和国际法治的关键词。英国自始刻意保持着与欧盟的距离，不参加"申根协定"和"欧元区"。当欧洲的统一政策对其贸易政策自主权构成不可接受的干预时，英国选择脱欧。英国脱欧是对欧洲一体化政策的质疑和挑战，可能引发欧盟内部的分离主义倾向。再看美国，其宪法赋予条约以等同于联邦法律的地位，由此通过"后法优于前法"的原则，以及区分自动执行和非自动执行的手段，控制国际法对其国内法律秩序的影响。特朗普执政以后更是将"美国优先"和"单边主义"推向了极致，不断通过退出条约或多边体制、以国内法否定国际义务的方式破坏国际法治。2020年，面对席卷全球的新冠肺炎疫情，很多国家的表现进一步凸显了在民族国家的利益面前多边主义和国际合作的脆弱。对主权、国家安全和本国利益的强调，再次强化了国际法与国内法之间的界限，导致国际法的进一步碎裂而非形成普遍的规则体系。民粹主义蔓延的形势下国际法与国内法的关系将走向何方，值得密切关注。

三　中国应如何对待国际法与国内法的关系

当前，中国尚未在法律规范层面一般性地明确国际法与国内法的关系。一方面国内法完全未提及国际习惯的地位，另一方面截至2021年11月1日，现行有效的法律中有58部包含适用条约的条款，但是由于宪法欠缺对条约地位的原则性规定，导致分散在法律中的条文存在不统一甚至相互矛盾之处。

中国一向推崇、重视和遵守国际法，近年来多项纲领性文件反复强调国际法的地位和作用。党的十八届四中全会通过《中共中央关于全面推进依法治国若干重大问题的决定》，提出"建设通晓国际法律规则、善于处理涉外法律事务的涉外法治人才队伍"。党的十九届四中全会通过《决定》，明确要求"加强国际法研究和运用，提高涉外工作法治化水平。"《国民经济和社会发展第十四个五年规划和2035年远景目标纲要》进一步提出"坚持多边主义和共商共建共享原则，维护以联合国为核心的国际体系和以国际法为基础的国际秩序"。中国也日渐走近世界舞台的中央，中国对待国际法的立场、态度和方法引人瞩目，也必将产生深远影响。

2020年11月，习近平在中央全面依法治国工作会议上提出"坚持统筹推进国内法治和涉外法治"，"加快涉外法治工作战略布局，协调推进国内治理和国际治理"的要求，为中国理论界和实务界提出了如何在制度上解答国际法与国内法关系的新课题。

中国在制度上回答"国际法与国内法的关系"问题不只需要系统考察国际法在中国国内法律秩序中的现状，找到问题并探究症结所在，进而系统化地明确国际法在中国法律体系中的地位，更需要站在百年未有之大变局的时代背景下，以一个负责任大国的视角来思考如何引导国际法治健康发展，如何统筹推进国际法治与国内法治，进而抉择中国对待国际法的态度。

第五章

国际法基本原则

国际法基本原则是具有基础意义的法律原则。国际法基本原则对形成和维护国际法治具有重要意义,所有国家都有义务遵守国际法基本原则。中国的国际法著作几乎均阐述了国际法基本原则,[①] 但是域外一些国际法经典著作,或没有专门讨论国际法基本原则,或在分析国际法渊源或效力时提及国际法基本原则,或简洁地分析了国际法的一般原则。[②] 中外学者对于国际法基本原则研究的差异化现象,表明基本原则问题在当代国际法理论研究和实践中的地位,仍需进一步厘清和指引。坚持国际法治,"坚定维护以联合国宪章宗旨和原则为基础的国际法基本原则和国际关系基本准则"[③],是中国一贯的外交实践和重要主张。随着全球化进程不断推进,当代国际法也出现新的发展趋势,国际法基本原则相关研究需要与时俱进。

第一节 当代国际法基本原则的主要内容及研究现状

20世纪中叶以来,国际法的范围急剧扩大,最初只是专门调节国

[①] 也有一些中国学者的国际法著作没有专门讨论国际法基本原则,例如赵建文主编《国际法》(法律出版社2000年版)没有列专章讨论国际法的基本原则,而是专门讨论了国家的基本权利和义务。

[②] 参见何志鹏《国际法基本原则的迷失:动因与出路》,《当代法学》2017年第2期。

[③] 习近平:《坚定不移走中国特色社会主义法治道路 为全面建设社会主义现代化国家提供有力法治保障》,《求是》2021年第5期。

家外交事务，现在则扩展到处理从贸易到环境保护，从人权到科技合作各领域多样的国际活动。尽管国际法不能像国内法那样依靠国家强制力来保障实施，但它与国际行为体的权力、利益、观念、文化等因素密切相关。今天已很难想象哪一类国际社会活动领域不受某一类别的国际法律规章的制约。① 国际法基本原则具有各国公认、有普遍约束力、适用于国际法各领域的基本特征，是指导当代国际关系的基本原则。

一　国际法基本原则的概念及意义

国际法基本原则，是贯穿于国际法体系中的指导性观念，它并不等同于可以被吸收到国际法中的、各国公认的法律的一般原则。国际法究竟有哪些国际法基本原则？目前尚无一般接受的答案。在近代国际法产生之后就出现了主权原则、国家平等原则、不干涉内政原则等国际法基本原则。乔治·施瓦曾伯格（Georg Schwarzenberger）在《国际法基本原则》中论述了七项原则，它们是主权原则、承认原则、同意原则、善意原则、自卫原则、国际责任原则和海洋自由原则。② 伊恩·布朗利（Ian Brownlie）在《国际公法原理》以列举的方式，认为同意、对等、国家平等、协议的法律效力、善意、国内管辖和海洋自由原则等，均为国际法一般原则。③ 安东尼奥·卡塞斯（Antonio Cassese）列出主权平等、不干涉他国内政外交、禁止使用武力和武力威胁、和平解决争端、尊重人权、人民自决六项基本原则，强调其重要性以及原则作为一个整体的意义。④ 还有域外学者对国际法基本原则做出更多的列举。⑤

围绕国际法基本原则的具体内容，国内学者的观点也各有不同。有国内学者认为，"迄今为止已有联合国七项原则、和平共处五项原则、

---

① See Report of the International Law Commission, Fifty-eighth session (1 May – 9 June and 3 July – 11 August 2006), A/61/10, para. 241.

② Georg Schwarzenberger, "The Fundamental Principles of International Law", *Collected Courses of The Hague Academy of International Law*, Vol. 87, 1955 (I), pp. 214 – 383.

③ Ian Brownlie, Principles of public international law, (Clarendon Press, 4th ed., 1990), p. 19.

④ Antonio Cassese, International Law, (Oxford University Press, 2005), pp. 46 – 68.

⑤ 例如英国学者沃恩·罗威（Vaughan Lowe）在《国际法》一书中详细列举和解释了14项重要原则。See Vaughan Lowe, *International Law*, (Oxford University Press, 2007), pp. 100 – 135.

万隆十项原则、《国际法原则宣言》七项原则和《各国经济权利和义务宪章》十五项原则，它们都符合国际法基本原则的标准，应该说构成当前的国际法基本原则"。① 还有学者认为，《联合国宪章》在其序言、宗旨和第 2 条关于联合国会员国应予遵行的原则的规定中确立了一系列国际法基本原则。随后，联合国大会先后通过的 1960 年《给予殖民地国家和人民独立宣言》、1970 年《国际法原则宣言》、1974 年《各国经济权利和义务宪章》等重要国际文件，又重申和发展了《联合国宪章》中的这些原则。根据这些文件，得到当代国际社会公认的国际法基本原则主要有：（1）主权原则；（2）国家平等原则；（3）国家领土完整不受侵犯原则；（4）不干涉内政原则；（5）人民自决原则；（6）尊重人权原则；（7）国际合作原则；（8）禁止使用武力原则；（9）和平解决国际争端原则；（10）善意履行义务原则等。此外，中国与印度和缅甸共同倡导的互相尊重主权和领土完整，互不侵犯，互不干涉内政，平等互利，和平共处五项原则，是在《联合国宪章》的直接启示下提出的，概括和发展了《宪章》所规定的各项原则。它们在提出以后立即得到了国际社会的广泛支持，在许多双边和多边条约、协定和其他国际文件中都作了规定。和平共处五项原则也已成为国际社会公认的国际法基本原则。② 也有学者认为，用"构成国际法的基础"这一标准衡量，目前国际法的基本原则还包括不歧视原则、约定必须遵守原则。③ 学者们列举的上述国际法基本原则中，有些属于某个国际法领域的原则，还有一些属于国际法基本问题，例如国际法上的承认和国际责任，这些原则和问题与构成国际法基础的国际法基本原则是有区别的。国际法原则的范围是开放的还是封闭的？究竟哪些法律原则可以被称为国际法基本原则？目前仍有不同的观点。但是，学者们普遍认同《联合国宪章》所确立的一系列原则，认为这些国际法基本原则被各国接受，是当代国际法的基石。

国内学者普遍重视国际法基本原则地位的研究。有学者指出，"国际法基本原则是被各国公认的、具有普遍意义的、适用于国际法一切效力

---

① 王铁崖：《国际法引论》，北京大学出版社 1998 年版，第 241 页。
② 刘楠来：《国际法苑耕耘录》，中国社会科学出版社 2014 年版，第 14—15 页。
③ 白桂梅：《国际法》（第三版），北京大学出版社 2015 年版，第 166 页。

范围的、构成国际法的基础的法律原则";① 也有学者认为,"任何一个国家的法律体系都有一些比较抽象的原则,这些原则或者规定在基本法中或者在某个具体领域或更加具体的方面的法律当中,它们构成整个法律体系及其部门的基础,起着指导整个社会的作用"。② 还有学者归纳指出,国际法基本原则构成了所有国际法的原则、规则与机制及其遵守、实施与适用的基础;这些原则超越了国际法的各个具体领域、方面和过程,而对整个国际法律体系和所有领域以及其中的一切活动起指导作用,并为所有国家普遍接受。③ 还有学者指出,国际法基本原则在国际法上具有特殊地位、发挥重要作用,在此基础上引申发展出国际法的整个体系。④

二　《联合国宪章》确认的国际法基本原则

《联合国宪章》奠定了现代国际秩序基石,确立了当代国际关系基本准则,确认和发展了公认的国际法基本原则。《联合国宪章》明确各国主权平等、善意履行宪章义务、和平解决国际争端、禁止使用或威胁使用武力、不干涉他国内政、集体协作等。《联合国宪章》及其确立的国际法原则是现代国际法律秩序的核心。1944 年"敦巴顿橡树园提案"(Dumbarton Oaks Proposals)⑤ 指出,各国主权平等和禁止使用或威胁使用武力的原则贯穿有关联合国组织架构谈判的全过程,⑥ 是解释《联合国宪章》条款的起点。⑦

---

① 王铁崖主编:《国际法》,法律出版社 1995 年版,第 46 页。
② 白桂梅:《国际法》(第三版),北京大学出版社 2015 年版,第 166 页。
③ 朱晓青主编:《国际法学》,中国社会科学出版社 2012 年版,第 21—22 页。
④ 杨泽伟:《国际法》(第二版),高等教育出版社 2012 年版,第 59—62 页。
⑤ 为了协调战后国际关系,苏联等国代表在华盛顿特区一座名为"敦巴顿橡树园"的私人官邸召开了一次会议。会议分为两个阶段:第一个阶段从 1944 年 8 月 21 日到 9 月 28 日,苏美英三国参加,就战后联合国的组织机构基本达成了协议,但是,安理会否决权和创始会员国资格问题没有达成协议。第二个阶段从 1944 年 9 月 29 日到 10 月 7 日,中美英三国参加,对联合国组织问题作了进一步讨论。
⑥ Doc. 1, G. 1, u. n. c. i. o. Documents, vol. iii. See also, Memorandum by the Under Secretary of State (Stettinius) to the Secretary of State, August 29, 1944, in u. s. State Dept., frus, 1944, vol. pp. 746–747, Document 430.
⑦ Tofig F. Musayev & Rovshan Sadigbayli, "The Purposes and Principles of the UN CharterOrigins, Subsequent Developments in Law and Practice and (Mis) interpretation in the Context of Unilateral Secession Claims in the osce Area", *Security and Human Rights*, Vol. 28, 2017, pp. 184–185.

国家主权平等是现代国际法的一项基本原则，它不但在一些国际法学家的学说中得以阐明，也在《联合国宪章》等现代国际法律文件中得到了确认和保障，国家主权平等实质上仍是一种法律上的平等。① 也有学者认为，传统国际法向当代国际法演进过程中，虽然价值本位从主权本位向社会本位演变，但是当代国际法的社会本位化并不意味着主权原则的消弭，主权平等原则仍然是国际法的重要原则，社会本位与主权平等原则是并行不悖的。② 禁止使用或威胁使用武力原则是19世纪末20世纪初以后逐步由协定国际法确立的，其已经发展成为一项习惯国际法，同时它也属于协定国际法范畴，以至于有学者将其归入国际强行法。③ 但是，这项原则之外还存在可以合法使用武力的情况，主要是指联合国安理会的武力执行行动和授权武力行动，以及国家的自卫权。有学者认为《联合国宪章》对第2条第4项禁止使用或威胁使用武力的解释并非没有争议，多数争议都集中于《联合国宪章》第51条自卫权和第7章下安全理事会的集体安全措施这些明示的例外，而国际法院倾向于对第2条第4项进行严格解释。④ 有学者分析指出，任何武力的使用都必须受到联合国的控制，才是《联合国宪章》体系下武力使用的基本精神，唯有如此，才能把非法使用武力或滥用武力的危险降至最低，以维护世界的长久稳定与和平。⑤ 围绕《联合国宪章》确立的国际法原则，有观点指出，善意履行原则是一般国际法上的一项义务；根据善意原则，条约当事方应当诚实、公正和合理地履行条约。⑥ 和平解决国际争端意味着在国际关系中禁止使用武力或以武力相威胁，和平解决国际争端原则与禁止使用武力原则是国际法治的应有之义，构成《联合国宪章》的核心和当代国际秩序的基础，是各国必须遵守的国际法义务。

---

① 杨泽伟：《国家主权平等原则的法律效果》，《法商研究》2002年第5期。
② 陈海明：《国际法本位之变迁：从主权本位到社会本位——兼论国际法的"主权平等"原则》，《时代法学》2014年第1期。
③ 参见黄瑶《论禁止使用武力原则：联合国宪章第二条第四项法理分析》，北京大学出版社2003年版，第1页。
④ 史久镛：《国际法上的禁止使用武力》，《武大国际法评论》2017年第6期。
⑤ 刘扬：《论国际法上的禁止使用武力》，《国际关系学院学报》2005年第6期。
⑥ 赵建文：《条约法上的善意原则》，《当代法学》2013年第4期。

三 国际法基本原则与强行法的关系

强行法（jus cogens），是指必须绝对遵守的法律规则，[①] 原本是一个可以追溯至罗马法的国内法概念。[②] 在1969年《维也纳条约法公约》通过之前，国际法学者围绕国际法中是否存在强行法规则存在争议，代表性观点认为，关于一般习惯国际法规则具有强行法还是任意法性质的问题，在国际法传统理论中不能得到明确的回答。[③] 在《维也纳条约法公约》制定过程中，绝大多数与会代表对于把强行法规则明确规定在条约法中并无异议，但是对强行法规则定义存在争论。[④]《维也纳条约法公约》第53条被视为强行法（一般国际法强制性规范）的一般定义，[⑤] 有学者指出"违反强行法规则的条约无效的原则，是各文明国家承认的一般法律原则，是久已存在的一个重要的法律原则，这个重要的法律原则在《维也纳条约法公约》中才第一次得到明白的确认"。[⑥] 2015年国际法委员会第六十七届会议决定将"强行法"专题列入工作方案，[⑦] 试图通过追溯强行法的历史和理论基础，提供一个可被认定为强行法的规范的说明性清单；2019年国际法委员会一读通过的关于一般国际法强制性规范（强行法）的结论草案案文及其评注中，认为《国际法院规约》第38条第1款意义上的一般法律原则有可能构成强行法的基础，是适当的；同时亦指明在国家立场和国际判例中没有足够的依据，支持

[①] 普遍认为，国际社会对于哪些规则具有强行法的性质还没有一致的意见。相关讨论参见张潇剑《国际强行法论》，北京大学出版社1995年版；古祖雪：《国际造法：基本原则及其对国际法的意义》，《中国社会科学》2012年第2期。

[②] 有学者指出，强行法是来自罗马法的词汇，在古代罗马法（特别是罗马私法）中给了当事人很多的自由，在此之上，确立了一些被视为不可更改的强制规则，当事人不能通过约定予以排除，试图排除的行为都会归于无效。相关讨论参见张文彬《强行法在国际法上的存在及其内容：一个比较国内法的研究》，《比较法研究》，1992年第2—3期合刊，第112—116页；何志鹏：《漂浮的国际强行法》，《当代法学》2018年第6期。

[③] 李浩培：《李浩培文选》，法律出版社2000年版，第495页。

[④] 张辉：《国际法效力等级问题研究》，中国社会科学出版社2013年版。

[⑤] Sévrine Knuchel, *Jus Cogens: Identification and Enforcement of Peremptory Norms*, (Zurich, Schulthess, 2015), p.19.

[⑥] 李浩培：《李浩培文选》，法律出版社2000年版，第495页。

[⑦] See Report of the International Law Commission Sixty-seventh session (4 May – 5 June and 6 July – 7 August 2015), UN Doc. A/70/10, para. 286, p.138.

关于强行法可能基于一般法律原则的主张。①

国际法基本原则与强行法之间关系的讨论从未停息。有学者指出，强行法与国际法的基本原则有些相似的地方，都具有维护国际社会整体利益的进步性和拘束力的普遍性，但基本原则并不当然就是强行法，强行法的范畴也不仅限于基本原则。② 对此，有学者进一步指出：首先，强行法这一概念规定于《维也纳条约法公约》中，因而主要适用于国际条约关系；而国际法基本原则适用于国际社会成员之间的一切关系和行为。其次，强行法的概念除了规定在《维也纳条约法公约》之中以外，主要是通过国家实践和国际司法机关的判例来发展的，而国际法基本原则明确规定在《联合国宪章》等诸多国际法律文件中。再次，国际法基本原则构成国际法体系的基础，对国际法的一切领域具有普遍适用性；而有些规则尽管具有强行法的性质，但并不适用于国际法的一切领域。换言之，强行法的外延要大于国际法基本原则，③ 国际法基本原则往往被包括在强行法之中。④ 但是，也有学者认为，将所有的国际法基本原则都归于强行法的论断，不仅不符合国际法的实践，而且在法学理论的层面混淆了原则和规则的差异。因此，最多只能说很多国际法基本原则和强行法是重合的，却不能论断国际法基本原则都属强行法。⑤

综上，国内外学者对于国际法原则具体内容存在不同的认识，有关国际法基本原则与强行法的关系还存在不同认识，然而学者普遍认可国际法基本原则在当代国际法体系中具有指引、协调、整合的作用。在丰富和发展国际法基本原则方面，中国学者尤其重视《联合国宪章》对国际法基本原则的确认和发展，以及探讨和平共处五项原则与《联合国宪章》之间的关系，从推进国际法治等不同层面，论证提升国际法基本原则地位的重要性。

---

① See Report of the International Law Commission Seventy-first session（29 April – 7 June and 8 July – 9 August 2019），UN Doc. A/74/10, para. 57, p. 154.
② 万鄂湘：《国际强行法与国际法的基本原则》，《武汉大学学报》（社会科学版）1986年第6期。
③ 朱晓青主编：《国际法学》，中国社会科学出版社2012年版，第22页。
④ 白桂梅：《国际法》（第三版），北京大学出版社2015年版，第170页。
⑤ 何志鹏：《国际法基本原则的迷失：动因与出路》，《当代法学》2017年第2期。

四 和平共处五项原则与中国贡献

中国是和平共处五项原则的积极倡导者和坚定实践者。1953年周恩来总理首次完整地提出了和平共处五项原则，即互相尊重领土主权（在亚非会议上改为互相尊重主权和领土完整）、互不侵犯、互不干涉内政、平等互惠（在中印、中缅联合声明中改为平等互利）、和平共处，并写入了1954年《关于中国西藏地方和印度之间的通商和交通协定》。① 对此，有学者指出，和平共处五项原则是中国在特定时代背景下作出的成功的外交决策，具有深刻的历史和文化内涵，这些原则迅速转化为法律主张，成为我国对国际法基本原则的阐述和贡献。时至今日，和平共处五项原则仍然是当代国际法的重要基石。② 有学者分析指出，和平共处五项原则是新中国立足自身与世界关系的认识基础上，体现了新型国际关系共性的国际法知识体系，它与联合国所致力建设的国际和平目标也是一致和相通的，是中国外交价值体系和国际社会规范体系的重要组成部分。③ 和平共处五项原则的诞生是国际关系史上的创举，为推动建立公正合理的新型国际关系作出了历史性贡献，对规范国家间关系也发挥了重要作用，已经成为国际关系基本准则和国际法基本原则的经典表达。④ 在当今中国发展的语境下，中国要进一步增强软实力、提升国际形象，应当推进理论与实践之间的有机融合，这是总结包括和平共处五项原则在内的历史财产应当明确的态度。⑤

和平共处五项原则是对《联合国宪章》原则的补充和发展。"和平共处五项原则生动反映了《联合国宪章》宗旨和原则，并赋予这些宗旨和原则以可见、可行、可依循的内涵。和平共处五项原则中包含四个'互'字、一个'共'字，既代表了亚洲国家对国际关系的新期待，也

---

① 黄惠康：《中国特色大国外交与国际法》，法律出版社2019年版，第9页。
② 柳华文：《和平共处五项原则与国际秩序的中国主张》，《群言》2014年第8期。
③ 苏长和：《和平共处五项原则与中国国际法理论体系的思索》，《世界经济与政治》2014年第6期。
④ 中国外交部条约法律司编著：《中国国际法实践案例选编》，世界知识出版社2018年版，第4页。
⑤ 何志鹏、孙璐：《大国之路的国际法奠基——和平共处五项原则的意义探究》，《法商研究》2014年第4期。

体现了各国权利、义务、责任相统一的国际法治精神。"① 新时代中国国际法观所包含的基本原则贯穿于和平共处五项原则，根植于中国自身法治与德治兼顾的法治文化，体现于长期以来中国特色国际法实践，具体包括主权平等、合作共赢、包容互鉴、公平正义等四个方面。② 有学者指出，从当代国际法的理论和实践情况看，和平共处五项原则和《联合国宪章》的原则都是当代国际法的组成部分，可以并行适用，适用效果是相得益彰的。③ 在解析和平共处五项原则方面，有学者认为，国家因享有主权而地位平等是和平共处五项原则的现实基础，在国家主权平等依然是国际社会基本现实的情况下，和平共处五项原则依然是规范国际关系的基本原则。④

第二节　国际法基本原则的积极作用及时代意义

　　国际法是世界共同的行为规范，也是人类共同的话语体系。国际法基本原则将国际社会的共同价值追求确认下来，促进形成公正合理的国际秩序。⑤ 当今世界正经历百年未有之大变局，世界经济增长新旧动能加速转换、国际力量格局深刻调整、全球治理体系深刻重塑，世界多极化、经济全球化、社会信息化、文化多样化深入发展。⑥ 这为发展国际法基本原则带来新的机遇和挑战。在此形势下，需要顺应时代需求阐释和发展国际法基本原则，为提升中国国际法研究水平，推进国际法理论创新、话语创新，推动构建人类命运共同体贡献学术力量。

---

① 习近平：《论坚持推动构建人类命运共同体》，中央文献出版社2018年版，第128页。
② 中国外交部条约法律司编著：《中国国际法实践案例选编》，世界知识出版社2018年版，第9—10页。
③ 赵建文：《和平共处五项原则与〈联合国宪章〉的关系》，《当代法学》2014年第6期。
④ 车丕照：《国际关系社会化对和平共处五项原则的影响》，《吉林大学社会科学学报》2014年第6期。
⑤ 黄进：《始终坚持国际法基本原则》，《人民日报》2020年7月20日第9版。
⑥ 肖永平：《立足世界大变局深化国际法研究》，《人民日报》2020年7月20日第9版。

一 国际法基本原则在维护国际法律秩序中的现实作用

20世纪90年代以来,国际政治经济关系发生了深刻变化,国际法的重心从制定战争规则转向维护和平、促进发展,国际法进入新的发展阶段。十九大报告指出,"世界正处于大发展大变革大调整时期,和平与发展仍然是时代主题"。① 和平与发展是立足于时代共识的客观生成规律,在对世界形势进行了全面深刻分析基础上,对于时代主题的科学论断,也是中国参与全球治理秉持的价值观。

国际法具有不成体系的碎片化特征,这种碎片化状态不仅由于国际组织结构未能统一化,更由于国际法律规范自身缺乏明确的相互关系处理的结构性规则。② 碎片化在一定程度上消耗了国际法体制内的资源分配,并从一定程度上影响了国际法作为一个大体系的综合效力。国际组织法、国际人权法、国际环境法、国际刑法、国际贸易法、国际知识产权法、国际环境法和国际海洋法等新的国际法分支已成为国际法体系中相对独立的次级体系,这些相对独立的国际法分支或部门的制度规则更加专业化,而相互间则趋向相对封闭与缺乏联系,由此造成法律冲突的增加。国际法基本原则连接国际法分支或部门的"桥梁",也是对各国际法分支或部门共性规则的归纳,面对国际法不成体系的碎片化现状,以及因条约法空白带来的利益平衡问题时,前瞻性地研究和阐释国际法基本原则,澄清国际法自身内在的不协调与不确定之处,不仅有助于减少和避免碎片化对国际法体系的冲击,对于法律欠缺情况下的解释和适用具有重要的帮助作用,为国际社会解决碎片化问题提供有效的应对建议,也是防止由于国际法自身原因引发或加重争端的可行方式。21世纪以来,在军备控制、化学武器、气候变化、生物多样性保护、网络治理等领域,日益受国际法的约束,同时也出现国际法空白。虽然国际法院在一些判决中提到基本原则,但是从来没有单独、明示地据此来判决案件。③ 探讨在国际司法及仲裁中利用国际法基本原则填补法律空白、

---

① 《中国共产党第十九次全国代表大会文件汇编》,人民出版社2017年版,第47页。
② 何志鹏:《国际法基本原则的迷失:动因与出路》,《当代法学》2017年第2期。
③ Lassa Oppenheim, Robert Jennings and Arthur Watts (eds.), *Oppenheims International Law*, 9th ed., (Longman, 1992), pp. 37–38.

作为裁判依据之一而单独适用，在国际法理论和实践发展上有重要意义。①

二　国际法基本原则在推进国际法治进程中的时代意义

国际法在规范国际行为体的行动、发展各种跨国关系、推进全球治理过程中，使不同国际法规则之间的冲突大大增加，国际法发展呈现不成体系的特征，甚至导致国际法不同规则之间的不和谐、缺乏一致性和冲突。国际法基本原则对于确保国际法运作过程不偏离良法善治轨道，具有十分重要的理论价值和现实意义。

研究国际法基本原则是推进国际法治的理论路径。建立对法治的尊重是冲突后实现持久和平、有效保护人权以及持续的经济进步和发展的根本所在。进入21世纪，面对全球化的挑战，联合国大会通过新的宣言和决议重申和坚持前述国际法基本原则，如2000年第55届联合国大会通过的《联合国千年宣言》、2005年第60届联合国大会通过的《世界首脑会议成果》、2012年11月30日联合国大会通过的《国内和国际的法治问题大会高级别会议宣言》等。《国内和国际的法治问题大会高级别会议宣言》第1部分第1段"重申对《联合国宪章》各项宗旨和原则的庄严承诺，对国际法与正义的庄严承诺，对一个基于法治的国际秩序的庄严承诺，所有这些是建立一个更为和平、繁荣与公正的世界所不可或缺的基础。"维护正当的国际交往，要求各国遵循一定的价值理念，共同遵守相应规范，国际法基本原则将国际社会的共同价值追求确认下来，对形成和维护公正合理的国际法治秩序意义重大。② 当前，个别国家对国际法"合则用，不合则弃"的投机做法，严重侵蚀国际法的权威性、严肃性和有效性，研究和阐释国际法基本原则，发展世界各国基于共同的安全和发展需求所遵从共同认可的规则，用统一适用的规则来明是非、促和平、谋发展，具有重要的意义和现实必要性。

在阐释和发展国际法基本原则过程中构建中国特色国际法话语体系。国际法上的许多概念均由西方国家提出，英美等西方国家长期引领

---

① See Report of the International Law Commission Seventy-first session (29 April – 7 June and 8 July – 9 August 2019), UN Doc. A/74/10, paras. 218, 231.
② 黄进：《始终坚持国际法基本原则》，《人民日报》2020年7月20日第9版。

和垄断规则制定并主导规则解释，在近代国际法发展进程中西方国家既是国际法话语的主产地，又是其传播渠道的主控者。十九大报告指出中国在国际社会与国际事务中的角色定位和宗旨原则："中国将高举和平、发展、合作、共赢的旗帜，恪守维护世界和平、促进共同发展的外交政策宗旨，坚定不移在和平共处五项原则基础上发展同各国的友好合作，推动建设相互尊重、公平正义、合作共赢的新型国际关系。"《国民经济和社会发展第十四个五年规划和2035年远景目标纲要》提出："坚持多边主义和共商共建共享原则，维护以联合国为核心的国际体系和以国际法为基础的国际秩序，共同应对全球性挑战。"[①] 构建新型国际关系离不开国际话语权，20世纪50年代，中国为处理中印中缅关系而提出的互相尊重主权和领土完整、互不侵犯、互不干涉内政、平等互利、和平共处五项原则，已成为普遍遵守的国际关系准则和国际法基本原则，为推动建立公正合理的国际关系做出了历史性贡献。十九大报告针对世界时局变革以及人类面临的许多共同挑战指出，"没有哪个国家能够独自应对人类面临的各种挑战，也没有哪个国家能够退回到自我封闭的孤岛"，"我们呼吁，各国人民同心协力，构建人类命运共同体，建设持久和平、普遍安全、共同繁荣、开放包容、清洁美丽的世界"。推动构建人类命运共同体和新型国际关系，离不开国际法护航，在阐释和发展国际法基本原则过程中，融入中国特色国际法治观，表明中国不仅是国际法治的坚定维护者，也彰显维护世界和平、构建多元合作平台、推动全球治理的决心与信心。

第三节　新时代国际法基本原则的研究需求及新方向

　　国际法基本原则是国际法体系的基础，并对解释、使用和发展国际法起指导作用。20世纪中叶以来，在传统国际法的基础上产生了许多新的分支和部门。主要以调整国家间政治、外交关系为基本任务的国际

---

① 2021年《中华人民共和国国民经济和社会发展第十四个五年规划和2035年远景目标纲要》第四十二章第三节。

法，迅速向经济领域发展，产生了许多调整国际经济关系的法律原则和制度，并形成了一些相对独立的法律部门。由于科学技术的影响，当代国际法中出现了国际海底开发制度、外层空间法律地位、国际环境保护、核武器规制、互联网络主权等一系列崭新的内容和课题。① 对于国际法基本原则的研究，不仅需要关注国际法前沿问题，立足国际法实践，注重国际法理论和实践结合，也需要因应构建人类命运共同体，努力构建中国特色国际法学科体系、学术体系、话语体系，为建设相互尊重、公平正义、合作共赢的新型国际关系提供理论支撑。

一　国际法基本原则的基础理论问题

识别国际法基本原则与强行法之间的关系。如上述研究现状梳理中指出的，尽管目前学界认为国际法基本原则与强行法之间既存在区别也存在联系，但是二者的接洽关系仍然存在争论。在实践中，应用强行法使冲突的规则归于无效的主张甚少，而且国际社会对于强行法的具体内容尚未达成一致。厘清国际法基本原则与强行法之间的关系，首先需要确立识别国际法基本原则与强行法的标准，进而确定二者各自的内涵和外延，并进行衡量、比较，最终在实践中对二者的关系逐渐形成一个较为完善和明晰的认识。

研究国际法基本原则的发展趋势。国际法基本原则是伴随国际法发展而演进的，国际法在发展之中，国际法基本原则也必然是在发展之中。全球化的发展带来了诸如气候变化、生态破坏、资源枯竭、全球恐怖主义等全球性问题，这些问题任何国家都无法独立解决，国家利己中心主义、霸权竞争思维、国际关系中"中心—边缘"结构等引发了众多具有高度复杂性和高度不确定性的全球治理难题，国家主权原则也受到了冲击。多数国家都已经自愿或者不自愿地融入了经济全球化、政治全球化、信息全球化，以自主限制或自主让渡部分主权权利为代价，使本国更好地融入国际社会，以实现更大的国家利益。随着历史的进步和时代的需要，国际法基本原则也需要不断发展进步。研究国际法基本原

---

① 江国青：《九届全国人大常委会法制讲座第十四讲——国际法与国际条约的几个问题》，中国人大网，http://www.npc.gov.cn/zgrdw/npc/xinwen/2000-04/29/content_1459914.htm，2021年10月7日。

则的发展趋势，有助于把握国际法治发展脉搏，丰富国际法内涵。

探讨互不干涉内政原则与人道主义干涉的边界。互不干涉内政原则是确保国家独立自主、抵御霸权主义和强权政治的坚强屏障。任何国家均不得组织、协助、煽动、资助、鼓动或容许目的在于以暴力推翻另一国政权的颠覆、恐怖或武装活动，或干预他国的内政。各国应依据国际法打击恐怖主义，不应采取双重标准。各国均不得采取目的在于局部或全部破坏他国国内统一及领土完整的任何行动。一般认为，国家或国际组织经安理会依据《联合国宪章》授权或经他国同意，介入该国事务，不违反不干涉内政原则。从实践层面看，冷战之前及冷战期间的人道主义干涉基本是单独的干涉，干涉的原因也多与干涉国的利益有密切的关系。这一时期基本没有集体的干涉，更没有经安理会授权的干涉。从20世纪80年代末开始，联合国的人道主义干涉行动大幅度增加，以军事行动"强制实施和平"的实例也不断增多。1992年12月3日联合国安理会依据《联合国宪章》第四十二条做出794号决议，授权秘书长和会员国"使用一切必要手段为索马里境内的人道主义救助行动尽快建立安全的环境"，即组成并派遣一支多国部队前往索马里，以确保人道主义救援物资的运送和分发。但该决议并没有提到当时索马里危机对国际社会存在的潜在影响，如越来越严重的难民潮对邻国的影响，而是将索马里的国内形势本身或与本身有关的因素作为采取行动的根据。联合国对索马里的干涉是自《联合国宪章》通过之后，安理会第一次授权进行单独或集体的人道主义干涉。由此可见，安理会对国际和平与安全的威胁的解释在进一步扩大，虽然一个国家由于国内冲突造成难民潮，并没有形成明显的对宪章第二条第四项的违反，但联合国和美国仍将其定性为对国际和平与安全的威胁，传统国际法上的不干涉内政原则朝着相对性原则方向发展。

二 禁止使用武力原则与军备控制问题

不使用或威胁使用武力是当代国际社会保持和平稳定的基石。1999年国际法院在"以核武器进行威胁或使用核武器的合法性咨询意见"中指出，禁止使用武力原则并不局限于特定的武器，一种本身已经非法的武器不会因为根据《联合国宪章》被用于合法目的而变得合法,[①] 意味着只要某种手段的使用可以被理解为一种交战形式,并被用以破坏生命和财产,即可以被认定为属于使用武力。随着技术进步和社会发展,限制武器开发、生产、储备、扩散和使用,把更多的资源、资金和技术用于促进经济和社会的发展之中,是增加国际和平与安全、改善国与国之间的关系、增进相互信任的必要行动,禁止使用武力原则的适用面临新的挑战。

第一,网络空间使用武力问题。网络空间是一个由技术推动并在与人类活动的交互中快速形成的虚拟空间,传统武器开发、生产、储备、扩散和使用表现为一种实体行为,网络空间使用武力与传统武器使用行为具有截然不同的表现形式,由此延伸出诸多重要问题:一是如何认定网络空间使用武力行为。国际法院在1986年"尼加拉瓜军事行动和准军事行动案"认为,应当根据规模(Scale)和后果(Effect)判断行动是否构成武力攻击。[②] 通常情况下,使用武力行为的前提是使用武器,如何界定网络武器仍存在争议。一般而言,网络病毒程序可以被认定为网络武器的一种形式,然而在网络虚拟空间中掌握一个技术漏洞,同样可将其作为网络武器的基本资源。二是使用武力的空间边界。在武装冲突期间有效规范网络行动关乎各个国家,由于网络空间互联互通的性质,在网络空间针对一国发起的攻击可能会影响许多其他国家,不使用武力原则在网络空间如何定义,也是悬而未决的问题。三是《联合国宪章》第51条"武装攻击"在网络空间的门槛条件。一些国家在规制"网络战"的旗号下,一方面利用诉诸武力权特别是《联合国宪章》所规定的自卫权作为其单边军事行动的法律依据,另一方面利用国际人道法对本国可能受到的外部网络攻击加以约束[③],"武装攻击"在网络空间的门槛条件并不清晰。

第二,外层空间使用武力问题。随着卫星定位系统、天基监测系

---

① Legality of the Threat or Use of Nuclear Weapons, Advisory Opinion of 8 July 1996, ICJ Reports, p. 22, paras. 38 – 39.

② Military and Paramilitary Activities in and against Nicaragua (Nicaragua v. United States of America), Judgment of 27 June 1986, ICJ Reports, para. 195.

③ 黄志雄:《国际法在网络空间的适用:秩序构建中的规则博弈》,《环球法律评论》2016年第3期。

统、空间站技术等外层空间系统的逐步成熟及推广应用，它们在武装冲突期间的军事行动中发挥越来越大的作用，此类系统成为攻击目标的可能性也逐渐上升，外层空间使用武力行为不仅包括不同国家在外太空利用外层空间系统的对抗行为，也包括通过地面（包括陆地和海洋）系统对外层空间系统发动的电子战、网络攻击、定向能攻击、陆基反卫星武器。2020 年 12 月 7 日联合国大会通过第 75/36 号决议《通过负责任行为准则、规则和原则减少空间威胁》，"鼓励会员国研究对空间系统的现有和潜在威胁和安全风险，包括由外层空间或地球上的行动、活动或系统产生的威胁和安全风险，说明哪些行动和活动可被视为负责任、不负责任或具有威胁性及其对国际安全的潜在影响，并就进一步制定和执行负责任行为准则、规则和原则以及减少对外层空间误解和误判的风险交流看法"。① 基于外层空间军事对抗的事实状态，不仅需要讨论禁止使用武力原则的一般情形，也需要研究区分原则、比例原则等武装冲突法各项基本原则适用于外层空间军事对抗的标准及要件。②

第三，防止核武器扩散、推进核裁军问题。中国是《不扩散核武器条约》的缔约国，已经签署但尚未批准《不扩散核武器条约》，不认可、也无意签署或批准《禁止核武器条约》。《中国的军控、裁军与防扩散努力》白皮书、《关于中华人民共和国履行〈不扩散核武器条约〉情况的国家报告》（2019 年 4 月 29 日）等立场文件中阐述了中国围绕核裁军、核武器使用等基本政策。在国际社会推动核裁军步履维艰，建立在首先使用核武器基础之上的核威慑战略尚未被摒弃，以及个别西方国家降低核武器使用门槛、研发新型核武器的动向之下，以《联合国宪章》禁止使用武力原则为基础，继续探讨防止核武器扩散、推进核裁军的法律约束机制，完善建立无核武器区国际法制度，存在重要的现实和理论意义。

---

① "Reducing space threats through norms, rules and principles of responsible behaviours", UN Resolution adopted by the General Assembly on 7 December 2020, para. 5.
② 蒋圣力：《外层空间军事对抗的国际法探析》，《北京航空航天大学学报》（社会科学版）2018 年第 6 期。

三 构建"人类命运共同体"对国际法基本原则的发展

当今世界正经历百年未有之大变局,新一轮科技革命和产业变革深入发展,国际力量对比深刻调整,和平与发展仍然是时代主题,人类命运共同体理念深入人心。① 构建人类命运共同体思想则是重点强调一个"共"字,即要求在共存的基础上,追求共同利益,承担共同责任,加强合作,实现共进。从这个意义上说,人类命运共同体语境下的和平共处五项原则,是六十多年前提出的该原则的升级版,是站在新的时代前沿,提出了更高层次的追求。② 人类命运共同体思想倡导多边主义,不搞封闭排他的小圈子,超越了以往构建国际秩序的思维和视野,打破了既往国际秩序中的"中心—边缘"结构,致力于建设持久和平、普遍安全、共同繁荣、开放包容、清洁美丽的世界。构建人类命运共同体,需要有与其内含意旨相符合、反映当今时代特色、体系结构合理和谐的调整国际社会关系的特色法律原则。

分析构建"人类命运共同体"思想蕴涵的国际法价值。一般需求或共性需求催生出主体间的共同利益,进而孕育出基于相同的需求和利益取向的价值共识。③ 2015年习近平主席提出"和平、发展、公平、正义、民主、自由"是全人类的共同价值这一基本论断,④ 是对当代人类文明基本价值观的一个总的表达,也是构建人类命运共同体的精神底蕴。在全人类共同价值观基础上构建人类命运共同体,发展国际法基本原则,既不是意识形态领域价值观的单向输出,也不是将全球治理纳入为某一国家的利益服务的体系,而是基于国际法治中的价值共识塑造国际治理体系。与此同时,构建人类命运共同体是在国际关系理论和实践层面,对马克思主义和平发展、公平正义、民主自由价值观的继承和发展,它倡导在充分尊重国家合法权益的同时,以民族国家为构成的国际

---

① 2021年《中华人民共和国国民经济和社会发展第十四个五年规划和2035年远景目标纲要》第一章第一节。
② 徐宏:《人类命运共同体与国际法》,《国际法研究》2018年第5期。另见柳华文《推动构建人类命运共同体:法律化及其落实》,《厦门大学学报》(哲学社会科学版)2019年第6期。
③ 汪亭友:《"共同价值"不是西方所谓"普世价值"》,《红旗文稿》2016年第4期。
④ 习近平:《论坚持推动构建人类命运共同体》,中央文献出版社2018年版,第253页。

社会应树立一种和睦团结的精神，以及基于共同体的价值关怀与责任意识。以主权平等为基础的民主自由作为塑造当代国际秩序的共识价值，在推进国际法治中所体现的正义性、合理性使各种形式的霸权主义、强权政治黯然失色。构建人类命运共同体重申民主自由是塑造全球治理框架的价值评估标尺，倡导各国人民齐心协力的共治秩序观，坚决反对和摒弃冷战思维和强权政治的统治秩序观。①

研究构建"人类命运共同体"思想反映的共同体原则。人类命运共同体理念强调以整体思维解决日益复杂的全球性问题，反映了国际法的基本原则和普遍价值，与国际法律制度致力于维护世界和平安宁、追求以人类为整体利益的目标，具有一致性。共同体思想早在20世纪初即被国际法所认可，1911年《北太平洋海豹保护公约》、1931年《国际管制捕鲸公约》等国际公约，率先尝试通过国际合作协调利用和有效管理海洋生物资源。《公约》在"序言"中明确"各国意识到各海洋区域的种种问题都是彼此密切相关的，有必要作为一个整体加以考虑"，第136条规定"'区域'及其资源是人类的共同继承财产"，体现了全人类的利益和需要。此后，在《生物多样性公约》《国际船舶压载水和沉积物控制和管理公约》等国际公约中，都存在有关共同体思想的表述。② 以构建"人类命运共同体"思想发展国际法基本原则，是在坚持主权平等基础上，尊重文明多样性，尊重各国自主选择的发展道路，倡导国际法基本原则的统一普遍适用。同时，该坚持的坚持，该改写的改写，该纠偏的纠偏，该创新的创新，突出对人类社会整体性的关注，扩大利益交汇点，不断充实新内涵，以建设性方式促进各国开展合作，共建更加美好的世界。③ 构建"人类命运共同体"在国际法原则层面可以被概括为"共同体原则"，即以法律的形式确认人类共同利益事项，在确认国家主权的同时，保障人类社会生存和发展的基本环境和条件的原则；各国应维护联合国在维持国际和平与安全、保障经济社会稳定与发

---

① 王永贵、黄婷：《人类命运共同体为打造世界新秩序提供中国智慧》，《红旗文稿》2019年第9期。
② 马金星：《全球海洋治理视域下构建"海洋命运共同体"的意涵及路径》，《太平洋学报》2020年第9期。
③ 徐宏：《人类命运共同体与国际法》，《国际法研究》2018年第5期。

展方面的中心作用，同时作为必要补充，积极构建以规则为基础的区域机制。各国应摒弃零和思维，倡导和平、合作、共赢的理念，致力于建设新型国家关系，实现共同发展和持久和平的和谐世界。在寻求构建人类命运共同体的过程中，根据全球化新时代特点，研究及探讨把新原则纳入到当代国际法基本原则体系中，有助于建立一个平等、公正、和谐的国际新秩序，实现人类文明的持续发展。

四 "和平共处五项原则"在新时代的国际法治内涵

和平共处五项原则已经成为国际关系基本准则和国际法基本原则。"和平共处五项原则精辟体现了新型国际关系的本质特征，是一个相互联系、相辅相成、不可分割的统一体，适用于各种社会制度、发展水平、体量规模国家之间的关系。"① 当前和未来的国际关系实践和国家间竞争，展现出从传统的陆地疆域向海洋、极地、外空、网络等新领域拓展的态势，国际政治经济格局变化及国际秩序的调整，赋予了和平共处五项原则新的时代蕴涵和意义。2014 年，习近平主席在和平共处五项原则发表 60 周年纪念大会上的讲话中，高度评价和平共处五项原则的历史意义和对国际社会的贡献，阐发了"六个坚持"，在主权、安全、发展、合作、义利观等方面提出了一系列新理念，指出"新形势下，和平共处五项原则的精神不是过时了，而是历久弥新；和平共处五项原则的意义不是淡化了，而是历久弥深；和平共处五项原则的作用不是削弱了，而是历久弥坚"。② 21 世纪的国际政治、经济、文化等方面情势与 20 世纪 50 年代有明显不同，和平共处五项原则是与时俱进的思想体系，其内涵随着时代发展而不断丰富，适用范围随着国际关系和国际政治演变不断拓展。尤其是 2020 年 1 月以来，新冠肺炎疫情在全球范围内蔓延造成人类灾难，世界经济面临复杂严峻形势，国际秩序受到严重冲击。"放眼世界，我们面对的是百年未有之大变局"，如何结合国际新秩序，阐释"和平共处五项原则"蕴涵的合作性、公正性、平等性、道义性和共赢性，是学界需要思考的问题。

深入研究和平共处五项原则与《联合国宪章》的关系。2020 年 10

---

① 习近平：《论坚持推动构建人类命运共同体》，中央文献出版社 2018 年版，第 129 页。
② 习近平：《论坚持推动构建人类命运共同体》，中央文献出版社 2018 年版，第 130 页。

月29日《中共中央关于制定国民经济和社会发展第十四个五年规划和二〇三五年远景目标的建议》提出"加强国际法运用,维护以联合国为核心的国际体系和以国际法为基础的国际秩序,共同应对全球性挑战"。和平共处五项原则为当今世界一系列国际组织和国际文件所采纳,反映了国际法的本质要求,符合各国和国际社会的共同利益,集中体现了《联合国宪章》的宗旨和原则,是当代国际关系基本准则和国际法基本原则。围绕和平共处五项原则与《联合国宪章》的关系,以下三方面仍然有待深入挖掘:一是和平共处五项原则与《联合国宪章》的契合性。《联合国宪章》原则及规则以主权平等原则为出发点,"和平共处五项原则的精髓,就是所有国家主权一律平等,反对任何国家垄断国际事务"。① 深入挖掘和平共处五项原则与《联合国宪章》的契合性,不仅应当从文意解释层面加以分析,还应当从国际法治的发展趋势及人类社会的共同价值层面,予以深入研究。二是和平共处五项原则对《联合国宪章》原则的丰富发展。"和平共处五项原则提供了一个可以满足各方诉求、公正、平等的全球秩序框架。"② 无论是单项原则还是整体特征,和平共处五项原则都对《联合国宪章》有所补充和发展。对于其补充和发展的研究,既要立足于为广大发展中国家捍卫国家主权和独立提供强大思想武器,为发展中国家团结合作、联合自强的旗帜,也要立足于世界各国人民命运相互交织,通过增进相互理解、共享发展经验,更加有效地应对跨国威胁。三是新时代和平共处五项原则的国家实践。和平共处五项原则是具有生命力的国际法原则,研究和平共处五项原则的国家实践,既要研究总结中国的经验,也要重视其他国家,以及国家之间在推动、践行和平共处五项原则方面的成功经验。

综上所述,国际法基本原则对发展和维护公正合理的国际法治秩序,具有重要的现实和理论意义。当今世界和平与发展仍然是时代主题,但国际环境不稳定性不确定性明显上升,面对少数国家渲染强权控

---

① 习近平:《论坚持推动构建人类命运共同体》,中央文献出版社2018年版,第129页。
② 2014年6月28日印度副总统穆罕默德·哈米德·安萨里(Mohammad Hamid Ansari)参加在北京举行的和平共处五项原则六十周年纪念大会上的演讲,《印度副总统安萨里:和平共处五项原则使发展中国家利益得到保护》,人民网,http://cpc.people.com.cn/n/2014/0628/c164113 - 25213165.html。

制、奉行单边主义、逃避共同责任，曲解相关国际法规则的现状，只有从人类整体利益的宏大视角出发，坚定维护以联合国宪章宗旨和原则为基础的国际法基本原则和国际关系基本准则，才能实现真正的世界和平安宁、共同发展。因应时代需求，从理论和实践两个层面探讨和发展国际法基本原则，确认和发展公认的国际法基本原则，改革不公正不合理、不符合国际格局演变大势的国际规则，不仅有助于建立更加公正合理的国际秩序和平等参与的全球治理体系，也是推动构建人类命运共同体、共建"一带一路"，捍卫和诠释中国话语权的方向路径。

第六章

国际责任问题

　　国际责任是国际法的重要问题。国际法在国际关系中日益发挥的作用及其逐步发展对于确保和平共处和消除战争威胁具有首要重要性。如果违反国际法律准则而没有产生某些法律后果，或者不使违反国际法律准则的国家或其他国际法主体承担国际责任，那么，国际法准则的法律权威就是无稽之谈。这种责任的执行就保证了国际法律秩序的有效性。因此，国际责任被看作是国际法"理据"，是一种规范制度，其主要目标是巩固国际和平和发展国家间的友好关系。

　　国家的国际责任（以下简称国家责任）一直是国际法中最广泛和最复杂的问题之一。根据国际法，主权国家应该对哪些行为负责？国家对谁负责？国家责任的性质和内容是什么？尽管国际社会长期承认这一国际法领域的重要性，但其定义和实质性内容曾在很长时间内未能达成一致意见。① 近年来，国际社会发生的一些国际实践为国际责任理论研究提供了丰富的素材和视角，其中，国际组织的不断发展、国家空间活动的不断增多、国际环境问题的日益严峻，成为国际责任理论研究的重要动力。

第一节　国际责任问题的历史沿革

一　国际责任问题的范畴

　　国际法委员会在 1949 年第 1 届会议上，选择国家责任作为 14 项编

---

① Sterling Scott, "Codification of State Responsibility in International Law: A Review and Assessment," (1985) 9 *ASILS International Law Journal* 1, p. 1.

纂专题之一。1953 年，联合国大会通过第 799（VIII）号决议，为维持并促进国际和平起见，请国际法委员会在认为适当的时候尽快着手编纂国际法的国家责任篇原则（principles of international law governing state responsibility），① 联合国决议所使用的国家责任措辞是传统上国际责任的表述。② 在工作方法上，国际法委员会将"国家责任"专题框定于对国家的不法行为引起国际责任问题，但随着时间推移，国际法委员会将国家责任问题编纂工作进一步扩展至更宽泛的国际责任法问题。

1996 年，国际法委员所编写的长期工作方案大纲中第九项主题为国际责任法（Law of international responsibility），涵盖了较为广泛的内容，包括国家责任、国际法不加禁止的行为所产生的损害性后果的国际责任、外交保护、国际组织的国际责任、职能性保护等专题。由此得见，国际责任问题具有广义范畴，除了国家对国际不法行为的责任，国家对某些合法活动，例如空间活动和核活动所产生的危险后果负责也受到关注，并且涉及与国家以外的国际法主体的责任有关的问题。③ 同时，国际组织法、国际刑法、国际环境法、空间法等国际法的其他部门法的飞速发展，推动了国际责任问题的发展。因而，在国际法某些单独专题的编纂中，责任问题也往往与之联系在一起。

总体上，就国际责任问题而言，在国际法上并未形成统一的一般性制度体系，但国际责任概念已发展至国际法不同领域，既涉及不同国际法主体的国际责任，也涉及相同主体因实施不同行为所产生的国际责任，从现阶段发展来看，其外延涵盖国家的国际责任、国际损害赔偿责任、个人国际刑事责任，等等。其中，国家责任制度重要性得到普遍认可。有学者称，国家责任被视为国际法的一项基本原则，具有国际法律体系的属性，在本质上关注的是关于次级规则事项。④ 国际责任问题的

---

① "Request for the Codification of the Principle of International Law Governing State Responsibility", A/RES/799 (VIII), 7 December 1953, para. 3.

② See Yearbook of the International Law Commission, 1956, Vol. II, A/CN.4/96, p. 175, paras. 5 – 6.

③ Yearbook of the International Law Commission 1969, Vol. II, A/7610/Rev.1, p. 233, paras. 83 – 84.

④ [英] 马尔科姆·N. 肖：《国际法》（第六版）（下），白桂梅、高健军、朱利江、李永胜、梁晓晖译，北京大学出版社 2011 年版，第 614 页。

不断完善能够促进国家及其他国际法主体切实遵守国际法、履行国际法上的权利义务，对于强化国际法的权威性，保障国际关系的和平安全及稳定发展具有十分重要的意义。①

二 国际责任问题的核心：国家责任

国家责任的法律内涵在传统的理论和实践中没有引起任何重大的困难。国家责任是指违反或不履行一项国际义务的结果，国家对所造成的损害负有"赔偿的义务"。常设国际法院在"霍茹夫工厂案"（*Chorzow Factory Case*）判决中指出，"违反约定涉及以适当形式作出赔偿的义务，这是国际法的一项原则"。② 在这一意义上，"责任"（responsibility）等同于国内法中的"责任"（liability）。③

自20世纪初期，私人团体以及国际联盟相继开展国家责任的研究和编纂。（1）1925年美洲国际法协会应泛美联盟邀请起草"外交保护"专题；（2）为参与1930年海牙编纂会议，1927年国际法研究院通过一项"国家对在其领土上外国人人身或财产损害的国际责任"决议；国际法研究院还分别于1956年和1963年通过"用尽当地救济规则"的决议和"国家就个人所受损害提出的国际请求权的国家性质"的决议；（3）为参与1930年海牙编纂会议，1929年哈佛法学院起草了关于"国家对其领土内外国人的人身或财产损害的责任"的公约草案；应国际法委员会秘书处建议，1961年哈佛法学院将1929公约草案修改为"国家对外国人损害的国际责任的公约草案"；（4）第一届美洲国家间会议通过关于"主张和外交干预"的建议；第七届美洲国家间会议通过的关于"国家的国际责任"的决议（蒙得维的亚，1933年）；④（5）1925年国际联盟逐步编纂国际法专家委员决定将"国家对其领土内外国人的

---

① 参见李莹《现代国际责任若干问题探析》，《社会科学家》2003年第3期；李寿平：《试论国际责任制度和现代国际法的新发展》，《武汉大学学报》（社会科学版）2003年第1期。

② *Case Concerning the Factory at Chorzów* (*Claim for Indemnity*) (*Germany v. Poland*) (Jurisdiction), Permanent Court of International Justice, Twelfth (Ordinary) Session, Judgment, p. 21, para. 55.

③ Yearbook of the International Law Commission 1956, Vol. II, p. 180.

④ Yearbook of the International Law Commission 1969, Vol. II, A/CN. 4/217 And Add. 1, pp. 128 – 129, paras. 7 – 20

人身或财产损害的责任"列入编纂专题，并成立国家责任小组委员会处理这一专题。1930 年国际联盟海牙国际法编纂会议一读通过包括 10 项条款的草案，主要涉及责任基础和国际不法行为的客观和主观要素。然而，这一问题究竟属于有关责任的规则还是归于外国人待遇的规则，在各国出现了严重的分歧。最终，囿于海牙编纂会议时间所限，专家委员会未能完成对这一问题的研究。①

国际法委员会在 1955 年第 7 届会议上，决定开始研究国家责任，并任命阿莫多（F. V. García Amador）为该专题的特别报告员。1956 至 1961 年历届会议上，特别报告员连续提交了 6 份报告，讨论了国家的国际责任的各方面问题。② 在此期间，引起国家赔偿损害责任的具体法律行为存在很大争议。国家责任被描述为造成国际责任的行为或不作为、属于下列两类违法行为之一：（1）影响国家的行为，即损害国家的利益或权利的行为：包括不遵守条约（无论条约性质或目的如何）、不尊重外交豁免以及一般而言侵犯任何属于国家人格内在属性的权利，例如政治主权、领土完整、财产权等，这些行为具有多样化特征，有些行为定义不明确甚至无法界定。（2）对国家的国民人身或财产造成损害的行为，主要包括导致"国家对其领土上对外国人个人或财产造成的损害负有责任"的行为或不作为，此类行为类型是传统上私人和官方编纂以及司法裁决处理的国家责任范畴。③ 将国家责任问题限于对"外国人损害"的狭窄责任领域的观点遭到广泛批评。国家责任应当涉及所有基本问题，包括责任的产生、责任客体、行为的后果、排除不法性等诸多问题，而不应仅限定于处理对外国人人身或财产造成伤害的特定责任。因此，在研究国家责任问题时，也应当考虑到国际法在其他领域，

---

① Yearbook of the International Law Commission 1969, Vol. II, A/CN. 4/217 And Add. 1, pp. 131 – 132.

② Yearbook of the International Law Commission 1956, Vol. II, A/CN. 4/96; Yearbook of the International Law Commission 1957, Vol. II, A/CN. 4/106; Yearbook of the International Law Commission 1958, Vol. II, A/CN. 4/111; Yearbook of the International Law Commission 1959, Vol. II, A/CN. 4/119; Yearbook of the International Law Commission 1960, Vol. II, A/CN. 4/125; Yearbook of the International Law Commission 1961, Vol. II, A/CN. 4/134.

③ Yearbook of the International Law Commission 1956, Vol. II, A/CN. 4/96, p. 181, para. 41.

特别是在维持和平领域的最近发展。① 国家责任编纂的出发点应该是明确违反国际法规则所规定的义务将产生归咎于国家的责任，而不论规则的起源、性质和目的如何。② 1979 年，中国代表团在联大六委发言亦指出，"国家对它的一切违反国际义务的行为都应承担法律责任"，过去有些国际法著作和国家实践往往把国家责任仅限于外国人在领土内受损害时的责任，而不谈侵略、干涉弱小国家的责任，显然不符合国际形势发展的需要，也不符合联合国宪章的精神。③

国家责任与国家义务之间的关系问题涉及国际法律体系规则的区分问题。国家义务是实质性问题，国家责任是描述了受国际法约束的国家在违反习惯性或常规国际法规则强加于它的义务时所处的情况。在 1990 年法国与新西兰的"彩虹勇士号仲裁案"（*Rainbow Warrior Case*）中，新西兰主张法国违反两国协定的行为适用条约法，而法国则辩称其行为涉及国家责任法，从而援引不可抗力和危难概念试图解除其行为的不法性。仲裁庭认为，本案既适用条约法也适用作为习惯法规则的国家责任法，但违反一项条约的法律后果，包括确定排除行为不法性以及对违反的适当救济都属于国家责任的习惯法范畴问题。④ 在"加布奇科沃—大毛罗斯工程案"（*Gabcikovo-Nagymaros Project*）中，国际法院重申了这一论点，确定某一公约是否有效以及是否已被恰当地中止或废除，需根据条约法。另一方面，如果中止或废除公约与条约法不符，并且涉及造成这种不符的国家的责任，那么对此评价则需要依据国家责任法。⑤

广义的责任概念不仅包括对损害或损害作出赔偿的义务，还包括违

---

① Yearbook of the International Law Commission 1969, Vol. II, A/CN. 4/217 And Add. 1, p. 138, para. 89.
② Yearbook of the International Law Commission 1969, Vol. II, A/7610/Rev. 1, p. 233, paras. 80 – 83.
③ 陈体强：《国际法论文集》，法律出版社 1985 年版，第 181—182 页。
④ *Case concerning the difference between New Zealand and France concerning the interpretation or application of two agreements concluded on 9 July 1986 between the two States and which related to the problems arising from the Rainbow Warrior affair*, UNRIAA, vol. XX (Sales No. E/F. 93. V. 3), 1990, p. 250.
⑤ *Gabcikovo-Nagymaros Project* (*Hungary/Slovakia*), Judgment, I. C. J. Reports 1997, p. 38, para. 47.

反或不履行某些国际义务的其他可能的法律后果。"责任"根据违反义务或不履行所导致的责任的性质而定,可以分为民事责任和刑事责任。"国家罪行"自1976年列入条款草案后,20多年来未予重新审议。1998年第50届会议上,国际法委员会根据新任特别报告员的第1次报告,① 就刑事责任与不法行为责任的区别进行了一般性辩论。对此,各国产生了巨大分歧,显示了这一问题的复杂性。国际法委员会通过辩论逐渐形成统一意见,即在国际法发展的现阶段,刑法意义上的"国家罪行"概念尚未获得承认,应当采取双轨办法,即一方面通过特别法庭和未来国际刑事法院的机制并与各国法院相互配合以发展个人刑事责任概念,另一方面在国家责任范畴内发展对违背整个国际社会关注的最重要规范行为的责任概念。② 国家责任在性质上不包括国家刑事责任。

三 国际责任问题的扩展:国际法不加禁止行为的国际责任

第二次世界大战之后,人类社会技术革命及控制环境的能力得到极大提升,国际社会迫切需要制定新法律规范以应对现实需求。新的技术发展与环境问题包括和平利用原子能、外层空间制度、共享资源的交易、防止海洋环境污染以及对海上石油运输风险的防范等。这些新领域中产生域外损害性影响的行为在国际关系中经常遇到,并受到国际法的关注,体现了三个共同的特点:第一,各国在本国境内或不受任何国家主权限制的地区利用技术或管理环境的方式;第二,利用或管理环境时可能对其他国家领土内的或该国管辖范围以外地区造成有害后果;第三,有害后果及其产生的责任由国际法未加禁止的行为所致。这三项特点与《联合国环境宣言》第21条原则相对应,即各国根据《联合国宪章》和国际法原则拥有根据本国环境政策开发本国资源的主权权利,并有责任确保其管辖范围内或控制范围内的活动不会对其他国家或超出国家管辖范围的地区的环境造成损害。③

域外损害影响的国际责任是指活动的经营者或活动发生在其领土或

---

① 《国际法委员会年鉴1998年》,第二卷(第一部分),A/CN.4/490 and Add. 1 – 7。
② 《国际法委员会年鉴1998年》,第二卷(第二部分),A/53/10,第78页,第329段。
③ Yearbook of the International Law Commission 1978, Vol. II (Part Two), A/33/10, p. 151, annex, para. 13 – 15.

在其控制下的国家应在何种程度上对严重的域外损害负责。一般而言,行为国的活动对领土管辖或控制之外所造成的损害可分为三类。第一类伤害通常被认为是轻微的,国家之间可以容忍而不需要赔偿;第二类一般是不能容忍的,除非得到受害国的同意或在支付赔偿的情况下;第三类伤害是毁灭性的,通常不被认为是可以容忍的。国家实践表明,要确定三个损害类别界限是极其困难的。①

管制产生域外损害后果的活动与睦邻、适当注意、公平原则、事先谈判和协商、利益平衡等概念具有相关性,并且要求在国家领土管辖或控制范围内或以外进行活动时防止和尽量减少对他人的伤害。尽管遵守旨在防止或尽量减少损害的程序要求,其他国家及其国民仍可能受到损害,那么确定行为国的责任时,要在当事各方利益和更大的社会利益之间取得平衡。②

规范域外损害性影响行为的主要多边条约包括以下几个领域。核活动方面:1963 年《维也纳核损害民事责任公约》,1962 年《核船舶运营商责任公约》,1960 年《核能源领域的第三者责任公约》,1963 年《禁止在大气中、外层空间和水下进行核武器试验条约》;空间活动方面:1952 年的《关于外国航空器对地面第三方造成损害的公约》,1972 年《关于空间物体造成损害的国际责任公约》;海洋环境方面:1960 年《保护康斯坦斯湖防止污染公约》,1969 年《国际油污损害民事责任公约》,1972 年《防止倾弃废物和其他物质污染海洋公约》,1973 年《防止船舶污染国际公约》,以及 1982 年《联合国海洋法公约》,等等。③

国际法委员会在处理"国家责任"专题时就曾指出,"国家对国际不法行为的责任"与"国际法不加禁止行为国际责任"是两个不同事物,两者风险责任的基础迥异,规范风险责任规则的性质、内容和形式

---

① Yearbook of the International Law Commission 1985, Vol. II (Part One), A/CN. 4/384, p. 7, paras 21.
② Yearbook of the International Law Commission 1985, Vol. II (Part One), A/CN. 4/384, p. 6, paras. 12 – 19.
③ Yearbook of the International Law Commission 1985, Vol. II (Part One), A/CN. 4/384, p. 7, paras. 23 – 24.

均不相同。① 因此，首先需要厘清两者的区别。第一，在概念上，前者事关一项合法活动或行为所固有的风险所致损害后果进行国际赔偿（make reparation）的责任，而后者意指违反国际义务的国际不法行为所产生的后果（consequence of internationally wrongful acts）。第二，在术语使用上，国家责任英文标题使用"responsibility"，"国际法不加禁止行为国际责任"英文标题使用"international liability"。两个英文词汇的实质意涵并无差别，均意指不履行义务的法律后果，可以相互替代使用；但词语运用的变化旨在突出两种专题性质上的区别：responsibility 一词强调国际不法行为的后果，而 liability 内涵更为丰富，更适合表达合法行为产生的损害性后果及强调赔偿的必要性，同时还可以表示义务本身。② 第三，国家责任的有关规则属于"次级规则"，而国际不加禁止行为的国际责任则被归为"初级规则"（义务规则），即，规定对于国际法不加禁止甚至是明确允许行为的严重有害后果，国家负有给予赔偿的"主要义务"；如果国家不履行支付赔偿的义务，则招致国家的国际责任。

不受国际法禁止行为所产生的义务是特定初级规则的产物，违反这些义务或任何其他初级规则，就会使国家对不法行为负责的"次级"规则发挥作用。未被禁止行为的国际赔偿责任并不减损对国家的国际不法行为的次级责任制度的普遍性，因为这两种制度存在于不同层面上，这一观点在第六委员会审议时得到广泛支持。③

第二节　联合国国际法委员会编纂与逐渐
　　　　　发展国家责任制度与国际责任问题

国际责任方面的立法活动兴起于 20 世纪 30 年代，并以国际法的编

---

① Yearbook of the International Law Commission, 1973, Vol. II (Part Two), A/9010/Rev. 1, p. 169, para. 38.

② Yearbook of the International Law Commission 1980, Vol. II (Part One), A/CN. 4/334 and Add. 1 – 2, p. 250, paras. 10 – 12.

③ Yearbook of the International Law Commission 1980, Vol. II (Part One), A/CN. 4/334 and Add. 1 – 2, p. 253, para. 21.

纂形式缓慢地向前发展。联合国大会的下属专家机构国际法委员会，以整体促进国际法的"编纂和逐渐发展"为宗旨，成为国际责任编纂的主导者，近年来对国际责任问题的编纂取得长足进步。其成果主要包括以下内容。

一 对国家责任的编纂

国际法委员会于 2001 年第 53 届会议二读通过了《国家对国际不法行为的责任条款草案》（以下简称《国家责任条款草案》），并依据《国际法委员会章程》（以下简称《章程》）第 23 条，决定：（1）建议联合国大会在一项决议中注意到国家对国际不法行为的责任条款草案，并将其列为该项决议的附件；（2）建议大会鉴于本专题的重要性，在稍后阶段审议能否召开一次全权代表国际会议，审查国家对国际不法行为的责任条款草案，以期缔结一项关于本专题的公约。①

《国家责任条款草案》是国际法委员会历经近半个世纪编纂工作的产物，与 1969 年《维也纳条约法公约》一起被誉为国际公法的两项基本支柱。② 条款草案的内容既包含了国际法规则的"逐步发展"，也在很大程度上代表了习惯国际法的重述。③《国家责任条款草案》试图以编纂和逐渐发展方式拟订关于国家对国际不法行为的责任的国际法基本规则，即国家责任是指根据国际法认定国家应对其违法的行为或不行为负责的一般条件，以及这种责任所引起的法律后果。条款草案并不试图界定一旦被违背便会引起责任的国际义务的内容，这种界定是初级规则的职能，编纂初级规则时需要重申大多数实质性的习惯国际法和协定国际法。④

《国家责任条款草案》是国际法委员会所着手的最成功的"非立法编纂"成果之一。⑤ 各国在开展对外关系交往中，以国家责任条款作为

---

① 《国际法委员会年鉴 2001 年》，第二卷第二部分，A/56/10，第 29 页，第 72—73 段。
② 《国际法委员会年鉴 2001 年》，第二卷第二部分，A/56/10，第 28 页，第 62 段。
③ ICSID, *Archer Daniels Midland Company and Tate&Lyle Ingredients Americas, Inc. v the United Mexican States*, Case No. ARB (AF) /04/05, Award, 21 November 2007, para 116.
④ 《国际法委员会年鉴 2001 年》，第二卷（第二部分），A/56/10，条款草案总评注（1），第 35 页。
⑤ Fernando Lusa Bordin, "Reflections of Customary International Law: The Authority of Codification Conventions and ILC Draft Articles in International Law", (2014) 63 *International and Comparative Law Quarterly* 535, p. 536.

其行为准则。① 国家责任条款具有相当大的影响力，甚至可能比条约更有影响力。② 在前述"加布奇科沃—大毛罗斯工程案"中，国际法院援引《国家责任条款草案》中关于危急情况解除行为的不法性的条款，并申明该条款反映了一项习惯规则。③ 自那时以来，国际法院应用了国家责任条款草案的若干条款，在"波斯尼亚种族灭绝案"（Bosnia Genocide case）中，分别援引了国家责任条款草案的第4条、第8条、第14条和第16条。④ 同时，国家责任条款草案所产生的影响当然不限于国际法院的范围，已被广泛应用于各类司法或准司法机构，包括仲裁法庭、世界贸易组织争端解决机构、国际刑事法庭、区域人权法庭和国际海洋法法庭等。

二 对国际法不加禁止行为所产生损害后果的国际责任的编纂

2001年第53届会议上，委员会还二读通过了《国际法不加禁止行为所产生的损害性后果的国际责任条款草案（预防危险活动造成的跨界损害）》，并根据《章程》第23条，决定建议联合国大会根据关于预防危险活动的跨界损害的条款草案拟订一项公约。⑤ 2006年委员会第58届会议二读通过《国际法不加禁止行为所产生的损害性后果的国际责任条款草案（危险活动跨界损害所造成损失分配的国际责任）》，并根据《章程》第23条，决定建议联合国大会以决议的方式核准原则草案，并敦促各国在国家和国际一级采取行动予以落实。至此，"国际法不加禁止行为所产生的损害性后果的国际责任"专题的编纂工作正式完结。⑥

---

① Christian Tomuschat, "The International Law Commission-An Outdated Institution", (2006) 49 *German Yearbook of International Law* 77, pp. 96 – 97.
② D Caron, "The ILC Articles on State Responsibility: The Paradoxical Relationship between Form and Authority", (2002) 96 *American Journal of International Law* 866, p. 866.
③ *Gabcikovo-Nagymaros Project* (*Hungary/Slovakia*), Judgement, I. C. J. Report 1997, p. 40, para. 51.
④ Application of the Convention on the Prevention and Punishment of the Crime of Genocide (Bosnia and Herzegovinav Serbia and Montenegro), I. C. J. Report 2007, p. 43, paras. 385, 398, 420 and 431.
⑤ 《国际法委员会年鉴2001年》，第二卷（第二部分），A/56/10，第166页，第94段。
⑥ 《国际法委员会年鉴2006年》，第二卷（第二部分），A/56/10，第28页，第63段。

三 对国际组织的国际责任的编纂

2011 年委员会第 63 届会议二读通过《国际组织责任条款草案》，并根据《章程》第 23 条，决定建议大会：（1）通过一项决议注意到国际组织的责任条款草案并将该条款草案附在该决议之后；（2）考虑在以后某个阶段以该条款草案为基础拟订一项公约。①

四 对国家责任的国家继承问题的编纂

2017 年委员会第 69 届会议决定将"国家责任方面的国家继承"专题列入工作方案，对国家对国际不法行为的责任方面的国家继承问题展开研究与编纂。专题的目的在于一步弄清：第一，对国家继承情形中国家对国际不法行为的国际责任引起的义务和权利的转移，第二，是否有国际法规则可循？② 目前此项工作仍在进行中。

国际责任问题的国际法委员会编纂结合了丰富的国家实践与国际法的最新发展成果，概括了纷杂的国际习惯、一般法律原则以及大量国家实践，不仅为国际责任的理论研究提供了重要的法律基础，并且也初步构筑起有关国际责任制度的国际法规则框架。

第三节 国际责任问题的嬗变与特点

一 国际责任的类别与调整范畴日益扩大

在现代国际法中，国际责任的责任类别范畴不断扩展。国际法委员会的编纂成果明确规定国际责任制度不仅涉及国家因国际不法行为所产生的国际责任，也包含国际法不加禁止行为造成损害性后果的国际责任（分为预防责任和赔偿责任）。

就国家责任而言，《国家责任条款草案》的最终形式反映了两层重要性。第一，委员会建议大会注意到条款草案，并将条款案文附于决议

---

① 《国际法委员会年鉴 2011 年》，第二卷（第二部分），A/56/10，第 164 页，第 85 段。
② 联合国：《国际法委员会报告》，大会正式记录第 72 届会议补编第 10 号，A/72/10，第 211、217 段。

之后，这体现了国际法委员会通过对国家在其权利和责任方面提供指导的现行规则、国家实践和学说的权威性研究，"更精确地制订并系统整理广泛存在国家惯例、判例和学说的国际法规则"，使之成文化、系统化，从而促进法律稳定和国际关系可预测性。① 第二，委员会建议大会在随后阶段中考虑通过本专题的条约。这意味着委员会已将"逐渐发展国际法"要素列入国家责任规则的发展进程。

如前所述，国际法委员会将国际法不加禁止行为的国际责任与国家责任加以区分，两者风险责任的依据、规则性质不同以及内容和形式各不相同。国际法委员会提出，与国家责任条款的次级规则性质不同，国际法不加禁止行为国际责任的预防与赔偿条款关注的是初级规则。预防责任旨在要求起源国对能造成重大跨界损害的活动承担预防义务，即使活动本身不受禁止。这种预防义务是一种适当注意的义务，主要涉及对引起重大跨界损害的危险活动的核准和管制。② 赔偿责任的侧重点则是对即使履行了由预防责任所产生的应有注意义务仍然造成的跨界损害进行赔偿。而这一责任不妨碍关于国家责任的规则以及一旦发生违反预防义务之事时按照相关规则可能提出的任何要求。③

二 国际责任的主体呈现多元化

随着国际责任制度的不断发展，国际责任的主体也发生了变化，除了国家之外，国际组织成为国际责任的主体。国际组织数量日益增多，其职能范畴越来越广泛，讨论国际组织对国际不法行为的责任具有重要意义。

值得一提的是，作为国际责任的主体，国际组织不仅与国家不同，国际组织相互之间也有很大的差别。国际组织不具有国家的一般性权能，各国际组织权力和职能、成员国数目、与成员的关系、机构设置及组织规则方面有着多样性特性，④ 因而在行为可归因性、免责、责任履

---

① 《国际法委员会年鉴 2001 年》，第二卷（第二部分），A/56/10，第 28 页，第 64 段。
② 《国际法委员会年鉴 2001 年》，第二卷（第二部分），A/56/10，第 170—171、174 页。
③ 《国际法委员会年鉴 2006 年》，第二卷（第二部分），A/61/10，条款草案总评注第(2)—(6) 段，第 71 页。
④ 《国际法委员会年鉴 2011 年》，第二卷（第二部分），A/66/10，条款草案总评注第(7) 段，第 48 页。

行等方面的规则有别于国家责任。国际组织国际责任能力的这种差异性或多样性，与国家责任能力的统一性和一致性形成鲜明的对比。①

三 国际责任纳入严格赔偿责任

实践中，国家从事的一些活动和行为本身不为国际法所禁止，却造成严重的跨界环境损害后果。一方面，以保护环境和人类公共利益为需求，国内侵权法中的"无过错责任"理论在国际环境法中应运而生，为理解环境责任概念及其发展提供指导方针。② 例如，我国学者指出，在讨论国际法不加禁止行为所产生的损害性后果的赔偿责任上，将严格责任原则这一原本为国内法的概念纳入国际责任的归责原则之中。③ 在国际条约实践中，无过错责任成为特定条约针对一些危险活动建立赔偿责任制度的基础，但在一般国际法领域中，尚没有形成统一的无过错责任制度，没有确切证据表明无过错责任已经被国际社会所普遍承认为习惯国际法。这也充分表明，与国内法适用无过错责任平衡个人权利与公共利益关系相比，处理国家间行使主权权利与防止危险活动造成跨界损害义务的平衡关系显然更为复杂和纠结。

国际法委员会将赔偿责任制度与国家责任区别开来，作为剩余的制度运用，发挥"安全网"的作用。④ 各国可选择民事责任制度或国与国之间的赔偿责任来解决跨界活动所致损害问题。严格的赔偿责任主要与经营者联系在一起，不要求经营者提供过失证明。国际法委员会认为，对于危险活动造成损害的情况，在国际层面要求经营者承担严格责任是公平的。另一方面，将严格责任概念从国内范畴转为国际标准时，应当确切界定其内容，同时顾及其基本目标，即令某人承担责任而不必证明其在因从事危险活动制造风险方面具有过失。⑤ 我国学者认为，国际损

---

① 黄瑶：《国际组织责任规则与国家责任规则之比较——以联合国国际法委员会有关条款草案为视角》，《法学评论》2007年第2期。
② Yearbook of the International Law Commission 1985, Vol. II (Part One), A/CN. 4/384, p. 82, paras. 381 – 382.
③ 见李寿平《现代国际责任法律制度》，武汉大学出版社2003年版，第250页。
④ 联合国大会：《关于国际法不加禁止的行为所产生的损害性后果的国际责任（预防危险活动的跨界损害）的第二次报告》，A/CN. 4/501，1999年5月4日，第52段。
⑤ 《国际法委员会年鉴2006年》，第二卷（第二部分），A/61/10，第92—93页。

害赔偿责任是作为国际法不加禁止行为的社会效益和社会危害之间的调节器而存在的，因此必须科学地界定在一个有限的特定的适用范围内。① 损害责任作为对传统责任的补充和发展，其适用范围应当限于自然环境利用领域和具有高度危险性、容易产生跨国损害的危险性活动领域。②

四　国际责任的形式与实现途径朝多样化方向发展

国际责任的发展强化了国际法的约束力和威慑力，促使国际法主体更加积极地履行国际义务，从而使国际法更为有效地发挥维护国际秩序的功能。③ 在国际责任的实现途径中，随着国际司法组织的出现与发展，国际责任不仅可以通过国际仲裁的途径来实现，还可通过国际司法机构或外交途径来实现。而且，通过国内司法机构来实现国际责任也正在尝试之中，④ 使得国家豁免理论的重要性日益凸显。总体而言，国际责任问题的责任性质、规则构成、归责原则等重要理论正在随着国际实践和国际法的"编纂与逐渐发展"不断丰富和完善。

第四节　国际责任问题的研究现状

一　国际与国内的研究概况

1949 年国际法委员会第 1 届会议将国家责任的问题列入被认为适合编纂的 14 个专题的临时清单。经过几十年的努力，最终通过《国家责任条款草案》，初步在国际法层面上确立了国家的国际责任制度，⑤ 使之与国内法的国家责任相区别，也与国际法不加禁止的行为产生损害后果的国际"责任"概念相区别。作为《国家责任条款草案》的特别

---

① 李莹：《现代国际责任制度新发展探析》，《现代国际关系》2003 年第 4 期。
② 参见慕亚平、郑艳《国际损害责任的性质和法理基础》，《法学评论》1998 年第 2 期。
③ 李莹：《现代国际责任制度新发展探析》，《现代国际关系》2003 年第 4 期。
④ 李寿平：《现代国际责任法律制度》，武汉大学出版社 2003 年版，第 250 页。
⑤ 国际法委员会在二读时决定采用"国家对国际不法行为的责任"这一标题，去掉了"责任"前的"国际"这一限定词，以免同一标题中出现两次"国际"一词。参见《国际法委员会年鉴 2001 年》，第二卷（第二部分），A/56/10，第 29 页，第 68 段。

报告员，克劳福德（Crawford）教授不但在联合国国际法视听图书馆撰写《国家责任条款草案》的简介、制定经过、最近发展，① 还全面系统地在学理上阐释其具体含义和适用。②

近年来，中国学者对国际责任制度的研究工作亦围绕国际法委员会的编纂活动展开，并且学术成果的发表与编纂活动保持一致，多集中于 2000 年至 2010 年。首先，对不同类型化的国际责任开展有益的探索。主要涉及国家的国际刑事责任、国际损害责任、空间领域的国际责任、国际投资中的国家责任、跨界环境损害的国家责任、国际组织的责任等。③ 其次，阐释《国家责任条款草案》的条款与规则。例如，对"国际不法行为"的含义、条件与归责问题，做初步的分析研究，并特别指出，在我国，国有大中型企业的商业行为是否会引起国家责任的问题，对此值得高度重视；④ 再如，对国家责任与国际组织责任进行了比较研究；⑤ 阐述联合国组织适用国家责任问题；⑥ 对国际不法行为责任条款的具体运用开展实证性研究；⑦ 对国家责任的归责问题进行研究等。⑧

---

① 詹姆斯·克劳福德：《国家对国际不法行为的责任条款》，https：//legal.un.org/avl/pdf/ha/rsiwa/rsiwa_c.pdf，最后访问时间：2020 年 12 月 20 日。

② James Crawford, *State Responsibility: The General Part*, Cambridge University Press, 2013; James Crawford, *The International Law Commission's Articles On State Responsibility* (Introduction, Text and Commentaries), (Cambridge University Press, 2002).

③ 相关领域研究参见刘大群《国际法上的国家刑事责任问题》，《刑事法评论》2007 年第 2 期；那力《国际环境损害责任的两个重大变化》，《法商研究》2006 年第 6 期；朱文玉《国家在保护外层空间领域的国际责任》，《学术交流》2003 年第 10 期；何艳梅《国际赔偿责任性质辨析》，《法治论丛》2009 年第 3 期；衣淑玲《论国际投资中的国家责任问题》，《甘肃政法学院学报》2003 年第 8 期；邢丹、赵军《国际环境污染问题中的国家责任》，《当代法学》2000 年第 3 期；赵劲松《国际法律责任的发展：国际组织责任法的编纂》，《重庆社会科学》2006 年第 6 期等。

④ 张乃根：《试析〈国家责任条款〉的"国际不法行为"》，《法学家》2007 年第 3 期。

⑤ 参见黄瑶《国际组织责任规则与国家责任规则之比较——以联合国国际法委员会有关条款草案为视角》，《法学评论》2007 年第 2 期。

⑥ 参见孙萌《论国家责任制度在联合国组织的适用》，《中国法学》2005 年第 1 期。

⑦ 张颖军：《国际不法行为责任条款的具体运用探析——以 2005 年国际法院〈关于在刚果境内的军事行动案〉为例》，《广东广播电视大学学报》2010 年第 3 期。

⑧ 国家责任的归责研究参见赵洲《国际责任法上私人行为归属于国家问题研究》，《北京大学学报》2011 年第 6 期；杜渐《论国际法律责任的构成要件》，《黑龙江省政法管理干部学院学报》2009 年第 2 期；赖经纬《论国际不当行为责任的构成要件》，《武汉科技大学学报》2004 年第 2 期；张磊《论国际法上传统国家责任的产生与构成》，《学术论坛》2012 年第 2 期等。

总体而言，我国对国际责任理论与实践的研究紧紧追随着国际社会对国际责任专题编纂活动的步伐。可以看到，每当联合国国际法委员会通过或完成一项国际责任制度的条款草案时，都激发了中国学者对相关领域的新一轮关注和探讨。这一趋势表明中国学界研究能够顺应国际法发展的潮流，紧扣国际时代变迁的脉搏，较为及时、准确地对国际规则的新发展作出解读和探索，进而推动中国国际法理论的前行。同时，国际实践也为国际责任制度的研究提供了持续动力和新的活力。例如，学界的研究切合了中国的现实需要性，对可能产生的国际损害责任以及中国应采取的应对措施和有效途径进行了广泛而深入的探究，提出了各自的观点和见解，为实现国际法学理论运用和服务于实践的价值作出了应有的贡献。

二 对国际责任制度的基础理论与实践运用的研究后劲及更新不足

规则条文形成后，在实践中如何适用，既是对规则的解释，也是对规则的发展。在司法实践中，《国家责任条款草案》的现有案文已被国际法院和其他法庭广泛引用和依靠。① 联合国秘书长多次提交题为《国家对国际不法行为的责任：国际性法院、法庭和其他机构裁判汇编》的报告。② 其 2017 年报告显示，报告涵盖的 163 起案件，其中 2001 年 1 月 1 日至 2016 年 1 月 31 日期间作出的可公开查阅的裁判中，有 395 次提及国家责任条款之处，在涵盖的 157 起案件中，争端当事方提交的呈件中有 791 次提及这些条款。③ 其 2019 年报告显示，2016 年 2 月 1 日至 2019 年 1 月 31 日期间所作各项裁判中，提及国家责任条款的有另外 86 个案例。④ 这些数据充分表明了国家责任条款案文在国际司法实践中同样具有极为重要的规范价值。

---

① 联合国大会：《国家对国际不法行为的责任》，A/RES/74/180，2019 年 12 月 27 日，第 4 段。
② 秘书长报告参见 A/62/62、A/62/62/Corr.1、A/62/62/Add.1、A/65/76、A/68/72、A/71/80 和 A/71/80/Add.1。
③ 联合国大会：《国家对国际不法行为的责任：国际级法院、法庭和其他机构的裁判汇编》，秘书长的报告，增编，A/71/80/Add.1，2017 年 6 月 20 日，第 5—6 段。
④ 联合国大会：《国家对国际不法行为的责任：国际性法院、法庭和其他机构的裁判汇编》，秘书长的报告，A/74/83，2019 年 4 月 23 日，第 5 段。

中国虽已有专门的著作阐释国家责任制度,①但近年来国际责任的基础理论方面未见有学术性较高的成果面世。此外,有关《国家责任条款草案》的国际法上的地位、"逐渐发展"的后续编纂工作以及在国际与国内司法实践的适用等问题,中国学界都缺少有见地、较成熟的学术成果。如此不仅远不能满足中国的实践需要,也与中国作为大国的地位不相称。国际责任始终处于国际法制度的核心位置。国际责任制度的国际编纂活动将继续进行下去,并得到持续发展和完善。同时,随着国际实践活动的多元化,国际责任的适用范围还将进一步扩展,特别是《国家责任条款草案》无论在确立规则方面抑或国际司法实践中都具有重要意义,对此,我国应当给予充分的关注,需要进一步加强对理论与案例实践的研究。

第五节 中国对国际责任制度的研究需求与思考

一 密切关注并参与研究《国家责任条款草案》"逐渐发展"阶段的后续工作

联合国大会在 2001 年 12 月 12 日通过第 56/83 号决议,注意到本决议附件所载的关于《国家对国际不法行为的责任条款》,并提请各国政府加以注意。此后,大会多次通过决议,请秘书长邀请各国政府就今后对条款采取任何行动问题提出书面评论意见。②

目前美国、英国等国家均已就条款提出书面评论意见。③ 截至 2019 年 6 月 21 日,秘书长收到了如下国家书面评论:美利坚合众国(2010

---

① 贺其治:《国家责任法及案例浅析》,法律出版社 2003 年版;李寿平:《现代国际责任法律制度》,武汉大学出版社 2003 年版。
② 2004 年 12 月 2 日通过第 59/35 号决议、2007 年 12 月 6 日通过第 62/61 号决议、2010 年 12 月 6 日通过第 65/19 号决议、2013 年 12 月 16 日通过第 68/104 号决议、2016 年 12 月 13 日通过第 71/33 号决议、2019 年 12 月 18 日通过第 74/180 号决议,参见国际法委员会网站:https://legal.un.org/ilc/guide/9_6.shtml,最后访问时间:2021 年 1 月 17 日。
③ 各国书面评论意见参见 A/62/63、A/62/63/Add.1、A/65/96、A/65/96/Add.1、A/68/69、A/68/69/Add.1、A/71/79、A/74/156。

年2月5日、2007年5月8日)、奥地利(2019年2月1日、2016年2月12日)、萨尔瓦多(2019年1月28日、2016年1月26日、2013年1月18日、2010年7月20日)、葡萄牙(2019年3月14日、2016年1月29日、2013年5月6日、2010年1月21日、2007年2月28日)、卡塔尔(2018年7月27日、2012年6月26日、2009年4月30日)、苏丹(2017年10月20日)、澳大利亚(2016年2月5日)、捷克共和国(2016年1月29日)、芬兰(2016年2月11日)、墨西哥(2016年3月15日、2010年2月5日)、智利(2013年3月26日)、肯尼亚(2012年2月2日)、黎巴嫩(2011年10月19日)、巴拿马(2012年4月19日)、巴西(2010年2月1日)、捷克共和国(2010年1月28日、2007年1月31日)、芬兰以北欧国家的名义(2010年2月1日)、法国(2010年1月29日)、德国(2010年1月18日、2007年2月28日)、立陶宛(2009年11月2日)、荷兰(2009年9月3日)、科威特(2007年1月31日)、挪威以北欧国家的名义(2007年1月31日)和大不列颠及北爱尔兰联合王国(2019年2月4日、2016年3月29日、2010年3月10日、2007年1月8日)。

对于《国家责任条款草案》的逐渐发展问题，中国尚未正式提出书面评论意见，将来需要给予关注，并结合中国立场和实践提出相应的方案，为国际法规则的发展及话语权贡献自己的力量。从各国提交的书面评论意见得见，一些国家如德国，其国内法院多次引述条款草案，使之成为国内法院判定国家承担国际义务以及责任的重要参考点。① 对此，从处理国家关系以及在国内法院援引国际责任角度出发，也有必要关注各国司法实践对条款草案的引用和解释。

二 援引对一切义务追究国家责任可能导致国际法上的滥诉

《国家责任条款草案》第48条第1款(b)规定，如果有关义务是对"对整个国际社会"承担，受害国以外国家可以援引国家责任。2019年11月，冈比亚在国际法院起诉缅甸违反《防止及惩治灭绝种族罪公约》，该案是国际法院历史上首次由一国在自身利益未受侵害或特

---

① 联合国大会：《国家对国际不法行为的责任：从各国政府收到的评论和资料》，秘书长报告，A/62/63，2007年3月9日，第39—40段。

别影响的情况下、通过诉诸"对一切义务"概念援引他国国家责任的案件。而依据国际法院在 1966 年"西南非洲案"(South West Africa Case)实体阶段判决中确立的诉权规则,一国必须证明其享有的权利或法律上的利益遭他国侵害,才有资格援引他国国家责任。① 对于这一问题,学者指出,国际法院的首要职能是解决国家间的争端,若争端无关乎国家之间具体的利益,则可能鼓励某些国家、国家集团或国际组织有意识地选择跟目标国有管辖权基础的代理人来实现起诉目的,使争议解决沦为政治工具甚至政治作秀,并可能引发国际法上的"滥诉"。②

三 加强国际责任理论与规则适用研究,切实维护我国国家权益

(一)国家责任理论对保障国家权益意义重大

如前所述,国际法治的发展推动国家责任制度的调整范畴不断扩展,从违反保护外国人人身和财产义务的传统国家责任逐渐演变为违反任何国际义务的一般性国家责任。根据《国家责任条款草案》,国家责任的构成要件为"二元模式",即行为可归因于国家和违背了该国国际义务的不法行为。而国家责任基本规则重点是国家责任的"次级规则"方面,并不试图界定一旦被违背便会引起责任的国际义务的内容这一"初级规则"详细加以解释。确定行为是否构成违背"国际义务",取决于义务的确切条件、其解释和适用,同时要考虑到义务的目标和宗旨以及案件的实情。③

在 2020 年新冠肺炎疫情全球暴发的大背景下,美国政客在新冠肺炎疫情问题上要求中国承担责任,妄图将国家责任政治化。对此,联合国国际法委员会委员黄惠康从国家责任制度的本质与构成规则出发给予了坚决驳斥。他指出,从本质上说,突发大规模流行疾病疫情,属于世界公共卫生事件,在法律上属于"不可抗力",因而不存在所谓的疫情首发国的"国家责任"问题。在责任构成上,中国不存在违反双方条

---

① South West Africa Case (Liberia v. South Africa), Judgment, I. C. J. Reports 1966, pp. 28 - 29, paras. 33 - 34.

② 参见廖雪霞《"对国际社会整体的义务"与国际法院的管辖——以 2019 年冈比亚诉缅甸违反〈灭种公约〉案为切入点》,《国际法研究》2020 年第 6 期。

③ 《国际法委员会年鉴 2001 年》,第二卷(第二部分),A/56/10,条款草案第三章评注第(2)段,第 62 页。

约或《国际卫生条例》义务情势，对美国没有实施任何可归因于中国政府的国际不法行为。①

近期，日本无视国际社会明确抗议和反对向海洋排放核废水，作为日本的邻国，如何针对日本国家的违法行为援引其国家责任或要求其进行跨界损害赔偿，是我们面临的新课题。这一事件至少涉及两种责任形式：其一，日本对违反国际义务的不法行为承担国家责任。对于日本排放核废水行为的国际不法性可以根据相关国际条约的义务条款加以判断，如果构成违反某一特定国际条约，那么日本因其国际不法行为承担国家责任。其二，国际赔偿责任。核废水排海对周边国家乃至全球海洋环境与生态安全的危害性是显而易见的，针对日本核废水排海行为主张跨界损害赔偿，也是一个可以诉诸实施的法律路径。

（二）探索国家责任规则在国际投资领域的适用

（1）在国际投资领域涉及诸多国家责任问题，例如，对外国投资和投资者的待遇标准、国有化或征收及其补偿、还涉及特许权协议、拒绝司法、外交保护等。② 在国际投资争端解决方面，《国家责任条款草案》已不断得到适用，中国作为引进外资大国及对外投资大国，需要做好研究，不断将其运用到实践当中。

（2）国有企业行为的可归因性问题。近年来，我国国有企业在海外的商业活动，包括企业收购与兼并，常因有政府背景而遭质疑，乃至其商业运作受挫。有学者指出，应当研究在国家继续实质性地拥有大中型国有企业资产所有权的前提下如何改善授权方式，尽可能避免企业行为导致国家责任。③ 2001 年国际法委员会在《国家责任条款草案》评注中，排除将实体的商业活动归因于国家，④ 其所持有的观点有利于免除国有企业因商业行为归责于国家。

（三）加强国家责任反措施问题的研究

国家责任制度中的反措施在履行责任方面起决定性作用，因为反措

---

① 参见黄惠康《借疫情污名化中国，于法不容》，《人民日报》2020 年 4 月 24 日。
② 衣淑玲：《论国际投资中的国家责任问题》，《甘肃政法学院学报》2003 年第 8 期。
③ 张乃根：《试析〈国家责任条款〉的"国际不法行为"》，《法学家》2007 年第 3 期。
④ 《国际法委员会年鉴 2001 年》，第二卷（第二部分），A/56/10，条款草案第 5 条评注第（5）段，第 50 页。

施的目的是促使不法行为国不仅履行停止义务，并且也履行赔偿义务。① 在应对对外国不法行为采取反措施等方面，需要积极运用国家责任制度的规则。一方面，美国不断扩大域外管辖权，甚至以反恐为名剥夺外国国家豁免权，对他国政府和国民实施制裁，美国可能以其采取的措施是反措施为由主张合法性；另一方面，针对其他国家实施的国际不法行为，我国也应当考虑采取适用的反措施予以应对。例如，我国学者指出，2020 年针对美国违反国际法关闭我国驻休斯敦领事馆的国际不法行为，损害中国正当权益的违法行径，2020 年 7 月中国决定撤销对美国驻成都总领事馆的设立和运行许可，是对美方行为的依法对等反制。② 因而，国家责任制度中的反措施的程序规则、义务规则和责任规则的三者关系如何，反措施的限度又如何等问题，均值得进一步研究。

（四）强化国际不加禁止行为的国际责任的理论与实证研究

随着工业化和高科技的发展，各国进行核能利用、航空航天、远洋石油运输、跨界河流开发等开发利用自然的活动日益频繁。这些国际法不加禁止的活动对他国环境资源以及国民的财产人身造成损害的事件时有发生，有时甚至达到较为严重的规模和程度。《联合国环境会议宣言》（《斯德哥尔摩宣言》）第 22 条原则和《关于环境与发展的里约宣言》第 13 条原则，要求各国进一步合作，制定关于在其管辖或控制范围内的活动对其管辖外的地区造成的环境损害的不利影响的责任与赔偿的国际法。运用国际不加禁止行为的国际责任规则妥善解决这些问题，对于处理国家间关系、维护国家利益、加强国际合作具有十分重要的现实意义。③

---

① 《国际法委员会年鉴 2001 年》，第二卷（第二部分），A/56/10，第 26 页，第 51 段。
② 参见贾桂德《从外交领事法看中国的新冠疫情防控措施和美国关闭中国领事馆》，《国际法研究》2021 年第 1 期。
③ 参见汪劲、黄嘉珍、严厚福《对松花江重大水污染事件可能引发跨界污染损害赔偿诉讼的思考》，《清华法治论衡》2010 年第 1 期；丽柏、龙柯宇《从松花江水污染事件检视跨界污染损害责任制度》，《云南大学学学报》（法学版）2006 年第 3 期。

第七章

国家管辖权、国家豁免

管辖权是国家主权的应有之义,[①] 但受到国际条约、国际习惯法的限制。国际法已公认国家具有属地优越权和属人优越权,相应的领域管辖和国籍管辖是重要的管辖依据。第二次世界大战后,各国关于管辖权尤其是域外管辖权（extraterritorial jurisdiction）的依据、合理性及其限制还存在较大分歧,争议最大的是美国的域外管辖、次级制裁。针对美国"长臂管辖"（long-arm jurisdiction）,[②] 中国已经并将继续采取坚决法律斗争。

国家豁免是国家行使管辖权的例外。国家豁免是程序规则,并不影响作为实体规则的国家责任规则,但拒绝豁免而执行外国国家财产是否可能引发国家责任则值得进一步研究。

还需要进一步研究如下内容：外国及国际机构的国家豁免规则及实

---

① 虽然管辖侧重于实际控制,管辖权更侧重于一般意义上行使权力,但实际上能实际控制的都能行使权力,所以除非另有说明,笔者混用"管辖"和"管辖权"。本章部分内容已发表于《国际法研究》2019年第3期上,参见李庆明《论美国域外管辖：概念、实践及中国因应》,《国际法研究》2019年第3期。

② 中国反对"依托国内法规的触角延伸到境外,管辖境外实体"的"长臂管辖",参见2018年9月24日中国国务院新闻办公室《关于中美经贸摩擦的事实与中方立场》白皮书对美国"长臂管辖"的论述。中国政府在广义上理解"长臂管辖"能在英国国际法学家詹宁斯（Jennings）和瓦茨（Watts）修订的《奥本海国际法》中找到依据。詹宁斯和瓦茨理解的"长臂"（long-arm）管辖包括美国反垄断法的域外适用和《1976年外国主权豁免法》的效果原则。Sir Robert Jennings QC and Sir Arthur Watts KCMG QC, *Oppenheim's International Law*: Volume 1 *Peace* (New York: Oxford University Press, 9th edn., 2008), p.474. 在《奥本海国际法》第一卷第一分册1995年版的中译本中,译者使用了"长臂"管辖一词。参见［英］詹宁斯、瓦茨修订《奥本海国际法》（第一卷,第一分册）,王铁崖、陈公绰、汤宗舜、周仁译,王铁崖校订,中国大百科全书出版社1995年版,第335页。

践、中国的国家豁免实践及其利弊得失、中国国家豁免立法的必要性与具体内容。

第一节 国家管辖权、国家豁免的概念和依据

各国关于管辖权的理论与实践并不统一，但一般可以认为管辖权是国家的基本权利，一国的管辖权视为一国的主权权力或权威，域外管辖权是一国在其境外行使主权权力或权威。①

一 国家管辖权、国家豁免的概念

（一）国家管辖权的概念

管辖领域的范围要大于"领土"（territory），不但包括一国领陆、领水、领空及其船舶和航空器，也包括专属经济区、毗连区、大陆架和实际控制管理的其他区域（如军事占领区），但不包括一国驻外国的使领馆。② 相应的，在讨论管辖权时，国外学者喜欢分别讨论对内水、港口、领海、毗连区、大陆架和专属经济区、公海、军舰或其他国家船舶等的管辖权。③

管辖权总是与国家主权、国家平等相关，每个国家在自己领土上具有专属管辖权。在国内法上，管辖权包括立法管辖权（legislative jurisdiction）、司法管辖权（judicial jurisdiction）和执法管辖权（jurisdiction to enforce）三种形式。④ 管辖权在国内法和国际法上并不一一对应。粗

---

① 参见2006年5月1日至6月9日和7月3日至8月11日，联合国国际法委员会第五十八届会议通过《国际法委员会报告》附件E. 域外管辖权，联合国大会第六十一届会议正式记录，补编第10号（A/61/10），第390页。

② See A. Cassese and P Gaeta, l. Baig, M. Fan, C. Gosnell, and A. Whiting, *Cassese's International Criminal Law* (Oxford: Oxford University Press, 3rd edn., 2013), p. 275.

③ 例如，参见［英］安德鲁·克拉彭《布赖尔利万国公法》（第7版），朱利江译，中国政法大学出版社2018年版，第125—141页。

④ See Malcolm N. Shaw, *International Law* (Cambridge: Cambridge University Press, 7th edn., 2014), pp. 469–473.

略而言，在国际法上，立法管辖权也称"规制管辖权"（prescriptive jurisdiction），指立法机关、行政机关和法院创设一般性规则的权力；司法管辖权也称"裁判管辖权"（jurisdiction to adjudicate），指"一国让特定的人或事从属于司法过程的权力"，既包括司法机关受理和裁判案件的权力，也包括行政裁判庭受理行政复议、行政争议的权力；国内法上的执法管辖权，粗略对应国际法上的"执行管辖权"，指政府利用资源诱导（induce）或强制遵从法律的权力。①

（二）国家豁免的概念

国家豁免有时也称为主权豁免，主要是指在国际交往中一国及其财产非经该国同意免受其他国家的管辖与执行。国家豁免问题既是国际法和外国法中的一个实践问题，也是横跨国内法、国际法（国际私法与国际公法）、外国法多个领域的理论问题，还涉及强行法与国家豁免的关系、国际法的规范等级、普遍民事管辖权等诸多理论和实践问题，一直受到国内外学者的广泛关注。

国家豁免原来是一项国际习惯法规则，授予外国国家及其财产在本国的绝对豁免，后来随着国家参与经济活动的增加，《欧洲国家豁免公约》的生效，以美国1976年《外国主权豁免法》为代表的国家豁免立法的通过，及《联合国国家及其财产管辖豁免公约》的制定，越来越多的国家主张限制豁免。②

---

① See American Law Institute, *Restatement of the Law Fourth*, *the Foreign Relations Law of the United States: Selected Topics in Treaties, Jurisdiction, and Sovereign Immunity*, American Law Institute Publishers, 2018, pp. 137 – 139. 部分学者认为行政机关和司法机关均是执行法律，故倾向于将管辖权分为两类，一类是"规制管辖权"，即制定法律、决定或规则的权力，另一类是执法管辖权，即采取行政或司法行动的权力。例如，曼（Mann）使用 legislative jurisdiction 与 enforcement（or prerogative）jurisdiction 的分类。See F. A. Mann, "The Doctrine of Jurisdiction in International Law", (1964) 111 *Recueil Des Cours* 1, p. 128. See also, James Crawford, *Brownlie's Principles of Public International Law* (Oxford: Oxford University Press, 8th edn., 2012), p. 457. 有学者认为，在刑事领域，裁判管辖权应作为执法权的一种，所以没必要单列裁判管辖权。See Roger O'Keefe, "Universal Jurisdiction: Clarifying the Basic Concept", (2004) 2 *Journal of International Criminal Justice* 735, pp. 736 – 737. 另见［日］小原喜雄《经济法域外适用的法律原理》，雷法译，《现代外国哲学社会科学文摘》1986 年第 6 期。

② 美国、英国、新加坡、巴基斯坦、南非、马拉维特、加拿大、澳大利亚、阿根廷、以色列、日本、西班牙、俄罗斯等国都制定了专门的国家豁免立法，相关立法的中文译本参见徐宏主编《国家豁免国内立法和国际法律文件汇编》，知识产权出版社 2019 年版，第 3—130 页。

二 国家管辖权、国家豁免的依据

（一）国家管辖权的依据

传统上一般认为管辖依据包括属地原则（territoriality principle）、属人原则（nationality principle）、保护原则（protective principle）、普遍原则（universality principle）四种，每一种管辖依据都存在域外管辖适用的空间，且国际法并不禁止一国行使域外管辖权。[①]

属地原则允许一国对其属地内的人和事行使管辖权，包括"主观属地"（subjective territoriality）和"客观属地"（objective territoriality），前者指一国对在其领域内发生，但在其领域外产生效果的行为的属地管辖权，后者指在另一国领域内发生，但在本国领域内产生或意图产生效果的行为的属地管辖权。"效果原则"则是一种特殊的属地原则。美国扩大解释属地原则而行使的管辖权，被外国视为域外管辖。效果原则不同于客观属地之处在于，客观属地要求的效果是作为犯罪构成要件的效果，而效果原则中的效果则不是作为犯罪构成要件的效果。[②]

属人原则允许一国管辖其在领域外的国民，包括"积极国籍"（active nationality）和"消极国籍"（passive nationality）。"积极国籍"是一国基于在域外的行为人具有本国国籍而主张管辖权，基本得到各国的支持。"消极国籍"是一国基于在域外的本国国民受害而主张管辖权，长期存在争议。不过，在"逮捕令案"（Democratic Republic of the Congo v. Belgium）中，联合国国际法院希金斯（Higgins）、库伊曼斯（Kooijmans）、伯根索尔法官（Buergenthal）三位法官认为，各国已基本承认"消极国籍"作为管辖权依据。[③]

保护原则允许一国在其国家利益受害时对外国自然人主张管辖权。

[①] 《普遍管辖权原则的范围和适用：秘书长根据各国政府评论和意见编写的报告》，A/65/181，https：//documents-dds-ny.un.org/doc/UNDOC/GEN/N10/467/51/PDF/N1046751.pdf?OpenElement。

[②] See Danielle Ireland-Piper, *Accountability in Extraterritoriality, a Comparative and International Law Perspective* (Cheltenham: Edward Elgar Publishing, 2017), p. 35.

[③] *Case Concerning the Arrest Warrant of 11 April 2000* (*Democratic Republic of the Congo v. Belgium*), I. C. J. Reports 2002, Joint separate opinion of Judges Higgins, Kooijmans and Buergenthal, para. 47.

保护原则得到很多国家承认，但美国在实践中对国家利益主张过广，对外国自然人和法人均行使管辖权，遭到很多国家的抗议。① 其中，最典型的是美国的进出口管制领域。早在"冷战"期间，美国就规定，如果从美国进口货物的外国公司违反不向社会主义国家转售的承诺，美国将对该外国公司及其高管提起刑事诉讼。②

普遍原则允许一国对严重的国际罪行行使管辖权，不论行为人的国籍以及行为地。在 1820 年的"美国诉弗隆案"（United States v. Furlong）中，美国联邦最高法院就使用了"普遍管辖"一词。③ 但美国现在很少以普遍原则主张域外管辖，且曾经反对比利时对美国国民行使普遍管辖，也反对国际刑事法院发起调查程序。针对很多学者不断扩大普遍管辖概念所涵盖的罪行和情势，易显河旗帜鲜明地反对，认为迄今只有针对海盗罪的普遍管辖权方为国际法所接受。④

（二）国家豁免的依据

关于国家及其财产为什么享有豁免权的依据，曾有治外法权说、国际礼让说、互惠说、国家主权说等多种理论。⑤ 一般认为，"平等者之间无管辖权"要求各主权国家不受他国管辖，同时和谐的国际关系要求各国避免对他国及其财产行使管辖权。⑥

作为一项古老的国际法原则，国家豁免一直以来都为世界各国所接受、奉行和遵守，至少各国在公开场合都不否认。在豁免的理论上，存在绝对豁免论和限制豁免论之争。传统上，各国都奉行绝对豁免，后来越来越多的国家开始实施限制豁免。绝对豁免论认为，不论一个国家的

---

① See Monika B Krizek, "The Protective Principle of Extraterritorial Jurisdiction: A Brief History and an Application of the Principle to Espionage as an Illustration of Current United States Practice", (1988) 6 *Boston University International Law Journal* 337, pp. 377 – 381.

② See Michael Akehurst, "Jurisdiction in International Law", (1972 – 1973) 46 *British Yearbook of International Law* 145, p. 158.

③ *United States v. Furlong*, 18 U. S. 184, 197 (1820).

④ 参见易显河《普遍管辖权的概念、逻辑和现状》，易显书译，《国际法学刊》2019 年第 1 期。

⑤ 参见黄进《国家及其财产管辖豁免问题研究》，中国政法大学出版社 1987 年版，第 3—6 页。

⑥ 参见 [英] 安德鲁·克拉彭《布赖尔利万国公法》（第 7 版），朱利江译，中国政法大学出版社 2018 年版，第 163 页。

行为和财产的性质如何,该国家在他国就其一切行为和财产一律享有豁免,除非该国家自愿放弃豁免。① 限制豁免论则认为,一个国家的主权行为或统治权行为或公法行为以及与这种行为有关的国家财产在他国享有豁免,而一个国家的非主权行为或事务权行为或私法行为以及与这种行为有关的国家财产在他国则不享有豁免。②

第二节 国家管辖权、国家豁免问题的新发展及中国的现实需求

一 国家管辖权问题的新发展及中国的现实需求

（一）美国域外管辖对中国的影响

从 1870 年开始,美国就不断将域外管辖作为对外扩张的一种手段。③ 第二次世界大战之后,随着美国在政治、经济、军事、科技、文化等领域不断取得领先,美国国会开始制定大量含有域外适用条款的法律,其中最有争议的是反垄断、出口管制等领域。根据美国国会研究服务局的报告,美国联邦立法中已规定海事、航空器、银行欺诈等许多领域的域外适用,并授予联邦法院司法管辖权。④

近年来,美国基于如下理由加强域外管辖立法和司法,极大地影响了中国实体和个人的权益:第一,确保美国法的完整、统一适用,避免外国人比美国人受到更少限制,造成外国人与美国人的不公平竞争。第二,美国人在海外遭受侵害时,如果无法在当地获得有效救济,他们可以回到美国寻求司法救济,而美国法院因为得到国会的授权可以受理相

---

① 参见黄进《国家及其财产管辖豁免问题研究》,中国政法大学出版社 1987 年版,第 48 页。

② 参见黄进《国家及其财产管辖豁免问题研究》,中国政法大学出版社 1987 年版,第 74—75 页。

③ See Daniel S. Margolies, "The Ill-Defined Fiction of Extraterritoriality and Sovereignty Exception in Late Nineteenth Century U. S. Foreign Relations", (2011) 40 *Southwestern Law Review* 575, pp. 575 – 581.

④ See (name redacted) Senior Specialist in American Public Law, "Extraterritorial Application of American Criminal Law", *Congressional Research Service Reports*, October 31, 2016. 在 2006 年和 2012 年,美国国会研究服务局发表过同名报告,作者是查尔斯·道尔（Charles Doyle）。

关的案件。① 第三，需要以美国国内法调整国际经贸关系，避免国际规则不利于美国利益。在海上和航空运输行业、大宗商品市场、证券发行和交易以及美国调查和取证程序的域外适用等领域，美国与其他国家在规制国际经贸的性质和范围上产生分歧。② 美国希望按其设想来规制国际经济贸易秩序，但其他国家不希望在本国管辖领域内的人、行为受他国法律和政策的管辖。③ 第四，需要以美国国内法来追求美国的外交政策目标，典型的是在进出口领域对特定国家的管制、制裁，以改变相关国家的意识形态、政治制度和经济制度。美国主张管辖其他国家的经济事务以达到政治目的可以追溯到第一次世界大战期间。④ 《美国法典》第50编附件第2405（a）（1）条明确规定，⑤ 为执行美国外交政策或履行国际义务，总统可以禁止或限制任何受美国管辖的产品、技术或信息或任何人从事出口。⑥

受美国联邦体制、法院司法审查权和《美国宪法》第五修正案与第十四修正案的影响，联邦法院塑造了美国国际管辖权制度。⑦ 根据美国学者的研究，在行使域外司法管辖权时，美国法院首先会执行国会立法中明确规定域外适用的条款；如国会立法中未明确规定立法是否域外适用时，美国法院根据实际情况来决定是否行使管辖权。⑧ 国际诉讼也是美国参与国际政治的一种方式，美国法院通过判例发展了美国法的域

---

① 参见徐崇利《美国及其他西方国家经济立法域外适用的理论与实践评判》，《厦门大学法律评论》第一期，厦门大学出版社2014年版，第251—252页。

② 詹宁斯曾经指出，效果原则实际上意味着对国家的属地管辖权没有任何限制。See R. Y. Jennings, "Extraterritorial Jurisdiction and the United States Antitrust Laws", (1957) 33 *British Year Book of International Law* 146, p. 159.

③ See J. W. Bridge, "The Law and Politics of United States Foreign Policy Export Controls", (1984) 4 *Legal Studies* 2, p. 2.

④ See J. W. Bridge, "The Law and Politics of United States Foreign Policy Export Controls", (1984) 4 *Legal Studies* 2, p. 4.

⑤ 该条全文可以参见：https://www.law.cornell.edu/uscode/html/uscode50a/usc_sec_50a_00002405—000-.html。

⑥ 关于美国出口管制的法律渊源，美国商务部官网上有详细说明，https://www.bis.doc.gov/index.php/documents/regulations-docs/16-legal-authority/file。

⑦ 参见［美］阿瑟·冯迈伦《国际私法中的管辖权之比较研究》，李晶译，黄进校，法律出版社2015年版，第66页。

⑧ See Tonya L. Putnam, *Courts Without Borders: Law, Politics and U. S. Extraterritoriality* (New York: Cambridge University Press, 2016), pp. 31-45.

外适用和域外管辖制度，允许单边的私人提起诉讼来执行美国法，一定程度上填补国际体制中不利于美国利益的执行空白，也避免美国国内混乱的政治角力。①

美国法院在民事诉讼领域的管辖权可能在收缩或"衰弱"（waning），②但美国法院并未触及美国司法部提起刑事诉讼的能力和权力。在"雷诺兹—纳贝斯克公司诉欧共体案"（RJR Nabisco, Inc. v. European Community）中，欧共体依据美国《反有组织犯罪和腐败组织法》（*The Racketeer Influenced and Corrupt Organizations Act*，RICO）对仅在美国域外发生的损害寻求赔偿，但美国联邦最高法院认定该法的民事赔偿部分不能域外适用，禁止外国原告依据 RICO 对仅在美国域外发生的损害寻求赔偿，驳回了欧共体的起诉。③ 同时，美国司法部对雷诺兹—纳贝斯克公司的刑事调查和起诉可以继续进行，以确保民事诉讼不干预刑事执法。

美国联邦法院并未给外国被告提供平等的正当程序保护，④ 导致美国行政机关不断扩张执法权，对此有学者形象地概括成"美国部门法的长臂与《美国宪法》的短臂"。⑤ 理论界和实务界公认，除非得到许可，否则一国不得在他国领域内行使权力，其官员不得在他国领域内逮捕、审判、惩罚他人。⑥ 然而，美国行政机关事实上在外国执法。美国行政机构不尊重国际法和外国法，扩张执法权，也未得到美国联邦法院的强力制止。结果是美国行政部门不受宪法约束，外国人得不到宪法保护。

---

① See Austen L. Parrish, "Fading Extraterritoriality and Isolationism: Developments in the United States", (2017) 24 *Indiana Journal of Global Legal Studies* 207, pp. 207 – 208.

② 美国哥伦比亚大学托尼亚·普特南（Tonya L. Putnam）教授在《无国界法院：法律、政治与美国域外性》一书第 7 章使用了"美国域外性的衰败？"（The waning of U. S. extraterritoriality?）的标题。Tonya L. Putnam, *Courts Without Borders: Law, Politics and U. S. Extraterritoriality* (New York: Cambridge University Press, 2016), p. 255.

③ *RJR Nabisco, Inc. v. European Community*, 136 S. Ct. 2090 (2016).

④ See *United States v. Verdugo-Urquidez*, 494 U. S. 259, 278 (1990) (Kennedy, J., concurring). Lea Brilmayer and Charles Norchi, "Federal Extraterritoriality and Fifth Amendment Due Process", (1992) 105 *Harvard Law Review* 1217, pp. 1217 – 1218.

⑤ See Mark Gibney, "Policing the World: The Long Reach of U. S. Law and the Short Arm of the Constitution", (1990 – 1991) 6 *Connecticut Journal of International Law* 103, pp. 103 – 126.

⑥ See R. Y. Jennings, "Extraterritorial Jurisdiction and the United States Antitrust Laws", (1957) 33 *British Year Book of International Law* 146, p. 149.

此外，美国以数据可能丢失为由，在俄罗斯境内从事某些调查以搜索某些数据，[1] 也涉及同样的问题。

虽然原则上反域外适用推定以及正当程序条款限制美国司法部追诉域外行为，但因大多数被告都选择和解，美国司法部的管辖权很少受到挑战，美国作为"世界警察"的权力仍然很广。此外，美国法院实际上在民事领域较多适用反域外适用推定，驳回外国原告提起的民事诉讼，却在刑事领域甚少适用反域外适用推定。美国法院认为联邦刑法可以域外适用，法院可以行使域外刑事管辖权，行政机关也有权对域外的人和事进行行政执法，甚至必要时提起刑事诉讼。[2]

美国辩解其并未过度行使管辖权的理由是给被告提供了合理的保护，并批评欧洲国家在过度管辖上仅考虑国家之间管辖权的分配，不考虑对被告的保护。[3] 然而，如前所述，美国域外管辖也并未对域外被告提供《美国宪法》上的平等保护和正当程序保护，造成了"美国部门法的长臂与《美国宪法》的短臂"。正是认为美国域外管辖既侵犯本国管辖权，也侵害本国企业和国民的正当权益，外国政府纷纷抵制美国域外管辖。

（二）加强中国的域外管辖立法和司法实践

理论上，作为国内管辖事项，一国有权以其愿意的任何方式、为任何目的制定自己的管辖权规则，前提是不违反国际法。但从合理性的角度考虑，该国与所管辖的人和事应具有充分联系，享有正当利益。[4] 由于经济、交通和科技的发展，跨国交往越来越频繁，为了保护利害关系国和当事人的合法权利，一国管辖域外的人和事也有其客

---

[1] See Patricia L. Bellia, "Chasing Bits across Borders", (2001) 2001 *University of Chicago Legal Forum* 35, p. 40.

[2] See, e. g., *United States v. Yousef*, 327 F. 3d 56 (2d Cir. 2003); *United States v. Yunis*, 924 F. 2d 1086, 1091 (D. C. Cir. 1991); *United States v. Bin Laden*, 92 F. Supp. 2d 189 (S. D. N. Y. 2000).

[3] See Ralf Michaels, "Two Paradigms of Jurisdiction", (2006) 27 *Michigan Journal of International Law* 1003, p. 1059.

[4] 参见2006年5月1日至6月9日和7月3日至8月11日，联合国国际法委员会第五十八届会议通过《国际法委员会报告》附件E. 域外管辖权，联合国大会第六十一届会议正式记录，补编第10号（A/61/10），第392、403—404页。

观合理性。①

一方面，中国需要反对以美国为代表的西方国家滥用域外管辖权，另一方面，中国也需要在立法上积极确立更广泛的管辖权依据，在司法和执法上行使必要的域外管辖权，避免滥用域外管辖权。

近年来，许多学者呼吁，完善域外管辖立法，采取必要的反制措施，包括要求在清算系统上完善人民币跨境支付系统（Cross-border Interbank Payment System，CIPS）配套监管措施的建设；② 在证券监管领域有限度地推行本国证券法的域外管辖，特别是应模糊证券法的域外管辖问题，将自主权赋予法院；③ 完善《中华人民共和国反垄断法》第2条，推进中国反垄断法的域外适用；④ 在未来的个人信息保护法中设立域外适用条款；⑤ 对于侵犯基本人权等有违公共道德的行为，行使域外管辖权。⑥

我国也强调要加强中国法域外适用的法律体系建设和统筹推进国内法治和涉外法治。2019年2月26日，中央全面依法治国委员会第二次

---

① See David J Gerber, "Beyond Balancing: International Law Restraints on the Reach of National Laws", (1984) 10 *Yale Journal of International Law* 185, pp. 185 – 190. See also, Cedric Ryngaert, "The Limits of Substantive International Economic Law: In Support of Reasonable Extraterritorial Jurisdiction", in Erik Claes, Wouter Devroe and Bert Keirsbilck (eds.), *Facing the Limits of the Law* (Verlag Berlin Heidelberg: Springer, 2009), pp. 237 – 252.

② 参见石佳友、刘连炻《美国扩大美元交易域外管辖对中国的挑战及其应对》，《上海大学学报》（社会科学版）2018年第4期。

③ 参见彭岳《美国证券法域外管辖的最新发展及其启示》，《现代法学》2011年第6期；彭岳《美国金融监管法律域外管辖的扩张及其国际法限度》，《环球法律评论》2015年第6期；杨峰《我国证券法域外适用制度的构建》，《法商研究》2016年第1期。《中华人民共和国证券法》（2019年修订）第2条第4款规定："在中华人民共和国境外的证券发行和交易活动，扰乱中华人民共和国境内市场秩序，损害境内投资者合法权益的，依照本法有关规定处理并追究法律责任。"

④ 参见王晓晔《我国反垄断法的域外适用》，《上海财经大学学报》2008年第1期。

⑤ 参见张建文、张哲《个人信息保护法域外效力研究——以欧盟〈一般数据保护条例〉为视角》，《重庆邮电大学学报》（社会科学版）2017年第2期。2021年8月20日通过、自2021年11月1日起施行的《中华人民共和国个人信息保护法》已含有域外适用条款，在第2条第2款规定："在中华人民共和国境外处理中华人民共和国境内自然人个人信息的活动，有下列情形之一的，也适用本法：（一）以向境内自然人提供产品或者服务为目的；（二）分析、评估境内自然人的行为；（三）法律、行政法规规定的其他情形。"

⑥ 参见徐莉《论WTO "公共道德例外" 条款下之 "域外管辖"》，《法学杂志》2012年第1期。

会议要求，要加快推进我国法域外适用的法律体系建设。2019年11月5日，中共十九届四中全会通过的《中共中央关于坚持和完善中国特色社会主义制度　推进国家治理体系和治理能力现代化若干重大问题的决定》也再次强调加快我国法域外适用的法律体系建设。2020年11月，习近平总书记在中央全面依法治国工作会议上强调，要坚持统筹推进国内法治和涉外法治……要强化法治思维，运用法治方式，有效应对挑战、防范风险，综合利用立法、执法、司法等手段开展斗争，坚决维护国家主权、尊严和核心利益。《2021年全国人民代表大会常务委员会工作报告》明确要求加快推进涉外领域立法，围绕反制裁、反干涉、反制长臂管辖等，充实应对挑战、防范风险的法律"工具箱"，推动形成系统完备的涉外法律法规体系。

二　中国在国家豁免问题上的现实需求

改革开放以来，中国国家及其财产的豁免问题主要出现在美国。中国国家及其财产在美国的主权豁免问题，一直是影响中美两国关系的重要问题。1972年2月美国总统尼克松访华后，中美两国开始讨论双边关系正常化，而其中的资产解冻、私人可能在美国法院起诉中国政府也是两国非常关切的问题。1972年7月26日，美国国务院在致美国驻法国大使馆的密电中，特别指示美国驻法国大使与中国驻法国大使黄镇讨论中美贸易正常化中的私人求偿问题，美国国务院建议通过双方专家组的会晤来解决美国公民的索赔问题，并表示仍然关切，私人求偿者可能试图通过诉讼的方式扣押美国法院管辖范围内的中国商业财产或船舶，且尽管这些诉讼会对中美互利贸易的逐步发展产生不利影响，但我们无法阻止此类诉讼。[1]

美国1976年《外国主权豁免法》是世界上第一部正式成文的采取限制豁免原则的立法，曾经并正在影响中美关系。1979年1月1日，中美建交。一周后的1月8日，美国财政部、国务院等部门的高级官员出

---

[1] Telegram From the Department of State to the Embassy in France, Washington, July 26, 1972, 0033Z, https://history.state.gov/historicaldocuments/frus1969-76v17/d242.

席了政策审议委员会,也重点讨论了中美两国间的求偿问题。① 中美建交后的 1979 年 11 月就发生了湖广铁路债券案,美国阿拉巴马北区地区法院依据《外国主权豁免法》于 1982 年对中国政府作出缺席判决。② 该案引发了中美两国之间巨大的冲突,两国领导人、各部门多次交涉,最终中国政府接受美国政府建议,指派美国律师出庭向美国法院申请撤销缺席判决,美国法院以《外国主权豁免法》没有溯及力为由撤销了原缺席判决,中美关系才未受到严重影响。对该案的评析,产生了对美国《外国主权豁免法》研究的第一波高峰。除了大量的论文,黄进教授、龚刃韧教授出版了国家豁免的专著,系统地分析和论述国家豁免的各项制度与具体内容,③ 中国台湾地区陈纯一教授主要论述美国的国家豁免立法与实践。④

湖广铁路债券案之后,中国政府、国有企业、公务员不时在美国法院被列为被告,⑤ 但绝大多数案件都得到了圆满的解决。为应对这些案件,为谈判、签订和是否批准《联合国国家及其财产管辖豁免公约》以及如何制定中国的国家豁免立法,产生了一大批研究国家豁免的博士学位论文和专著,既研究国家豁免的历史起源、理论基础等基础问题,也研究具体领域的豁免问题,包括商业行为例外、⑥ 侵权例外、⑦ 主权

---

① Minutes of a Policy Review Committee Meeting, Washington, January 8, 1979, 10: 05 – 10: 45 a.m., https://history.state.gov/historicaldocuments/frus1969 – 76v17/d242.
② *Jackson v. People's Republic of China*, 550 F. Supp. 869 (N. D. Ala. 1982).
③ 黄进:《国家及其财产豁免问题研究》,中国政法大学出版社 1987 年版;龚刃韧:《国家豁免问题的比较研究》,北京大学出版社 2005 年第 2 版。
④ 陈纯一:《国家豁免问题之研究——兼论美国的立场与实践》,三民书局 2000 年版。
⑤ 张帆比较全面地整理、评析中国政府、国有企业、公务员在美国被起诉而涉及国家豁免的案件 23 件。参见张帆《中国在美被诉的主权豁免问题研究》,博士学位论文,武汉大学,2008 年。
⑥ 例如,陆寰:《国家豁免中的商业例外问题研究》,武汉大学出版社 2016 年版;李颖:《国家豁免例外研究》,知识产权出版社 2014 年版;夏林华:《不得援引国家豁免的诉讼国家及其财产管辖豁免例外问题研究》,暨南大学出版社 2011 年版;纪林繁:《不得援引国家豁免的商业交易诉讼研究》,法律出版社 2016 年版。
⑦ 例如,崔航:《国家豁免侵权例外问题研究》,博士学位论文,中国政法大学,2016 年;白雪涛:《国家豁免的人权例外研究》,博士学位论文,中国社会科学院,2016 年;李华成:《国家侵权的国际私法问题研究》,法律出版社 2017 年版;王佳:《国家侵权行为的豁免问题研究》,世界知识出版社 2016 年版。

债务违约诉讼豁免,① 还研究豁免诉讼中的正当程序,② 以及执行豁免、③ 豁免立法。④

第三节 国家管辖权、国家豁免问题的研究现状与未来展望

一 国家管辖权的研究现状与未来展望

近年来,美国和西方国家滥用域外管辖、国家安全,并对中国实体和个人施加所谓的制裁,极大地影响了中国的主权、安全和发展利益,理论界和实务界极为关切如何反制。⑤ 同时,随着中国在海外利益的不断增加,如何完善中国管辖权立法、司法和执法也值得详细研究。

（一）跟踪研究外国和国际机构的管辖权理论与实践

中国目前已深深地嵌入全球化体系之中,中国实体和个人也受外国和国际机构的各种影响甚至约束。对此,需要跟踪研究外国和国际机构的管辖权理论与实践,既有助于加强应对,化解中国实体和个人的法律风险,也有助于为中国涉外法治建设提供参考资料。

---

① 严文君:《主权债务违约的国家豁免问题研究》,中国政法大学出版社2019年版。
② 王卿:《国家豁免权的正当程序保障问题研究》,法律出版社2016年版。
③ 刘元元:《国家财产执行豁免问题研究》,厦门大学出版社2015年版。
④ 齐静:《国家豁免立法研究》,人民出版社2015年版。
⑤ 例如,参见宋晓:《域外管辖的体系构造：立法管辖与司法管辖之界分》,《法学研究》2021年第3期；廖诗评:《中国法域外适用法律体系：现状、问题与完善》,《中国法学》2019年第6期；廖诗评:《〈阻断外国法律与措施不当域外适用办法〉的属事适用范围》,《国际法研究》2021年第2期；商舒:《中国域外规制体系的建构挑战与架构重点——兼论〈阻断外国法律与措施不当域外适用办法〉》,《国际法研究》2021年第2期；廖诗评:《国内法域外适用及其应对——以美国法域外适用措施为例》,《环球法律评论》2019年第3期；李庆明:《论美国域外管辖：概念、实践及中国因应》,《国际法研究》2019年第3期；韩永红:《美国法域外适用的司法实践及中国应对》,《环球法律评论》2020年第4期；霍政欣:《国内法的域外效力：美国机制、学理解构与中国路径》,《政法论坛》2020年第2期；肖永平:《"长臂管辖权"的法理分析与对策研究》,《中国法学》2019年第6期；孙尚鸿:《内国法域外适用视域下的管辖权规则体系》,《社会科学辑刊》2021年第4期；孙南翔:《美国法律域外适用的历史源流与现代发展——兼论中国法域外适用法律体系建设》,《比较法研究》2021年第3期。

(二) 加强中国法的域外适用体系建设，完善中国的管辖权立法和司法

美国为国家安全及对外政策目的开始系统地行使域外管辖权，要求美国法的域外适用，其他国家反过来对美国人行使域外管辖。其中，反垄断领域最为典型，[①] 欧盟、澳大利亚、韩国、日本均在一定程度上借鉴美国的效果原则而行使域外管辖。[②] 各国越来越多地将其法律适用于域外，不仅导致国家之间的冲突，也导致商业界和公共机构面临更多的不确定性；同时，很可能造成过度监管，不但增加监管对象合规成本，而且有时候导致监管对象在相互冲突的法律规则之间无所适从；[③] 最终，迫使美国不再那么随心所欲地域外管辖，而是通过礼让、[④] 信息通报与其他国家合作。[⑤]

近年来中国修改证券立法，制定其他领域的新法，规定中国法适用于发生在境外的行为造成境内的损害后果的情形。例如，《中华人民共和国证券法》（2019年修订）第2条第4款规定："在中华人民共和国境外的证券发行和交易活动，扰乱中华人民共和国境内市场秩序，损害境内投资者合法权益的，依照本法有关规定处理并追究法律责任。" 2021年1月22日，第十三届全国人民代表大会常务委员会第二十五次会议通过《全国人民代表大会常务委员会关于设立北京金融法院的决定》，设立北京金融法院，授权最高人民法院根据金融案件的类型和数量决定北京金融法院审判庭的设置。2021年3月1日，最高人民法院审判委员会第1833次会议通过《最高人民法院关于北京金融法院案件管辖的规定》，第二条规定："下列金融纠纷案件，由北京金融法院管辖：

---

① See Joseph P. Griffin, "Foreign Governmental Reactions to U. S. Assertions of Extraterritorial Jurisdiction", (1998) 6 *George Mason Law Review* 505, pp. 505–523.

② 参见张劲松《论欧盟对美国经济法域外效力的法律阻却》，《欧洲》2001年第2期；戴龙：《日本反垄断法的域外管辖及对我国的借鉴价值》，《上海财经大学学报》2009年第5期。

③ See Austen L. Parrish, "The Effects Test: Extraterritoriality's Fifth Business", (2008) 61 *Vanderbilt Law Review* 1455, pp. 1489–1491.

④ 考虑到外国的强烈反对，美国法院也逐渐考虑行使域外管辖权、将美国法域外使用时要遵守国际法，美国司法部为代表的行政部门也越来越强调礼让，避免不必要地干预外国政府的主权利益。See John Cannon III, "Foreign Statutory Response to Extraterritorial Application of U. S. Antitrust Laws", (1982) 1 *Penn State International Law Review* 125, pp. 136–137.

⑤ See Piet Jan Slot and Eric Grabandt, "Extraterritoriality and Jurisdiction", (1986) 23 *Common Market Law Review* 545, pp. 545–565.

（一）境内投资者以发生在中华人民共和国境外的证券发行、交易活动或者期货交易活动损害其合法权益为由向北京金融法院提起的诉讼；
（二）境内个人或者机构以中华人民共和国境外金融机构销售的金融产品或者提供的金融服务损害其合法权益为由向北京金融法院提起的诉讼。"《最高人民法院关于上海金融法院案件管辖的规定》（2021年修正）第二条授权上海金融法院管辖境内投资者以发生在中华人民共和国境外的证券发行、交易活动或者期货交易活动损害其合法权益为由向上海金融法院提起的诉讼、境内个人或者机构以中华人民共和国境外金融机构销售的金融产品或者提供的金融服务损害其合法权益为由向上海金融法院提起的诉讼。有观点认为，《中华人民共和国证券法》（2019年修订）第2条规定了中国证券立法的域外效力，但宽泛的用语却难以有效指导实践，容易造成域外管辖权的滥用，应在具体适用过程中要求境外证券发行和交易行为在中国境内产生的影响具有"实质性、直接性和可预见性"。①

（三）完善中国阻断立法

中国已制定了一系列阻断性质的法律、法规、行政规章和规范性文件，逐渐体系化来反制裁、反对美国滥用域外管辖。例如，中国商务部2020年公布《不可靠实体清单规定》（商务部令2020年第4号）、2021年公布《阻断外国法律与措施不当域外适用办法》（商务部令2021年第1号），中华人民共和国第十三届全国人民代表大会常务委员会第二十九次会议于2021年6月10日通过《中华人民共和国反外国制裁法》。此外，《中华人民共和国对外贸易法》（2016年修正）第6条和第7条、②《中华人民共和国外商投资法》第40条、③《中华人民共和国出口

---

① 参见张迈《中国〈证券法〉的域外管辖标准及其适用条件》，载《金融法苑》2020年卷（总第104辑）。

② 《中华人民共和国对外贸易法》（2016年修正）第6条规定：中华人民共和国在对外贸易方面根据所缔结或者参加的国际条约、协定，给予其他缔约方、参加方最惠国待遇、国民待遇等待遇，或者根据互惠、对等原则给予对方最惠国待遇、国民待遇等待遇。第7条规定：任何国家或者地区在贸易方面对中华人民共和国采取歧视性的禁止、限制或者其他类似措施的，中华人民共和国可以根据实际情况对该国家或者该地区采取相应的措施。

③ 《中华人民共和国外商投资法》第40条规定：任何国家或者地区在投资方面对中华人民共和国采取歧视性的禁止、限制或者其他类似措施的，中华人民共和国可以根据实际情况对该国家或者该地区采取相应的措施。

管制法》第 48 条、①《中华人民共和国数据安全法》② 这一系列法律都规定，如果外国对中国的主体采取这种限制性措施，那么我们国家采取对等措施。中国还通过限制数据出境、保护个人隐私等法律、行政规章阻断外国过度域外管辖。③

随着美国和西方国家不断滥用国家安全概念，不断违反国际法和国际关系基本准则施加所谓的制裁，中国需要进一步完善阻断立法，增加反制的工具箱。对此，不但需要制定更多的法律，还需要考虑法律的科学性、有效性。

美国要求美国境外的实体和个人遵守美国法，曾经引发了美国与英国、荷兰、联邦德国、澳大利亚和加拿大等国家的冲突。④ 为了应对美国域外管辖，加拿大、英国等国家通过阻断立法（the blocking stat-

---

① 《中华人民共和国出口管制法》第 48 条规定：任何国家或者地区滥用出口管制措施危害中华人民共和国国家安全和利益的，中华人民共和国可以根据实际情况对该国家或者地区对等采取措施。

② 《中华人民共和国数据安全法》第 26 条规定：任何国家或者地区在与数据和数据开发利用技术等有关的投资、贸易等方面对中华人民共和国采取歧视性的禁止、限制或者其他类似措施的，中华人民共和国可以根据实际情况对该国家或者地区对等采取措施。

③ 例如，《中华人民共和国信息安全法》第 36 条规定：中华人民共和国主管机关根据有关法律和中华人民共和国缔结或者参加的国际条约、协定，或者按照平等互惠原则，处理外国司法或者执法机构关于提供数据的请求。非经中华人民共和国主管机关批准，境内的组织、个人不得向外国司法或者执法机构提供存储于中华人民共和国境内的数据。《中华人民共和国网络安全法》第 37 条规定：关键信息基础设施的运营者在中华人民共和国境内运营中收集和产生的个人信息和重要数据应当在境内存储。因业务需要，确需向境外提供的，应当按照国家网信部门会同国务院有关部门制定的办法进行安全评估；法律、行政法规另有规定的，依照其规定。《中华人民共和国个人信息保护法》第 41 条规定：中华人民共和国主管机关根据有关法律和中华人民共和国缔结或者参加的国际条约、协定，或者按照平等互惠原则，处理外国司法或者执法机构关于提供存储于境内个人信息的请求。非经中华人民共和国主管机关批准，个人信息处理者不得向外国司法或者执法机构提供存储于中华人民共和国境内的个人信息。第 42 条规定：境外的组织、个人从事侵害中华人民共和国公民的个人信息权益，或者危害中华人民共和国国家安全、公共利益的个人信息处理活动的，国家网信部门可以将其列入限制或者禁止个人信息提供清单，予以公告，并采取限制或者禁止向其提供个人信息等措施。《汽车数据安全管理若干规定（试行）》第 11 条第 1 款规定：重要数据应当依法在境内存储，因业务需要确需向境外提供的，应当通过国家网信部门会同国务院有关部门组织的安全评估。未列入重要数据的涉及个人信息数据的出境安全管理，适用法律、行政法规的有关规定。第 12 条第 1 款规定：汽车数据处理者向境外提供重要数据，不得超出出境安全评估时明确的目的、范围、方式和数据种类、规模等。

④ See V. Rock Grundman, "The New Imperialism: The Extraterritorial Application of United States Law", (1980) 14 *International Lawyer* 257, p. 257.

utes），不执行美国行政机关和司法机关的相关命令、判决，也禁止在本国的人遵守美国具有域外效力的措施，并且还发展出管辖美国人的管辖权制度。在长期的博弈中，美国已微调其关于要求外国政府、企业和个人配合提供更多诉讼文件的立场。① 在进出口管制等领域，外国阻断立法的效果大打折扣。主要原因包括：第一，美国人必须遵守美国禁运立法；第二，很多美国公司在海外有子公司，美国政府要求这些子公司也遵从禁运立法；第三，许多非美国公司的产品是依靠美国的技术、设备或许可协议生产的，根据美国法，其美国合作伙伴应要求非美国公司同意不转出口至受制裁国家；第四，考虑到美国的巨大市场，许多外国公司自愿遵从美国的限制，以免受到美国报复、制裁。②

尽管很多国家已制定阻断立法，但在实践中很少执行，③ 而且美国法院经常以如下两个理由不承认外国阻断立法的效力，继续命令当事人违反外国阻断立法：第一，外国阻断立法过于宽泛，难以执行；④ 第二，外国阻断立法缺少执行历史，当事人违反阻断立法被追诉的风险"轻微且是推测性的"（slight and speculative）。美国法院只在极少数案件中认定由于外国积极执行阻断立法，故出于礼让的考虑，不再强制在美国诉讼的外国当事人违反外国阻断立法。美国法院的实践传达了这样的信号：阻断立法不会得到遵从，除非外国执行该法令。⑤

中国未来需要制定更加精细化的规则，保护国家、企业和个人的合法权益。例如，鉴于美国证监会、司法部、法院要求会计师事务所、银

---

① 参见徐伟功、王育琪《美国的域外证据开示制度评析》，《河南省政法管理干部学院学报》2005 年第 6 期。

② See Gunnar Adler-Karlsson, "International Economic Power: The U. S. Strategic Embargo", (1972) 6 *Journal of World Trade* 501, pp. 510 – 513.

③ 例如，2009 年以前，法国只有一起违反阻断立法的案件。在该案中，一名法国律师联系一名在法国的法国公司前员工，试图获得该公司内部决策程序的信息。2007 年 12 月 12 日，法国最高法院认定这是违反法国阻断立法的刑事犯罪，对该律师罚款 1 万欧元。See Laurent Martinet, Ozan Akyurek, "The Perils of Taking Discovery to France", (2009) 20 (5) *Practical Litigator* 39, pp. 42 – 43.

④ See International Law Association, "Committee of Extraterritorial Jurisdiction-Second Interim Report", (1994) 66 *International Law Association Reports of Conferences* 673, p. 677.

⑤ See M. J. Hodaa, "The Aérospatiale Dilemma: Why U. S. Courts Ignore Blocking Statutes and What Foreign States Can Do about It", (2018) 106 *California Law Review* 231, pp. 231 – 251.

行、其他企业和个人提供审计底稿、储户的银行账户信息等，中国需要加强银行信息、数据、国家秘密等出境审查，抵制境外的单边取证行为，保护中国的特定行业和证人的权益。①《中华人民共和国国际刑事司法协助法》第 4 条第 3 款规定："非经中华人民共和国主管机关同意，外国机构、组织和个人不得在中华人民共和国境内进行本法规定的刑事诉讼活动，中华人民共和国境内的机构、组织和个人不得向外国提供证据材料和本法规定的协助。"然而，该条款并未规定主管机关、审批流程、期限、需要提供的材料等，未来还需要制定更具可操作性的规则。

美国行政机关、司法机关在行使域外管辖权管辖中国企业和中国公民时，会涉及域外送达、取证、判决的承认与执行，对于其中侵犯中国主权和违反中国公共秩序的部分，中国行政机关和司法机关完全有权予以拒绝。同时，中国行政机关在执法、司法机关在审判案件中，也可以不适用美国相关的法律、命令。

中国制定阻断立法后如果不严格执行，则美国很可能认为中美两国并不存在真实的法律冲突，无须礼让进而不理会中国阻断立法而命令中国企业和个人违反阻断立法；如果中国严格执行阻断立法，美国在金融制裁、进出口管制等领域的执法和司法中认为美国国家安全和外交利益优先，也仍然可能不理会中国的阻断立法，导致中国企业和个人陷于两难——不理会美国行政机关、法院命令而被美国制裁，或者违反中国阻断立法面临中国行政和司法责任。此外，中国阻断立法还可能增加在中国内外的中资、外资企业和个人的合规成本，因为它们要同时遵守中美两国之间可能存在冲突的监管要求。因此，制定有效可行的阻断立法，还需要进一步研究。

中国正在走近世界舞台的中央，一方面会不可避免地遇到其他国家曾经遭遇的美国域外管辖问题，另一方面未来也需要考虑如何保护日益增加的海外利益。为此，在积极回应美国域外管辖时，也要考虑完善中国对外关系法，包括管辖权制度和阻断立法。当然，中国应遵守合理性原则，不过度主张管辖权，并坚守法治原则，提高执法和司法的透明度

---

① 参见王克玉《域外取证法律冲突下证人权益保障问题的审视》，《政法论坛》2013 年第 4 期。

与可预测性,① 努力打造法治化、国际化、便利化的营商环境,为构建人类命运共同体贡献中国智慧。

二 国家豁免的研究现状与未来展望

受新冠肺炎疫情等因素影响,自 2020 年 3 月起,美国一些组织和个人甚至个别州政府在美国法院对中国政府、相关个人发起多个诬告滥诉案件,国家豁免这一古老而又弥新的国际法问题再次成了热门话题。同时,美国也在讨论是否要增加新的疫情、网络攻击例外。未来的国家豁免研究,需要注意如下问题。

(一)外国及国际机构的国家豁免规则及实践

随着中国国际化程度的加快、加深,中国成为资本输入大国和资本输出大国,与外国主权者发生大量的海外贸易、投资,也不可避免地会产生越来越多的纠纷。因此,其他国家的国家豁免规则及实践也值得研究。

由于英美两国在政治、经济、贸易、金融等各方面的优势地位,两国审理过、正在审理且未来还会继续审理大量的国家豁免案件,对国家豁免规则的发展影响较大。因此,仍然需要继续关注其国家豁免规则及实践。

同时,在国家豁免问题上,欧洲人权法院、联合国国际法院等国际机构也有大量的实践,未来也会继续有相关的实践,其实践对国家豁免规则也有很大影响,故也需要继续关注国际机构的国家豁免实践。

尽管外国学者关于国家豁免的研究已经比较深入,涉及的文献也是汗牛充栋,但因为司法实践总是不断涌现新的问题,各国法院甚至一国不同法院、同一法院在不同案件中的判决存在诸多分歧,留下的和正在产生的问题比已解决的问题更多。国际上在研究的豁免问题,中国需要

---

① 参见王晓晔、吴倩兰《国际卡特尔与我国反垄断法的域外适用》,《比较法研究》2017 年第 3 期。

继续跟进：(1) 全面、综合性介绍国家豁免的国际法规则及各国实践。[1] (2) 具体领域的国家豁免问题，之前的研究重点是商业行为例外、[2] 仲裁例外，[3] 最近20多年来研究反恐与豁免、[4] 国际人权民事诉讼中国家豁免问题的著作涌现。[5] 部分学者从国际法的角度研究国家豁免与人权保护，要求突破传统国际法的限制，允许私人对国家及公务员违反强行法的行为提起民事诉讼。(3) 在国内法院起诉外国政府的程序问题，[6] 尤其是在美国法院起诉外国政府的法律问题，[7] 借展

---

[1] Tom Ruys, Nicolas Angelet and Luca Ferro (eds.), *The Cambridge Handbook of Immunities and International Law*, (Cambridge University Press, 2019); Gerhard Hafner, Marcelo Kohen and Dr Susan Breau (eds.), *State Practice Regarding State Immunities/La Pratique des États concernant les Immunités des Etats*, (Martinus Nijhoff Publishers, 2006); Hazel Fox and Philippa Webb, *The Law of State Immunity*, 3rd, (Oxford University Press, edn., 2013); Yang Xiaodong, *State Immunity in International Law*, (Cambridge University Press, 2012); Andrew Dickinson, Rae Lindsay and James P. Loonam, *State immunity: selected materials and commentary*, (Oxford University Press, 2004); Edward Chukwuemeke Okeke, *Jurisdictional immunities of states and international organizations*, (Oxford University Press, 2018); Christoph H. Schreuer, *State Immunity: Some Recent Developments*, (Grotius Publications Ltd., 1988); Peter D. Trooboff, *Foreign State Immunity: Emerging Consensus on Principles*, (200 RECUEIL DES COURS 235 1986); H. E. S. Sukharitkul, *Immunities of Foreign States Before National Authorities*, 149 RECUEIL DES COURS 87 (1976-I); I. Sinclair, *The Law of Sovereign Immunities: Recent Developments*, 167 RECUEIL DES COURS 113 (1980-II).

[2] Dhisadee Chamlongrasdr, *Foreign State Immunity and Arbitration*, Cameron May, 2007; Emmanuel Gaillard and Jennifer Younan (eds.), *State Entities in International Arbitration*, (Juris Publishing, Inc., 2008); Michael Wallace Gordon, *Foreign State Immunity in Commercial Transactions*, (Butterworth Legal Publishers, 1991).

[3] KI Vibhute, *International Commercial Arbitration and State Immunity*, (Butterworth, 1999).

[4] James Cooper-Hill, *The Law of Sovereign Immunity and Terrorism*, (Oceana Publications, 2006).

[5] Matthias Kloth, *Immunities and the Right of Access to Court Under Article 6 of the European Convention on Human Rights*, (Martinus Nijhoff Publishers, 2010); Jürgen Bröhmer, *State immunity and the violation of human rights*, (Martinus Nijhoff Publishers, 1997); Rosanne van Alebeek, *The Immunity of States and Their Officials in International Criminal Law and International Human Rights Law*, (Oxford University Press, 2008).

[6] Ernest K. Bankas, *The state immunity controversy in international law: private suits against sovereign states in domestic courts*, (Springer, 2005).

[7] David P. Stewart, *The Foreign Sovereign Immunities Act: A Guide for Judges*, Second Edition, Federal Judicial Center, 2018; American Law Institute, *Restatement of the Law Fourth, the Foreign Relations Law of the United States: Selected Topics in Treaties, Jurisdiction, and Sovereign Immunity*, (American Law Institute Publishers, 2018); Ernesto J. Sanchez, *The Foreign Sovereign Immunities Act Deskbook*, American Bar Association, 2014; Joseph W. Dellapenna, *Suing Foreign Governments and Their Corporations*, (Transnational Publishers, Inc., 2003); Gamal Moursi Badr, *State immunity: an analytical and prognostic view*, (Kluwer, 1984).

文物的豁免问题。① （4）国家官员外国刑事豁免问题。②

（二）梳理中国的国家豁免实践及其利弊得失

改革开放以来，中国已主动、被动地参与大量的国家豁免案件和实践。随着全球化进程的加快，各国联系越来越紧密，牵扯到美国的诉讼也越来越多，中国也不例外。中国政府及相关的领导人、公务员、国民等都主动或者被动地卷入过一些诉讼中，而中国政府也主动或者被动地作出了一些应对，但在有些案件中仍然败诉了。中国正在走向世界，不可避免地会遇到越来越多的国家豁免问题，中国政府、国有企业和公务员在国外诉讼的实践将进一步增加。一方面，需要整理美国法院审理的涉华豁免案件，总结其中的法律问题以及中国应对中的利弊得失，有助于更好地理解、应对当下的问题。另一方面，也需要梳理中国当事人在中国内外的国家豁免实践，进一步了解绝对豁免与限制豁免的流变、利弊，限制豁免中不予豁免的行为的认定标准，反思中国现有的绝对豁免立场。

总结中国在过去的实践中的应对、经验与教训，为将来更好地应对在美国及其他国家的诉讼提供智力支持，有助于中国政府和国民、团体更好地防范和化解法律风险，维护自身的合法权益，促进中国走向世界、在国际舞台上发挥更大的作用和承担更多的责任。

（三）中国国家豁免立法的必要性与具体内容

中国已签署但未批准《联合国国家及其财产管辖豁免公约》，中国坚持绝对豁免的立场并没有发生变化，也从未适用或认可所谓的限制豁免原则或理论。③ 中国认为，国家豁免已经是一项国际法原则，据此一国法院不得受理针对外国国家及其财产的诉讼，中国政府反对外国法院未经中国政府同意受理以中国政府及其国家财产为被告的诉讼，但承认中国国有企业具有独立的诉讼主体资格。④《中华人民共和国外国中央

---

① Nout van Woudenberg, *State immunity and cultural objects on loan*, (Martinus Nijhoff Publishers, 2012).

② Ramona Pedretti, *Immunity of Heads of State and State Officials for International Crimes*, (Martinus Nijhoff Publishers, 2015).

③ 中华人民共和国外交部条约法律司编著：《中国国际法实践案例选编》，世界知识出版社2018年版，第386页。

④ 段洁龙主编：《中国国际法实践与案例》，法律出版社2011年版，第1页。

银行财产司法强制措施豁免法》第一条规定:"中华人民共和国对外国中央银行财产给予财产保全和执行的司法强制措施的豁免;但是,外国中央银行或者其所属国政府书面放弃豁免的或者指定用于财产保全和执行的财产除外。"《最高人民法院关于人民法院受理涉及特权与豁免的民事案件有关问题的通知》规定:凡以下列在中国享有特权与豁免的主体为被告、第三人向人民法院起诉的民事案件,人民法院应在决定受理之前,报请本辖区高级人民法院审查;高级人民法院同意受理的,应当将其审查意见报最高人民法院。在最高人民法院答复前,一律暂不受理。①《最高人民法院关于原告蓝婕诉被告马腾和荷兰驻广州总领事馆等机动车交通事故责任纠纷一案受理问题的请示的复函》(〔2012〕民四他字第31号)载明:"荷兰驻广州总领事馆系荷兰派驻我国的外交代表机构,其不具备民事诉讼主体资格,不应作为本案被告参加诉讼,且根据我国一贯坚持的国家绝对豁免原则,亦不能将该领事馆的派遣国荷兰作为本案的被告,故对于蓝婕以荷兰驻广州总领事馆为被告提起的诉讼,人民法院不应受理。"

随着中国走向世界,成为资本输出大国,中国的国家豁免政策与立法需要及时调整。针对美国地方政府和个人就新冠肺炎疫情在美国法院对中国政府的诬告滥诉,已有超过30名人大代表提议制定符合中国国情的《外国国家豁免法》。从服务改革开放大局、完善法治体系、对等反制等各方面来看,都有必要制定中国《外国国家豁免法》,但不宜就新冠肺炎疫情单独立法规定豁免问题。国家豁免例外的范围直接决定中国国家豁免法的立法导向,但这种例外的范围和条件如何,未来立法的条文如何表述,值得斟酌。

---

① 法〔2007〕69号。具体包括如下十二类:一、外国国家;二、外国驻中国使馆和使馆人员;三、外国驻中国领馆和领馆成员;四、途经中国的外国驻第三国的外交代表和与其共同生活的配偶及未成年子女;五、途经中国的外国驻第三国的领事官员和与其共同生活的配偶及未成年子女;六、持有中国外交签证或者持有外交护照(仅限互免签证的国家)来中国的外国官员;七、持有中国外交签证或者持有与中国互免签证国家外交护照的领事官员;八、来中国访问的外国国家元首、政府首脑、外交部长及其他具有同等身份的官员;九、来中国参加联合国及其专门机构召开的国际会议的外国代表;十、临时来中国的联合国及其专门机构的官员和专家;十一、联合国系统组织驻中国的代表机构和人员;十二、其他在中国享有特权与豁免的主体。

第八章

国际法主体

第一节 概述

"法者，治之端也。"习近平主席指出，"国际社会应该按照各国共同达成的规则和共识来治理……要厉行国际法治，毫不动摇维护以联合国为核心的国际体系、以国际法为基础的国际秩序"。[①] 国际法治表示国际社会有法可依且全体成员遵法而行的状态。作为国际社会的成员，国家依靠国际法来开展国际交往，处理相互关系，相应地，国家是国际法的主要缔造者，它们具有通过表达同意来创制、解释和执行国际法的法律能力；国家是国际法律关系的主要参加者，具有独立参加国际关系的权利能力和行为能力；同时，国家也是国际法律后果的主要承担者，它们需要承担国际义务以及违反国际义务之国际责任。[②] 换言之，国际法主体资格象征着国家参与国际社会法律治理的物质条件和主观意识，同时蕴含着独立、平等、管辖、国际权利、国际义务、国际责任等国际法律关系的构成要素，基于物质条件和意思能力的相互支撑，通过权利、义务与责任的相互结合，国际法律关系的发生、变更和消灭具备了现实可能性。[③] 由此看来，国际法主体是国际法研究的基础领域，没有

[①] 习近平：《让多边主义的火炬照亮人类前行之路——在世界经济论坛"达沃斯议程"对话会上的特别致辞》，《人民日报》（海外版）2021年1月26日第2版。

[②] Max Sorensen ed., *Manual of Public International Law* (Butterworth, 6th edn, 1967), p.249.

[③] 参见《国际公法学》编写组《国际公法学》（第二版），高等教育出版社2018年版，第102—103页。

对国际法主体的全面、系统的掌握，就无法深入地分析和理解国际法理论和实践。①

在百年未有之大变局背景下，国际法主体的研究有着重要意义。习近平主席指出："国际社会普遍认为，全球治理体制变革正处在历史转折点上。国际力量对比发生深刻变化，新兴市场国家和一大批发展中国家快速发展，国际影响力不断增强，是近代以来国际力量对比中最具革命性的变化。"② 从历史来看，国际法主体及其构成格局的演变始终是国际法演进和发展的重要影响因素。国际法主体资格从来都是一个国际性的政治和法律议题，它包含着与国际社会法律治理参与者的范围及权力分配状况相关的信息，进而对各个国家的利益产生影响。国家的产生、变更与消亡都伴随着国际法主体资格的承认或反对，国家的政治、经济和社会状况也处于动态的变化当中，这在很大程度上影响着特定时代的国际关系格局。例如，非殖民化运动后众多新独立的国家极大地增强了第三世界国家在国际社会法律治理中的话语权，同样地，"冷战"结束改变了不同阵营国家在国际社会法律治理过程中针锋相对的局面，这为国际贸易法治、国际刑事司法的发展创造了有利条件。新时代，国际法主体的基本格局发生了巨大变化，经济社会发展阶段不同的国家在国际法治进程中扮演的角色正在发生着转变。习近平主席指出："全球经济治理应该以平等为基础，更好反映世界经济格局新现实，增加新兴市场国家和发展中国家代表性和发言权，确保各国在国际经济合作中权利平等、机会平等、规则平等。"③ 国际法主体资格不仅需要在形式上予以体现，更要将共商共建共享的理念贯彻到新时代的国际制度和规则当中。新时代，国际力量对比发生了历史性变化，广大发展中国家和中小国家平等参与国际社会法律治理更具可行性，人类以更为平等、公平与合理的方式应对共同风险、贯彻共同价值并构建人类命运共同体的事

---

① 本指引所涉的"国际法主体"不仅包括国际法主体概论，还包括国家要素、国家承认、国家继承以及与国家分类相关之国际法研究等与国际法主体这一核心主题紧密相连的内容，以此发挥全面、系统的研究指引作用。

② 习近平：《弘扬共商共建共享的全球治理理念》，《论坚持推动构建人类命运共同体》，中央文献出版社2018年版，第259页。

③ 习近平：《中国发展新起点 全球增长新蓝图——在二十国集团工商峰会开幕式上的主旨演讲》，《人民日报》2016年9月4日。

业具备了更为坚实的主体基础,"这在人类历史上是前所未有的,或者说是不多见的"。①

国际法主体这一主题的重要性源自国际法的结构特征。国际法是调整国际关系的法律原则、规则和制度的总称,它产生于主权国家的相互合作和意志协调。相对于国内部门法由集中型国家权力创造和保障实施的立体特征,国际法则呈现平面的结构特征,它根本上反映的是分散的主权权力的汇集与协调。总的来说,国际法属于平位法、协定法和普遍认识上的"弱法",由此,国际法的法律主体(下称"国际法主体")在某种程度上关系着国际法的存亡及其规范状态,决定着结构开放性、政治从属性、执行相互性等国际法的原始特征。② 从这种意义上来讲,法律主体问题不仅是国际法学研究的概念性前提,更是一种结构性前提,可以说,在国际法中"是主体决定着法律,而非法律决定着主体"。这种论断甚至适用于以自然法为基础衍生出来的国际法规则,这种"弱化"国际法主体角色的新兴趋势面临着国际法传统格局的顽强阻抗:试图超越个体意志的国际法规范不仅面临个体意志的审度与争论,也必须在以个体意志为基础的框架来寻求执行。国家是本来意义上或处于基础地位的国际法主体,独立、平等之主权国家的出现及其国际交往开启了国际法时代。

随着国际法本身及国际关系的动态发展,国际法主体经历了"兴起"、"巩固"与"解构"的历史性过程,所谓的巩固过程体现为对"国家"资格的甄别或承认,这着重表现在国家承认及所谓的国家的分类当中(见下论),也反映于20世纪,尤其是去殖民化时代以来国际法主体范围的扩大,这种"国家"之主体地位的巩固过程贯穿国际关系发展史,至今仍然是引发国际争议(如去殖民化过程③、民族解放组织国家地位④等)的重要议题。所谓解构过程是对国家之国际法主体地位的颠覆式延续,这一过程拥有"扩张"与"限缩"两个方向的

---

① 参见柳华文《论习近平法治思想中的国际法要义》,《比较法研究》2021年第1期。
② 参见何志鹏《国际法哲学导论》,社会科学文献出版社2013年版,第44—53页。
③ *Legal Consequences of the Separation of the Chagos Archipelago from Mauritius in* 1965, Advisory Opinion of 25 February 2019, I. C. J. Reports 2019, pp. 139 – 174.
④ *Relocation of the United States Embassy to Jerusalem* (Palestine v. United States of America), Application instituting proceedings filed in the Registry of the Court on 28 September 2018.

表现形式：一方面，国际组织，尤其是超国家国际组织的出现和发展，使得国际法主体的范围得到极大扩张，这种扩张型发展创造了国家与国际组织之间的对立统一的规范关系，也形成了新型的区域国际法；另一方面，非国家行为体（如地区政府组织、非政府组织或企业）广泛地介入国际关系的法律调整，这导致国家之"原子化"的原始模型部分瓦解，尤其是国际法的"人本化"过程，极大地改变了国际法聚焦国家共存与发展的原貌，冲击着传统国际法有关国家的基本假设。[①]

诸此种种内容揭示了主体问题在国际法研究中的基础性地位。国际法主体问题的探讨永远不会过时，它贯穿国际法的发展史，且时刻面临着新时代的新实践。从某种程度上讲，国际法主体理论和实践的演变决定着国际法的"地貌"，自决权、人道主义干涉、"保护的责任"、多边国际组织等都可以视作国际法主体理论和实践嬗变所引发的结果，这些变化显然是"国家是国际法的主体"这一句论断所无法完整概括和诠释的。本章从法律主体的讨论出发，梳理国际法主体研究的基本内容，从体系性和历时性视角分析国际法主体的基础理论、历史发展与时代特征。

第二节　国际法主体的含义

通常来讲，主体是某种类型社会关系的构成要素，它与法律行为的对象或法律关系的客体相对应。在社会关系的框架里，主体是对象或客体存在并具有意义的概念性前提，它能够以行为作用于特定的对象，并以此建立具体的社会关系或改变社会关系的状态。主体的重要特征之一是输出与实现意志的能力，所谓意志是指基于一定动机、价值或立场，改变与自身存在联系之客观世界的思维倾向。由此而言，主体是一个积极和动态意义上的概念，主体地位获得某种性质的承认，意味着该主体具有了塑造特定性质之社会关系的可能性，这种可能性往往转变为影响

[①] 参见程晓霞《国际法的理论问题》，天津教育出版社1986年版，第119—126页。

社会关系的积极趋势和现实状态，在整体上使社会关系呈现出动态变化的局面。

法律主体问题是法学研究得以展开的起点，缺乏法律主体及其妥善界定，整个法律体系及其研究便会失去规范源头与价值依托。不同于自然关系或经由习惯而形成的社会关系，法律关系是一种被刻意构建出来的社会关系，它包含国家权力的分配与运用，以表达并实现法律主体的意志为基本内容，法律主体相互间形成的社会关系经法律调整能够形成符合一定实体和程序价值的社会秩序。法律关系的本质是法律主体意志的自觉与具化，"只有法律主体才能充作称为法律关系的特种社会关系的参与者，而法律关系的特点，就在于当事人自觉的意志表现"。[①] 因而，法律主体在某种程度上可以被称作"人法"，它是法律体系在自我建构过程中对自然人或拟制主体的权利和行为能力的法律承认，基于"人"的理性设定与意志自觉，法律承认这些主体通过行为表达并实现意志的潜在可能性。

法律主体是法学范畴内对主体概念的限定，它意指具有或被赋予法律权利和行为能力，可以直接或间接地做出法律行为，并承担法律义务和法律责任的个人或法律实体。从学术研究的角度看，关于法律主体的发问需要厘清三个牵连的问题，即探讨法律主体问题的意义所在，讨论法律主体的具体语境或相应层次，以及确认或取得法律主体资格的方式或途径。法律主体的探讨往往涉及三个层面的意思：第一，一般意义上，可以在某一法律部门内参与、形成或消灭法律关系的抽象法律主体；第二，特定语境下，拥有某项法律权利，具有从事某项法律行为，并承担相应法律义务和法律责任的适格法律主体；第三，具体要件意义上，被赋予一定权利，抑或被施加一定责任的准法律主体。

法律主体问题在国际法上具有不同于国内部门法的特殊意义。在国内部门法中，法律主体问题的研究意义似乎是不证自明的，法律主体是具体法律关系的支撑点，国内法往往妥善地界定了规则适用的法律主体范围，具体法律关系在预先限定的法律主体之间形成和展开，权利（权力）拥有者、义务履行者以及责任承担者的范围是确定的，在此范围内

---

① ［苏联］柯热夫尼科夫：《国际法上的主体问题》，载《现代国际法上基本原则和问题》（国际法论文集第一集），法律出版社 1956 年版，第 70 页。

法律主体的行为将接受相应的规范调整与规范评价。因而，就国内法而言，是"法律创造了法律主体"，主体问题是法律创制和适用的逻辑结果，厘定法律主体之目的在于圈定规范辖域，从而使得纸面规则适用于现实社会具备了可能性。

与此不同的是，国际法主体的确定是整个国际法理论和实践的逻辑起点。如上所言，国际法属于平位法和协定法，国际法的形成和发展主要依托法律主体意志的表达与协调，因而是"法律主体创造了法律"。国际法主体问题不仅涉及具体法律关系的形成和调整，其主要意义在于决定参与国际关系、创造国际规范并接受管辖或拘束的妥当或合法资格，"所以国际法行为有效的前提条件，是行为者的国际法能力"，这种国际法能力不仅包括国际法上的事务能力，也包括国际法上的不法行为能力和诉讼能力。① 正因为如此，国际法主体问题不具有普遍规定性，也不是以"自上而下"的形式得以厘定的，与此相反，国际法主体虽然也是普遍的存在，但这种"资格"本身往往是自发和个别形成的，而且国际法主体的资格需要接受平位主体的检视和承认。在国际法主体构成的非集中的权力和规范结构中，国际法得以衍生出来，并发挥规范国际关系的作用。

第三节 作为主要国际法主体的国家

国家是对客观存在的抽象概括，同时也是政治和法律现象的概念提炼。根据周鲠生先生的说法，"凡具有一部分文明人类占有一定的土地，结合于一个安定的常设政府之下，多少具有独立或主权是即有一个国家存在"。② 因此，国家的存在是事实之物与政治之构建的结合，或说是自然之物经过社会构建而成的政治概念，它一般地由人民、土地、组织（即政府）以及主权要素构成。其中，人民是国家的基础要素，主权是国家的核心要素，人民所居地域及人民的高度组织化形成了政治体，秉

---

① 参见朱文奇《现代国际法》，商务印书馆2013年版，第55—56页。
② 周鲠生：《国际法大纲》，周莉勘校，中国方正出版社2004年版，第22页。

具一定主权与独立性之政治体便可以形成国家。①

一 国家作为国际人格者

作为国际法主体的国家,其首要的标志便是具有国际人格(international personality)。用《奥本海国际法》书中的说法,国际法主体乃是具有国际法上的"法律人格"的实体。② 在国际法上,凡能为权利义务之主体者,则被认为具有国际人格,国家或国家之联合是最为基本的国际人格者。如果说人民、土地与组织孕育了国家之"胚胎"的话,主权则是国家诞生与存在的主要标志。主权的独立性和完整性是具备国际人格地位的主要条件,是否能够独立地行使权力,而非受命于外部权力,则是判断是否构成国家的重要标准。③ 没有自主之权力,凡事听命于外国者,抑或是国际交往权力未获国际社会承认者(见下"国家承认"),则只能作为国家的地方行政单位,不当有国家之名称。④ 柳炳华教授指出,国家之人格划分为国内法上之法律人格及国际法上之法律人格,国际人格者一则说明国家得成为国际法之权利、义务的主体,二则意味着国家无须中间媒介直接接受国际法的拘束,国际法对国家具有直接适用性。国际人格者最为明显的标志是具备进行国际交往、从事国际法律行为并作为国际诉讼当事者的资格。⑤

主权是与国家相伴的概念,也是国家作为国际人格者的法理基础。传统观念从"至高权力"角度理解主权,认为主权是国家拥有的无限制的、最高的原始权力。从这个观点衍生出了国家自我限制说,即国家基于主权对意志和行为施加自我限制,除此之外不受任何拘束。这种倾向于限制甚至否定国际法的主权理论已经逐渐失势,如胡伯法官在"帕尔马斯岛仲裁案"(*The Island Palmas Case*)中所言,主权首先意味着

---

① 对于土地、人口等是否是某一政治实体取得国家地位的必备要素,是一个存在弹性和余地的问题,有关国家构成要素的一般规则可能存在例外。参见何志鹏、谢深情《领土被海水完全淹没国家的国际法资格探究》,《东方法学》2014 年第 4 期。
② [英] 詹宁斯、瓦茨修订:《奥本海国际法》第 1 卷第 1 册,王铁崖、陈公绰、汤宗舜等译,中国大百科全书出版社 1995 年版,第 91 页。
③ 参见 Austro-German Customs Union Case, PCIJ Series A/B, No. 41, 1931.
④ 周鲠生:《国际法大纲》,周莉勘校,中国方正出版社 2004 年版,第 22 页。
⑤ 参见 [韩] 柳炳华《国际法》(上卷),朴国哲、朴永姬译,中国政法大学出版社 1995 年版,第 255—256 页。

独立这种政治状态，判断某政治集团是否为作为国际法主体之国家时，一般以其是否具有独立之法律人格作为标准，"今天主权已经不再被视为绝对权力，而演变为'独立'之意"。① 进言之，独立以决定国际人格者的程式绝非意味着国家独立于一切权力，既然作为国际人格者，国家便要遵守国际法，从某种角度看，国家是依据国际法而获得权利和管辖权的。②

二 承认作为国家获致完整之国际人格的要素

国家属于当然之国际人格者。国际法实践中，政治实体能够取得完全之国际人格可能受制于国家承认（recognition）及其普遍程度，缺乏普遍承认的政治实体可能无法完整地参与国际关系，其国际关系参与能力、范围和效果会受到国家承认的影响。国家承认在国际法理论和实践上极具争议，且缺乏统一和固定规则。③

（一）承认之于国际人格

国家承认是特定国家获得作为国际法主体参与国际关系之资格的重要条件。所谓国家承认是既有国家对新生之国家及其作为国际社会之成员的事实表示接受，并愿意与之进行国际交往的政治或法律行为。另外，在传统国际法中，国家承认还意味着某些"先进国家"接纳"落后国家"为"文明国家"的政治和法律行为。例如，周鲠生先生曾将国家承认与"文明标准"相联系，他指出，"国际法之根据在于文明列国之公认，仅以国家之资格，不能即为国际社会之分子……至于一切国家之尚未为国际社会之一分子而欲加入者，则承认之手续是必要的。国家惟依承认乃成为国际人格者"。④ 这种观点是从国际法史出发得出的结论，反映着国际法发展早期的国际关系状态。

承认之于国家的国际法主体资格曾经是构成性的条件，当代国际法

---

① *Island of Palmas Case* (Netherlands V. the United States of America), Award of the Tribunal, 4 April 1928, Reports of International Arbitral Awards, Vol. II, 2006, pp. 838–839.
② 参见［韩］柳炳华《国际法》（上卷），朴国哲、朴永姬译，中国政法大学出版社1995年版，第250—252页。
③ James Crawford, *Brownlie's Principle of Public International Law* (Oxford University Press, 8th edn, 2013), p. 424.
④ 周鲠生：《国际法大纲》，周莉勘校，中国方正出版社2004年版，第23—24页。

实践则主要将国家承认作为宣告性的要素。所谓构成说（constitutive theory）指国家经由普遍之承认方能取得国际人格，并成为国际法主体，其合理性在于，普遍的承认反映着国际社会对某一政治实体法律地位的普遍共识，而缺乏普遍承认的国家实际上也很难实现属于国际人格者的国际交往权。构成说将国家存在之事实与国家之法律人格相分离，因而可能出现所谓的事实承认与法律承认的区别。宣告说（declaratory theory）则认为国家存在与国际人格之间是等价的，国家出现后便直接成了国际人格者，承认不是国家成为国际法主体的构成性要件。宣告说的合理性在于重视政治组织体存在的事实，避免使国家之国际法地位受制于他国单方行为的局面。[①] 构成说在当代国际法理论和实践中受到了极大的批判，但宣告说本身亦无法完全地阐释国家承认的全貌。

（二）承认的主要情形与核心争议

国家之国际法主体地位的考察主要出现在国家主权的变更的情形，这包括成立、合并、分离、解体与独立的数种情形。新国家成立之情形诸如南苏丹共和国成立并获联合国承认；国家合并与解体于20世纪上半叶及冷战末期常见于欧洲地区；国家独立则主要是指殖民地或附属国摆脱殖民或附属统治而取得独立的现象。当代国际社会中饱具争议的国际法主体问题主要来自国家分离（从分离者角度可称为"独立"），这种争议主要具有两方面原因：一方面，国家分离往往牵涉地缘政治格局的变更，作为地方行政单元的政治实体的独立问题与国际政治紧密关联，且其合法性在国际法上尚无定论，因而，国家承认可能被视为对一国主权和领土完整的干涉与破坏；另一方面，承认是可以产生法律影响的单方面政治行为，它主要体现为一国的政治决定，体现着一国的国家利益、意识形态或国际关系立场，由此，各国对个案中分离实体的承认采纳的立场往往不尽相同，又因为承认能够在一定程度上产生稳固或改变国家分离状态的效果，因此，对于"分离势力"的承认可以说是国际法中最具政治性且最具争议的议题之一。[②]

[①] 参见王秋玲、王秀芬《国际法学》，法律出版社2005年版，第126—128页。

[②] Hans Kelsen, "Recognition in International Law: Theoretical Observations", (1941) 35 *American Journal of International Law* 605, pp. 605 – 610.

（三）承认的合法性问题及其判断

（1）承认之情势的合法性。国家承认虽然属于单方政治行为，但并非无法可循，首要的条件便是承认之情势应具备合法性。简单而言，作出国家承认不仅应当基于国家之构成要素的依据，而且应当符合分离之"母国"的国内法及一般国际法的要求，违反国际法基本原则之"独立"情势不应当得到承认。《奥本海国际法》一书指出，"一个国家或政府如果不满足承认所需要的条件，当然不会对它予以承认……如果一种新的情势发生于一个违反一般国际法的行为，也可以不给予承认"。① 一般来讲，国家没有承认某一情势的国际法义务，承认是国家自主决定的事项，但某些情况下国家须承担不予承认的国际法义务，因为特定情势之违法性，国家承认此种情势便可能构成国际不法行为，由此也产生了国家承认的条件。

针对国家承认之合法性的纠问和要求源自一般法理及国际法的体系性：无论是构成说还是宣告说，承认实际上都在扮演一种"赋权"的角色，根据一般法律原则，任何人不得从违法行为中获利，即使承认行为相对独立于国家之形成过程，国际法的体系性也要求一国对违反国际法的情势不予承认。因此，违反禁止侵略之国际法原则的"国家成立"及其后续行为不应得到承认，这是1932年美国"史汀生不承认主义"所阐释的宗旨，不论这种政策的出台基于何种政治目的，它已然构成了有关承认的广受支持的国家实践。这种实践及其理论被称为国际法上的"不承认原则"，不承认的义务主要源自特定情势的违法性，即新国家违背了自身所承担的国际义务，或情势本身违反了一般国际法。②

（2）承认情势之合法性的判断。有关国家分离或独立之情势合法性的判断首先属于国家自主识别和判断的范畴。但出现了国家分离的情势，国际交往的需要与国际秩序的整体性要求促使各国对该情势做出反应，无论是承认或不承认，一国均会对特定情势之合法性作出判断和解读，并依据此等判断和国际关系需求来选择承认或不承认。与此同时，由于国际社会法制化的影响，承认情势之合法性的判断权力也可能部分

---

① ［英］詹宁斯、瓦茨修订：《奥本海国际法》第1卷第1册，王铁崖、陈公绰、汤宗舜等译，中国大百科全书出版社1995年版，第122页。
② 参见王铁崖《国际法》，法律出版社1995年版，第85页。

地转移至区域性国际组织或国际集体安全机制。例如，1965年针对罗德西亚单方面宣布独立，联合国安理会通过数项决议，要求各国不得对"该国"违法独立之情势及行为予以承认，并避免与"该国"建立外交关系或进行任何国际交往。①

"冷战"后，国家承认情势之合法性的内涵出现了扩张趋势，西方国家的承认实践显示，国家承认的条件从传统国家间关系模式向所谓的"宪政式"模式转变，这种关于国家承认的新实践既要求被承认国家履行对于整个国际秩序的义务，如禁止单边变更边界、防止核扩散、推进裁军、和平解决国际争端等，同时也要求被承认国在国内政治体制、人权等方面符合普遍的标准。由于价值立场与意识形态的共通性，某些国家依托区域国际组织采取集体的承认政策，并要求拟被承认的国家符合其预期的民主体制与人权标准。例如，冷战结束后，欧共体就前苏联及东欧地区新国家承认问题宣布的几条方针所包含的精神：尊重《联合国宪章》之规定，履行《赫尔辛基最后文件》及《巴黎宪章》之义务，奉行法治、民主及人权等诸原则，保护少数民族权利，等等。②

（3）承认情势之合法性的争议。一般而言，分离势力都是违背国内法的，从魁北克到加泰罗尼亚，从科索沃到苏格兰，没有国家愿意主动认同地方政治构成单元宣布并实现独立的权利。相反，国际法对分离行为的认定是模糊的且不一致的，这也导致国际社会存在违反"母国"之国内法的分离行为经由国家承认得到了部分承认的情形，但无论如何，这种可能出现的部分承认并不会使分离行为合法化，更不会使承认行为本身免于干涉内政的指控。二战后至今的国际实践显示，单方分离的情势得到普遍承认的事例实属罕见，分离势力与"母国"的对立往往使分离情势充满争议，整体而言，国际社会似乎存在一项维护国家主权与领土完整的实践倾向。③

---

① 联合国安理会"促请所有各国勿承认此非法权力并勿考虑与之建立任何外交或其他联系，"并"勿对此非法政权给予任何协助"。参见联合国安全理事会第216号和第217号决议，1965年。
② 参见贾兵兵《国际公法：理论与实践》，清华大学出版社2010年版，第119、125、159页。
③ 参见James R. Crawford, *The Creation of States in International Law* (Oxford University Press, 2013), pp. 381–391.

虽然如此，如 2011 年南苏丹独立所示，当分离势力与"母国"达成和平协议，后者准许分离势力附条件获得国家地位之时，这种分离情势及国家承认的合法性便相当牢固地得以确立，包括联合国在内的国际组织也对该国的国际人格表示承认。① 南苏丹之独立乃属个案，并不具有普遍的示范意义，有关分离势力是否有权获得独立，分离权是否符合国际法，以及分离权与国际法体系的关系依旧是存在巨大争议的议题，国际法在分离之合法性问题上的规定仍处于晦暗不明的阶段。例如，虽然已经有百余国家承认独立之后的科索沃，但国际法院在"科索沃咨询案"中既没有认定"母国"塞尔维亚的领土主权受到侵犯，基于自决权的分离权的合法性也没有得到确认。② 因此，无论是国家要素的具备，还是有关分离之情势的承认，都是政治性极强的议题，其合法性的判断伴随着的持续争议，但无论如何，国家承认不能够赋予与国际法基本原则相违背之情势，且必须确立在国际合法性之上。

三　国家继承

国家继承是国际法主体资格变化所带来的重要法律后果，它意指一国所享有的国际权利和所承担的国际义务因国家解体、合并、分离、分立等原因而被另一国所取代的情形。由于国家继承源自于国家之国际人格的变更，国际法主体资格所包含的权利能力、行为能力及其国家行为的法律后果（国际权利、义务或责任）都将产生转移的效果，基于国际法主体资格而获国际法认可的领土、财产、档案，以及国家缔结的条约和获得的国际组织会员资格都属于国家继承的客体。③ 规范国家继承的国际法律规范主要规定于 1978 年《关于国家在条约方面的继承的维也纳公约》和 1983 年《关于国家对国家财产、档案和债务继承的维也纳公约》里，当然，其他习惯国际法以及与国际法主体资格变更相关的国际条约也得适用于国家继承的情形。

---

① UN News, UN Welcomes South Sudan as 193rd Member State, 14 July 2011, https://news.un.org/en/story/2011/07/381552.

② *Accordance with international law of the unilateral declaration of independence in respect of Kosovo*, Advisory Opinion of 22 July 2010, I. C. J. Reports 2010, pp. 433 – 453.

③ 参见邹柱《国家继承的法理分析》，《广西师范大学学报》1998 年第 2 期。

四　国家分类之下的国际法研究

围绕国家及其分类，国内外国际法学界形成了数种各有侧重的研究。这些研究所依赖的国家分类是国际关系历史和现实格局的产物：它们或是国家之间发展阶段或发展水平差异的表征，或是某些国家在构建秩序中刻意纳入的创造物，抑或是国家或国家群体基于自然禀赋或人文地理差异而在国际法理论或实践中所呈现的独有特征。此处就国际法研究中存在的国家分类研究作简要梳列和论述，以为必要的指引。

国家的概念是同一性与差异性的结合。作为最基本的国际法主体，现代国际法首先追求国家在法律前的平等，作为事实存在的国家不必仰赖任何权威的封赏或认证，国家主权象征着一种"去异求同"的思维路径。同时，国家的概念也容纳着国家特征的多样性，这种多样性根源于国家自然禀赋差异，受到历史秩序遗留的重要影响，体现于国际社会结构性的权力划分。在国际法实践中，国家并非类同化地扮演着国际法主体的角色，相反，国家是多元的事实和法律存在，国际法非但不排斥这种多元性，反而将这种多元结构正当化，并嵌入其自身的历史发展和现实格局当中，形成了类型多样的规范和研究视角。

（一）文明标准下的国家

国际法的发展天生伴随着所谓的"文明标准"，它原本被认为是所谓文明世界的国际交往准则。周鲠生先生指出，"世亦有国家（虽其数渐减）因为文明程度不及，尚不是此社会之一分子或不实一完全的分子者"。当代国际社会则由原始的文明国家和被承认为的新文明国家组成，国际法则随之由原始文明国扩张适用于新文明国家。[①] 国际法的起源和演进离不开欧洲中心主义，20世纪之前欧美主导的国际社会确立了"文明标准"，这种文明差异与冲突视角下的国际法实践颠覆着亚洲、非洲广大地区的既有秩序，并逐步将所有国家纳入文明谱系的衡量尺度之内。20世纪之前的中国曾被列入所谓的半文明国家，第二次海牙国际和平会议也曾以法律不齐备为由将中国列为三等国家，即不具备完全的国际法主体资格，这种歧视性的国家分类状况直至20世纪上半叶方

---

① 周鲠生：《国际法大纲》，周莉勘校，中国方正出版社2004年版，第23页。

趋好转。①

可以说，近代国际法发展史就是西方文明正义论开疆拓土的历史，是文明差异之背景下文明政体之间以及文明政体之于所谓的"野蛮政体"之间的实践的汇合，它本质上反映的是文明的冲突、接纳与融合。② 从历史上看，文明标准体现着国际法主体的资质要求，为国际社会设定了普遍适用的观念和实在规则，有助于确定国际法主体行为的道德与价值边界。尽管依据文明标准划分国家类型的实践在当代失去了正当性，但其并非成了作古的概念，因为西方所持的文明标准的内涵在逐步变化，它们正在试图将时新的文明标准及其规范心态施加于其他国家，这在市场经济、人权保护、投资与贸易法治、民主政治等领域都表现得极为明显，不符合此类标准的国家往往在特定领域的国际关系中受到限制。③ 因此，文明标准及其之下的国家划分仍然存在于国际法理论与实践当中，文明观的发展和创新也是国际社会发展历程留待解决的重要议题。

（二）实力导向下的国家

大国与小国，强国与弱国是实力导向下国家的划分。"大国"是国际关系中的高频词汇，在共存与合作国际法阶段，大国关系、大国权力或大国责任是国际法所致力于讨论的核心话题，这种核心地位甚至可以被认为贯穿国际法发展各个阶段。所谓大国一般是从硬实力角度来定义的，但国家的实力划分又往往是制度确认的结果。各国所致力于构建的稳定、可预期的秩序是一种国际公共产品，它主要由大国主导提供，更多地反映了大国权力、利益和观念的竞争和协调，国际法是塑造并维护这种秩序的重要手段。从某种角度讲，大国更需要国际法，大国兴衰与关系互动是国际法律实践的主旋律，国际法主要反映着竞争与协调之下的大国意志、大国话语及大国关系格局。④

从国际法角度看，尽管各国无论大小一律平等，但是各国并不当然

---

① 参见颜丽媛《拒签合约之后：和平解决山东悬案的国际法预案》，《国际法研究》2020年第5期。

② 参见高全喜《论现代国际法视野下的〈马关条约〉》，《清华大学学报》（哲学社会科学版）2017年第4期。

③ 参见韩逸畴《从欧洲中心主义到全球文明——国际法中"文明标准"概念的起源、流变与现代性反思》，《清华大学学报》（哲学社会科学版）2020年第5期。

④ 参见门洪华《大国崛起与国际秩序》，《国际政治研究》2004年第2期。

拥有"法律上的平等",如奥本海所言,政治上不平等是必然的,大国地位绝非源于法律基础或法律规则,但却表现于法律当中。大国在特定国际秩序下被赋予了某种特权,"对国家进行分类并向不同类别的国家赋予不同的作为其权利能力之衡量标准的地位"与国家形式平等之观念并不矛盾。这种实质上的非平等安排不仅是现实秩序格局的反映,而且成了国际联盟、联合国等普遍性国际组织制度设计的要素,这使绝对的平等观失去了合法性和正当性。具体而言,大国特权源于其罕有的行动能力,并根植于大国相对广阔的国家利益,正是这种行动能力强弱和国家利益宽窄的差别导致了大国特权、大国义务在国际法中的体系性嵌入。当然,大国问题,尤其是霸权主义和强权政治往往也是导致国际制度低效或瘫痪,国际组织则容易沦为大国"公器私用"的工具。因此,规范大国权力运行,促使大国履行义务一直是国际法面临的重要使命。①

(三) 发展维度下的国家

从发展维度看,国际法主体往往被划分为发达国家、发展中国家与最不发达国家等类型,这种国家类型的划分便是国际关系中的"南北问题"。"南北问题"不仅反映着全球化时代各国在经济社会领域发展水平的差别,还是影响当代国际秩序发展的重要结构性因素。南北问题是历史遗留问题,它表面上体现了发展中国家和发达国家在经济、政治与社会方面的发展差距,本质上反映的是传统歧视性、剥削性的不平等国际秩序(如殖民主义)所造成的"非正义"。如果不能有效地应对此种"非正义",当代合理的国际秩序便无法建立,因此,发展中国家的地位才成为一项兼具道德和法律意义的正当诉求和有利筹码。因此,发展中国家在国际法体系中的特殊安排(如特有权利、差别责任)在自然资源主权、国家经济自主权、国际贸易规则、国际金融、全球气候变化和国际环境治理中体现得较为明显。南北分立的话语之所以在当代仍然有效,一方面源于国际秩序之传统与当代的延续性关联,这涉及国际社会修正原有之不正当、不合理之国际秩序的共识,全球化时代的多边主义进程应当反映国际社会的历史裂痕,并以此矫正历史原因所造就之非正义;另一方面,南北分立也是前瞻性的法律话语,它致力于经由国家

---

① 参见蔡从燕《国际法上的大国问题》,《法学研究》2012 年第 6 期。

划分及其基础上区别、差异性的法律安排，促使国际秩序的形式法律平等朝向实质法律平等的方向发展，最终能够确立更为公平、合理的国际新秩序。①

（四）政治考量下的国家

国际法是国际政治体系的规范表达，是以规范形式表现出来的国家意志与国际关系。② 鉴于国际政治与国际法的紧密关系，国家可能因政治立场、意识形态或国际地位等因素被划分为不同的类型。与发展维度下的国家划分类似，政治考量下的国家划分倾向于突破国际法的普遍性，将文化相对性与社会制度差异性注入国际法体系当中。③

1. 国家政治体制差异与国际法

根据政治立场的差异，国家可以划分为民主国家、所谓的威权国家和独裁国家等类别，这种从国内政治特征及其与国际法互动角度研究的路径有一定的优势，它关注到了全球化时代国内社会与国际社会的多层次关联，提供了解释国际法律行为的一种工具。与此同时，相关研究带有一定的价值定势或价值评判，尤其是将某些政治体制视作优势的或应然的选择，这应当引起足够的警惕。我们认为，国际法研究应当坚定地支持和采纳国家平等的法律观念和法律实践，反对对国内政治体制进行"等级化"分类或优劣评价的思想或实践，反对以国内政治体制差别而试图在国际法上进行区别对待，或者任意施加限制的行为。

2. 第三世界国家与国际法

根据国际关系观念及发展程度差别，20世纪60年代以来出现了"三个世界"的国家划分。去殖民化进程中大量国家的诞生以及第三世界国家这一集团的出现是"二战"后国际法体系最为耀眼的特征，随着第三世界国家共同立场、行动及其广泛影响呈现出"系统特征"，围绕第三世界国家形成的原则、规则和制度被逐渐被视作一种独立的国际

---

① Rafiqul M. Islam, "History of the North-South Divide in International Law: Colonial Discourses, Sovereignty, and Self-Determination", in Shawkat Alam ed., *International Environmental Law and the Global South* (Cambridge University Press, 2015), pp. 23 – 49.

② [美] 路易斯·亨金：《国际法：政治与价值》，张乃根等译，中国政法大学出版社2004年版，第6页。

③ 当然，政治考量下的国家分类相互之间及其与发展维度下国家分类之间可能存在某种程度的交叉。

法律系统，或可称为"第三世界国际法"。反对殖民主义的立场、经济社会发展较为落后的意识以及在国家利益紧密联结的集团心态构成了"第三世界国际法"的思维基础，第三世界国家在促进民族自决、反对外来干涉、构建国际经济新秩序、推动公平与合理的全球治理体系等方面发挥着不可或缺的重要作用。①

"冷战"后，第三世界的国家划分受到了挑战，某些西方学者认为第三世界是对冷战格局残留的"愚蠢的坚持"，是旧世界的划分与策略，它不符合全球化时代国际法发展及国际秩序所要求的一致性与普遍性的要求。然而，第三世界国家代表着一种想象和构建出来的"团结"身份与国家集团化趋势，它是一众国家共同系统地回应与反制不合理、不公正之国际实践所形成的集体认知和自我定位。这种国家划分的取舍不是先验论（apriorism）意义上的问题，而必须是通过实践发展与国际对话来解决的。"它的持续效用在于指向世界经济对某类国家所施加的一种结构性的约束"，第三世界的话语是对国际秩序排斥差异性之抽象过程的必要且有效的回应，它对于提供和组织霸权主义政策的集体反制来说至关重要。②

3. 意识形态与国家划分

社会主义与资本主义国际法是"冷战"时代意识形态与阵营对立在国际法理论和实践方面的反映，随着"冷战"格局的结束和消散，这种相互对立或对抗的国际法理论与争论也在逐步退潮。社会主义国际法坚持国际主义立场，对非侵略原则、禁止战争宣传、和平解决争端、民族自决、和平共处、国际军控、保护人权等基本原则做了非资本主义的、革命性的阐释。资本主义国际法理论与帝国主义势力范围、领事裁判权、不平等条约、干涉内政等强权政治实践相联系，社会主义国际法被认为修正了不公平、不合理的国际法理论，极大地推动了国际秩序的民主化。③

---

① No-hyoung Park, "The Third World as an International Legal System", (1987) 7 *Boston College Third World Law Journal* 37, pp. 37 – 59.

② B. S. Chimni, "Third World Approaches to International Law: A Manifesto", (2006) 8 *International Community Law Review* 3, pp. 4 – 7.

③ G. L. Tunkin, *Theory of International Law* (Harvard University Press, 1974), pp. 49 – 87.

4. 所谓"污名化"的国家

在当代国际社会中，存在某些"污名化"的国家分类现象，这种"标签"偶见于学术探讨和外交实践中，其目的在于负面地概括一国的社会组织或国际关系政策特征。例如，某些国家的社会组织程度较低，政府常常无法满足构建和维护国内秩序，不能有效开展国际交往的职能；或者某国政府采取了错误的社会经济政策，导致国内秩序瘫痪，这类国家被称为"失败国家"。另外，某些国家反对或者与现有国际体系的主导力量格格不入，或者被认为不遵行普遍适用之国际规则，或者某些国家凭借强大国家实力，在国际法实践中采取政治导向政策，排斥国际规则的平等实施，造成了大量的规则例外或不遵守情形，某些学者和国际实践将此类国家称为"法外国家"① （又可分别称为显性和隐性的法外国家②）或"流氓国家"③。

（五）人文地理中的国家

近代以来，国际法的发展突破了地域限制，逐步从欧洲中心转变为"世界的"国际法。从历史观察角度来看，全球一体化时代的国际法是排斥人文地理差异性的，一国处于特定地理区域或崇尚独特文化不是差别化发展和适用国际法的理由。不过，国际法实践显示，当代国际法存在明显的人文地理化现象，处于不同人文地理环境中的国家的国际法理论和实践呈现出一定的独特之处，这种现象也可以被称为"国际法的地域化"。例如，伊斯兰世界在国际法理论和实践方面有其独特之处，形成了所谓的"伊斯兰国际法"，这种单独路径的合理性仍然存在概念和理论上的争议，但不可否认伊斯兰世界在少数民族政策、人道法、外交法、海洋法、环境法等领域都有其独特传统。④ 又如，拉丁美洲国家在域外庇护、国际投资征收与补偿、国际环境保护以及国际争端解决等领

---

① Gerry Simpson, *Great Powers and Outlaw States Unequal Sovereigns in the International Legal Order* (Cambridge University Press, 2004), pp. 3 – 22.

② 江河：《法外国家的游离与规制——以朝核危机中的朝美外交博弈为例》，《法商研究》2012 年第 9 期。

③ Michael Kirby & Sandeep Copalan, "Recalcitrant States and International Law: The Role of UN Commission of Inquiry on Human Rights Violations in the Democratic People's Republic of Korea", (2015) 37 *University of Pennsylvania Journal of International Law* 229, pp. 267 – 269.

④ Nahed Samour, "Is there a Role for Islamic International Law in the History of International Law?" (2014) 25 *The European Journal of International Law* 313, pp. 313 – 319.

域表现出了鲜明的地域特色。亚洲国家在历史、文化和人文地理方面被认为最具差异性，但它们的国际法实践的统一性或对于国际法的态度仍然有迹可循，这种地域独特性源于亚洲国家的历史文化传统，也与近现代国际关系史所遗留的教训或经验相关。①

四　国家在国际社会法律治理中的作用变化

作为国际法主体，国家参与或融入国际法体系的意愿、程度和趋势并非一成不变，相反，国家在国际社会法律治理中所扮演的角色发生着客观变化，从长期看，这种变化还呈现出一定的周期特征。整体而言，17世纪中叶欧洲排除宗教政治权威及确立主权至上的运动促使国家"兴起"，大国兴衰、国际权力结构变化以及非西方国家加入国际体系都是这种"兴起"过程历史延续性的体现。国家"兴起"的同时，国家的"离开"过程便开始了，所谓"兴起"与"离开"是对立统一的事件，前者是后者的基础，而后者则是前者固有内含、价值和功能的核心体现。国家"离开"指主权受到或接受国际规范拘束的过程，国家自我实施、参与国际组织以及赋权私主体是国家"离开"的主要途径。②

国家的"离开"过程逐步使"国家并立、各自为政"的国际体系演变为各国接受共同国际规范拘束并形成秩序状态的国际社会，而国际社会又从追求共存的初级状态演进到了追求合作与"共进"的当代阶段。随着国际社会法制化不断推进，国家"离开"过程所导致的主权约束呈现上升趋势，这突出体现在国际条约的义务性扩张以及国际组织的自治性提升等方面，由此导致主权国家制定和实施公共政策的空间受到挤压，加之国际权力对比的转变，促使国家"回归"以维护自主利益并缓解公众压力成为一项时新的选择。这种"回归"过程体现在实体与程序方面，实体层面国家的"回归"主要包括增加法律概念的灵活性与解释空间、添加附属的不符或例外条款、保留国家重置义务的可能性以及限制对个人赋权的范围等；程序层面国家的"回归"主要体现在

---

① Simon Chesterman, "Asia's Ambivalence about International Law and Institutions: Past, Present and Futures", (2015) 27 *European Journal of International Law* 945, pp. 945–978.
② 蔡从燕：《国家的"离开""回归"与国际法的未来》，《国际法研究》2018年第4期。

采取"去多边化"的缔约政策、限制或取消强制性争端解决程序等。①

在数字贸易、跨境数据流动、网络空间治理、网络战等新兴治理领域，国家正在"浮现"出来，这些领域的规范状态表现出由自发的治理到私人主导的治理，再到国家主导的治理的发展态势，国家在这些治理领域中的作用不断增强。例如，为了防止网络空间因缺乏公认权威和有效管制而出现的"自然状态"，防止不法行为体依托网络获得不对称的技术破坏力，防范本国网络资源遭受国际劫掠，国家将管辖范围扩展至网络治理领域符合客观事实和现实需要，世界范围内正在形成网络空间的"公域"，但毫无疑问，网络空间主权正在成为国际网络治理的法理基础。②当然，国家的"浮现"是一个逐步展开的过程，国家权力与私人权力在新兴治理领域的共存、互动与争夺正在发生。例如，美国社交媒体因"国会山暴动"封杀美国前总统特朗普的事件引发了各界对社交媒体权力限制的探讨，这种对公共用户"生杀予夺"的大权引发了国家主权与"言论自由"原则等方面的担忧。未来，国家权力势必介入并合理限制因科技革命而产生的新兴的"技术权力"和市场权力，并使之与国家主权形成较为融洽的法理关系，"数字利维坦"的威胁将促使国家在数字时代的国家治理和国际治理中"浮现"出来。③

无论是国家的"离开""回归"还是"浮现"，都是从国家视角对国际社会法律治理实践及发展方向的观察和描述，它们代表着国家在国际规则探索、出现和变化过程的形态变化，国家可能垄断着治理权力，也可能抽离出一定空间，从而使其他主体参与和分享权力。国家参与国际社会法律治理的变化形态似乎是必然的，一方面，国际社会的法律治理是逐步展开的，国家参与或主导治理需要一定过程；另一方面，国家总在探索其在国际社会法律治理中的最佳位置，从而实现最为高效、公平的治理效果。

五　国家之国际法主体地位的规范意义

国家作为最为基本的国际法主体，它的意义在于确认国家依据国际

---

① 蔡从燕：《国家的"离开""回归"与国际法的未来》，《国际法研究》2018 年第 4 期。
② 参见杨帆《国家的"浮现"与"正名"——网络空间主权的层级理论模型释义》，《国际法研究》2018 年第 4 期。
③ 参见董一凡《批"封特潮"，欧洲真正在关切啥》，环球网，2021 年 1 月 15 日，https：//opinion.huanqiu.com/article/41WEOM0iPM2。

法处理国际关系，参与形成国际秩序的资格，这具体表现为独立权、自卫权、管辖权以及豁免权等国家的基本权利。管辖是国际法上一个基本概念，它是国家行使国际法所规定权利、确定权利范围的基础，也是国际法的适用和解释的前提。从国际法理角度看，作为国际法主体的国家的主要意义在于依据国际规范参与构建国际秩序，国际规范便是国家经由国家同意之表达形成的原则、规则和制度的集合，所谓秩序便是依据国际规范而确立的国家间共存、合作与共进的基本格局，国家利益与共同利益的对立与统一是国际秩序得以形成和延续的根本条件。

（一）国家与管辖

国家管辖权是国家作为国际法主体的基本权利，它意指国家基于其主权并依据国际法，通过立法、司法和行政手段对其领土范围内或领土范围之外的人、事、物进行管理和处置的权利。国家管辖依托领土、国籍（或经常居住地）和利益等基点展开，分别形成了属地管辖、属人管辖、保护管辖三种主要类型的国家管辖权；依据内容划分，国家管辖权则包括立法管辖、司法管辖和行政管辖。① 国家根据实在国际法规定而行使的普遍管辖权，是当代国际社会为惩治国际罪行而赋予各国就特定罪行及相关个人进行管辖的权利。国家之国际法主体地位在管辖权方面具有双重法律层面的含义。首先，国际法主体资格不存在等级之别，这意味着，国家依据国际法所从事之管辖应当得到其他国家的尊重，除非国际法另有规定，一国无权单方面排除其他国家依据国际法所享有之管辖权，即使现实中重叠之管辖权之间存在优先之分。其次，国家依据国际法所从事之管辖应当得到国际法的承认，这意味着，一国对某些国内事务、人员或物体的管辖是垄断性的，它不应该受到其他国家的任意干涉。整体而言，国家管辖权反映了主权平等原则和不干涉内政原则，这也是国际法主体资格所具有的首要含义。②

（二）国际社会与国际秩序

国家共同存在和相互交往会形成一种客观存在的关系结构，这种国家、独立政治体共存、互动与相互影响的过程组建起了国际体系。国际

---

① 李庆明：《论美国域外管辖：概念、实践及中国因应》，《国际法研究》2019 年第 3 期。
② Malcolm N. Shaw, *International Law* (Cambridge University Press, 8th edn, 2017), p. 483.

社会是国际体系发展的高级阶段，国家间相互联系、对立的矛盾状态及其规范约束形成了一种存在秩序的社会状态。① 简言之，国际体系内各国受制于共同的规范便会形成所谓的国际社会，国家服从于国际法、国际法拘束各国是国际社会的典型特征，国家作为国际法主体的身份出现便是当代国际社会出现的重要标志。② 这种共同的行为规范主要体现为国际法，国际法伴随国际社会的起源与发展，并依托观念、价值和过程塑造着国际社会的形态。国际法的首要目的便是构建和平的秩序状态，保障一定程度的非对抗、非暴力的国际交往。③

（三）国家同意与国际造法

国际法律调整是国际社会的核心特征。作为国际法主体的国家具有国际人格，这种人格集中体现在它具备参与形成、改变、规避或消灭（某些）国际法规则的资格。具体而言，国家能够以平等姿态参与国际造法，通过相互协商与自由地表达国家同意来赋予国际法以法律效力，无论是约定法还是习惯法，国家同意的识别和确立都是规则形成和产生效力的关键要素；反过来说，条约不能够对没有表达同意之国家产生法律效力，亦不能在没有国家同意的基础上扩张国家义务；同时，国际争端解决机制的管辖权必须以国家同意为基础，并使管辖限缩在国家同意的边界之内。④ 不过，当代国际社会的造法过程似乎正在削弱国家同意的作用，自然法为基础的国际法实践、习惯法以及一般法律原则在不同程度上规避了对国家同意的详尽考察，全球化时代，面对国际和平与安全、共同发展以及全球治理的风险和挑战，国际制度设计偏重于外生合法性，传统的以同意为核心的国际法和国际制度的构建路径受到效率考量的侵蚀。⑤

---

① Hedley Bull, *The Anarchical Society*: *A Study of Order in World Politics* (Palgrave Macmillan, 2012), pp. 8 – 19.

② ［英］詹宁斯、瓦茨修订：《奥本海国际法》（第一卷，第一分册），王铁崖、陈公绰、汤宗舜等译，中国大百科全书出版社 1995 年版，第 94 页。

③ James Crawford et al. ed., *The Cambridge Companion to International Law* (Cambridge University Press, 2012), p. 77.

④ Matthew Lister, "The Legitimating Role of Consent in International Law", (2011) 11 *Chicago Journal of International Law* 663, pp. 664 – 690.

⑤ See Nico Krisch, "The Decay of Consent: International Law in an Age of Global Public Goods", (2014) 108 *American Journal of International Law* 1, pp. 6 – 7.

(四) 国家利益与共同利益

利益是国际法的根本价值追求之一，国际法致力于通过调整国际关系，和平、公平且高效地服务于利益的实现。作为国际法主体的国家首要目的是追求并维护本国的国家利益，国际法是国家保护并实现国家利益的重要手段，国家利益是一个国家塑造政治行为的概念，同时也是描述、解释和评估对外政策充足性的分析工具。国家利益既有其自身的独立意义，同时又是实现政策目的的政治性工具。国家利益是刻入国际关系和国家行为的"基因"，国家参与国际关系以表达和解释国家利益为根本目的。[①] 也正因为如此，基于国家利益的国家实践也往往成为国际法发展的重要动力，前提是这种新兴实践符合各国对国家利益的普遍追求。所谓的国家利益由政治、经济、社会、生态等诸多方面构成，国家安全利益是其中的核心部分。国家利益存在层次或重要性划分，国家利益的层次影响国际法的形态，国家也会选择与不同层次国家利益相匹配的国家法。国家实力与国际格局的变化将使国家利益的内容和层次结构发生变化，从而带来国际法体系的变革的需求。[②]

当然，国家利益是一个历时性演变的概念。近代国际法中的国家利益局限于欧美国家的本国利益和国际利益，国际法是"列强"处理相互关系和争夺国际资源的工具。随着全球化进程的推进，国际关系格局和国际法经历了"道德进化"过程，现代国际法由"强权意志之法"向"合意之法"的性质转变，国家利益之间的共同面逐渐显现并扩展：一方面，广大国家的利益，尤其是小国、弱国的利益成为国际法的关切点；另一方面，随着国家间相互依赖程度的不断提升，以及"人本化"趋势下国际法的演进，各国国家利益之维护和实现愈发依赖于国际合作与全球治理，国家利益相互关联程度不断提高，国际社会的共同利益使国际社会朝向国际共同体的方向发展。[③] 当然，这种共同体并非意味着国家利益与共同利益实现了高度融合，国家秉持强权破坏多边进程、寻

[①] See Scott Burchill, *The National Interest in International Relations Theory* (Palgrave Macmillan, 2005), pp. 23-30.

[②] 参见刘志云《国家利益的层次分析与国家在国际法上的行动选择》，《现代法学》2015 年第 1 期。

[③] 参见刘志云《论国家利益与国际法的关系演变》，《世界经济与政治》2014 年第 5 期。

求单边利益的实践仍然频现,因此,推动国际法体系呈现更多的利益"共同性",通过共商共建共享推进全球治理进程,是塑造更为稳固、公平与合理的国际秩序的物质基础。①

第四节 其他与国家相关的国际人格者

从概念上讲,由特定要素构成的国家内涵明确,但它的边界绝非清晰,一方面,现实中存在与国家之国际人格类似,但由于人口、土地和政府等构成要素存在缺陷,而形成与一般规则下的国家相区别的政治实体;另一方面,特别要指出的是,某些政治实体在国家构成要素上不存在实质上的缺陷,但由于领土管理与纷争、国际组织介入等历史遗留问题或安排,导致该政治实体在一定历史时期内无法获得完整的国际人格,这种情形包括被保护国、托管领土及民族解放组织等,它们国家地位的获得和认定直到现在仍旧存在法律争议。这两类情形这里统称与国家相关之特殊国际人格者,指不具备完全的国际人格,但又与国家之国际人格紧密相关、存在衍生可能性或者可进行类比的国际关系参加者,包括类似国家的政治实体。与国家相比,这些政治实体的独立性及其构成要素的完整性存在一定程度的不足,为认识和研究之便,这里都划入不完整的国际人格者。②

第一,托管领土③、非自治领土④以及被保护国。随着去殖民化进

---

① 参见李赞《建设人类命运共同体的国际法原理与路径》,《国际法研究》2016年第6期。
② 参见赵建文《国际法新论》,法律出版社2000年版,第75—77页。
③ 根据《联合国宪章》第十二章(第12、76—77条),联合国设立了国际托管制度,以监督凭与管理国所签个别协定而置于该制度下之托管领土。联合国成立初期,共有11个托管领土,最后一个托管领土帕劳于1994年独立,同年11月1日托管理事会停止工作。
④ 根据《联合国宪章》第十一章,非自治领土是"其人民尚未臻自治之充分程度者"。联合国大会在1946年12月14日第66(I)号决议中列出了适用《宪章》第十一章的72个非自治领土名单。1963年,"给予殖民地国家和人民独立宣言执行情况特别委员会"(又称"非殖民化特别委员会"或"24国委员会")核准了适用《非殖民化宣言》的领土初步名单(A/5446/Rev.1)。截至2021年8月,"非殖民化特别委员会"名单上尚有17个非自治领土,它们仍旧在承担管理责任之管理国统治之下。参见联合国非殖民化特别委员会,非自治领土,https://www.un.org/dppa/decolonization/zh/nsgt。

程的推进，这类实体大体上已经成为历史。它们享有部分的国际人格，其行为能力受到其他国家或国际安排的限制，抑或由国际安排代为行使的主体，如受保护国或国际共管（condominium）的领土。当然，这种受保护和被管理的地位必须具有合法基础，用安奇洛蒂教授的话来说，因国家间合法之协议而产生基于对国家独立性的限制并非必然不正当，因为这种协议并不影响国家之独立性，只要这种限制没有置一国于另一国的法律权威之下。①

根据联合国安全理事会第1514号决议（《非殖民化宣言》），要求联合国在协助托管领土及非自治领地之独立运动方面承担重要任务，以期迅速无条件终止各种形式和表现之殖民主义，实现所有民族均有自决权。② 须特别指出的是，托管领土或委任统治地区在取得独立前后往往因这种潜在的或者已然成型的国家地位引发相关法律争议。例如，在"西南非洲"取得独立地位之前，联合国大会就托管领土或委任统治地区的法律地位（1950年）、国际组织的监督权（1955年）及其继续坚持委任统治的合法性问题（1970年）请求国际法院作出咨询意见，联合国成员国还就托管国或委任统治国是否对相关领土及其人民履行了国际法所规定的义务等问题向国际法院起诉，要求解决相关争端。毛里求斯独立后，联合国大会也于2017年就因查戈斯群岛而引发的去殖民化进程是否完成的问题请求国际法院作出了咨询意见。

第二，巴勒斯坦民族解放组织。③ 巴勒斯坦民族解放组织在国际法上具有一定或接近完全的国际人格，是与国家存在类比关系和衍生可能性的政治实体。例如，巴勒斯坦的国家地位具有坚实的国际法理基础，

---

① *Customs Regime Between Germany and Austria Case*, Advisory Opinion, PCIJ Series A/B, 1931, No. 41, Separate Opinion of Judge Anzilotti.

② 联合国安理会第1514号决议，关于准许殖民地国家及民族独立之宣言，S/RES/1514（XV），1960年12月14日。

③ "中国是最早支持巴勒斯坦民族抵抗运动并承认巴解组织和巴勒斯坦国的国家之一，始终坚定支持巴勒斯坦人民恢复民族合法权利和正义事业。"须特别注意，我们认同巴勒斯坦解放组织为代表的民族解放组织的国际法主体地位，并不意味着我们认可任何民族获取国际法主体地位的分离权。事实上，我们坚决反对任何打着民族自决旗号寻求分裂的行径。参见曾令良《论冷战后时代的国家主权》，《中国法学》1998年第1期。

且实际上已经得到国际社会的普遍承认。与 2018 年"使馆迁移案"①相关，巴勒斯坦的国家地位是国际法院行使管辖权的前提，而巴勒斯坦是以联合国专门机构成员国的"国家"身份缔结《维也纳外交关系公约》及其任择议定书的，其在《维也纳外交关系公约》项下从事国际行为应当被视为国家。②

第三，自成一类之国际人格者（sui generis entities）。例如，具有宗教功能的罗马教廷具有一定的国际人格，具有参与国际关系的资格。作为历史遗留团体的"耶路撒冷、罗得岛及马耳他圣约翰主权军事医院骑士团"没有领土，也不被认为具有国家地位，但它具有一定的国际人格，是联合国的永久观察员实体。

第四，特殊情形下的政治实体。这包括视国际交往对象而确定行为能力与法律效果的政治实体，如流亡政府，这种政治实体往往在世界大战和内战等特殊情况下产生，其法律地位与其取得的国际承认程度紧密相关；另外，缺乏国际普遍承认，以非国家名义具有部分国际人格的政治区分单位，它们可以在有效之法律限制范围内开展国际交往。③

第五节 国际组织与个人

如上所述，作为最为原始、最为基础的国际法主体，国家的国际人格在国际法演进过程中发生了双向发展的"解构"过程。一方面，为更好地实现规范目的，基于各国合意之法制化进程往往伴随着授权（delegation），其表现形式主要为具有国际人格的国际组织，它可以被视为国家国际人格的延伸，这可以被称为"自上而下"地解构国家的国际法主体地位；另一方面，随着全球化时代国际法的发展，传统"原子化"式国家为基础的国际法正在发生结构性的变化，非政府组织、跨

---

① *Relocation of the United States Embassy to Jerusalem*（Palestine v. United States of America），Application Instituting Proceedings filed in the Registry of the Court on 28 September 2018.
② 参见管建强、王云洲《"巴勒斯坦诉美国使馆迁移案"的国际法研究》，《国际法研究》2020 年第 3 期。
③ ［英］伊恩·布朗利：《国际公法原理》，曾令良、余敏友译，法律出版社 2007 年版，第 56—59 页。

国企业以及个人进入国际法理论视野和实践当中,并"自下而上"地对国家之国际法主体地位进行解构。

一 国际组织

国际组织是现代国际关系与国际法的重要参与者。国际组织(国际制度的组织化形式)是国际社会法制化进程的产物,它由主权让渡获致特定的功能属性,受到国际规范信仰的牵引,并被国内政治行为体偏好与动机所影响。[①] 国际组织的建立和运行依托成员的授权,其基本文件均会规定权力边界和职能内容,明确成员的权利和义务,形成具有独立性的规范体系,成员可接纳的规范张力状态是国际组织获得授权的条件。国际组织虽然受制于国际关系,但它拥有其独立的结构和形式,法制化成果一旦确立,便会成为国际关系中的"弗兰肯斯坦"(Frankensteins)——由主权国家创造但却独立于国家的规范存在,并对国家的行为和利益产生规范性质的影响,依凭这种自主性,国际组织能够调整利益格局,改变各国的实力状态,并构成国际法变迁和新一轮制度设计的动力。[②] 诸如欧洲联盟之类的超国家政府间组织则将国家之国际人格的延伸发展到了新的高度。

国际组织的国际人格地位往往由其基本文件确定。从本质上讲,国际组织的国际人格来源于国家之国际人格的"聚集",它是国家通过共同意志将国际法上的人格以共同制度或实体形式作出的延伸。自1949年国际法院就"关于为联合国服务而受损害的赔偿案"作出咨询意见以来,国际组织的国际人格者地位已经不存在争议,国际组织拥有缔结条约、从事国际行为、进行国际求偿并享有豁免的独立地位和权能,1986年《关于国家和国际组织间以及国际组织相互间条约的维也纳公约》也是一个明显的例证。[③] 相对于国际组织的国际人格者地位,现在最具争议的话题是国家与国际组织的"人格矛盾",即国际组织的运行

---

① 参见 Judith Goldstein et al., "Introduction: Legalization and World Politics", (2000) 54 *International Organization* 1, pp. 12 – 13.

② 参见莫盛凯、陈兆源《国际关系中的国际法:一种基于国际制度理论的法理构建》,《外交评论》2017年第1期。

③ 参见吴慧《论国际组织的法律地位》,《安徽大学学报》(哲学社会科学版)1993年第1期。

与国家的关系问题。国际组织在自身与国家之间形成了一种持续的规范张力,一旦加入国际组织,国家将"不再自由",国际组织试图完全展示其约束性,而国家则试图保持其自由性,这种约束与自由、限制与灵活的矛盾是国际组织所面临的最为不确定的地方,退出国际组织、限制多边国际组织正常运行以及围绕国际组织的国家间"制度竞争"便是这种矛盾的现实表现。

二 个人的国际法主体地位

个人是否在现代国际法中具有主体地位是广受争论的话题。传统国际法认为,国家的同一性(unity)或者说原子化是国际法的理论根基,国际法体系建立在该基本原则之上。立足于国家"原子化"模型的国家主义(statism)认为,国家拥有类似于个人的自主权,政府自然而然地代表着人民,主权无关乎道德性与正当性。[①] 这种静态复合主义路径下的国际法以国家作为唯一国际法主体之理论假设为出发点,绝对坚持国际法作为不完全规范系统的定位,排除非国家层面的其他行为体在国际法理论和实践中扮演任何角色。[②] 近代国际法的规范模式完全屏蔽了个人或国内法律实体,它们的权利或义务完全是国内法性质的,因国际交往而产生的权利、义务或责任问题也往往通过法律拟制、豁免等被转化为国家间的关系。国际法的基本任务在于对"清晰可辨之双边法律关系"进行规范确认,保证主权国家之间法律关系的平衡状态。[③] 随着现代国际法的发展,国家完全垄断国际法主体资格的格局已经成为过去,随着国际法效力不断深入国内治理过程,国内行为体(主要是个人)被纳入或参与到了国际法辖域之中,它们或成为国际关系的参与者,或在不同程度上具有国际法层面的权利、承担国际义务或责任。这些新兴主体的介入削弱了国家之国际人格的垄断性质和"原子化"特征,它

---

① See Fernando R. Teson, *A Philosophy of International Law* (Westview Press), 1998, pp. 39 – 43.

② See Hilary Charlesworth & Jean-Marc Coicaud, *Fault Lines of International Legitimacy* (Cambridge University Press 2009), pp. 56 – 66.

③ See Georg Nolte, "From Dionisio Anzilotti to Roberto Ago: The Classical International Law of State Responsibility and the Traditional Primacy of a Bilateral Conception of Interstate Relations", (2002) 13 *European Journal of International Law* 1083, Vol. 13, No. 5, 2002, pp. 1087 – 1088.

们所具有的权利、行为能力塑造了依附但又区别于国家的人格形态,并由此在"非国家层面"之国际义务和责任方面形成了对国家的规范限制。上述过程突破了国际法原有的静态复合式的、不完全的规范结构,① 代表国家自主性与自由行动能力的国家之国际人格在一定程度上被限缩。

国家之国际人格的限缩过程是在国际法全球化与国际法"人本化"的背景下实现的。所谓国际法的全球化是指全球化背景下,国际法律关系溢出政府间关系之外,超越以民族国家和领土界限为基础的范式,突破严格的公法—私法划分,主权话语的"铁幕"(路易斯·亨金用词)受到其他共同体价值的拆分。这种过程将非政府组织、跨国企业、非国家行为体(如跨国恐怖组织)以及个人纳入国家法律关系网中,国家间关系向跨国间关系转变,国家与上述主体之间产生了国际法上的关联。② 所谓国际法"人本化"是指现代国际法超越国家间国际关系的藩篱,致力于以确立"以个人为本"和"以人类为本"的国际法体系,将国家本位的国际秩序转变为人文本位的世界秩序的法律发展过程。当然,法律全球化与人本化过程是相随相伴的过程,国际法的人本化也是全球化的人本化(humanizing globalization)。③ 国际人道法、国际人权法、国际刑法、公共健康权保护等是国际法人本化的典型领域,在这些领域中,"个人在国际法上享有有限范围的人格逐渐更加清楚了",个人享有着国际法所承认的权利,履行着国际法的义务,甚至在某些领域直接承担着国际责任,用肖(Malcolm N. Shaw)的话来说,个人在国际法中某种类型或程度的主体地位是国际法本质的体现,对人类的终极关怀在国际法的自然法起源中表现得尤为清晰,"个人逐渐被承认为是国际法的参加者和主体"。④ 根据《奥本海国际法》的观点,国家并非国际

---

① 凯尔森先生指出,国际法规范大多是不完全规范,它们需要国内规范来完成。参见 Hans Kelsen, *General Theory of Law and State*, Anders Wedberg trans. (Harvard University Press, 2009), p. 343.
② See Paul Schiff Berman, "From International Law to Law and Globalization", (2005) 43 *Columbia Journal of International Law* 485, pp. 492–523.
③ 参见曾令良《现代国际法的人本化发展趋势》,《中国社会科学》2007年第1期。
④ 参见[英]蒂莫西·希利尔《国际公法原理》,曲波译,中国人民大学出版社2006年版,第90—91页。

法的唯一主体，个人在某种范围内可以是国际法所给予权利和认定义务的主体。① 这种观点得到了参加"东京审判"的罗林（B. V. A. Roling）法官的认可，他对个人的国际法主体地位阐述得更为清晰：如同面对国内法一样，个人应当成为国际法的主人，依据良知和理性来解释国际法规则及其规范意图的能力，并依据个人意志作出遵守正当之国际法规则的行为，即便国际法没有代替个人解释规则的权威，个人也应当主动地解读并遵守国际法。②

从上述角度看，笼统地探讨个人之国际法主体地位鲜有意义，对于国际法主体这种整体式的抽象提问也无法得出任何有意义的结果，相反，个人在何种场合以何种方式"在国际法上以法律人格者出现"似乎是更具可操作与可研讨性的设问，这也正是国家之国际法主体（或国家之国际人格）解构过程的目的所在。③ 因此，国际法主体问题的研究应当是条分缕析的，享有被保护或提出国际诉讼的权利、承担国际义务和国际责任都代表着某种程度的主体地位，因为，这种权利状态或行为状态都是源于一定的法律人格，虽然这种人格并非如国家之国际人格一般完整，它们具有不完整性和派生性，但它们在性质上是通约的，在概念和含义上与国家之国际法主体不存在无法逾越的差别。④ 一般地，谈论个人的国际法主体问题因而也是具有误导性的，因为国际法各领域主体的构成状况并不相同，具体地谈论主体及其含义问题可能更切实际，也更具有理论和实践意义。

第六节　国际法主体理论和实践的中国立场

"主权平等，是数百年来国与国规范彼此关系最重要的准则，也是

---

① 参见［英］詹宁茨、瓦茨修订《奥本海国际法》第 1 卷第 1 册，王铁崖译，中国大百科全书出版社 1995 年版，第 3 页。

② See B. V. A. Roling, *The Tokyo Trial and Beyond*: *Reflections of a Peace-monger*, Antonio Cassese（ed.）（Polity Press, 1993）, pp. 107 - 108.

③ ［英］伊恩·布朗利：《国际公法原理》，曾令良等译，法律出版社 2001 年版，第 74 页。

④ 参见朱文奇《现代国际法》，商务印书馆 2013 年版，第 64—67 页。

联合国及所有机构、组织共同遵循的首要原则。主权平等，真谛在于国家不分大小、强弱、贫富，主权和尊严必须得到尊重，内政不容干涉，都有权自主选择社会制度和发展道路……新形势下，我们要坚持主权平等，推动各国权利平等、机会平等、规则平等。"① 近代以降，通过武力胁迫、不平等条约及列强主导的国际安排，中国被逐步纳入了欧美国家主导的国际法体系内。近代中国参与国际秩序的历史，是中国由被排斥和被剥夺权利的"非文明国家"到逐步争取获得完整之国际人格地位的漫长过程。② 直到新中国成立之后，共产党领导下的中国才彻底完成了争取民族独立、维护主权完整的百年大业，继而以独立、平等之国际法主体、世界主要大国、最大的发展中国家、新兴经济体等身份参与、影响并引领国际法理论和实践的发展。③ 中国以和平共处五项基本原则、人类命运共同体理念等世界观为基础处理与各国及国际社会之整体的关系，这意味着，中国切实地贯彻国际法主体概念所内含的独立、平等、相互尊重等思想和原则，同时以"共同"（共商共建共享）的理念和实践回答"世界怎么了、我们怎么办"的时代之问。④

对于国际法主体问题，中国拥有兼具历史延续性、现实合理性和价值正当性的鲜明立场。对于发展中国家，中国坚定支持它们推动构建更加平等、公平和合理的国际秩序的努力，如习近平主席所言，中国"要坚持为发展中国家发声，加强同发展中国家团结合作"，⑤ 中国主张在全球治理和国际造法中充分贯彻国际民主原则，支持广大发展中国家和中小国家在国际法框架下获得更为公正的待遇。对于中国自身在国际法主体资格上所涉议题，中国的立场也是一致、连贯与有说服力的。在新中国成立初期，中国政府声明将继承国民党政府在海内外的所有国家财产，依据其内容废除或修改旧政府与外国签订的国际条约，对用于镇压

---

① 习近平：《共同构建人类命运共同体》，载《习近平谈治国理政》（第二卷），外文出版社 2017 年版，第 539 页。
② 参见颜丽媛《拒签合约之后：和平解决山东悬案的国际法预案》，《国际法研究》2020 年第 4 期。
③ 参见柳华文《论习近平法治思想中的国际法要义》，《比较法研究》2021 年第 1 期。
④ 参见柳华文《推动构建人类命运共同体：法律化及其落实》，《厦门大学学报》（哲学社会科学版）2019 年第 6 期。
⑤ 习近平：《弘扬和平共处五项原则　建设合作共赢美好世界》，载《论坚持推动构建人类命运共同体》，中央文献出版社 2018 年版，第 384 页。

人民等非法目的之国际债务不予接纳,同时在平等、独立和相互尊重的基础上开展对外交往。对于台湾问题,中国在外交和国际法实践中始终坚持"一个中国"原则,这已经成为国际社会普遍认同的一项共识,即台湾是中国不可分割的一部分,中华人民共和国中央人民政府是代表包括台湾在内的全中国的唯一合法政府,中国将以宪法和法律、联合国大会第 2758 号决议①、中美双边文件等为规范基础,毫不动摇地维护作为核心利益的国家统一与领土完整。

对于正在争取完成"去殖民化"和民族解放的地区,中国支持其获得完全之国际人格的努力。例如,《第 67 届联合国大会中方立场文件》指出,中国支持巴勒斯坦人民在 1967 年边界基础上,建立以东耶路撒冷为首都、拥有完全主权的独立的巴勒斯坦国,支持巴勒斯坦加入联合国等国际组织。② 在"查戈斯群岛咨询案"书面意见中,中国政府也指出,中国坚定支持联合国帮助殖民地国家和人民行使民族自决和实现国家独立的努力,完全支持和理解毛里求斯争取去殖民化的正当诉求,也认同联合国大会在适当条件下可以请求国际法院作出咨询意见。与此同时,国际法院应当对领土争端以及国家同意原则给予谨慎注意,使咨询意见确立在不与国家同意原则相违背的基础之上。③ 国际法院法官薛捍勤在"查戈斯群岛咨询案"个人声明中指出,自决权是具有对世性质(erga omnes character)的原则,它不仅赋予非自治领土之人民以自决权,也对所有国家施加了尊重并实现该项权利之义务,本案所涉双方的领土争端并未改变该事项的"去殖民化"本质,也没有剥夺联合国大会在去殖民化过程中的职权,因而咨询意见妥善地维护了"不逾越国家同意原则"。④

对于原先主权国家内的分离势力或者所谓的"分离权"(right of se-

---

① 参见联合国大会第 2758 号决议,A/RES/2758(XXVI),Restoration of the Lawful Rights of the People's Republic of China in the United Nations

② 参见中华人民共和国外交部《2012 年第 67 届联合国大会中方立场文件》,2012 年 9 月 19 日,http://www.gov.cn/gzdt/2012-09/19/content_2228210.htm。

③ See *Legal Consequences of the Separation of the Chagos Archipelago from Mauritius in* 1965, Written Statement of People's Republic of China, 1 March 2018.

④ *Legal Consequences of the Separation of the Chagos Archipelago from Mauritius in* 1965, Advisory Opinion of 25 February 2019, Declaration of Vice-President Xue, I. C. J. Reports 2019, pp. 142 – 147.

cession)，中国政府则指出，国家主权和领土完整是一项根本的国际法原则，所谓的分离权在本质上区别于殖民化或外国占领背景下的自决权，这种分离权的行使不得损害一国的主权和领土完整。《非殖民化宣言》指出："任何旨在部分或整个分裂一个国家的民族统一和领土完整的企图，均不符合联合国宪章的宗旨与原则"，1970 年的《关于各国依联合国宪章建立友好关系及合作之国际法原则之宣言》涉及民族自决原则的部分也明确指出，各民族享有平等权利与自决权之原则无论如何不应被解释为授权或鼓励采取分裂或损害主权和独立国家的领土完整或政治统一的行为。实质上，国际文件及国家实践（如"魁北克分离案"等）从未承认过所谓的分离权，国际法上的自决权也不能为一国范围内的任何势力提供危害政治统一与领土完整的权利，国家主权和领土完整是任何名义的自决权行使必须遵守的基本原则。[1]

---

[1] See *Accordance with International Law of the Unilateral Declaration of Independence in Respect of Kosovo*, Written Statement of the People's Republic of China to the International Court of Justice on the Issue of Kosovo, 17 April 2009.

第九章

国际法上的领土

关于领土的法律原则与规则是国际法的关键内容。国际法是建立在国家概念之上的，国家则建立在主权的基础上，而领土（territory）指的是国家主权支配下的地球的确定部分。① 作为国家权力机构行使权力的有形界限与范围，领土概念在国际法上具有法理拟制性，它是国家的构成要素，作为国家权力内容的主权和管辖权概念也需要结合领土进行理解、表达和实践。

中国一直是领土大国，维护领土完整对于国家的主权稳定无疑具有重要意义。自1840年至1949年的一百多年里，因为外来的侵略和战争，中国的领土权益遭受重大侵害。1949年中华人民共和国成立后，中国才摆脱了半殖民地的地位，作为一个完全独立自主的国家活动于世界舞台。党中央历来高度重视边海工作，始终把捍卫国家主权和领土完整作为头等大事。在党的坚强领导下，我们巩固边海防安全，保障社会主义革命和建设，周边战略环境不断改善。② 目前，中国陆地边界全长约2.2万公里，与14个国家接壤，是世界上陆地边界线最长、邻国最多的国家。1949年新中国成立时，基于历史原因，我国与所有邻国都存在边界问题。在党的坚强领导下，本着公平合理、友好协商原则，我国目前已经与14个陆上邻国中的12个国家签订了边界条约或协定。领土边界问题的顺利解决，使中国有了一个和平的周边环境，能够集中精力进行社会主义建设。

---

① 参见王铁崖《国际法》，法律出版社1995年版，第229页。
② 宗海谊：《中国共产党领导下的边海外交百年历程》，《人民日报》2021年8月13日第16版。

尽管中国已经与绝大部分邻国确定了领土边界，但仍然与少数国家存在领土或领土相关的海洋权益争端，它们主要是中印边界争端、东海钓鱼岛群岛争端、南海部分群岛岛礁的领土归属与海洋权益争端。习近平总书记在庆祝中国共产党成立 100 周年大会上强调："任何人都不要低估中国人民捍卫国家主权和领土完整的坚强决心、坚定意志、强大能力。"[1] 密切关注和深入研究中国领土权益相关的重大国际问题，为和平解决领土相关争端贡献学术和思想智慧，是当代中国国际法学界的重要使命之一。

第一节　理论与规则概述

一　领土与国家主权

领土与国家和主权概念息息相关。没有领土的国家不能成立。同时，主权概念的历史、起源与国家概念的历史、起源以及性质密切联系。[2] 国际法上的国家地位是其享有主权权利的基础，非国家主体不存在国际法上的领土主权问题。此外，尽管国际法上的国家标准需要一国有确定的领土（a defined territory），但这种领土并不要求绝对确定，部分边界未划定，或存在边界争端，均不妨碍其成为国家。[3] 国际法上也没有规定至少要多大的领土才能成为国家，譬如，摩纳哥只有 1.9 平方公里的领土，但它仍然是一个独立的国家。[4]

领土主权的规则内涵包含了国家独立和领土完整。领土主权的内容具体表现为国家在特定地理区域上的一系列权力、权利和义务，这就包含了国家独立，即一国对其内外部事务有进行自主决定的权利。[5] 在此

---

[1]　习近平：《在庆祝中国共产党成立 100 周年大会上的讲话》，《求是》2021 年第 14 期。
[2]　F. H. Hinsley, *Sovereignty*, 2nd edition (Cambridge University Press, 1986), p. 2.
[3]　Surya P. Sharma, *Territorial Acquisition, Disputes and International Law*, Kluwer Law International, 1997, p. 2.
[4]　丘宏达：《现代国际法》，三民书局 2008 年第 2 版，第 469 页。
[5]　Surya P. Sharma, *Territorial Acquisition, Disputes and International Law* (Kluwer Law International, 1997), p. 3.

意义上，领土主权的概念也包括了领土完整之意。① 因此，学界在探讨领土主权时，往往把领土主权作为国家主权的同义词，意指一国在其领土上行使国家职能所需要的充分权利，或者说，指一个国家以其主权领土为界所享有的对内最高权与对外的独立权。

对主权、领土完整与独立的保护体现在《联合国宪章》第 2 条之中，该条规定："各会员国在其国际关系上不得使用威胁或武力，或以与联合国宗旨不符之任何其他方法，侵害任何会员国或国家的领土完整或政治独立。"此外，《关于各国依联合国宪章建立友好关系及合作之国际法原则宣言》和"和平共处五项原则"等都禁止侵犯国家主权和领土完整。并且，保护领土完整与不干涉原则相辅相成。关于国家有权处理其内外事务而不受干涉的原则，在尼加拉瓜诉美国案、② 英国与阿尔巴尼亚的科孚海峡案③等国际司法案例中有清楚反映。领土完整与不干涉原则被认为是国际法上的习惯法规则。④

二　领土与领土所有权

国际法上的领土问题又不能完全等同于主权问题，因为在现实中，并非所有国家和领土之间的关系都可以通过主权概念来解释和表达，譬如，领土所有权可能等同于领土主权概念在实践中的应用。

格劳秀斯将罗马法中的占有观念引入国际法领域，对萌芽时期的国际法产生了重大影响。当时，各国的领土被视为君主的私人财产，君主可以像处置自己的私人财产那样处置自己的领土，割让领土的条约通常以君主个人出卖土地的形式出现。⑤ 因此，国际法上领土理论的逻辑原

---

① Surya P. Sharma, *Territorial Acquisition, Disputes and International Law* (Kluwer Law International, 1997), p. 4.

② *Military and Paramilitary Activities in and against Nicaragua* (*Nicaragua v United States of America*), ICJ Reports 1986, para. 106.

③ *Corfu Channel* (*United Kingdom v. Albania*) ICJ Reports 1949, para. 35.

④ The ICJ has recognized the principle of non-intervention as part of customary international law: see *Military and Paramilitary Activities in and against Nicaragua* (*Nicaragua v United States of America*) ICJ Reports 1986, para. 14. See also *Armed Activities on the Territory of the Congo* (*Democratic Republic of Congo v Uganda*), ICJ Reports 2005, paras. 161 – 165.

⑤ ［英］伊恩·布朗利：《国际公法原理》，曾令良、余敏友等译，法律出版社 2007 年版，第 113 页。

理类似于国内私人财产中的物权取得制度,其核心问题是,国家怎样和通过哪些行为、采取行动,获得特定的权利或建立包括国家主权在内的不同的地位(即使不仅仅是法律地位)。① 因此,领土主权包含了领土所有权的意义,且领土主权和领土所有权的概念在现实中也常有可能混用。譬如,在马来西亚与新加坡的白礁岛主权争议案中,国际法院判决指出,"所有权"一词有时用来指主权。法院提到,在事实上的国家实践中,诸如"领土主权的取得(acquisition of territorial sovereignty)""获得领土财产(possess the property of a territory)""统治某一领土(have dominium over a territory)"等这些表达都通常意味着对领土主权的取得。②

关于某领土的私人权利的取得与主权领土的取得是一直有明确区分的。其一,某领土上关于主权的决定并不影响个人甚至国家可能在同一区域拥有的所有权。譬如,贝宁与尼日尔的边界争端案中,国际法院认为,在桥梁上的划界问题完全独立于双方共同拥有的这些构筑物的所有权。③ 其二,土地上的某部分在一个国家的主权之下,但财产所有权却可能属于另一国。譬如,芒达森林(Mundat Forest)在德国的主权之下,其所有权却属于法国;廷威萨地区(Tiwinza)的主权属于秘鲁,其所有权却属于厄瓜多尔。此外,还有一个被普遍接受的做法是,可以不变更主权而转移财产权,反之亦然,领土主权的变更不应影响私有财产权。④ 所以,领土所有权概念在实践中并不能代替领土主权。

三 领土管理权问题

国际法上除了主权领土类型外,还有由某些国家或国际组织拥有管理权利的领土类型。首先,主权权利与管理权利之间的区别在于权利持有人是否能够处分所涉领土。享有主权权利的国家可以在该领土上行使充分的专有权利。管理领土的国家只能拥有委任统治或托管协议所赋予

---

① Marcelo G Kohen and Mamadou Hébié, *Territory Acquisition*, *Max Planck Encyclopedia of Public International Law* (Heidelberg and Oxford University Press, 2011), para. 1.
② *Pedra Branca/Pulau Batu Puteh, Middle Rocks and South Ledge Case* (*Malaysia v. Singapore*), Judgment I. C. J. Reports 2008, para. 222.
③ *Frontier Dispute* (*Benin v. Niger*), Judgment I. C. J. Reports 2005, para. 124.
④ *German Settlers in Poland*, Advisory Opinion (1923) PCIJ, Series B, No. 6, paras. 36–38.

的权力，或者基于条约或习惯国际法规则，国家置于事实控制某领土的局势下，例如军事占领的情况（交战国的占领）。历史上根据《国际联盟盟约》第 22 条有关委任统治（mandates）的规定，或者《联合国宪章》第 12 章有关托管（trusteeship）的规定，国家分别按照规定项目下的相应协议（委任统治协议与托管协议）行使委任统治或管理托管领土时，则无需获得相关领土的主权。一国可以将其特定领土上的权力之运行（exercise of authority）赋予另一个国家，而保留其主权，这种处理也可以是某国际组织或和平会议决议的结果。①

国家可以对他国领土行使非完全主权的一些权利。譬如，19 世纪盛行的租借土地。主权在租借期间被视为让渡给租借者，租借期满后归还给原有的出租土地的主权者。还有一种情况是国际地役，体现为一国在行使领土主权时为了他国领土的利益而受到特殊的限制，此种限制与特定领土的相邻权或者特别的条约与习惯相关，主要包括限制特定领土上的港口或河流的某些权利、领土上过境的权利、或不在领土上的特定地区设防的权利等。

四 领土的范围与主权、主权权利和管辖权

国际法上的领土包括领陆、内水、领海、领空和底土，内水和领海统称为领水。不同领域的主权、主权权利与管辖权存在差别。其中，领陆包括大陆和大小岛屿；领海指领海基线/群岛基线以外相邻接的一带海域，领海基线/群岛基线及领海和群岛海域的划分方法在 1982 年《联合国海洋法公约》中有确切规定；内水指领海基线/群岛基线内的水域；领空指领陆和领水的上层空间；底土指领水的下面土地。领水的范围以领陆为基础来划分，而领空又根据领陆和领水的范围来确定。可见，在法律上领土概念的其他部分都依领陆而随同变动。

在领陆、领水和领空等国家主权领土之外，还有一些区域或空间尽管不属于国家领土之内，但国家对其享有一定的主权权利或管辖权，如毗连区、大陆架和专属经济区。公海及上空向世界各国开放，国际海底

---

① Marcelo G Kohen and Mamadou Hébié, Territory Acquisition, *Max Planck Encyclopedia of Public International Law* (Heidelberg and Oxford University Press), 2011, paras. 5–6.

区域和外层空间为"人类共同继承财产",它们也不能视作国家领土。① 同时,除了领陆、领水、领空等真实地理存在的部分外,还存在一些法律拟制的领土(fictional parts of territories),在特定意义上为国家领土的一部分。譬如,在公海上以及外国领水内的军舰和特定的公有船舶,它们通常被认为是本国领土的浮动部分;在公海上的商船在某些方面也被认为是船旗国(合法悬挂其国旗)的领土的浮动部分;此外,用作外交使节官舍的房屋也在很多方面通常被认为是该使节本国的一部分。但是,这些学说并未获得公认。②

五 边界、边境与河流

边界(boundaries)用以确定各国之间的领土范围,是国家间行使领土主权、主权权利与管辖权的界限。边界是领土主权的组成部分,划界是国家行使领土主权的方式。在所有边界中,陆地边界是基础边界,也被称为国界、疆界。全国人大常委会2020年度立法工作计划中纳入了对我国《陆地国界法》的初次审议,③ 其中的陆地"国界"就是国际法上的领土"边界"。海洋以及天空的主权、主权权利和管辖权边界均以陆地边界为基础,依照相关的国际法衍生而来。按照国际海洋法,一国的海洋边界线不仅仅涉及完全主权区域(领海),还涉及专属经济区和大陆架、毗连区等非完全主权的主权权利与管辖权区域的划界问题。

边界是国家领土主权最重要的表现形式之一,常被条约所明示承

---

① 综合参考饶戈平主编《国际法》,北京大学出版社1999年版;白桂梅主编《国际法》,北京大学出版社2015年版,第324—326页;[英]伊恩·布朗利著,曾令良等译《国际公法原理》,法律出版社2000年版,第97—107页;[英]马尔科姆·N. 肖著,白桂梅等译《国际法》,北京大学出版社2000年版,第384—386页;丘宏达《现代国际法》,三民书局2008年版,第470—471页。

② 参见石蒂、陈健译《奥本海国际法》(上卷第二分册),商务印书馆1972年版,第9页。20世纪60年代苏联的国际法教科书将海船、河船、空中飞艇和飞行工具看作是国家领土的假设部分,或者"浮动""飞行"的领土。参见苏联科学院法律研究所编《国际法》,世界知识出版社1961年版本,第192页;朱晓青主编:《国际法学》,中国社会科学出版社2012年版,第116页。

③ 《全国人大常委会2020年度立法工作计划》,中国人大网,http://www.npc.gov.cn/npc/c30834/202006/b46fd4cbdbbb4b8faa9487da9e76e5f6.shtml。

认，或者虽未明确宣告却得到了普遍承认而成为传统的习惯边界线。国家的边界首先是基于自古以来没有异议的占有；一国对某地区行使主权而长期以来没有任何反对事实，就足以肯定领土的边界；这就构成国家间的一种默示的协议。通常情况下，国家的边界是根据和约或者专门的边界条约确定的，国家继承等会导致边界的继承。如果国家领土被合并的话，原国家的边界成为新国家的边界，而国家分裂的话，原来的区域行政边界则成为新的国际边界。① 1978 年 8 月 23 日的《关于国家在条约方面的继承的维也纳公约》第 11 条第 2 款特别规定"国家继承不影响……条约划定的边界"。② 1969 年的《维也纳条约法公约》在第 62 条第 2 项也专门规定"不得援引情况之改变……以退出或终止一项确定的边界条约"。③

国家间一般利用山脉、河流等自然标志或者建造界碑、界标、墙、栅栏等人工设施来标明边界位置。自然标志和人工标志相结合，边界逐渐形成为一条具有可辨别特征的线。但是，直到 19 世纪开始，随着人类科学技术发展和测汇水平的提高，精确的边界线才开始取代相对模糊的疆界，在地图上出现了现代意义上的边界线。

陆地边界线内侧一定纵深的区域，称为边境。国家一般通过国内法规定毗邻边界一带地区的管理制度，称为边境制度。边境管理主要涉及边界守卫、维护、出入境、过境通商和检查、卫生检验检疫、自然资源利用和保护、边境区居留等各项规章制度。国家主要依据习惯国际法、边界条约和国内边境管理制度来维护边境地区的社会秩序，保障国家领土安全。

河流是陆地的一部分，但根据河流在陆上的地理相对位置和法律地位，可以分为内河、界河、多国河流和国际河流。

内河即国内河流，系指从河源至河口完全位于某一国家境内的河流，属于一国的内水，法律地位与领陆相同，受其所在国主权的完全支配。国家可以排除外国船舶在内河中航行，也可以规定其航行的条件，

---

① 参见周鲠生《国际法》，武汉大学出版社 2007 年版，第 358—359 页。
② UN. Doc. A/CONF, 80/31 (1978), AJIL, VOL. 72 (1978), p. 971.
③ Vienna Convention on the Law of Treaties, UNTS, Vol. 1155, p. 331.

如缴纳费用等。①

界河指流经两国之间并分隔两国领土的河流。界河的边界线通常选取界河的主航道中心线或河道的中间线，界线两侧分别属于沿岸国家，沿岸国对界河中边界线本国一侧行使主权管辖。两国领土以河为界，界线也可能不是河道中央线，而在河之两岸；在这个场合，河流就不属于沿岸国任何一方所独有，而应由双方所共有或共用。②

多国河流即流经两个或两个以上国家领土的河流，流经沿岸国的河段分属于各国的内水，由相应的流域国对其享有主权管辖权。多数国际实践当中，多国河流所流经沿岸各国的船舶均可在整条河流通航。

国际河流指流经两个及以上的国家并通向海洋，根据国际条约向所有国家商船开放的河流。这个概念的提出是为了解决一国领土外河流的通航权问题。国际河流在地理特征上类似于多国河流，但其法律地位与多国河流不同。主要表现在船舶能直接通航至海洋，具有专门的国际条约确立平时的自由航行原则，流经各沿岸国的河段则分属各国的领土（相当于内水），各沿岸国对其本国境内的河段享有主权。国际法对国际河流最初只是关切自由航行问题，但其后不得不考虑到航行以外的利用河水问题，如发电、灌溉、其他工业用途及其可能产生的污染问题。③ 1929 年常设国际法院对奥得河（River Oder）国际委员会的领土管辖权判决中，指出国际河流的所有沿岸国对整个河流的使用应有平等的团体利益。④

国际河流的使用问题曾由国际法学会于 1966 年在赫尔辛基举行的第 52 次大会中讨论，通过了《国际河流利用的赫尔辛基规则》，提出了公平利用原则。⑤ 联合国国际法委员会自 1973 年开始研究国际河流问题，委员会认为赫尔辛基规则中所用的"国际河流流域盆地"一词不妥，因而改用国际水道（international watercourse）一词，除河流外，把

---

① 参见丘宏达《现代国际法》，三民书局 2008 年第 2 版，第 478 页。
② 参见周鲠生《国际法》，武汉大学出版社 2007 年版，第 364 页。
③ 参见丘宏达《现代国际法》，三民书局 2008 年第 2 版，第 480—481 页。
④ See PCIJ, Series A, No. 23, p. 27.
⑤ See International Law Association, Report of the 52nd Conference, 1966, pp. 844 – 496.

湖泊、运河、冰河以及地下水均包括在内,制定了国际水道非航行使用法草案。1997 年 5 月 21 日,联合国大会通过了《国际水道非航行使用法公约》,公约于 2014 年生效,但由于上下游国家对公约内容的争议,截至目前,只有三十多个联合国会员国受该公约约束。①

第二节 传统的"领土取得模式说"的局限性

有关国家领土的统一国际法规则主要是习惯法规则。其中,领土取得理论发展最早。领土的取得用以表示国家在某块特定的领土上建立主权的意思。② 我国学界对领土取得模式的探讨颇为常见,各类国际法学著作几乎一致地将领土主权的建立区分为先占、割让、添附、征服与时效五种模式。③ 但是,随着国际实践的发展和国际法的进化,"领土取得模式说"的理论解释力已经极为有限,被批评为"一个过时的反映第一次世界大战以前学术倾向的术语"。④

一 先占模式因为"无主地"的消亡而难以再适用

先占也叫无主地先占(Occupation of *terra nullius*),指一个国家有意识地对"无主地"进行占领从而取得主权的行为。"无主地"最初的意思是从来没有被任何国家占领过的地方,因此,在 16 世纪以前,仅仅发现(discover)本身就能产生主权。进入 19 世纪后,随着人类科技对地球的高度开发和"人类共同继承遗产"概念的产生,无人占领类

---

① United Nations Treaty Series Online, Convention on the Law of the Non-navigational Uses of International watercourses, https://treaties.un.org/Pages/UNTSOnline.aspx?id=2&clang=_en.

② 在这个意义上,联合国安理会在 1967 年针对中东问题作出了有名的第 242 号决议,要求以色列撤出所有在此次战争中占领的领土。决议还规定承认中东地区每个国家(包括以色列)的独立和生存的权利。

③ 几乎可以见于国内任意一本国际法教材,故笔者不作专门标注。

④ 譬如,布朗利在其著作中指出"许多教科书都会列举包括先占、添附、割让、征服和时效在内的取得模式,这个目录不仅不精确,而且并不能充分地反映出国际法庭的工作方式","取得模式是一个过时的反映一战以前学术倾向的术语……整个取得模式的概念在原理上是不正确的,并且会加重理解真实状况的困难"。See Ian Brownlie, *The Rule of Law in International Affairs* (The Hague: Martinus Nijhoff Publishers, 1998), p. 153, pp. 126-127.

型的无主地基本已经不存在，从而在国际法上发展出"有效占领"的概念，除发现外，还要求占领是有效的，达到"占领有效性"的条件才能产生领土主权。① 故而，先占概念在学界探讨中又往往被替换成"有效占领"（effective occupation）或者"占领取得"（acquisition by occupation）。

二 征服模式因为武力的禁止使用已经不再合法

征服（Subjugation or Conquest）只有当两国间发生战争时，战胜国才可以借此作为取得战败国领土主权的一种因由。征服作为一种领土取得方式，通常要符合三个条件：（1）预先的宣战，在交战国之间建立战争状态是前提；（2）在战争状态结束后对所攫取的领土要有"有效控制"；（3）和平条约（和约）的签订以结束战争、确认主权转移。这三个要件里面，主要是"和约"是否为征服的必要条件存在争议。不管怎样，胜利国在武装冲突的时候以单方面声明宣布将合并敌国的土地作为战争行为的结果时，这种领土主权转移方式的有效性却不管是在传统还是在当代国际法上都不被普遍接受。1945年后，《联合国宪章》确立了禁止使用武力原则，更废弃以战争作为解决国际争端的手段，故通过征服方式取得领土在当今社会亦已经不再适用。

三 时效因存在高度争议性而不被普遍接受

时效取得（Acquisitive Prescription）是在非无主地领土上确立主权的方式，该领土是非法获得的，或是在有关情况下不能证明取得的合法性。② 一国在占有他国的某块土地后，因为在相当长时期内不受干扰地占有，而可能基于时效而取得该土地的领土主权。但是，因为时效取得适用于主权不明或没有合法主权依据的情况下，所以它在国际法上作为一种领土取得方式在早期就存在争议。③

---

① 对此，仲裁员胡伯在1928年的"帕尔马斯岛案"中进行了阐述。See *Palmas Island Arbitration*, Reports of International Arbitral Awards, vol. 11, pp. 829–871.

② ［英］马尔科姆·N. 肖：《国际法》（第六版），白桂梅等译，北京大学出版社2011年版，第397页。

③ Marcelo G Kohen and Mamadou Hébié, Territory Acquisition, *Max Planck Encyclopedia of Public International Law* (Heidelberg and Oxford University Press 2011), para. 17.

首先，按照"非法行为不产生合法权利"的一般法理，时效被认为不能成为所涉领土在该情况下转移给另一国家的基础。其次，关于时间跨度，在国际法上并没有任何确切的时间标准认为经过该段时间后能够据此获得主权。时效学说的主张者们想要将国内的法律制度向国际法进行转换，所需要的是它得到实现而不只是某个固定的时间界限，从而使法官有权认定权利从其合法所有者手中转移到占有者那里，或者，对某个进行充分管理的主体予以认可。所以，在美国与墨西哥之间的查米尔（Chamizal）边界争端案中，裁决强调在这个方面不存在一个固定期限。①

当然，国际法上并不排除国家间可以通过条约来约定时效的时间界限。英国与委内瑞拉的圭亚那边界裁决案就是这种特别协定的案例。但是，这是基于条约而不是一般国际法来进行裁决的独特案例，②并不能因此认为判决结果是时效取得。事实上，建立在时效取得上的主张都有反效果（counter-effect），它意味着认可其原始权利属于另一个国家。所以，国家的实践表明，各国都很谨慎地不依赖于时效取得作为它们主张领土权利的主要基础。③

四 平等割让可以被条约取代

割让（Cession）通常指根据条约将一国的领土转移给他国，这种情况大多发生在战争结束以后，交战各方通过签订和平条约的形式达成。然而，它具体又可以分为依不平等条约的割让和依平等条约的割让。1895年中国签订《马关条约》将台湾割让给日本就是一种不平等条约的割让。但是，因为《联合国宪章》明确禁止使用武力，这一模式已被禁止和废弃。关于平等条约的割让，1803年法国出价6000万法郎将路易斯安那卖给美国，以及1867年俄国以720万美元将阿拉斯加（面积1518800平方公里）卖给美国，1890年英国以获得东非洲桑给巴

---

① American-Mexican Boundary Disputes and Cooperation, in *Encyclopedia of Public International Law*, Amsterdam Elsevier Science Publishers, 1983, p. 328.

② R. A. Humphreys, "Anglo-American Rivalries and the Venezuela Crisis of 1895", Presidential Address to the Royal Historical Society 10 December 1966, Transactions of the Royal Historical Society, 1697, 17, pp. 131–164.

③ Marcelo G Kohen and Mamadou Hébié, Territory Acquisition, *Max Planck Encyclopedia of Public International Law*, Heidelberg and Oxford University Press, 2011, para. 21.

尔（Zanzibar）保护地为条件将赫尔戈兰岛让给德国等情况，都可以算作一种平等条约下的割让。自愿、平等的割让至今有效。① 但是，从签订平等条约的角度来探讨领土主权的取得或变更，使"割让"这一概念本身的意义受到挑战。学界往往直接将"条约"作为领土权利的来源/依据而不再提及"割让"这一模式。

五 添附模式已不多见

添附（Accretion）指由于天然或人为的原因使陆地增长而引起的国家领土的扩大。自然添附如河口出现的三角洲、河岸涨滩、领海出现的新生岛屿等。人工添附如围湖造田、围海造田等。按照1982年《联合国海洋法公约》的规定，专属经济区、大陆架或公海上建立的人工设施与岛屿等不构成国家领土的人为添附，不能形成领海或改变领海基线。② 除了在专属经济区、大陆架和公海上建设的人工设施和人工岛屿外，对自然的群岛和岛屿进行的扩建行为应该属于对陆地的人工添附，比较典型的例子如我国2013年以来对南沙一些岛礁的扩建。鉴于海洋法上只规定了人工设施和人工岛屿建设问题，中国在南海的一些岛礁扩建应该主要由领土法而不是海洋法来解释。

第三节 研究动向：领土的权利来源问题

国内学界在国际法理论上对领土主权问题进行探讨时，在较长时期内主要停留在对传统的领土取得模式的关注，而缺乏对领土主权之权利来源（title to territory）问题的整体把握与专门研究。其中，2009年清华大学出版社出版的《国际公法：理论与实践》一书中简要介绍了领土的权利来源（简称权源）的概念问题。③ 此后，直到2015年才有学者在《环球法律评论》发表文章较系统地阐述了国际法上的领土权利

---

① Oliver Dörr, Cession, *Max Planck Encyclopedia of Public International Law* (Heidelberg and Oxford University Press, 2012), paras. 1–7.
② 参见《联合国海洋法公约》(1982) 第61条、第80条、第259条。
③ 贾兵兵：《国际公法：理论与实践》，清华大学出版社2009年版，第172页。

来源的理论内涵与基本类型。该文指出，面对争端中错综复杂的政治和法律情势，领土主权的"模式分析法"越来越显示出学术上理论理解、解释与回应上的无力。一定意义上，这种状况也导致我国在钓鱼岛问题和南海问题等领土争端中的国际法回应显得薄弱。国际司法实践中，国家领土的权利来源或依据（title to territory）问题是领土、边界争端案件中探讨的重点。在领土争端中，争议各国需要证明其主权领土的权利来源，提供权利依据、证据或证明。英文中的"title"一词本身含有多义，可以指"权利来源或根据"，也可以指"权利""权利资格"，或者权利的"证据与证明"。[1]

领土权利来源理论涉及国家获得其主权领土的权利依据与证明问题，即国家通过什么样的行为、方式，或者有什么样的证据可以证明其在领土上建立主权。按照这些行为、方式或证据是否可以独立构成国家在领土上建立主权的条件，可以从整体上将这些权利来源类型归纳为传统的和新发展的两类。先占、割让、添附、征服与时效五种传统的领土取得模式虽已过时并基本不再适用，但是，放在领土争端的背景下，对于国家论证其已经取得的主权领土，仍然是有意义的。它们可以作为主权领土在历史上被特定国家所取得的依据/来源，因为按照"时际法"原则，法不溯及既往，这些取得方式在历史的特定时期是有效的。按照权利来源的性质，这五种取得模式具体还可以分为领土原始取得与继受取得。领土被认为是"无主地"时，领土的取得被认为是"原始的（original）"，然而，当领土已经在其他国家的主权之下时，则被认为是"继受的（derivative）"。区分领土主权的原始取得和继受取得具有实用价值。关于主权的继受权利，其有效性取决于转让国是否享有对割让领土合法的主权权利。在帕尔马斯岛案中美国宣称的构成其主张的直接基础就是通过《巴黎条约》（Treaty of Paris）的割让，即西班牙将其在条约第 3 条所述区域（包括帕尔马斯岛）的所有权利进行了转让。但马克斯·胡伯（Max Huber）法官指出："西班牙不可能转让比它自己所

---

[1] 罗欢欣：《国际法上的领土权利来源：理论内涵与基本类型》，《环球法律评论》2015 年第 4 期。本章关于领土权利来源的理论主要引自该文。

拥有的权利更多的权利。"①

根据国际社会现实案例和理论发展，除传统的几种领土权利依据以外，一些新发展的权利来源类型在当今时代可以独立构成主权领土之权利来源，对最近或正在建立的领土主权具有解释力。这些新发展的领土权利来源，是我们在今后进行领土争端相关研究，以及介入实务的论证与举证，需要重点把握的基础问题。

一 独立的权源依据

1. 条约

根据自愿与平等的原则，国家可以通过条约建立、变更或确定一项主权权利。不同于前面提及的平等割让，这种条约除可能是一种割让条约外，还可能是和平条约或者划界条约。事实上，新中国成立后，我国与绝大部分邻国都是以订立边界条约的方式处理了领土边界争端。其他国家比较有代表性的有，2015年印度和孟加拉国签订历史性的《土地边境协议》，两国交换总计162块飞地（孟加拉国领土内有111块印度飞地，总面积约1.7万公顷，印度境内有51块孟加拉国飞地，总面积约7000公顷）。②

2. 有权处置机构的处理

一些有权机构或国际组织的决议往往可以决定领土的归属。例如，在早期的欧洲，通过罗马教皇训令的形式发布的教皇决定可以作为领土的权利来源。譬如，"默默尔领土法案"（Memel Territory Statute）的解释案例，埃塞俄比亚和厄立特里亚之间《洛桑条约》的解释案。此外，拥有合法管辖权的司法法庭按照公平原则对领土争端作出的处理裁定也可以成为主权权利的基础。当然，其他司法裁决，如国际法院或仲裁机构对于现有情势是什么，以及这种状况是否产生领土主权的决议，也具

---

① Island of Palmas Case, Permanent Court Arbitration 1928, 2 UN Report International Arbitration, Awards, p. 842.

② Exchange of enclaves between India and Bangladesh, Ministry of External Affairs, Government of India, https://www.mea.gov.in/press-releases.htm? dtl/25565/Exchange + of + enclaves + between + India + and + Bangladesh.

有对权利的权威宣示作用。①

3. 新国家的创建

毫无疑问，创建一个新国家的同时将导致对所属领土之新主权的建立。国家继承的规则表明，新国家对以条约或其他方式建立的既存边界是尊重的。占有已占学说（uti possidetis）就包含了先前的行政界限到新国家边界之间的转移。例如，布基纳法索和马里的边境纠纷案，② 萨尔瓦多和洪都拉斯的土地、岛屿及海洋边界纠纷案，③ 还有贝宁和尼日尔的边境纠纷案，④ 尼加拉瓜和洪都拉斯在加勒比海的海洋划界案，⑤ 都说明了对既存边界的这种尊重。此外，通常认为人民自决权也是可以造成领土主权建立或变更的重要方式，但它主要与非殖民化运动相关，而且往往与新国家的建立重合，而且去殖民化后的自决权主体与方式争议太大，故本章不作专门讨论。

4. 主权的放弃和默认等国家单方行为

国家的单方行为也是国际义务的来源，国家的正式声明、通告都是一种单方行为，国际法委员会工作报告中明确对此进行了确认。⑥ 国际司法实践中，尽管对于国际常设法院（PICJ）在东格陵兰岛案中将伊伦声明（Ihlen Declaration）视作一种单方行为或者默示认可还存在争议，但该法庭也明确认可单方行为可以为国家创建义务。⑦ 这样，单边行为就能产生将一个国家的领土主权转移到另一个国家的效果。与作为领土取得方式的先占相对应，领土放弃的概念在传统国际法上被认为是失去

---

① Marcelo G Kohen and Mamadou Hébié, Territory Acquisition, *Max Planck Encyclopedia of Public International Law* (Heidelberg and Oxford University Press, 2011), para. 11.

② Frontier Dispute [Burkina Faso/Mali] paras. 20–26.

③ Land, Island and Maritime Frontier Case [El Salvador/Honduras] paras. 40–43.

④ Frontier Dispute [Benin/Niger] paras. 23–25.

⑤ Maritime Delimitation between Nicaragua and Honduras in the Caribbean Sea Case [Nicaragua v Honduras] [Judgment] paras. 146–167 and pp. 229–236.

⑥ UN ILC Unilateral Acts of States: Report of the Working Group: Conclusions of the International Law Commission Relating to Unilateral Acts of States (20 July 2006), ILC Conclusions, p. 3. Also see: UN ILC Guiding Principles Applicable to Unilateral Declarations of States Capable of Creating Legal Obligations (1 May–9 June and 3 July–11 August 2006), ILC Guiding Principles, p. 368.

⑦ Marcelo G Kohen and Mamadou Hébié, Territory Acquisition, *Max Planck Encyclopedia of Public International Law*, Heidelberg and Oxford University Press, 2011, para. 13.

领土的方式，通常指主权的持有者不再有保留领土主权的意愿从而放弃领土。放弃的结果是，领土要么再次成为无主地，要么置于另一个国家的主权之下。①

正因为领土放弃的单方性，所以对它有着严格的认定标准，即国家对于领土放弃的意愿必须被毫无疑问地清楚地展示。② 领土可以通过正式的方式放弃，即单方声明，或者纯粹的事实情势，例如主权资格的持有者停止对领土的管理或宣示主权、默认、禁止反言等。③ 从这个意义上说，领土默认也可以说是领土放弃概念的一部分，是放弃行为的一种默示表达。或者也可以说领土放弃分为明示放弃和默示放弃两种。为表达上的方便，将领土放弃/默认并列陈述，可以显示出同一个概念的两个方面。

国家单方行为导致的领土放弃与默认在司法裁决中至为重要，法院或是仲裁机构通常不是将注意力集中在权利是否通过"时效取得"而获得，而是关注争端国家双方的行为是否构成对权利的放弃或是否默认了其他国家的行为。④ 默认是单边行为体现的一种默示表达，能够导致对主权的放弃或将其转移给另一个国家。有必要注意，被宣称默许了的国家应该对对方实施的行为有直接和明确的了解。此外，默许国还被置于应该对这类行为进行回应的责任之下，这种情况会出现在另一国家对某土地提出明确的主权主张的时候。对此，国际法院在白礁岛案中强调，关于可认定为"默认"的同意虽然"可以是默示的、暗含的，或者甚至是解释上的，但它必须要建立在毫无疑问的基础上"。⑤

---

① Marcelo G Kohen, Territory Abandonment, *Max Planck Encyclopedia of Public International Law* (Heidelberg and Oxford University Press, 2012), para. 1.
② Marcelo G Kohen, Territory Abandonment, *Max Planck Encyclopedia of Public International Law* (Heidelberg and Oxford University Press, 2012), para. 6.
③ Marcelo G Kohen, Territory Abandonment, *Max Planck Encyclopedia of Public International Law* (Heidelberg and Oxford University Press, 2012), para. 4.
④ As it was called by the Court in Kasikili/Sedudu Island, para. 90.
⑤ "Because of that, any passing of sovereignty over territory on the basis of the conduct of the Parties, as set out above, must be manifested clearly and without any doubt by that conduct and the relevant facts. That is especially so if what may be involved, in the case of one of the Parties, is in effect the abandonment of sovereignty over part of its territory", See: Pedra Branca/Pulau Batu Puteh, Middle Rocks and South Ledge Case (Malaysia/Singapore), ICJ. Reports 2008, Judgment, para. 121 – 2.

二 非独立的领土权源依据

除前面介绍的可以独立构成国家在领土上建立主权之条件的权源类型外,国际实践中还存在其他一些行为、方式与证据,常常被国家在领土争端中所引用。但是,细致考察关于领土权源的理论与实践,会发现"有效控制"(effectivités)并不能独立构成领土的权利来源,它只是权源证明中的某些辅助参考,而且现实上还存在不少争议。与此类似的,还有历史权利固化(historical consolidation of title)问题。

1. 领土的"有效控制"

领土的"有效控制"为目前领土争端中各国官方和学界所重点关注的一个问题。然而,首先有必要澄清,领土的"有效控制"与作为领土取得模式的"有效占领"是有差别的。前面已经提及,无人占领类型的无主地基本已经不存在,从而在国际法上发展出"有效占领"或"占领取得"的概念,要求占领必须是有效的才能产生领土主权。但是,这种方式仍然要求以发现"无主地"为前提,只是"无主地"不再仅仅指"无人占领过的土地",而是包括占领无效、被放弃或之前未被任何其他国家建立有效主权的土地。因此,"有效占领"作为一种独立的领土主权来源,本身需要两个要素,一个是"有效控制",另一个是"无主地",而"有效控制"只是其中的一个要素。

从概念上说,"有效控制"指国家通过其权力行为表现出对领土实施主权的意愿,且"有效控制"的条件与行为的主体和该行为表现出的特定性质相关。[①] 鉴于在国际法上并没有专门规则能用以确定领土争端中何时一国的有效控制成立,于是一般国际法被用来确定某项行为是否能归因于国家,从而以国家责任法中的国家行为为参考。只有行为人的行为可以归因于国家时,才能说这种行为是以国家名义履行主权。[②] 按照"国家责任条款草案"所体现的国家行为要件,国家行为的成立

[①] Marcelo G Kohen and Mamadou Hébié, Territory Acquisition, *Max Planck Encyclopedia of Public International Law* (Heidelberg and Oxford University Press, 2011), para. 25.

[②] Marcelo G Kohen and Mamadou Hébié, Territory Acquisition, *Max Planck Encyclopedia of Public International Law* (Heidelberg and Oxford University Press, 2011), para. 26.

需要有主观上履行主权的意愿和客观上主权的行使行为。① 有效的国家行为是国家有效控制的表现。

尽管"有效控制"在领土争端中具有重要意义，但它本身在任何情况下都不具备自动创设权利的功能，或者说不能独立构成领土的主权依据。在领土争端中，对于"有效控制"之法律价值的评估并不是基于法律权利，而是基于它的"存在事实"。当一块领土上不存在主权权利，或者权利不能通过其他方式确定时，"有效控制"便可以创造一项领土权利。同时，不管主权权利何时存在，它都能作为对其他国家"有效控制"主张的初步对抗。② 同时，如果它们是非法的，"有效控制"本身不能创造主权权利。在其他的情况下，有效控制也具有证据价值或者相关权利的解释功能，或者，当它们与某项权利一致时，还具有某种剩余功能（residual function）。③

2. 历史权利固化问题

"历史权利固化"（historical consolidation of title）概念的产生是为了避免时效取得在理论与实践中的问题。两种学说相互保持着争议性，受到国际法院在相关案例中的注意。相比之下，时效理论建立在长期的持续的占有的基础上，历史权利固化则关注国家对特定领土可能在历史的较长时期内所主张的特别利益，并且这种主张得到其他国家的普遍的宽容与认可。这个概念产生于英挪渔业案中法官的附带意见，由法官在处理挪威要求扩展其超过国际法规定的渔区界限的意见时提出，其中，法庭着重强调其他国家对于挪威划界体系以及利益上的宽容的态度。④

---

① See: Article 4 and 7, Responsibility of States for Internationally Wrongful Acts (2001), Yearbook of the International Law Commission, 2001, vol. II (Part Two) Or. UN Doc. A/56/49 (Vol. I) /Corr. 4.

② "When there is no title of sovereignty over a territory, or that title cannot be determined by other means, effectivités can create a territorial title. Whenever a title of sovereignty exists, it has primacy over contradictory effectivités of another State", See: Marcelo G Kohen and Mamadou Hébié, Territory Acquisition, *Max Planck Encyclopedia of Public International Law* (Heidelberg and Oxford University Press, 2011), para. 36.

③ *Hague Court Reports* 2d 83 (1932), (*Perm. Ct. Arb.* 1928), 2 *U. N. RIAA*, 839.

④ Marcelo G Kohen Mamadou Hébié, Territory Acquisition, *Max Planck Encyclopedia of Public International Law* www.mpepil.com (Heidelberg and Oxford University Press, 2011), para. 29 – 31.

然而，历史权利固化理论并未成为独立的领土权利来源，更不能对抗已有的主权依据。在喀麦隆和尼加拉瓜的划界纠纷案中，后者为了主张其对巴卡西半岛的主权，也提出了历史权利固化的概念。法庭同时提出："历史权利固化概念从来没有被作为领土争端的主权权利基础"，对于法庭来说，"历史固化理论是高度争议的，并不能取代已经建立的国际法上的领土取得模式，它需要考虑到在事实和法律上很多重要的差异"。[①]

[①] Crucially, the Court stressed that "where a title of sovereignty exists, effectivités contra legem cannot prevail over it", See: *Land and Maritime Boundary Case (Cameroon v. Nigeria)*, *ICJ Reports* 1998, Judgment, para. 65.

第十章

南极、北极治理国际法问题

南极和北极具有特殊的地理位置和生态环境。南极、北极地区在战略、经济、科研、环保、资源等方面的价值不断提升,受到国际社会的普遍关注。南极、北极地区问题已超出国家间和区域问题的范畴,涉及相关国家的利益和国际社会的整体利益,攸关人类生存与发展的共同命运,具有全球意义和国际影响。南极洲是地球上唯一无人定居的大陆,环绕南极洲的南大洋约占全球海洋面积的 15%,[1] 南极地区的法律秩序呈现以《南极条约》体系为主的法律体系特征。地理上的北极通常指北极圈(约北纬 66 度 34 分)以北的陆海兼备的区域,总面积约 2100 万平方公里,北极并不像南极一样拥有专门性的国际公约作为管理的依据,除《海洋法公约》以外,现阶段调整北极地区的国际法规范大多为软法性质或多边条约。南极、北极地区的开发利用、科考对于未来我国国家安全、经济发展和社会稳定具有重要战略意义。目前,中国学者对南极、北极地区国际法问题高度关注,并形成了一系列研究成果。探讨南极、北极治理国际法问题,在政治、经济、安全等领域制定和执行区域开发利用及保护政策,对于维护我国家利益,贯彻总体国家安全观,提升在南极、北极事务中的话语权,具有十分重要的现实意义。

---

[1] George A. Knox, *Biology of the Southern Ocean* (Cleveland: CRC Press, 2006), p. 169.

第一节 南极、北极治理的国际
法框架及研究现状

南极、北极治理是当前全球治理的重要议题之一。南极、北极地区在科学研究、环境保护、资源利用和应对气候变化等方面具有不可替代的重要作用，围绕南极、北极治理的国际博弈正日益转向法律层面及规则层面。中国学者对南极、北极治理问题的追踪研究，形成了大量理论成果。

一 南极、北极治理的国际法框架

南极治理的国际法框架主要由《联合国宪章》、南极条约体系及其他国际公约三部分构成。南极地区没有永久居民，也不存在国籍和政府。所有在南极洲人员均是南极以外国家的居民或公民。一些国家对南极洲领土提出主权声索，但大多数国家并未明确承认这些领土要求。南极大陆上西经90°至西经150°之间的地区，是仅有的未被提出领土要求的陆地。南极条约体系在地区治理法律框架内居于主导地位，南极条约体系以《南极条约》为基础，包括《关于环境保护的南极条约议定书》《南极海豹保护公约》《南极海洋生物资源养护公约》以及南极条约协商会议通过的各种决定。《南极条约》规定南极洲仅用于和平目的，促进在南极洲地区进行科学考察的自由，促进科学考察中的国际合作，禁止在南极地区进行一切具有军事性质的活动及核爆炸和处理放射物，冻结领土所有权的主张，促进国际在科学方面的合作。《南极条约》禁止"一切具有军事性质的措施"，而并非禁止军事人员的存在。"南极条约协商会议"（Antarctic Treaty Consultative Meeting，ATCM）是关于南极地区管理的国际性论坛，协商国（Antarctic Treaty Consultative Parties，ATCPs）采取"协商一致"的方式进行决策并形成具有不同法律效力的措施、建议、决议或决定等。参加南极条约协商会议的还有南极和南大洋联盟、国际水文地理学组织、国际气象组织、国际自然资源保护委员会、联合国环境规划署、世界气象组织、世界旅游组织等组织。除《南极条约》外，《南极海豹保护公约》《南极海洋生物资源养护公约》《南极条约环境保护议定书》以及南极条约协商会议和南极海洋生物资源养护委员会通过的具有法律约束力的各类措施，在其所涉及的领域中发挥着规范及引导作用。

北极地区毗邻亚洲、欧洲和美洲大陆，具有特殊的地理位置。在国际法语境下，北极包括欧洲、亚洲和北美洲的毗邻北冰洋的北方大陆和相关岛屿，以及北冰洋中的国家管辖范围内海域、公海和国际海底区域。北极与南极最大的不同在于，北极为陆地包围海洋，北极点周围区域没有陆地。北极的大陆和岛屿面积约800万平方公里，有关大陆和岛屿的领土主权分别属于美国、加拿大、俄罗斯、丹麦、芬兰、冰岛、挪威、瑞典八个北极国家（以下简称"北极八国"）。北冰洋海域的面积超过1200万平方公里，北冰洋沿岸国拥有内水、领海、毗连区、专属经济区和大陆架等管辖海域，北冰洋中还有公海和国际海底区域。① 北极事务没有统一适用的单一国际条约，它由《联合国宪章》《联合国海洋法公约》《斯匹次卑尔根群岛条约》② 等国际条约和一般国际法予以规范。1920年《斯匹次卑尔根群岛条约》规定挪威对斯匹次卑尔根群岛"拥有充分和完全的主权"，各缔约国的公民可以自由进入，在挪威法律的范围内从事生产、商业以及科学考察等活动。③ 北极域外国家在北极不享有领土主权，但依据《联合国海洋法公约》等国际条约和一般国际法在北冰洋公海等海域享有科研、航行、飞越、捕鱼、铺设海底电缆和管道等权利，在国际海底区域享有资源勘探和开发等权利。北极理事会（Arctic Council）是北极治理中最重要的区域性机制安排，共有冰岛、瑞典、丹麦、挪威、芬兰、美国、俄罗斯和加拿大八个成员国，部长级会议是理事会的决策机构，每两年召开一次，用以协调北极八国

---

① 参见2018年《中国的北极政策》第一部分。
② 有学者在梳理《斯匹次卑尔根群岛条约》不同译名时指出，该条约签订时有英文、法文等不同的语言文本，英文文本中该条约的名称为Treaty of 9 February, 1920, Relating to Spitsbergen，直译为"1920年2月9日所订有关斯匹次卑尔根群岛条约"。当下流行的译名之所以有《斯匹次卑尔根群岛条约》（"次"也有写作"茨"者）《斯瓦尔巴群岛条约》《斯瓦尔巴德条约》等译法，系因挪威语与英语对该群岛的不同命名而形成。段鑫：《中国加入〈斯匹次卑尔根群岛条约〉史实考述》，《云南师范大学学报》（哲学社会科学版）2018年第2期。
③ 郭培清：《挪威斯瓦尔巴机场降级事件探讨》，《学术前沿》2018年第6期。

就共同关切议题采取行动以及促进北极地区的环境保护与可持续发展。

二 南极、北极国际治理研究现状

南极地区既受南极条约体系约束，又面临着《海洋法公约》的调整。在分析南极条约体方面，有学者指出，20世纪80年代之前南极领土主权声索国为避免南极事务国际化，强烈反对在联合国框架下管理南极，选择以"俱乐部"机制创造独立于联合国的南极条约体系。① 中国学者在研究南极治理国际法问题时，主要关注如下问题：一是"南极条约地区"的地域范围。有学者指出，"南极洲""南纬60度以南的地区"和"南极条约地区"的三者表述应为同一概念，基于南极条约体系的各项条约和《南极条约》原始缔约国的相关立法实践，"南极条约地区"在不同时期所指代的具体范围，已从最初只包含南纬60度以南的大陆、岛屿、冰架和所谓"领海"，扩展为当前包含南纬60度以南的整个地区。② 二是南极地区生物资源利用问题。南极地区不仅拥有丰富的渔业资源，而且生物遗传资源也具有极大的经济和应用价值。有学者在分析南极生物勘探及其遗传资源相关问题时指出，须扩展适用区域制度和公海自由原则，发挥联合国的宏观作用，扩展全球公共利益的范围，广泛应用人类共同遗产原则，并在国际法和南极条约体系的协调和融合下寻求解决的方法。③ 三是南极地区海事安全问题。有学者在分析国际海事组织和国际民航组织搜救机制时指出，在现有南极条约体系框架下，南极搜救活动难免会对相关国家在南极的实质性存在、极地安全等问题产生一定的影响。④ 四是南极海洋保护区问题。围绕南极洲建设的海洋保护区在性质上被普遍视为公海保护区，《南极条约》《南极海洋生物资源养护公约》有关的适用范围、治理内容和组织机构的规定，

---

① 王婉潞：《联合国与南极条约体系的演进》，《中国海洋大学学报》（社会科学版）2018年第3期；郭红岩：《论南极条约体系关于南极争端的解决机制》，《中国海洋大学学报》（社会科学版）2018年第3期。
② 吴慧、张欣波：《论"南极条约地区"的地域范围》，《国际法研究》2021年第4期；陈力：《论南极海域的法律地位》，《复旦学报》（社会科学版）2014年第5期。
③ 刘惠荣、刘秀：《国际法体系下南极生物勘探的法律规制研究》，《中国海洋大学学报》（社会科学版）2012年第4期。
④ 董跃、葛隆文：《南极搜救体系现状与影响及我国的对策研究》，《极地研究》2018年第2期。

构成了南极海洋保护区治理机制的基础，其他有关南极海洋保护区生物资源养护管理、生态环境保护的实施规则，不断对该机制进行补充、完善和扩展。有学者系统分析了自 2004 年至今，① 南极海洋生物资源养护委员会（CCAMLR）根据成员方申请建立的南奥克尼群岛南大陆架海洋保护区、罗斯海地区海洋保护区（Ross Sea region Marine Protected Area）②，以及目前欧盟与澳大利亚、法国联合提交的东南极代表性系统海洋保护区提案③（CCAMLR-XXXI/36，以下简称"EARSMPA 提案"）、2016 年欧盟与德国联合提交的关于建立威德尔海保护区养护措施建议（CCAMLR-XXXV/18，以下简称"WSMPA 提案"），④ 分析了围绕上述海洋保护区提案各方立场。⑤ 五是《南极条约》缔约国争端解决问题。有学者认为，在全球气候变暖和科技进步的推动下，《南极条约》缔约国之间的环境争端已在所难免，而《关于环境保护的南极条约议定书》（《马德里议定书》）及其附件关于解决此类争端之仲裁方法相当凸显。目前虽尚未有过仲裁案例，但从南极条约体系的独立性及当前缔约国在南极地区活动的环境影响看，亟需从国际法角度确证解决南极环境争端之仲裁方法的地位和性质、明晰仲裁庭的管辖范围及其例外、澄清仲裁庭可适用的法律及有关的辅助资料、剖析仲裁裁决执行中的某些难题。⑥

北极事务没有统一适用的单一国际条约，它由《联合国宪章》《海

---

① Report of the twenty-third meeting of the commission, CCAMLR, 2004, para. 4. 13.

② 另一项为智利和阿根廷联合提出的西南极半岛海洋保护区提案，该提案 2017 年作为初步方案向南极海洋生物资源养护委员会提交，2018 年正式提交南极海洋生物资源养护委员会审议。See Argentina and Chile, "Proposal on a conservation measure establishing a marine protected area in the Domain 1 (Western Antarctic Peninsula and South Scotia Arc)", CCAMLR, https：//www. ccamlr. org/en/ccamlr-xxxvii/31。

③ Australia, France and the EU, "East Antarctic Representative System of Marine Protected Areas (EARSMPA)", https：//www. ccamlr. org/en/ccamlr-xxxvi/17。

④ Germany and EU, "Proposal on a conservation measure establishing the Weddell Sea Marine Protected Area (WSMPA)", https：//www. ccamlr. org/en/event/weddell-sea-international-expert-workshop。

⑤ 何志鹏、姜晨曦：《南极海洋保护区建立之中国立场》，《河北法学》2018 年第 7 期；唐建业：《南极海洋保护区建设及法律政治争论》，《极地研究》2016 年第 3 期；陈力：《南极海洋保护区的国际法依据辨析》，《复旦学报》（社会科学版）2016 年第 2 期。

⑥ 李雪平：《关于南极条约区域环境仲裁的几个问题》，《太平洋学报》2018 年第 5 期。

洋法公约》《斯匹次卑尔根群岛条约》等国际条约和一般国际法予以规范。在研究北极治理方面，中国学者主要关注如下问题：一是北极治理国际法机制。北极地区拥有可观的自然资源，例如石油、天然气、矿产资源、渔业资源等。有学者在分析北极地区渔业资源国际法问题时指出，当前北极治理呈现"低政治性""软法性"和"分散性"的特点，相关公约在治理北极渔业上并不具有针对性，只笼统地对全球渔业问题公式化的解答，不能预见北极核心区未来渔业的挑战。北极渔业治理没有明确的组织负责统一管理，只能依照公约和协定的规定，依靠成员的自我约束，致使其治理模式分散，治理方式不成体系，治理效果缺乏约束力。① 二是北极航道商业利用问题。近年来，随着北极航道冰雪的逐步消融，北极航道的主权和管辖权之争愈演愈烈，② 学者在分析北极航道利用国际法问题时指出，由于各国针对北极航道法律地位立场分歧较大，在遵循《海洋法公约》的前提下寻求一条适用北极航道治理的最佳路径，并提出了多种治理模式构想。③ 在南极资源利用及养护方面，南极海域的环境保护与资源利用之间始终存在着冲突，南极海洋生物资源养护委员会通过管理渔业活动来养护环绕南极的南大洋生态系统，但是管理措施的性质并不明确，南极海洋生物资源养护委员会通过建立保护区管理南极渔业资源，似乎成为某些国家尤其是暂时"冻结"其主权要求的国家向南极扩张的工具。即使建立保护区的根本目标是对南极海洋生物多样性及海洋环境的保护，其他成员方对某一国的提案必然会

---

① 刘惠荣、宋馨：《北极核心区渔业法律规制的现状、未来及中国的参与》，《东北亚论坛》2016年第4期；唐尧：《中国深度参与北极治理问题研究：以缔结〈预防中北冰洋不管制公海渔业协定〉为视角》，《极地研究》2020年第3期；葛勇平：《"人类共同遗产"原则与北极治理的法律路径》，《社会科学辑刊》2018年第5期。

② 有关北极航道法律地位的讨论，参见王泽林《北极航道法律地位研究》，上海交通大学出版社2014年版；郭培清等：《北极航道的国际问题研究》，海洋出版社2009年版；戴宗翰：《由联合国海洋法公约检视北极航道法律争端——兼论中国应有之外交策略》，《比较法研究》2013年第6期。

③ 郑雷：《北极东北航道：沿海国利益与航行自由》，《国际论坛》2016年第2期；梅宏：《北极航道环境保护国际立法研究》，《中国海洋大学学报》（社会科学版）2009年第5期。

考量地缘政治因素。① 三是北冰洋海洋保护区问题。北极海域沿岸国家（美国、加拿大、挪威、丹麦、俄罗斯、冰岛）颁布国内法，设立了国家管辖范围内的海洋保护区，体现了不同类型的立法实践，印证了海洋保护区制度的变迁。在国家管辖海域外，北极公海保护区是保护北极生态环境的一个合适的法律工具，但因在国家政策、开发资源的技术水平、国家利益等方面存在差异，北冰洋沿岸国难以达成设立北极海域公海保护区的合意。随着北极冰融、北极航运活动的增加，生物资源开发能力的提高，不排除北极海域沿岸国家对北极海域公海保护区建设达成共识的可能性。② 在设立保护区实践层面，挪威在斯瓦尔巴群岛建立的渔业保护区是典型事例。有学者归纳指出，《斯匹次卑尔根群岛条约》缔约国基于各自利益，对挪威建立的渔业保护区持保留、有限支持等态度。对挪威在斯瓦尔巴群岛建立专属经济区的权利合法性及《斯匹次卑尔根群岛条约》的适用范围，国际法学者有三种不同观点，即挪威无权单方面建立专属经济区、挪威有权建立专属经济区但《斯匹次卑尔根群岛条约》不适用该水域，以及挪威有权建立专属经济区且《斯匹次卑尔根群岛条约》适用该水域等，这些观点为缔约国的不同立场提供了法律依据。③ 四是北极治理中各方利益诉求及争端解决。有学者指出，北极国家普遍希望北极地区的大陆架划界问题能长期局限于北极国家内部，通过构建一套闭锁性的北极区域法制架构，并片面援引《海洋法公约》第76条中对己有利的划界规则来最大限度地瓜分北极，确保其在北极地区的绝对主导地位。中国作为非北极国家，则主张参与北极事务坚持科研先导，强调保护环境、主张合理利用、倡导依法治理和国际合作，并致力于维护和平、安全、稳定的北极秩序。还有学者在分析当前北极治理法律规制的层次与差异，重点研究了《海洋法公约》第234条与《极地水域船舶航行安全规则》的关系与相互影响，分析了气候变

---

① 何志鹏、姜晨曦：《南极海洋保护区建立之中国立场》，《河北法学》2018年第7期；阮振宇：《南极条约体系与国际海洋法：冲突与协调》，《复旦学报》（社会科学版）2001年第1期。
② 白佳玉、李玲玉：《北极海域视角下公海保护区发展态势与中国因应》，《太平洋学报》2017年第4期。
③ 卢芳华：《斯瓦尔巴德群岛渔业保护区制度与中国北极权益的拓展》，《中国海商法研究》2016年第3期。

化背景下北极治理法律规则的发展。①

第二节　南极、北极治理问题的新发展及中国实践

　　南极、北极在国家战略、经济、安全、环境、资源等方面的价值不断提升，受到国际社会的普遍关注。南极、北极治理问题已超出区域问题范畴，涉及域外国家的利益和国际社会的整体利益，是具有全球影响的国际问题。中国是南极、北极事务的积极参与者、建设者和贡献者，致力于参与南极、北极活动和北极合作，推动有关各方更好参与南极、北极治理，与国际社会一道共同维护和促进南极、北极地区的和平、稳定和可持续发展。

一　南极、北极治理问题的新发展

　　当代南极治理体系不断面临新的挑战。随着人类开发利用南极的能力和需求不断增加，以及气候变化、环境污染等问题对南极的影响日趋明显，南极治理不仅需要面临来自外部环境的压力，还需要应对南极条约体系内部张力。

　　南极治理问题具有如下新动向：

　　一是南极条约体系与国家管辖海域外生物多样性协定谈判。2015年第69届联合国大会通过第292号决议，② 正式启动就国家管辖海域外生物多样性（BBNJ）养护和可持续利用拟订一份具有法律约束力的国际文书。《南极海洋生物资源养护公约》框架下南极海洋治理虽然并非完全由少数成员把持的俱乐部机制，但也有别于以联合国主导的全球性公海治理机制。2005年联合国大会第60/47决议决定撤销"南极洲问

---

① 朱广峰：《北极海洋环境法律规制的变迁与中国参与》，海洋出版社2019年版，第48—52页。
② See Development of an International Legally Binding Instrument under UNCLOS on the Conservation and Sustainable Use of Marine Biological Diversity of Areas Beyond National Jurisdiction, UN Doc., A/RES/69/292, 6 Jul 2015.

题"后，质疑南极条约体系是否具备为"全人类共同利益"① 管理南极能力的声音并未平息，BBNJ养护与可持续利用协定谈判，可能重启联合国层面有关南极海洋生物资源养护与利用问题的讨论，该协定可能再次成为联合国撬动南极条约体系下海洋保护区机制的支点。

二是南极海洋保护区建设与管理。是指南极海洋生物资源养护委员会主导下，② 依据《南极海洋生物资源养护公约》的规定，基于南极辐合带海域设定的海洋保护区。③ 自《南极条约》冻结各国对南极洲的领土权利主张以来，围绕南极洲建设的海洋保护区在性质上普遍被视为公海保护区，由于南极海洋保护区兼具有渔业管理与环境保护区属性，南极条约体系在建立海洋保护区方面仍然存在规则冲突与缺失问题。

三是南极旅游和航空活动的国际法规制。南极旅游是南极条约体系允许的活动，根据国际南极旅游组织协会统计，前往南极旅游的人数逐年快速增长，目前规范南极旅游活动的规范性文件主要是少数具有法律约束力的措施和一些没有法律约束力的决议，如何有效规制南极旅游活

---

① 1985年第40届联合国大会出台第40/156号决议，确认南极洲涉及全人类的利益，深信进一步审查影响到南极洲的某些问题是有益的，请秘书长增订和扩大关于南极洲问题的研究报告，使其包括下列问题：有哪些由《南极条约》协商国提供给联合国的资料，这些国家在南极洲的活动及其对南极洲问题的审议，各有关专门机构和政府间组织在《南极条约》制度内的参与，以及《联合国海洋法公约》对南大洋的意义。See "Question of Antarctica", UN Doc. A/RES/40/156, 16 December 1985, parts A and B.

② 截至2021年8月1日，南极海洋生物资源养护委员会共有36个成员方，其中12个国家属于欧盟成员国，包括比利时、保加利亚、芬兰、法国、德国、希腊、意大利、荷兰、波兰、西班牙、瑞典、英国。See *Status List of Convention on the Conservation of Antarctic Marine Living Resources*, CCAMLR, https://www.ccamlr.org/en/organisation/status-list-contracting-parties (last visited August 1, 2021).

③ 本文讨论的南极海洋保护区，是指依据《南极海洋生物资源养护公约》(Convention on the Conservation of Antarctic Marine Living Resources) 设立的，由南极海洋生物资源养护委员会 (Commission for the Conservation of Antarctic Marine Living Resources, CCAMLR) 管理的海洋保护区。一般认为，南极海洋生物资源养护委员会有关海洋保护区的讨论始于2000年，在此之前，1964年《南极动植物保护议定措施》首次提出设立南极"特别保护区"，1991年《关于环境保护的南极条约议定书》附件五将原保护区重新划分为南极特别保护区 (Antarctic Special Protected Areas, ASPAs) 和南极特别管理区 (Antarctic Special Managed Areas, ASMAs)。See R. I. Lewis. Smith, D. W. H. Walton and P. R. Dingwall (eds.), "Developing the Antarctic Protected Area System: Proceedings of the SCAR/IUCN Workshop on Antarctic Protected Areas", Cambridge, UK, 29 June – 2 July 1992, Gland, Switzerland, IUCN the World Conservation Union, pp. 15 – 26.

动、避免对南极环境造成损害,是南极法律规制未来发展的重要领域。

四是南极航空活动国际法规制。南极条约协商会议针对航空安全和建立合作航空运输系统,相继通过《合作航空运输系统》(2015年)、《在南极洲运行遥控驾驶航空器系统的环境指导方针》(2018年)等决议。其中,《在南极洲运行遥控驾驶航空器系统的环境指导方针》是首例规定南极地区无人机的指导文件。面对利用无人机实施南极考察与科学应用活动逐步增加,制定一个具有法律约束力的框架,是各方规范南极航空活动的关注焦点。

北极在国家战略、经济、安全、环境、资源等方面的价值不断提升,北极治理已超出区域问题范畴,涉及域外国家的利益和国际社会的整体利益。相较于南极治理而言,北极地缘政治博弈更为激烈,已经成为周边大国的斗争前沿。

北极治理的新发展呈现如下特征:

一是北极治理机制内部博弈对区域治理规则的影响。当前北极治理机制的规则基础大多为没有约束力的协议、宣言等,北极理事会的执行力和权威性在应对逐渐深化的区域问题时面临发展"瓶颈"。2017年《加强国际北极科学合作协定》仅为北极八国相互之间提供北极科学研究的便利条件,对非北极国家的北极科学研究造成不利的影响;[1] 美国《2021年战略竞争法案》首次提出制定北极航道管理、非北极国家过境北极水域等多边治理机制,推动构建北极安全合作机制,[2] 希望通过采取闭环治理规则,将区域外行为体排除在北极治理的进程之外。

二是北极地区军事化与军备控制问题。美国与俄罗斯是北极地区的军事大国,两国均在逐步加强北极军事力量部署,军事博弈呈现扩大化和常态化趋势。此外,挪威将军事指挥部大本营移至北极圈,丹麦组建北极联合指挥部,在格陵兰岛建立"图拉"空军基地,组建北极快速反应部队。探索运用国际法解决地区军备竞赛,形成具有约束力的法律机制,防止地区军事化情势加剧,受到北极地区主要国家的关注。

---

[1] 王泽林:《北极科学研究合作的国际法律框架与中国路径问题》,《中国国际法年刊(2019)》第98—134页。

[2] See Part VI—Arctic Region, A Bill To address issues involving the People's Republic of China.

三是北极航道商业利用及海事安全。北极航道，是指穿越北冰洋，连接大西洋和太平洋的海上航道，分为西伯利亚沿岸的"东北航道"和加拿大沿岸的"西北航道"，以及穿越沿岸国家200海里专属经济区之外的公海、连接太平洋和大西洋的"中央航道"。"东北航道"西起西欧和北欧港口，穿过西伯利亚与北冰洋毗邻海域，穿过白令海峡到达日本、韩国等国港口。在全球变暖的背景下，北极航道商业化利用范围逐步扩大、货物通行量逐步上升，已然是未来发展趋势。俄罗斯、加拿大出于国家利益考虑，以历史性水域和直线基线为法律依据，认为北方海航道和西北航道是其国内航道，并制订相应国内法加强对航道的管理，要求过往船只通行需获得其许可并接受其管辖。而美国、欧盟等则认为：俄罗斯、加拿大有关做法与习惯国际法冲突，或与《海洋法公约》不符，主张北极航道属于用于国际航行的海峡，各国有权不经批准自由航行。围绕北极航道商业利用问题的争议，仍在持续发酵中。北极特殊的自然地理条件，对于船舶航行安全和海上搜寻、救助和打捞提出更高要求，《极地水域船舶航行安全规则》（以下简称《极地规则》）是少数适用于在极地水域船舶运营、具有法律约束力的全球性规则之一，当前围绕北极航行碳排放问题、引航问题、搜寻救助等海事安全问题，仍在讨论之中。

四是北极生态环境保护及气候变化国际法问题。北极具有独特的自然环境和生态系统，北极的商业开发利用可能对北极生态环境造成潜在威胁，《海洋法公约》在北极地区的适用具有局限性，《极地规则》与冰封区域条款存在潜在冲突，构建北极地区资源利用与生态环境保护之间协调发展的国际法机制，始终是北极焦点问题。

二 中国参与南极、北极治理的国家实践

中国在南极、北极事务中的参与度不断加深。《国民经济和社会发展第十四个五年规划和2035年远景目标纲要》提出，参与北极务实合作，建设"冰上丝绸之路"，提高参与南极保护和利用能力。① 作为南极治理机制的参与者、维护者和建设者，国际社会也越发重视南极治理

---

① 《中华人民共和国国民经济和社会发展第十四个五年规划和2035年远景目标纲要》第九章第三节。

中的"中国角色"。

中国在南极享有的权益是基于南极事务参与实践过程而不断生成的。中国于1983年加入《南极条约》，1984年第一次实施南极科考，并在乔治王岛建立了第一个科考站——长城站，1985年被接受为南极条约的协商国，拥有了参与南极事务决策的权利。经过近四十年的发展，中国已经加入了几乎所有与南极相关的国际公约和国际机构，在南极基础建设、文化宣传、科学研究、环境保护、可持续利用、全球治理、国际交流与合作等领域均取得了重要成就，初步建成南极考察基础设施体系，大力开展南极文化宣传和科普教育，持续提升南极科学研究水平，有效保护南极环境和生态系统，积极参与南极全球治理，广泛开展国际交流与合作。2017年《中国的南极事业》指出，以《南极条约》为核心的南极条约体系保证了和平利用，保障了科学自由，促进了国际合作，对保护南极环境和生态系统作出了巨大贡献。中国不仅是《南极条约》体系的坚定拥护者，更是《南极条约》体系的维护者和积极实践者。[1] 2017年5月，第40届南极条约协商会议在北京召开，中国提出五点倡议：一是坚持以和平方式利用南极，增强政治互信，强化责任共担，努力构建人类命运共同体。二是坚持遵守南极条约体系，充分发挥南极条约协商会议的决策和统筹协调作用，完善以规则为基础的南极治理模式。三是坚持平等协商互利共赢，拓展南极合作领域和范围，促进国际合作的长期化、稳定化和机制化，把南极打造成国际合作的新疆域。四是坚持南极科学考察自由，加强对南极变化和发展规律的认识，进一步夯实保护与利用南极的科学基础。五是坚持保护南极自然环境，把握好南极保护与利用的合理平衡，维护南极生态平衡，实现南极永续发展。[2] 国际合作是南极治理的有效途径，也是中国参与南极治理的路径之一。在参与南海海洋保护区建设方面，2018年南极海洋生物资源养护委员会闭会期间，中国与欧盟牵头合作修订《合规性评估程序》

---

[1] 《中国的南极事业》，中国政府网，http://www.gov.cn/xinwen/2017-05/23/content_5195978.htm#1，访问时间：2021年10月6日。

[2] 黄惠康：《中国特色大国外交与国际法》，法律出版社2019年版，第9页。

(Compliance Evaluation Procedure，CM 10 – 10)①；2019 年 4 月中国欧盟领导人会晤联合声明，首次将设立南极海洋保护区作为有效落实海洋领域蓝色伙伴关系的交流内容，② 该声明释放出一个积极的信号，表明中国在 EARSMPA 与 WSMPA 提案问题上的态度或许正逐渐改变，双方在南极海洋保护区建设议题上存在很大的协作空间，南极海洋保护区建设朝着积极的方向发展。在合作推动南极海洋治理进程中，中国希望推动南极法制建构朝着有利于国际社会整体利益的方向良性发展，确保南极地区能在和平与可持续的条件下得到有序开发和发展。

中国是北极事务的重要利益攸关方。中国在地缘上是"近北极国家"，是陆上最接近北极圈的国家之一，北极的自然状况及其变化对中国的气候系统和生态环境有着直接的影响，进而关系到中国在农业、林业、渔业、海洋等领域的经济利益。中国在北极地区的活动，已由单纯的科学研究拓展至北极事务的诸多方面，涉及全球治理、区域合作、多边和双边机制等多个层面，涵盖科学研究、生态环境、气候变化、经济开发和人文交流等多个领域。2013 年 5 月，中国成为北极理事会正式观察员，为深入参与北极事务打开了大门；2013 年 9 月，中国远洋运输集团商船"永盛轮"成功试航北极东北航道，我国企业开始稳步参与北极开发利用。2017 年 7 月 3 日，习近平主席与俄罗斯总统普京提出要开展北极航道合作，共同打造"冰上丝绸之路"。中俄合作共建的"冰上丝绸之路"是北极东北航道，西起冰岛，经巴伦支海，沿着欧亚大陆北方海域向东，到达白令海峡。③ 2018 年《中国的北极政策》白皮书发布，对中国参与北极事务具体行动及其法理基础进行了详细阐述，将北极政策目标设定为"认识北极、保护北极、利用北极和参与治理北极"，并主张不断深化对北极的探索和认知，保护北极生态环境和应对气候变化，依法合理利用北极资源，以可持续的方式参与北极航道、非生物资源、渔业等生物资源和旅游资源的开发利用，积极参与北极治理

---

① See CCAMLR，"Report of the Thirty-Seventh Meeting of The Commission"，22 October – 2 November 2018，para. 3. 1. 4

② 2019 年 4 月 9 日《第二十一次中国欧盟领导人会晤联合声明》，中国政府网，http://www.gov.cn/xinwen/2019 – 04/09/content_5381013.htm，访问时间：2021 年 10 月 6 日。

③ 薛桂芳：《"冰上丝绸之路"新战略及其实施路径》，《人民论坛·学术前沿》2018 年第 21 期。

和国际合作，促进北极和平与稳定。《中国的北极政策》白皮书指出"北极航道包括东北航道、西北航道和中央航道"，"愿依托北极航道的开发利用，与各方共建'冰上丝绸之路'"的倡议，表明共建"冰上丝绸之路"面向以俄罗斯、北美、西欧为三大主体的"环北极经济圈"。北极现行治理结构和法律框架是我国参与北极事务的制度基础，中国参与北极事务需要准确把握北极法律秩序以及身份定位，顺应新形势，化解挑战，维护我国在北极地区的合法权益。

第三节　当代南极、北极治理国际法问题研究展望

人类在南极、北极活动日益广泛，该区域的政治、经济、军事、环境、资源等价值越来越受到关注，商业利用、科学考察等活动逐步兴起，并渐成或趋向规模化，导致复杂的地区问题以及各类争议不断出现，给南极、北极区域治理的法制建构提出了严峻挑战。中国是南极、北极治理的重要参与者，深入探讨南极、北极治理国际法前沿问题，对于指导中国相关部门和机构在南极、北极开展活动，完善中国参与南极、北极事务的目标和政策主张，推动有关各方更好参与南极、北极治理，具有重要的现实及理论意义。

一　南极海洋保护区建设法律问题

环绕南极洲的南大洋约占全球海洋面积的15%，[1] 该区域是地球上受人类行为影响最小的海洋生态系统之一，其独特的生境具有重要的保护价值。《海洋法公约》第118条规定，开发相同生物资源或在同一区域内开发不同生物资源的国家，应就养护有关生物资源的必要措施进行谈判，为此目的可以合作设立分区域或区域渔业组织；第237条规定《海洋法公约》与特别公约在保护和保全海洋环境方面的适用关系。围绕联合国机制与南极海洋保护区的相洽性问题，仍需深

---

[1] George A. Knox, *Biology of the Southern Ocean* (Cleveland: CRC Press, 2006), p.169.

入探讨。

《海洋法公约》与南极条约体系存在既矛盾又互补的关系。尽管《南极海洋生物资源养护公约》与《海洋法公约》均具有开放性，[1] 但是《南极海洋生物资源养护公约》依然没有认可南纬60度以南以及该纬度与南极辐合带内的海洋生物资源属于"人类共同继承财产"，并且要求非《南极条约》缔约国的《南极海洋生物资源养护公约》缔约方遵守《南极条约》第1条、第5条规定，缔约方相互关系受《南极条约》第4条、第6条的约束，承认《南极条约》协商国对保护和养护《南极条约》地区的环境负有的特别义务和责任，遵守《南极动植物养护议定措施》《南极条约》协商国为履行其保护南极环境免受人类各种有害干扰的职责，而建议的其他措施。[2] 在围绕环境保护形成的南极地缘政治格局下，《南极海洋生物资源养护公约》的缔约国也是《海洋法公约》的缔约国（除美国外），南极海洋生物资源养护委员会成员囊括全球主要的海洋强国与海洋大国，缔结国家管辖海域外生物多样性养护和可持续利用协定，不可能吞并《南极海洋生物资源养护公约》，但南极也非《海洋法公约》的治外之地。中国是《海洋法公约》缔约国、《南极条约》协商国，目前在建立全球性生物资源管理及养护组织前，通过国际合作设立分区域或区域组织，仍然是中国参与公海资源养护的主要方式之一。因此，检视中国在南极治理问题上的立场，探讨如何推动联合国机制与南极区域保护机制相融合，是中国参与国家管辖海域外生物多样性养护和可持续利用协定谈判及南极治理的重要内容。

南极海洋保护区建设的路径模式。2009年中国开始南极磷虾商业捕捞至今，我国在南极海域分布有5艘作业船舶，船舶数量和捕捞范围均位居全球首位。2008至2018年期间，在南极从事磷虾捕捞的八个南极海洋生物资源养护委员会成员国中，我国捕捞量约占总捕捞量的12%，仅次于挪威（59%）、韩国（17%）。[3] 出于生物资源养护的目

---

[1] 为了回应对于南极海洋保护区制度合法性的质疑，1980年《南极海洋生物资源养护公约》扩大了缔约主体的范围，规定向任何对南极海洋生物资源研究或捕捞活动感兴趣的国家开放。Article 29 (1) Convention for the Conservation of Antarctic Marine Living Resources.
[2] 马金星：《欧盟参与南极海洋环境治理的路径及趋势》，《欧洲研究》2019年第6期。
[3] CCAMLR, "Krill Fishery Report 2018", para. 3.

的，我国正在主动缩小南极商业捕捞范围，并于 2020 年起将永久停止在 48 分区生态敏感海域捕捞磷虾。中国与相关国家、国际组织等在威德尔海保护区养护措施、东南极代表性系统海洋保护区提案之间矛盾冲突正在缩小，建设保护区对中国在南极享有的渔业利益不构成根本性冲击，在中国主动限制南极捕捞活动的背景下，探讨在南极条约体系下推进中国参与南极保护区建设、通过国际合作在保护区提案中强化中国话语权，具有现实性和必要性。

二 南极商业利用活动国际法规制

南极条约协商会议关于南极旅游问题的讨论一直无实质性进展。根据国际南极旅游组织协会（IAATO）的统计，仅 2019 年 10 月至 2020 年 4 月期间就有 74401 人次到访南极。① 其中，美国、中国和澳大利亚是南极旅游人数的主要来源，从 2017 年起中国已经成为仅次于美国的南极旅游第二大客源国。② 南极旅游飞速发展给南极环境和南极治理带来的挑战日益突出。由于南极具有的"公地"特征和特殊管理模式，南极旅游的客源国通常根据自身利益制定南极旅游发展政策，而相关政策的实施主要依赖于经营者的执行，在行为地缺乏有效的属地监管。随着南极旅游业的发展壮大，探讨如何完善南极旅游国际规则和监督机制，发展既有南极治理机制，存在现实及理论必要性。

南极海洋生物资源利用与保护之间的平衡机制。《南极海洋生物资源养护公约》保护南纬 60 度以南，以及南极辐合带之间的鱼类、软体动物、甲壳动物和包括鸟类在内的所有其他生物种类，公约第 2 条第 2 款规定，"养护"包括合理利用。③ 对此，一方认为该条款承认了捕捞国的捕鱼权，另一方则援引当年参与该公约谈判的专家观点来澄清当时

---

① See International Association of Antarctica Tour Operators Antarctic visitor figures 2019 – 2020, July 2020, https://iaato.org/wp-content/uploads/2020/07/IAATO-on-Antarctic-visitor-figures-2019-20-FINAL.pdf

② Jia Lei, et al., "Antarctic Tourism Case Study", *Modern Economy*, Vol. 11, No. 8, 2020, pp. 1497 – 1504.

③ Article 2 (2) Convention for the Conservation of Antarctic Marine Living Resources.

订立条约的目的和纳入"养护包括合理利用"条款的原因。① 在南极条约体系中,科学与决策的关系、保护与利用的平衡始终是争论的焦点,在南极海洋保护区的谈判进程中,"南极海洋生物资源养护委员会管辖水域已经相当于国际自然保护联盟第四类保护区"的观点被反复提及,也是用来质疑建设保护区的必要性。现有条约体系并不能完全解决南极生物资源管理、争端解决等问题,发展既有法律原则和概念,在具体制度和程序设计中形成以科学为基础的决策机制,仍然是需要深入研究的问题。

三 "冰上丝绸之路"建设与多边国际合作国际法问题

中国发起共建"丝绸之路经济带"和"21世纪海上丝绸之路"("一带一路")重要合作倡议,与各方共建"冰上丝绸之路",为促进北极地区互联互通和经济社会可持续发展带来合作机遇。"冰上丝绸之路"穿越北极圈,连接北美、东亚和西欧,是"一带一路"倡议在北极地区的延伸。共建"冰上丝绸之路"倡议涵盖东北航道、西北航道、中部航道,在遵守《联合国宪章》《联合国海洋法公约》《斯匹次卑尔根群岛条约》等国际条约和一般国际法,尊重北极国家在北极享有的主权、主权权利和管辖权的基础上,如何利用既有国家身份,依法主张和行使在北极开展活动的权利和自由,推动北极的开发与发展,是中国推动建设"冰上丝绸之路"、参与北极治理中无法回避的重要议题。

第一,从国际法层面阐释"近北极国家"概念。"近北极国家"的身份定位既凸显了中国与北极地区的地理关系,也暗示了我国与其他距离遥远的非北极国家的区别。美国等地区大国意图采取闭环治理,谋划禁止域外国家就北极议题要求"发言权"和"表决权",2019年5月6日,在北极理事会部长级会议前,时任美国国务卿蓬佩奥否认中国在2018年《中国的北极政策》白皮书中提出的"近北极国家"概念,称"只有北极国家和非北极国家的区分,不存在第三种类型","中国在北极没有任何权利"。2021年7月欧洲议会外交事务委员会审议通过《北极:安全机遇、担忧和挑战》专题报告,对中国介入北极事务、建设

---

① Jennifer Jacquet, et al., "Rational use" in Antarctic Waters, *Marine Policy*, Vol. 63, 2016, pp. 28 – 34. CCAMLR-XXXIII, 7.52.

"冰上丝绸之路"表示关切。"近北极国家"是中国在北极理事会观察员国之外提出的、参与北极事务的一种身份主张,"近北极国家"与北极理事会观察员国身份获得法律依据、享有的权利义务有着显著不同,在应对他国质疑过程中,应当从国际法层面深入阐释"近北极国家"概念法律内涵,强化中国参与北极治理的制度基础。

第二,探讨北极航道商业利用国际法规则。北极商业航运问题是北极问题的焦点之一,2013年和2015年中国远洋海运集团有限公司"永胜号"两次成功通行东北航道,开启我国利用北极航道实施商业运输的新纪元。2021年3月末至4月初发生的"苏伊士运河堵塞事件",更加凸显出北极航道的重大商业价值和战略意义。由于北极航道沿岸国提出不同程度的主权、主权权利和管辖权主张,部分国家对过境航行船舶实行强制性的申请和报告制度,围绕北极航道法律地位、同行规则等问题,争议不断。[①] 美国《2021年战略竞争法案》(Strategic Competition Act of 2021)首次提出要制定北极航道管理、非北极国家过境北极水域等多边治理机制。《中国的北极政策》主张尊重北极国家依法对其国家管辖范围内海域行使立法权、执法权和司法权,主张根据《联合国海洋法公约》等国际条约和一般国际法管理北极航道,保障各国依法享有的航行自由以及利用北极航道的权利,有关国家应依据国际法妥善解决北极航道有关争议。进一步探讨北极航道的法律地位、航行规则和治理模式,申明中国参与北极航道治理的国际法路径,对于进一步完善中国北极政策框架和治理举措,具有重要的理论与实践意义。

第三,研究泛北极渔业治理机制。2021年6月25日生效的《预防中北冰洋不管制公海渔业协定》填补了北极渔业治理的空白,是北极国际治理和规则制定的重要进展,对促进北极环境保护和可持续发展具有重要意义。中国是《预防中北冰洋不管制公海渔业协定》缔约国之一,深度参与了谈判全过程,为协定的最终达成作出重要贡献。防止北冰洋中部公海部分的无管制捕捞和促进联合科学研究和监测是该协议的两个主要目标,但是协定内容的重心在于预防问题,而非解决问题,因此围绕该协定的运行、在北极地区建立一个具有长效性的渔业资源治理机

---

① 密晨曦:《新形势下中国在东北航道治理中的角色思考》,《太平洋学报》2015年第8期。

制,仍然存在许多需要深入研究的问题。

第四,低敏感领域的多边合作的国际法路径。当下参与北极治理的各方在科考、环境及动植物保护方面的共识较为稳固,但对北极域内国际法及国际规则的实施、发展等方面常出现较大分歧乃至争议。[①] 中国主张依据包括《联合国宪章》《海洋法公约》和气候变化、环境等领域的国际条约以及国际海事组织有关规则在内的现有国际法框架,通过全球、区域、多边和双边机制应对各种挑战,构建和维护公正、合理、有序的北极治理体系。在多边合作方面,中国不仅面对北极八国,欧盟也是中国寻求北极治理国际合作的重要对象。但是,美国、加拿大、欧盟等在北极事务方面既表现出与中国合作的意愿,又警惕中国谋求"近北极国家"的定位及中俄合作。在推进北极治理的法治方式中,如何发展现有的合作机制,在北极气候变化、航运、科考等利益诉求相近领域,扩大、深化双边乃至多边务实合作,推动设计各国普遍接受、具有法律约束力的治理模式,仍需要进一步探讨。

---

① 姜胤安:《北极安全形势透析:动因、趋向与中国应对》,《边界与海洋研究》2020年第6期。

第十一章

国际法上的个人

第一节 "国际法上的个人"的
理论范畴与基本内容

"国际法上的个人"是有关个人的国际法主体地位、个人与国家在国际法上的关系、国家对个人的保护与管辖等一系列国际公法基础理论问题。在传统国际公法学科中,"国际法上的个人"问题所涉及的理论范畴与基本内容主要包含以下几个方面。

一 个人的国际法主体地位

国际法主体是国际法上的权利与义务的承受者,个人是否具有国际法主体地位决定了个人在国际法层面能否直接享受权利并承担义务,因而是一个重要的理论问题。在不同的历史阶段,国际法律关系中究竟包含哪些主体未能形成统一定论,国际法主体范围随着国际规则与实践发展而不断发生变化。对此,我国学者的观点各有不同,大致分为三种。第一,明确主张个人不是国际法的主体;[1] 第二,认为个人是国际法上的有限主体;[2] 第三,个人的国际法主体地位尚未明确,但有加强的趋势,未来的发展对国际法走向极为重要。[3]

近年来,个人在国际法上的重要作用及影响受到持续关注。尽管个

---

[1] 参见王铁崖主编《国际法》,法律出版社1995年版,第76—77页。
[2] 参见李浩培《国际法的概念与渊源》,贵州人民出版社1994年版,第26页。
[3] 参见国际公法学编写组《国际公法学》,高等教育出版社2018年版,第112页。

人在国际法上的主体地位问题仍然存有一定的疑问,但是国际人权法、国际人道法领域赋予个人在国际法上的权利能力,并施予个人在国际法上的义务的规则与现实已经得到普遍认可。联合国多次指出:人是发展的中心。国际法原则、规则在实践塑造中纳入"以人为本""人本主义"概念,彰显了现代国际法的"以个人为本"乃至"以人类为本"的新理念与新特征,即国际法规则越来越注重确立个人的权利与义务和全人类的整体利益,[①] 国际社会的法治应当是以人为本的法律之治。[②]

二 个人与国家在国际法上的关系问题

个人与国家的关系主要表现在两个方面:(1) 管辖:国家对包括外国人在内的所有人有权行使属地管辖权;(2) 保护:国籍国对处于外国的本国公民有权行使外交保护的权利。

(一) 国籍的冲突及解决

国籍问题属于每个国家的主权事项。各国根据国家主权原则按照本国意愿,规定谁是它的国民,以此确定个人与国家之间特定的法律关系。国际法学会1928年斯德哥尔摩会议曾提出制定国籍法的"相互原则":任何国家对于它的国籍的取得和丧失,不应当适用这样的法规——如果其他国家采取同样的法规将会产生双重国籍或无国籍的法规。[③] 然而,实践中各国在制定国籍法时很少遵循相互原则。

由于每个国家在各自主权之下对国籍规则的制定各行其是,因此,一国国内的国籍法可能会与他国的国籍规则发生纠葛,使得国籍法产生了或多或少的抵触与冲突的外溢效力。基于移民、经济、社会、人口的种族构成等众多问题的考虑,不同的国家政策目标有所不同,因而,获得双重国籍是不可避免的,既得到大多数国家法律制度的承认,也在一定程度上受到控制。[④] 国籍冲突无论是积极冲突抑或消极冲突,都会对个人与国家构成不利的影响,并且随着人员跨国流动日益频繁,冲突的复杂性与负面性进一步扩展。为此,国际与国家层面均已达成共识,通

---

① 参见曾令良《现代国际法上的人本化趋势》,《中国社会科学》2007年第1期。
② 参见何志鹏《人的回归:个人国际法上地位之审视》,《法学评论》2006年第3期。
③ 参见李浩培《国籍问题的比较研究》,商务印书馆1979年版,第227页。
④ Yearbook of the International Law Commission, 1954, Vol. II, A/CN. 4/84, pp. 56–110.

过双边或多边协议方式解决国籍的冲突问题。

在国际法上，个人与国家之间的联系历来是国籍这个概念。特别在国家管辖领域以及国家对个人的国际保护领域，国籍过去且现在依然非常重要。① 一方面，国籍权概念由《世界人权宣言》首次提出。其第15条规定，人人有权享有国籍。任何人的国籍不得任意剥夺，亦不得否认其改变国籍的权利，但是《公民权利及政治权利国际公约》没有重述这一规定，而仅仅提出保障儿童取得国籍的权利（第24条），使得国际人权法在规范个人的国籍权问题上缺乏连贯性与一致性。另一方面，人权公约确立了无国籍人的权利保障制度，在一国的管辖范围内，国家需承担尊重、保护和实现无国籍人权利的责任。国际人权公约与其他联合国和区域性条约共同构成国际保护规则，确立了无国籍人待遇的最低标准。

（二）外国人的地位与待遇

外国人的待遇问题本质上属于国家主权范畴事项，为个人在居留国的法律地位提供依据。一般情况下，外国人依据居留国法律所享受的法律地位和待遇有三种，即国民待遇、最惠国待遇和差别待遇。

国家赋予外国人地位与待遇体现了国家主权的相对性特点，即国家针对外国人行使主权的同时，要考虑国家间相互依存的国际关系及个人权利的保护义务。既要遵守国内法，又要遵守国际条约；既要承认外国人法律地位的平等与公正，又要考虑由此可能给国家利益带来的影响。在不违背所承担的国际义务的条件下，达到维护国家权益、保护外国人合法权益、促进国际交往的目的。②

（三）国家对个人的外交保护

当个人的国际法主体尚未确定时，只有通过国籍的联系，个人才能借助国家这一国际法主体而间接地享受国际法上的权利，典型的表现就是由国家对个人提供外交保护。在国际法早期，个人在国际法律秩序中没有地位，也没有权利，如果要保护在国外受侵害的国民，就只能采用

---

① [英] 马科西姆·N. 肖：《国际法》（上）（第六版），白桂梅、朱利江、李永胜、梁晓晖译，北京大学出版社2011年版，第206页。
② 参见张惠德、路晶《国家主权相对性：外国人管理的理论依据》，《中国人民公安大学学报》（社会科学版）2012年第6期。

拟制方式提出，即对国民的侵害就是对国家本身的侵害。现代国际法中，个人是许多国际法规则的主体，个人有权获得国际法之下的权利，但救济却不多。体现国家之间关系的外交保护仍是对人权在国外受侵害的个人给予保护的一种重要救济。

外交保护是一国因另一国的国际不法行为或不作为对其公民的人身或财产造成损害而对该国采取的行动。国家在国与国之间行使的外交保护是对在国外受侵害的本国公民提供的重要救济方法之一，其基础是国家的属人管辖权。外交保护在国家间进行，本质上是处理国家关系的制度。一国有权为国民实行外交保护，但国际法中没有规定国家实行外交保护的义务。国际法院在"巴塞罗那电车公司案"中明确地说明了这个立场："在国际法规定的范围内，一国可采用其认为妥当的任何手段、在其认为妥当的任何程度上实行外交保护……在这方面，国家保留酌处权，这种权力的行使可取决于与特定案件无关的政治考虑或其他考虑。"[1]

2006年，联合国国际法委员会通过《外交保护条款草案》，就外交保护的定义和范围、自然人的保护和用尽当地救济等作出规定，进一步丰富与充实了外交保护这一传统领域的习惯法规则。

三　处理个人与国家关系的特殊法律制度

（一）引渡制度

引渡制度系指被请求国将被指控或被定罪的个人移交至请求国进行起诉或执行判决的国际刑事司法合作与协助法律制度。引渡制度是国内法与国际法的混合产物。在国内法层面，引渡的程序与条件通常由各国国内立法和双边引渡条约加以规范。在国际法层面，以国家主权与国际礼让原则为基础，不同国家之间藉由引渡条约开展合作，相互移交犯罪嫌疑人。

国际法上的"或引渡或起诉"原则体现了"合作性"特点，反映了国际社会打击和惩罚严重犯罪的共同诉求。"引渡或起诉的义务"通常被用来指与如何对待被指控罪犯有关的替代义务，这个义务载于多项

---

[1] *Barcelona Traction*, *Light and Power Company.*, *Limited*, Second Phase, Judgement, I. C. J. Reports 1970, p. 44.

多边条约之中,旨在确保通过国际合作,以制止某些类型的犯罪行为。在过去几十年中,现行条约实践得到极大丰富,特别是在各种针对恐怖主义和其他威胁国际社会的犯罪的公约中,引渡或起诉的义务已成为一项确定的法律义务。但是引渡或起诉的义务列入多项国际条约以及各国在相互关系中的适用,引起了统一有关义务及实践的问题。

中国学者认为,"或引渡或起诉"条款已被纳入国际刑事司法合作尤其是引渡合作的国际法律文件中,每个国家都将该原则的适用与本国国际刑事政策的实现以及国际刑事合作的需求联系在一起,并在相当程度上将该原则的运用看作选择权的行使,而不是将其简单地理解为履行"义务"。①

(二) 国际难民制度

国际难民制度的核心是1951年《关于难民地位的公约》(以下简称《1951年公约》)与1967年《关于难民地位的公约议定书》(以下简称《议定书》)。一方面,迄今为止有148个国家加入上述一项或全部两项法律文件,使公约制度成为最具普遍约束力并广泛适用的国际法律制度,在向遭受苦难的个人提供人道主义保护方面发挥着无可替代的制度保障作用。以《1951年公约》与《议定书》为依据,联合国难民事务高级专员办事处曾在120多个国家开展难民援助行动,彰显了国际机构的全球影响力。另一方面,由于难民问题不仅关涉国家控制外国人进入其领土的主权权利,而且牵连国家对生命和自由受到威胁的个人给予保护的义务,因此难民公约在调和国家主权与个人权利两种相互竞争的异质价值过程中凸显了固有的局限性。

其一,公约的有限性保护范围与现实的大规模保护需求之间形成落差。《1951年公约》第1条对难民的范围作了严格的限定,表明公约旨在向符合特定条件的个体提供保护,并非涵括所有移民群体。因武装冲突、自然灾害、普遍暴力等造成的大规模流离失所者或被迫迁徙者,通常不被承认具有法定的难民地位而被排除在公约保护之外,须依靠国际社会自发性的人道主义救援,在很大程度上被动地受制于各国的客观能力和主观意愿。有些国家囿于自身人口、经济等客观条件,即使实施援

---

① 黄风:《"或引渡或起诉"原则应看作选择权的行使》,《检察日报》2013年10月22日。

助行动也往往不堪重负而无以为继；而有些国家虽具备客观能力却因缺少直接以及可期的保护利益怠于施以援手。

其二，国家行使接纳难民的权利与履行不推回难民的义务之间存在错位。根据国家主权原则，一国接纳与保护难民是一项国家的权利而非义务，国家对难民只是负有不推回义务。实践中，为了避免承担不推回义务，国家往往通过行使审查与甄别难民的自由裁量权，拒绝接纳难民或尽可能减少承认受保护的难民数量，甚至采取域外拦截措施直接阻止难民抵境边界，进一步加剧了难民的困境。

其三，难民责任的集体分担机制缺失。《1951年公约》侧重调整接纳国与难民的二元结构关系，即以"单边"责任模式确立两者的法律关联，由难民最先抵境的国家作为唯一的责任国负责甄别难民并承担不推回的法律义务，形成"距离决定责任"的实质后果。通常那些在地理位置上越接近难民来源地的国家成为责任国单独担负接纳难民责任的可能性就越大，其他国家则相应地置身于单边法律责任之外。

国际社会致力于依托联合国组织推动难民治理的全球合作。2016年，联合国大会通过了《关于难民与移民的纽约宣言》，为促进安全、有序和正常的大规模移民提供了全面国际合作的框架。2018年12月，联合国大会又通过了《难民问题全球契约》，"意在以可预测和公平的方式在联合国全体会员国和其他相关利益攸关方之间分担难民的负担和责任"，[①] 使其成为现阶段以联合国为主导、在难民领域最富有建设性的国际合作路径的法律基础。

第二节 国际法上有关"国际法上的个人"的新发展和我国的现实需求

"人类正处在一个挑战层出不穷、风险日益增多的时代……恐怖主义、难民危机、重大传染性疾病、气候变化等非传统安全威胁持续蔓

---

① 联合国大会：《难民问题全球契约》，A/RES/73/151，2018年12月17日，第3段。

延。"① 在此背景下，国家间的和平和发展秩序与"以个人为本"和"以人类为本"的人本秩序平行共进，不仅构成现代国际法的动态进程，② 并且为"国际法上的个人"理论与规则发展注入了新的内容。

一　人的安全与发展议题及其重要性

在 1994 年《人类发展报告》中，人的安全首次作为一个全新的概念被提出，意指人们的权利、安全乃至生命普遍不受威胁。该报告也体现了人的安全和人的发展是同一事物相辅相成、相得益彰的两个方面。③ 2012 年 9 月，联合国大会通过第 66/290 号决议，商定了对人的安全的共同理解。人的安全不仅是衡量人权实现的重要指标，并且用一种承认安全、发展与人权之间的相互关联和三角关系的全面办法，对当前复杂、跨国性安全威胁和其他挑战作出回应，预防和缓解未来威胁的发生，成为实现国家安全和国际稳定的一个关键要素。

就本质而言，人的安全与发展议题为国际社会应对日益复杂的多重威胁与挑战提供了整合和平与安全、发展与人权的适当框架，构成对和平共处、互不侵犯、互不干涉内政、相互尊重主权和领土完整原则的国家主权理论的补充与发展。

二　人员跨国流动对国家管控与全球治理提出挑战

个人跨国流动行为融入全球化进程并演变为其重要的组成部分。在人口跨国流动背景之下，从国际法层面探究外国人的问题，不能忽视人员跨国流动所带来的动态影响，特别是外国人在跨国流动中因出境、入境、居留等行为所产生的相关权利。跨国流动个人所享受的这些权利的获取途径有两种，一是基于国际人权法取得；二是依据各国国内法的规定取得。

跨国流动人员的数量、规模、复杂性与影响日益增长，对国家边境

---

① 中共中央宣传部：《习近平新时代中国特色社会主义思想三十讲》，学习出版社 2018 年版，第 285 页。
② 参见曾令良《现代国际法的人本化发展趋势》，《中国社会科学》2007 年第 1 期。
③ 参见联合国网站 https：//www.un.org/zh/issues/humansecurity/index.shtml，最后访问时间：2020 年 9 月 25 日。

安全、外国人行为规制、国家间关系乃至区域秩序等构成巨大挑战，成为全球性关注的焦点之一。其中，被迫移民与流离失所现象是全球性危害隐患中最大、最不可预测的变量之一，因此，引导正常、有序、安全的人员跨国流动，推动构建全球移民与难民治理的合作机制具有重大的理论与实践意义。

三 打击恐怖主义与跨国有组织犯罪的国际合作需求显著

当前，人员跨国流动的规模、类型与成因复杂多元，深刻地影响了与安全相关的各个层面——国家主权、国家间权力平衡以及发生在国际与国内层面的暴力冲突。暴力冲突问题涉及跨国有组织犯罪、国际恐怖主义等非传统安全问题。恐怖组织利用新型通信技术和社交媒体跨境资助、煽动恐怖主义活动，并且跨境征募恐怖分子前往涉恐地区接受培训、策划以及实施恐怖袭击。这种虚拟与现实叠加的跨境输出手段促发了恐怖主义活动历史上前所未有的"全球化"态势，使国际社会面临恐怖主义跨国流动性以及暴力危害性升级之虞。规范人员跨国流动行为与预防恐怖主义活动具有保障国际社会与国家安全的共同的价值诉求。

在国内层面，将跨国流动行为要素置于国家反恐机制当中，有助于促进两者在保障国家安全维度上的耦合效应，进一步充实与引导国家安全治理体系的内容，加重构筑防范堡垒的砝码，更精准地抵御因恐怖主义活动与人员跨国流动叠加产生的风险。[①]

具体而言，各国致力于提升国家移民或出入境管理及其配套法律制度在国家安全中的角色与地位，并且与国家反恐机制相互策应，着眼于围绕跨国流动行为要素的预防机制建设，加大甄别包括外国恐怖主义作战人员在内的恐怖主义分子跨国流动信息监测力度，并拓宽阻断其跨国流动的执法范畴，以减少外国恐怖主义作战人员的生成以及防止跨国流动行为，从而最大限度地释放恐怖主义行为活动的潜在风险及应对恐怖主义活动"全球化"的挑战。

[①] Sandra Mantu, "Terrorist' citizens and the human right to nationality", (2018) 26 (1) *Journal of Contemporary European Studies* 28, p. 38.

四 跨国公司的国际规制重要性突显

跨国公司的国际规制是近年来国际法领域的新热点。目前,各国法律制度不同和难以协调的问题,导致跨国公司通过全球性经营活动游走在各国管辖的空隙中,规避国家的管制。由于跨国公司社会责任的国内法规制总是受制于本国的利益或者缺乏域外效力而显得力不从心,跨国公司社会责任的积极承担已纳入国际法规制的重要议题。

对此,联合国专门设立跨国公司委员会,并促成了《跨国公司行动守则草案》的出台。同时,跨国公司的国际人权责任、环境责任以及全球治理中的跨国公司角色等问题受到持续的关注。

2011年,联合国人权理事会通过了《工商企业与人权:实施联合国"保护、尊重和补救"框架指导原则》,标志着对跨国公司的国际法规制成果在人权领域初见成效。2014年6月26日,人权理事会设立"跨国公司和其他工商企业与人权问题的开放型政府间工作组",授权其拟订一项具有法律约束力的国际文书。2018年,工作组发布了《在国际人权法中规范跨国公司和其他工商企业活动的具有法律约束力的文书(零草案)》以进一步推动跨国公司人权责任问题的编纂进程。该文书继承了《指导原则》的编纂成果,并借鉴了《马斯特里赫特原则》的基本规定,全面体现了联合国规制跨国公司人权责任的最新立场及对于传统国家义务的回归,展示了跨国公司人权责任问题从软法规制向"硬法化"发展的最新进展。[①]

五 中国的发展形势与需求

党的十九大报告中提出,"推动形成全面开放新格局",为新时代我国对外开放指明了方向。对"国际法上的个人"研究应当以"一带一路"建设为中心,围绕双轨并重的"走出去""引进来"国家战略,切实维护国家利益。

(一)完善国籍制度与加强外国人的管理机制

国籍制度事关一国的人口发展、国家安全乃至国家凝聚力等重大、

---

① 孙萌、封婷婷:《联合国规制跨国公司人权责任的新发展及挑战》,《人权》2020年第6期。

核心利益。正确解决和处理好国籍问题,对于保护我国公民和在华外国人的合法权益,促进我国的改革开放和现代化建设,加快经济的稳步增长,维护社会稳定,发展我国与世界各国的友好关系具有重要意义。

在频繁的国际交往中,中国正在融入世界性人口流动的大趋势中。跨国人口的增长和频繁流动导致由国籍所联结的个人与国家的身份、权利义务、国家认同等冲突以及诉求日益增多,涉国籍问题越来越突出,涉国籍的个案纠纷不时涌现。在新的时代大背景之下,我国现行的国籍法和国籍审批制度面临着如何回应现实需求的新挑战。

(1) "新移民"现象

随着国家"走出去"战略的实施,通过留学、投资、务工、探亲等形式移居国外的人数不断增加。仅改革开放后从中国大陆和港澳台等地区出去的中国公民就有1000多万人,这些人被称为"新移民"。新移民有以下几个方面的特点:第一,在海外的新移民分布广泛,类型日趋复杂。第二,新移民主要目的是定居海外以求得更好的生存空间和发展条件,他们中有的已入籍所属国,有的仍保留中国国籍。第三,留学与工作目的新移民是人口跨国流动的重要组成部分,同时回国就业的人数也持续增加。第四,新移民大多生长在新中国,长期在国内受教育,是改革开放政策的受益者,深受中华文化熏陶,有着强烈的故土情结,而且仍有很多亲属在国内,对祖(籍)国的感情非常深厚,与祖(籍)国的联系十分密切,并愿意以各种形式参与、促进住在国与我国的经贸、科技和文化交流与合作,促进自身事业的发展。近年来,新移民专业人士一方面是中国引进海外高层次人才的主体,另一方面围绕国籍制度产生了"实施双重国籍"诉求、"事实双重国籍"等复杂问题。

(2) 华人华侨问题

基于历史原因,我国传统的海外华人华侨基数比较庞大。改革开放后,随着"新移民"数量增加,海外的华人华侨规模持续增长。据不完全统计,2014年海外华人华侨已达6000多万人,分布在198个国家与地区。从我国历史上第一部成文国籍法到现行国籍法可见,海外华人华侨对于我国国籍立法与国籍审批制度的形塑具有关键性影响。争取海外华人的认同感、维护海外华侨的合法利益、消除因华人华侨产生的国籍冲突等是我国国籍制度的核心价值取向之一,在当前仍然具有延续的

necessary 与意义，有利于维护我国的根本利益。

（3）外国人入籍

改革开放 40 多年以来，中国持续快速的经济增长和安全稳定的社会环境吸引的来华外国人数量大幅增加，国际移民向我国"内流"的趋势日益显著。外国人通过工作、学习、经商、跨国婚姻等多重渠道入境我国居住生活已成为常态。在入籍条件中，强化入籍外国人的国家认同感、文化与语言相通，以更好地适应新的社会环境与融入，成为合格的国家公民，这是国籍审批制度所承担的内在功能。此外，我国还面临体育、高科技领域特殊贡献人才的入籍诉求问题。

（4）跨国流动人员的未成年子女的国籍认定问题

我国公民走出国门后，随着时间的推移以及各种原因，一部分人员在国外长期居留从事务工、经商、留学等，有些取得了所在国的长期居留权，有的自行取得了所在国的国籍。这些人员在国外所生子女的国籍甄别问题越来越成为复杂棘手的新情况、新问题，并且可能造成"双重国籍"及衍生问题。如何适用准确划分与认定不同情况下的未成年人的国籍和身份问题，也是国籍制度改革的新探索。

我国国际移民制度体系的建设起步较晚，普遍缺乏针对外国人的管理经验，有必要进一步完善外来移民的出入境流动管控、居留管理、社区融合、便利化服务与待遇的政策与制度。

（二）外交保护与维护海外公民利益

"一带一路"建设及中国海外投资的增长使人员间国际往来频繁，在海外的中国公民数量不断增加。在此背景下，保障海外中国公民、企业与机构的安全、投资以及其他合法权益成为我国国家利益的重要组成部分。

海外公民利益的保护与诸多国际法领域的问题相互交叉，例如国家的管辖权问题、国籍问题、人权的国际保护、国家责任等，其中，外交保护是处理这些复杂关系的焦点与核心。[①] 在保护海外公民的权益方面，外交保护法应该是国际法人本化加强的一个新动向。具体而言，各国的外交代表机构在代表和保护本国国家利益的同时，保护本国自然人

---

① 万霞：《外交保护国际制度的发展及演变》，《国际观察》2009 年第 2 期。

和法人在国外的权益的任务日趋繁重与重要，使得外交法在其固有的人本特征基础上，更加人本化。① 其以国际法为依据探索外交保护与领事保护制度中的新规则与新方法，对于有效维护我国海外利益至关重要。

（三）参与移民与难民全球治理机制建设

绝大多数的流离失所者与难民是武装冲突、普遍暴力的直接产物，只有从根源上结束战乱，稳定地区局势，才能避免付出无数平民背井离乡、历经苦难的惨痛代价。事实证明，一些国家标榜所谓人权保护标准而脱离《1951年公约》不加甄别地将所有移民视作难民的做法，既没有减少也未能阻止难民及其他被迫移民的数量与大规模流动，相反却导致对难民及被迫移民流入的管理不力、难民不当转移乃至国家、地区间的紧张局势。

需要指出的是，近些年来一些西方国家违反《联合国宪章》肆意干涉他国内政甚至绕开安理会以单边"人道主义干涉"为由对他国动武，激化了相关国家的国内政治矛盾，加剧社会动荡殃及平民被迫逃离家园沦为流离失所者和难民。从公平原则出发，对于因推行霸权主义而造成的难民问题，其根源的始作俑者应当分担更多的责任。

中国的边界地缘复杂、周边各国发展不均衡，对中国而言，关切国际难民局势并积极参与和推动全球难民的治理合作具有重要的现实意义。作为《1951年公约》及其《议定书》的缔约国，中国切实维护难民公约制度的稳定和有效运行。作为占世界人口最多的发展中国家，中国历来奉行和平发展，妥善处理好与周边国家的关系，致力于同各国人民共创安定、和谐、美好的生活，因此对于长期保持地区稳定、促进地区繁荣作出了巨大的贡献。

同时，中国政府从尊重人道主义原则出发倡行全球难民治理合作，高度重视并深度参与全球难民问题的解决。通过国家间合作以及协助与配合联合国机构的工作，共同为寻求自愿遣返、重新安置、就地融合等永久解决方案而努力。积极向有关国家和国际机构提供人道主义救援和慷慨资助，切实帮助世界各地流离失所的难民回到自己的祖国和重建自己的家园。

---

① 王秀梅：《国际法人本化趋向下海外中国公民保护的性质演进及进路选择》，《现代法学》2010年第4期。

（四）引渡制度在实践中面临新挑战

美国针对中国公民发动的一系列与引渡有关的事件在国际国内引起了轩然大波。就引渡制度问题开展国别研究以及从国际层面进行深入解读，对于在国际社会依法保护我国公民的合法权利具有非常重要的现实紧迫性，相关研究包括但不限于国内引渡制度与国际法的关系，国内引渡制度对引渡第三国国民的规定，引渡制度与国家管辖权的关系等。

对于引渡第三国国民问题，中国学者撰文指出，国际法学界对引渡第三国国民问题还没有形成统一和确定的认识。实践中存在着或存在过对第三国权利予以适当顾及的一定数量的引渡条约和国内相关立法。尚不存在引渡当事双方可无视第三国权利的一般性的条约实践，这既不是各国国内法的普遍实践，也未得到国际法理论上的支持，因而认为就此已形成习惯国际法规则为时尚早。其国民成为他国间引渡对象的第三国，基于习惯国际法和可适用于第三国与引渡当事双方之间的有关条约，是享有若干权利的。基于习惯国际法，第三国的权利不受引渡当事双方之间引渡条约的影响；第三国对成为他国间引渡对象的国民享有属人管辖权、提出引渡权、被通知权和提出异议权，并有权就其国民所受损害行使外交保护等，并援引引渡当事双方国际不法行为的国家责任，包括采取反措施等。①

第三节 "国际法上的个人"的研究现状与未来展望

一 "国际法上的个人"问题的研究现状

传统国际公法学科以国家间关系为研究对象，很大程度上体现了调整国家间行为以及国家的权利义务等"宏观性"规范特点，而"个人"是传统的国内法调整主体，即使在国际法层面，国际法上的个人也更多涉及国家与个人之间的"微观"关系，影响力较小，范围较为有限。

相应地，对"国际法上的个人"问题的理论研究多年来在传统国

---

① 李永胜：《从国际法看引渡第三国国民问题》，《国际法研究》2020 年第 6 期。

际公法学科中处于较为边缘化的地位，属于相对冷门的研究领域。研究兴趣与关注度的普遍缺乏导致研究力量相对薄弱，存在研究范围狭窄、成果数量不多与深度不够等问题。在这一领域没有进一步形成理论上的系统化与深入化，缺少用于观察、分析和解决基本实践问题的统一方法和创新性理论体系，因而对实践的指导作用未得到充分的发挥和展现。

二 重点研究问题与方向

（一）将人权、可持续发展与个人的国际法地位研究有机结合

个人在国际法体系中地位的重要性伴随国际法人本化发展趋势而得到进一步的提升。国际法的人本化促使国际法必须在一些相关部门和领域之间寻求有机联系与合理协调，例如发展、安全、人权以及法治之间的关联性。[①]

随着国家之间的互惠联系日益密切，相互依存的趋势越来越强，对国际法上的个人问题的研究应当与联合国所倡导的人的安全议题、可持续发展目标以及人权中的发展权有机结合，采取基于权利的方法，将国家主权置于更加理性和有效的地位，倡导人类社会的共同价值，在此基础上，对个人、非国家行为体的权利给予更多的关注并赋予更加丰富的内涵。[②]

（二）"人才强国"战略下的国籍制度以及人员跨国流动管理研究

随着我国经济与社会的迅速发展，进入我国的外国移民和侨居海外的中国移民都呈现新的态势。我国"十四五"规划纲要提出"人才强国战略"，对此，需要结合国际新形势与我国现实国情，遵循人员国际流动规律，综合运用法律和社会手段引导人员正常、安全与有序的跨国迁徙。笔者的建议是：

第一，加强国籍制度研究，为推进我国的人口发展战略、增强国家凝聚力发挥重要作用。

第二，科学构建外国人的居留和融入制度，引导与畅通内外人员交流的机制与通道，吸引海外高端人才以实现"引智引资"功能。对于华人、华侨来华时的投资、生活、教育等便利性需求，可以通过优化立

[①] 参见曾令良《现代国际法的人本化发展趋势》，《中国社会科学》2007年第1期。
[②] 参见葛森《全球化下的国际法主体扩张论》，《政法学刊》2018年第6期。

法的技术性手段与进一步完善管理制度来提升便利化。

第三，应当避免单纯基于国籍因素给予外国人超国民待遇。这主要是因为当事人往往趋利避害，通过国籍变化以谋求利益最大化，将极大削弱国籍作为国家与个人纽带的身份与效忠关系的严肃性，使国籍沦为个人利益寻租工具。

（三）"一带一路"建设背景下的外交保护制度研究

我国的国家海外利益涵摄在海外的众多中国企业、机构和公民等非国家行为体的利益，"一带一路"建设推动我国海外利益在"一带一路"沿线加速拓展，也为维护我国公民海外权益的外交保护制度带来挑战。对此，在理论层面，应当密切关注以《外交保护条文草案》为基础的外交保护制度的国际化发展趋向，跟踪研究实施外交保护的个人与国籍国、东道国之间的法律关系等理论问题。在实践层面，加强同外国签订双边条约以保护我国公民在该国的安全以及有关领事和外交保护的国内立法工作。此外，在"一带一路"倡议下促进与保护中国海外投资的工作迫切要求完善海外投资保护法律制度。[1]

（四）人员跨国流动衍生的个人与国家关系问题研究

经济全球化使得国际法日益攸关个人的利益。个人与国家间互动日益增强，两者相互影响。一国通过国家间关系制定及实施有关国际法规则往往是其与个人之间互动关系的结果。[2] 随着全球化的深入，人员跨国流动活动日益复杂，国家与个人关系不仅仅局限于经济领域，而是更进一步向其他领域扩展，衍生出国家对个人的管辖权，个人行为引起的国家责任，国家在国际卫生突发事件中对个人跨国流动管控、移民流动与难民治理等诸多层面问题。这些问题既关乎国家主权、领土等传统国际法理论，也与非国家层面的、人类日常生活有关的发展问题密切相关，在这些新领域深入探讨构建个人与国家关系的规范体系以及个人对国际法发展的推动力成为新课题。

（五）非传统安全与国际反恐法律机制研究

非传统安全问题具有明显的跨国性特征，不仅是某个国家存在的个

---

[1] 刘笑晨：《中国海外投资保险法律制度研究——基于"一带一路"倡议和全球治理理论视角》，《财经问题研究》2018年第4期。

[2] 参见蔡从燕《面对国家的个人与面对个人的国家——全球化背景下国际法发展的元动力问题》，《法律科学（西北政法学院学报）》2006年第6期。

别问题，而且关系到其他国家或整个人类利益。与个人相关的非传统安全主要涉及国际恐怖主义、非法移民与难民问题等。在全球化背景下，恐怖分子跨国流动是导致恐怖主义"全球化"蔓延的一个主要根源，不仅需要开展双边、区域乃至多边的国际合作，并且需要将跨国流动行为要素融入国家层面的安全治理体系、贯穿于国际反恐战略当中，促进预防与惩罚国际反恐机制架构的更加优化平衡。

在国家层面，我国边疆地区长期面临较严峻的反恐形势。域内域外恐怖势力勾连互动，向边疆地区渗透，大肆实施恐怖主义活动，给国家安全、社会稳定带来极大危害。习近平总书记在党的十九大会议上提出，要完善国家安全战略和国家安全政策……健全国家安全体系，加强国家安全法治保障……严密防范和坚决打击各种渗透颠覆破坏活动、暴力恐怖活动、民族分裂活动、宗教极端活动。① 这是我国构建反恐法治体系的理论基础。

我国反恐怖主义立法充分彰显了"打防结合"的原则，强调并突出了预防性反恐的重要性。② 我国《国家安全法》明确强调维护国家安全，应当坚持预防为主、标本兼治，规定了风险预防、评估和预警。2016 年《反恐怖主义法》以坚持防范为主、惩防结合为原则，并且将安全防范作为反恐怖主义工作的基础环节，详细规定了安全防范的各项法律措施。

（六）国际法治发展与跨国公司的法律规制

跨国公司越来越多地参与国际事务，国际法规范跨国公司的责任成为国际法治发展中的新课题。规范跨国公司责任既是建立更加公平的国际秩序的需要，也是有效维护我国合法权益和推进我国法治建设的需要。③

在研究内容上，对跨国公司的国际法规制既涉及国家对跨国公司这一非国家行为体进行管辖过程中形成的相互关系的基本理论，譬如跨国

---

① 参见《中国共产党第十九次全国代表大会文件汇编》，人民出版社 2017 年版，第 40 页。
② 肖武：《不断完善的中国反恐怖主义法律体系》，《人民日报》2018 年 10 月 15 日第 11 版。
③ 参见邵沙平《国际法治的发展对跨国公司责任的影响》，《武汉大学学报》（哲学社会科学版）2015 年第 5 期。

公司的法律地位、权利义务等，也与人权、环境、国际刑法等国际法其他领域相互交叉、具有密切的关联性，譬如工商业与人权、环境保护责任，跨国公司的犯罪问题等。在现实意义上，"一带一路"建设为中国企业和公司的海外投资创造了巨大空间，关注跨国公司责任问题研究，有助于提高海外中国企业的社会责任意识以及指导其与当地非政府组织的合作，这对于改善中国企业海外生存状况、提升竞争力具有极为重要的价值。

第十二章

条约法

条约法是国际法中规制国际法主体之间的条约关系的法律分支，是关于条约的缔结、解释、适用、效力等的法律原则、规则、制度的总称。①

与国际法的其他部门一样，条约法的渊源包括习惯、条约和一般法律原则。在相当长的时间内，条约法主要表现为国际习惯。习惯由于其内容的不易确定性，给实际适用造成了一定困难。因此，编纂条约法成为条约法发展的时代需要。1949年，以促进国际法的编纂与逐步发展为己任②的联合国国际法委员会（International Law Commission）③第1届会议即决定将编纂"条约法"作为其优先考虑的专题之一。此后，应联合国大会建议，国际法委员会又分别研究了国家与国际组织间或者国际组织相互间缔结条约的问题④以及国家在条约方面的继承问题。⑤

联合国在国际法委员会工作的基础上，先后主持制定了三项关于条约法的公约，分别是《维也纳条约法公约》（1969年5月23日通过，

---

① 参见李浩培《条约法概论》，法律出版社2003年版，第40页；朱晓青主编《国际法学》，社会科学文献出版社2012年版，第161页。

② 参见《国际法委员会法规》第1条第1款："国际法委员会以促进国际法之逐渐发展及编纂为宗旨。"

③ 参见联合国大会第一七四（二）号决议《国际法委员会之设置》，A/RES/174（II），1974年11月21日。

④ 参见联合国大会第二五〇一（二十四）号决议《国际法委员会报告书及关于维也纳条约法公约第一条之决议案》，A/RES/2501（XXIV），1969年11月12日，第5段。

⑤ 参见联合国大会第一六八六（十六）号决议《国际法之编纂与逐步发展方面之未来工作》，A/RES/1686（XVI），1961年12月18日，第3（a）段。

1980年1月27日生效)①、《关于国家在条约方面的继承的维也纳公约》(1978年8月23日通过，1996年11月6日生效)②、《关于国家和国际组织间或国际组织相互间条约法的维也纳公约》(1986年3月21日通过，尚未生效)。

1997年5月9日，中国全国人大常委会作出我国加入《维也纳条约法公约》的决定，1997年9月3日交存加入书，1997年10月3日起公约对中国生效。中国在加入时对该公约第66条"司法解决、公断及和解之程序"作出保留，并声明：台湾当局于1970年4月7日以中国名义在《公约》上的签字是非法的、无效的。中国没有参加其他两项维也纳公约。

第一节 条约法基本制度述要

关于条约法的三项维也纳公约中，尤以《维也纳条约法公约》最为基本、权威，影响最为广泛深远，被称为"关于条约的条约"，③ 是条约法编纂的集大成者。这一公约既最大限度地反映了习惯条约法规则，是对习惯条约法的编纂，又适度发展了条约法，使其更能适应现代国际社会的需要，④ 确立了现代条约法的基本制度框架。

《维也纳条约法公约》(本章下称《1969年公约》)由序言、正文、附件三部分组成，其中正文又分8编85条，主要内容包括条约的缔结与生效，条约的遵守、适用及解释，条约的修改与修正，条约的失效、终止及停止施行，条约的保管机关、通知、更正及登记等。《1969年公约》仅适用于国与国之间的条约法律关系，它所称"条约"，指的是"国家间所缔结而以国际法为准之国际书面协定，不论其载于一项单独文书或两项以上相互有关之文书内，亦不论其特定名称为何"。因此，

---

① 截至2020年9月6日，共有116个缔约国。联合国五个常任理事国中，法国和美国尚不是公约缔约国。
② 截至2020年9月6日，共有23个缔约国。
③ 朱文奇、李强：《条约法》，中国人民大学出版社2008年版，第47页。
④ 参见李浩培《条约法概论》，法律出版社2003年版，第51页。

《1969年公约》并非对条约法的全面编纂。1986年《关于国家和国际组织间或国际组织相互间条约法的维也纳公约》（本章下称《1986年公约》）补充了《1969年公约》，使条约法更为系统全面。《1986年公约》绝大部分规则与《1969年公约》保持了一致，虽然尚未生效，但对当代国际实践具有重要的指导作用。鉴于两项维也纳公约在实质内容上的一致性，本章主要以《1969年公约》为依托介绍条约法的基本制度。

一 条约的缔结

（一）缔约能力与缔约权

缔约能力是指以自己名义独立参加条约法律关系，并且直接承担条约义务和享受条约权利的能力。① 缔约能力由国际法确定，是国际法主体资格的一种基本表现形式。主权国家具有当然的、完全的缔约能力。政府间国际组织作为国际法的另一主要主体，也具备相应的缔约能力，其缔结条约的能力依照该组织的规则取得，② 因此也受到组织规则的限制。争取独立的民族是具有国际法主体资格的非国家实体，也具备一定的缔约能力。红十字国际委员会（ICRC）是国际性非政府组织的一个特例，依据联合国大会邀请其以观察员身份参加会议的决议③和《日内瓦公约》所赋予的职责而具备了一定的缔约能力，但其缔约能力严格限定在为执行职务、实现其目的和宗旨所必需的范围之内。

缔约权本质上是一个国内法概念。概括而言，它是缔约主体内部某一机构行使缔约能力的权限范围。就国家而言，缔约权的主体往往由一国宪法明确规定，各国普遍将缔约权授予国家元首、政府首脑和外交部长。中国宪法规定：国务院同外国缔结条约和协定；全国人大常委会决定同外国缔结的条约和重要协定的批准和废除；国家主席根据全国人大

---

① 参见万鄂湘、石磊、杨成铭、邓洪武《条约法》，武汉大学出版社1998年版，第20页。

② 关于国际组织缔约能力的来源，理论界提出了集体缔约论、国际人格论、习惯法说等不同观点。1986年《关于国家和国际组织间或国际组织相互间条约法的维也纳公约》遵循了授权理论，即认为国际组织的缔约国能力实质上来源于国际组织章程的授权。相关论述详见万鄂湘、石磊《论国际组织缔约能力的法律依据》，《武汉大学学报》（哲学社会科学版）1994年第6期。

③ 《鉴于1949年8月12日〈日内瓦公约〉赋予红十字国际委员会的特别作用和任务，给予该委员会观察员地位》，A/RES/45/6，1990年10月16日。

常委会的决定批准和废除同外国缔结的条约和重要协定。因此，中国的缔约权由国务院、全国人大常委会和国家主席共同行使。国际组织的缔约权通常赋予其行政机关行使，具体由该组织的章程加以规定。

（二）缔约程序

条约得以成立需要一整套程序。在国际层面，条约的缔结大体划分为约文议定与认证，及同意受条约约束两个阶段。

双边条约的约文由一方或双方各自提交作为谈判基础，或者设立起草小组负责约文起草。多边条约的约文起草一般由国际机构承担。对双边条约，约文议定须经双方谈判代表共同同意。对多边条约，议定约文有不同的程序规则，实践中形成了全体一致原则、多数原则和协商取得基本一致原则。① 这几种程序各有优劣、适用于缔结不同性质的条约，究竟适用哪种程序取决于参与缔约者的共同决定。条约起草和准备的最后阶段是对约文进行认证，表明缔约各方共同同意该约文是正确和作准的。约文认证的形式，包括草签、尚待核准的签署以及签署几种。

条约能否产生法律效力，取决于谈判各方是否同意承受条约约束。国家以签署、换文、② 批准、赞同（approval，又称核准）、加入、接受等方式表示同意受条约的约束，究竟采用哪种方式，取决于条约的性质、条约本身的规定、谈判各方另经确定的合意，同时亦受到谈判方国内规定的影响。

（三）保留

鉴于条约是谈判各方协商甚至妥协的产物，各方往往不会完全赞同条约的所有条款。一方面，参与谈判的国家希望适用条约中的绝大多数条款但又不愿接受个别条约，另一方面，条约本身需要获得尽可能广泛的接受从而尽快生效，于是保留制度应运而生。所谓保留，是指一国或一国际组织在表示同意受条约约束时所作的单方面声明，不论其措辞或名称如何，意在借此排除或更改条约中某些规定对该国或该国际组织适

---

① 详尽的论述参见李浩培《条约法概论》，法律出版社 2003 年第 2 版，第 97—104 页。
② 《维也纳条约法公约》第 13 条规定："遇有下列情形之一，国家同意承受由彼此间交换之文书构成之条约拘束，以此种交换表示之：（甲）文书规定此种交换有此效力；或（乙）另经确定此等国家协议之文书交换由此效力"。

用时的法律效果。① 保留必须是一项单方面声明，只针对多边条约提出，且需产生排除或限制条约规定对其适用的法律效果。为防止保留制度被滥用，提出保留的时机被限定在同意受条约约束时。

根据传统国际法规则，一个缔约方的保留，必须得到所有其他缔约方的明示或默示同意才能成立。1951 年国际法院关于《防止及惩治危害种族罪公约》的保留问题的咨询意见开启了现代条约保留制度之先河，并被《1969 年公约》确定下来。据此，在条约未对保留事项作出明文规定的情况下，一个缔约国所提出的保留是否有效，依据该保留是否符合条约的目的和宗旨的标准来判定。

保留是平衡条约的完整性和普遍性价值目标的产物。这一制度在促进条约获得广泛接受的同时，也可能激励更多缔约方提具保留，从而妨碍国际法律制度的统一性。保留制度是条约法理论与实践中最复杂的问题，随着实践的发展又出现了许多新的问题。1994 年，经联合国大会核准，国际法委员会将"有关条约保留的法律和实践"列入研究专题，继续对此问题展开跟踪研究。

（四）条约的生效与暂时适用

条约的生效是指条约本身正式产生法律效力从而对缔约国产生法律约束力的一种法律状态。绝大多数条约会在约文中明文规定条约的生效方式和生效日期。如遇条约没有关于生效的规定或协议，根据《1969 年公约》第 24 条第 2 款，"条约一俟确定所有谈判国同意承受条约之拘束，即行生效"。

条约的生效不同于条约对一个国家生效。后者指条约的法律约束力及于某一国家。条约对一个国家生效以条约本身生效和国家表示同意受条约约束为前提，条约对国家的约束力始自上述两个生效日期中在后的一个日期。

条约的生效也不同于条约的执行，后者指缔约国为履行条约而进行的具体活动。一般而言，条约的生效日期即是条约开始执行的日期，但也不尽然，有时，条约中规定的义务在生效后的一段时间才开始执行；也有的条约执行先于生效，这多见于条约在生效前暂时适用的情况。

---

① 《国际法委员会第五十届会议工作报告》，A/53/10（1998），第 479 段，注 177。

条约的暂时适用主要发生在须经批准的条约签署后、批准前的这段时间内，条约的一部或全部在条约生效前依下列情形之一暂时适用：一是条约本身如此规定，二是各谈判国以其他方式作出这样的约定。

二 条约的适用

（一）条约的适用范围

对条约适用的时间范围，《1969年公约》确立了条约不溯既往的一般原则。其含义是条约适用的时间起点是条约对一国生效之日；条约规定仅适用于条约有效期内当事国发生的行为和事实，对生效前的行为或事实或已不存在的情势，不具有法律约束力；条约生效前的行为或事实或情势在条约生效后继续存续的，条约规定可以适用；条约不适用于其终止后发生的事实。

条约不溯既往并非绝对原则，当事方可通过共同的意思表示使某些条约具有追溯效力。此外，条约终止后仍可能具有一定的残余效果：条约有效期内发生的行为或事实、产生的权利和义务，仍然适用条约。

条约在空间上的适用范围及于一当事国的全部领土。根据《1969年公约》，"除条约表示不同意思，或另经确定外，条约对每一当事国之拘束力及于其全部领土"。这一规定表明两层含义：第一，条约当事国可以明示或默示方式表明条约的领土适用范围；第二，在没有明确意思表示的情况下，原则上条约的效力及于一当事国的全部领土。[①] 有些条约会适用于一国领土之外的某些公共领域，如1959年《南极条约》、1979年《月球协定》。条约的域外适用会产生国家的域外管辖权问题。

（二）条约的实施

条约的实施，即执行条约或适用条约。[②] 一方面，国际机关可以适用条约，如国际司法机构解决因条约而起之争端时对条约的解释和适用。另一方面，条约主要由作为当事方的国家予以实施。

---

① 对"全部领土"是否包括殖民地和被保护国，曾有争议。但随着殖民制度逐步被消灭，条约法起草过程中摒弃了"当事国负有国际责任的领土"这样的殖民条款，认为"全部领土"应只包括一当事国主权控制下的领土。See Report of the Commission to General Assembly, YILC (1966), Vol. II, p. 213.

② "执行条约就是适用条约。"参见李浩培《条约法概论》，法律出版社2003年版，第313页。

国家对条约的实施需遵循一些基本原则。首要的是条约必须遵守原则，这是得到"举世承认"的习惯国际法规则，亦由《1969年公约》明文确认：凡有效之条约对其当事国有拘束力，必须由各该国善意履行。"条约必须遵守"奠定了条约法的基石，对于创造国际社会成员之间的互信互赖关系、稳定国际秩序、维护国际和平具有重要意义。其次，条约的优先性原则。虽然如何在国内执行条约是各国主权范围内的事，但条约法明确规定，一当事国不得援引其国内法规定为理由而不履行条约。这在国际层面确立了国际法相较于国内法的优先性，当事国的国内立法或国家组织结构不能成为其不履行条约义务的理由；符合国内法的行为有可能造成违反国际法的后果，从而令当事国承担国际责任。

国家在国内实施条约需解决三个相互关联的问题：国家如何将条约接纳到国内法律体系中；条约与国内法相比的法律位阶；条约在国内法上的适用方式。首先，受到有关国际法与国内法关系之"二元论"与"一元论"的影响，各国接纳条约的方式总体上可以归为"转化"（transformation）和"纳入"（adoption）[1]两类。前者基于国际法与国内法属于两个不同的法律体系的认识，认为一国缔结的条约需经国内立法机关转化为国内法后，才可以在国内适用，而得到适用的是转化条约的国内法。后者则认为一国缔结的条约自对该国生效之日起即成为该国法律体系的一部分。其次，以纳入方式接纳条约的国家，需进一步明确条约与国内法的相互地位，以解决条约与国内法可能的冲突问题。各国依各自的法律传统采用了不同的处理方式，大体包括条约优于宪法、条约优于国内法、条约等同于国内法、条约低于国内法几种类型，但实际上鲜少有国家明确规定条约的地位低于国内法。最后，被纳入国内法律体系的条约依其是否对个人和法人具有直接效力，进一步区分为自执行条约和非自执行条约。[2] 广泛的国家实践表明，凡是把条约一般性地纳入国内法的国家，都有区分自执行和非自执行条约的必要。

（三）条约解释

条约解释是"对条约的具体规定的正确意义的剖析明白"。[3] 正确

---

[1] 有时纳入也被称为并入（incorporation）。

[2] 学术讨论中，自执行条约也被称为具有直接效力或者可以被直接适用的条约；非自执行条约也被称为具有间接效力或者被间接适用的条约。

[3] 李浩培：《条约法概论》，法律出版社2003年版，第334页。

解释条约是善意履行条约的前提。条约解释依解释主体可分为学理解释和官方解释，其中官方解释指条约当事国或经授权的国际机关对条约的解释；依解释效力可分为有权解释和非有权解释。按照"谁制定的法律谁就有权解释"的原则，只有条约当事国全体同意的解释才是有权解释。

《1969 年公约》第 31—33 条规定的条约解释的一般原则和规则，被认为是条约解释的习惯法。据此，"条约应依其用语按其上下文并参照条约之目的及宗旨所具有之通常意义，善意解释之"。善意解释是条约解释的基本原则。约文是条约解释的出发点，约文解释的核心是阐明条约用语的自然和通常含义。目的解释是约文解释的补充，在确定条约用语的通常含义时，除根据上下文外，还必须参照条约的目的和宗旨。为确定条约的目的和宗旨，与上下文一并考虑的因素还包括当事国嗣后缔结的解释性协定、嗣后惯例、适用于当事方之间关系的有关国际法规则。如果在运用上述解释方法后，条约用语仍然模糊或难解或得出的结论显然荒谬，则可以使用条约的准备工作及参考缔约时的情况，作为解释条约的补充资料。

有多种作准文字的条约，各作准本在条约解释上具有同等权威性，并推定条约条款在各作准约文中具有同一含义。如果不同作准本的约文之间意义有差别，且按照上述解释方法无法消除此差异时，应采用顾及条约目的和宗旨的最能调和各约文的意义。

（四）条约继承

条约继承是指条约规定的权利义务由一个承受者转移给另一个承受者的过程。条约继承依继承主体的不同可以分为国家的继承、国际组织的继承、构成国际法主体的非国家实体的继承、政府的继承。

1978 年《关于国家在条约方面继承的维也纳公约》（以下简称《1978 年公约》）是迄今唯一关于条约的国家继承的国际公约，且该公约仅适用于国家继承情形下对国家间条约的继承。《1978 年公约》规定了合并、并入、分裂、分离、独立、领土转移等情况下对条约的继承规则。但是，由于该公约的很多规定与之前的国家实践并不一致，加之条约继承问题本身的复杂性，在条约的国家继承方面可利用的习惯法规则十分稀少，使得该公约主要是对国际法的逐步发展，而非对习惯法的编纂。公约通过后反响平淡，截至 2020 年，仍只有 23 个缔约国。

实践中更常见的是政府在条约方面的继承。任何政府的正常更替都存在对条约的继承问题，只不过这种继承是在人们不易察觉的情况下自动完成的。而通过革命或政变导致政权非正常更替时的条约继承问题更加引人注目。由于新旧政权的更迭会从根本上改变某些条约的适用条件，因此，新政权可能会废除或退出旧政权缔结的某些条约。但人道性质的条约、边界条约等一般不受政府继承的影响。

（五）条约对第三方的效力

条约的相对效力原则是传统国际法的一项基本原则，据此，一个条约对第三方既无损也无益。但是这一原则并非绝对。《1969 年公约》规定了条约对第三方效力的通则：“条约非经第三国同意，不为该国创设义务或权利”。言下之意，在第三方同意的前提下，存在条约效力扩张的可能性。

条约相对效力的另一例外是建立"客观制度"的条约，这类条约可以未经第三国同意，为它们规定权利或义务。实践中出现的建立客观制度的条约大体有两类：一是规定非军事化、中立化或国际化的条约，此类条约主要规定第三国的义务；二是规定国际交通水道的条约，此类条约主要规定第三国的权利。"客观制度"问题在条约法起草过程中得到讨论，但最终未写入《1969 年公约》。一项建立客观制度的条约是否合法，需考察它是否符合全世界的一般利益，是否对第三国的主权造成侵犯。

三　条约的修订

条约的修订（revision）是指条约当事国在缔结条约后于该约有效期内改变其规定的行为。《1969 年公约》区分了修正（amendment）和修改（modification）。修正是指修正原条约的当事国意在使修正后的条约适用于原条约的全体当事国的修订；修改是指原条约当事国中只有一部分国家对条约进行修订，且它们意在使修改后的条约只适用于它们自己的修订。因此，修改只可能针对多边条约进行。事实上，条约的修正和修改只是一种理论上的区分，实际效果可能并无不同，因为尽管修正的目的是在全体缔约国之间修订条约，但如果修正后的条约仅为部分缔约国所接受，则实际上产生了修改的效果。

对条约进行修订须遵守一定的规则和程序。条约本身对修正作出规定的，按照条约的规定；在条约规定不足以解决修正的程序问题时，则诉诸《1969年公约》的规定。

嗣后实践可否构成对条约的修改的问题在条约法起草过程中曾引起激烈争论。鉴于以嗣后实践修改条约危及条约的稳定且易引发争端，《1969年公约》未写入相关规定。

四 条约的失效、终止与停止施行

（一）条约失效

一项有效的条约需满足三个条件：缔约代表具备缔约能力、缔约时可以自由表示同意、所缔结的条约符合强行法。三个条件须同时具备，才能使条约实质上产生效力。实质上有效的条约（a valid treaty）与在有效期内的条约（a treaty in force）不同，有效的条约因履行完毕或有效期届满而合法终止后，虽然不在有效期内，但其法律效果继续保持，因此仍是有效的条约。而在有效期内的条约也可能因为欠缺有效要件而失去法律效力。

条约失效就是条约不具备产生效力的实质要件，因而在国际法上不产生约束力的一种法律状态。条约失效分绝对失效和相对失效。绝对失效的条约，除受害国外，任何第三国和国际机构都可以主张其无效；相对失效的条约侵犯的是受害国个体的利益，只能由受害国主张其无效。导致条约相对失效的原因包括不具备缔约能力，以及错误（error）、欺诈（fraud）、贿赂（corruption）情形下的意思不自由。导致条约绝对失效的原因有因强迫（coercion）而产生的意思不自由，以及条约违反强行法。出于维持条约关系稳定性的考虑，《1969年公约》实际上采用了一种尽量使条约有效的立场。① 根据该公约第42条第1款，导致条约失效的原因只能在公约规定范围内，除此之外的其他原因都不能产生使条约失效的效果。

条约经确定失效的，其规定无法律效力。这种无效是条约自始无

---

① 参见朱文奇、李强《条约法》，中国人民大学出版社2008年版，第267—268页。

效，而非主张条约无效的理由成立之日起无效。

（二）条约终止

条约终止是指条约生效后，由于某些原因的出现，导致从这些原因出现之时起，条约不再对当事国具有约束力的法律状态。条约终止分为条约本身的终止和条约对当事国的终止。条约终止的原因产生于条约生效之后。条约终止后，此前当事国的履约行为以及与履行条约有关的行为所产生的法律效果都不受影响。

导致条约终止的原因包括三个方面：条约本身的规定、当事国嗣后共同同意以及一般国际法规定的原因。

条约本身规定的终止原因主要包括以下几种情况：存续期限届满、到达终期、满足条约规定的终止条件、行使解约权或退约权、除名以及条约义务履行完毕。

全体当事国可以明示或默示的方式嗣后同意终止一项条约。

一般国际法的适用导致条约终止，包括《1969年公约》规定的导致终止的法律上的原因，也包括该公约未作规定的事实上的原因。就事实原因而言，当事国丧失国际人格，条约对该当事国终止；条约本身未作规定情况下，条约履行完毕的自然结果是条约终止，但条约所产生的法律效果在条约终止后依然存续；[①] 条约长期不适用可能导致事实上的条约终止，不过这种情况由于缺乏明确的意思表示，容易引起争端。从《1969年公约》的规定可以概括出条约终止的如下法定原因：第一，在条约无相关规定情况下单方面废止或退出条约。第二，条约因履行不能而终止。第三，当外交或领事关系的存在为适用条约所必不可少时，断绝外交或领事关系可能导致条约关系的终止。第四，现行条约因与新产生的强行法规则抵触而终止。

---

① 对条约本身未作规定、当事国间未有约定的情况下，条约履行完毕是否终止条约存在不同的认识。一种观点认为，条约不仅仅因义务履行完毕而终止，它仍然是有效的条约，但没有待执行的义务；另一种观点则认为，条约终止是条约履行完毕的自然结果。我国条约法专家李浩培先生认为后一种观点是正确的。条约的作用是规定当事国之间的法律，条约既已履行完毕，这个作用就丧失，因而条约也就终止。《维也纳条约法公约》第70条第一款乙项规定，条约终止时，不影响当事国在条约终止前通过该条约实施所产生的任何权利、义务或法律情况。由此可见，不能因为由履行条约而产生的权利、义务或法律情况的继续维持而否定条约的终止。见李浩培《条约法概论》，法律出版社2003年版，第430—431页。

条约终止的法律后果可依条约规定或当事国约定来确定。在既无条约规定也无约定的情况下，条约终止即解除当事国继续履行条约的义务；条约终止前当事国由于实施条约而产生的权利义务或法律状态继续存在。

(三) 条约停止施行

条约的停止施行是指条约生效后，由于某些原因的出现，条约在一定时期内暂时不对当事国具有拘束力，待这些原因消失后，条约继续施行的情况。

导致条约停止施行的原因与条约终止的原因类似，包括条约本身规定、全体当事国嗣后明示或默示的共同同意、条约履行暂时不可能、外交或领事关系断绝为条约履行带来障碍等。此外，多边条约的部分当事国可以通过协定在彼此间暂停施行条约，但需满足以下条件：条约允许或并不禁止暂停施行；暂停施行不影响其他当事国享有条约上的权利和履行其义务；暂停施行条约不违背条约的目的和宗旨；将暂停施行条约的意图及所涉及的条约规定通知其他当事国。

另外，一方重大违约和情势变更也可能导致条约终止或停止施行。以下两种情况属于重大违约：不被《1969 年公约》所允许的废弃条约，以及违反实现条约的目的和宗旨所必需的条约规定。情势变更或"情况之基本改变"可以作为终止条约或停止施行条约的理由，但必须满足法定的条件。

条约停止施行期间，当事国之间的条约法律关系依然保持，条约的法律效力始终存在；在此期间，当事国仅仅是可以暂时不用履行条约义务，但该义务并未消失。同时，在停止施行期间，当事国应避免从事足以阻挠条约恢复施行的行为。

五　条约的管理

条约的管理包括条约的保管、登记和公布。

条约的正本需要保管。双边条约的正本通常一式两份，由条约当事国分别保管。多边条约由于缔约国数目众多，有关条约的程序性事项极为复杂，往往需要指定专门的保管机关。多边条约的保管机关不仅要负责保存条约的正本，还要负责管理整个条约运行期间关于该条约的各种形式和程序事项，即有关条约"生命"的各种事项。① 多边条约的保管机关可以是一个或多个国家，也可以是一个国际组织或国际组织的行政首长。《1969年公约》规定了保管机关的具体职务。条约的保管机关不是为自身利益而是为所有相关国家的利益服务，因此其职务具有国际性质。联合国秘书长担任由联合国大会通过或由联合国有关机构召集的全权代表会议上缔结的开放性多边条约，以及在联合国区域委员会框架内起草并开放给委员会全体成员参加的区域性条约的保管机关。

条约登记和公布是对20世纪初期之前盛行的秘密外交的废弃。《联合国宪章》第102条规定联合国任何会员国所缔结之一切条约及国际协定应尽速在秘书处登记并由秘书处公布之；未经登记的条约或协定不得向联合国的任何机关援引。登记行为本身不赋予任何文书它所不具有的地位；登记的文书并不当然构成条约；而一项条约即使未在秘书处登记也不影响其作为条约的地位。未登记的条约只是不得向联合国任何机关援引。

《联合国条约集》是联合国公布已登记条约的主要方式。条约在国际层面的公布与国家在国内公布条约是两个层次的问题。后者取决于国内法的规定，对国际层面的条约公布不产生影响。

第二节 条约法的新近发展

《1969年公约》和《1986年公约》并未穷尽条约法领域的所有制度规则，条约法同样需要与时俱进。条约法的新近发展集中体现在国际法委员会晚近的研究工作中。

一 条约的保留

保留是条约法中最为复杂的问题之一。尽管《1969年公约》规定了关于保留的原则，但措辞笼统，难以有效发挥指导实践的作用。例如，现有制度在区分保留和解释性声明、解释性声明的范围、保留的有

---

① 参见李浩培《条约法概论》，法律出版社2003年版，第110页。

效性（保留合法性及其对另一国家的适用性的条件）、对保留的反对制度（特别是对既不受条约禁止也不违反其目的和宗旨的保留提出反对的可接受性和范围）等问题上的立场并不明确。此外现有规则未能解决以下问题：保留对条约生效的影响，与某些条约（特别是国际组织的组织文件和人权条约）的特定目标有关的问题，对编纂性条约的保留以及特定条约技术（拟定附加议定书、双边化技术）引发的问题。

为进一步明确条约的保留规则，回应实践需要，1993年联合国大会第48/31号决议支持国际法委员会将"与条约保留有关的法律和惯例"列入其工作议程，继续深入研究这一问题。1994年，国际法委员会任命阿兰·佩雷（Alain Pellet）先生担任这一专题的特别报告员。经过十几年的努力，国际法委员会终于在2011年第63届会议上通过了《条约保留实践指南》并提交联合国大会。《条约保留实践指南》包括定义、程序、保留和解释性声明的可容许性，保留和解释性声明的法律效果，国家继承情况下提具保留、接受保留、反对保留及提出解释性声明等五个部分。

《条约保留实践指南》充分肯定并保持了三项维也纳公约关于保留的规定，同时努力填补现有制度的空白。虽然指南不具有正式的法律约束力，但它为各国和国际组织在保留方面的实践提供了具有示范力的规则，也是推动保留制度逐步发展的重要步骤，值得中国在完善条约保留制度时予以参照借鉴。

二 武装冲突对条约的影响

受到区分平时法和战时法观念的影响，《1969年公约》没有制定与武装冲突相关的规定。随着国际实践的发展，武装冲突对条约的影响日益复杂。2000年，国际法委员会将"武装冲突对条约的影响"作为长期工作方案，自2004年正式列入工作计划，先后任命伊恩·布朗利（Ian Brownlie）和卢修斯·卡弗利施（Lucius Caflisch）为特别报告员，至2011年第63届会议二读通过了《武装冲突对条约的影响条款草案》。

该"条款草案"分为三个部分，由18个条款和一个附件组成，适用于国际性和非国际性武装冲突对国家间及国家与国家组织间的条约的影响。草案提出了"存在武装冲突这一事实本身并不终止或暂停条约实施"的一般原则；规定了在武装冲突情况下确定要终止、退出或暂停实施条约时应考虑的因素；行使终止、退出、暂停实施条约的权利及程序；武装冲突之后恢复条约关系等问题。草案还列举了应于武装冲突时期继续全部或部分实施的条约的指示性清单，此类条约包括关于武装冲突法特别是国际人道法的条约；宣布、建立或规范永久性的制度或地位，或与永久性权利相关的条约，包括建立或修改陆地和海洋边界的条约；多边造法条约；国际刑法条约；友好、通商、航海或关于私人权利的条约；国际人权条约；国际环境保护条约；关于国际水道及相关设施设备的条约；关于含水层（aquifers）及相关设施设备的条约；作为国际组织组织文件的条约；和平解决国际争端的条约；外交和领事关系条约。

传统国际法对武装冲突时期终止或中止条约效力的单一处理方式已经无法适应国际社会交往的需要。规则的发展趋势是尽可能降低武装冲突对条约效力的影响，而不是轻易否定条约的效力。国际法委员会的条款草案正是这种趋势的体现。至于草案中所提及的如何界定"非国际性武装冲突"、不受武装冲突影响的条约的范围等问题还有进一步研究和讨论的空间。

三 与条约解释有关的嗣后协定与嗣后惯例

2008 年，国际法委员会将"随着时间发展的条约"列入工作议程，2009 年任命乔治·诺尔特（Georg Nolte）为研究组长，着手研究具有一般管辖权和特别管辖权的国际法院和法庭的判决中涉及的嗣后协定和嗣后惯例问题。2013 年，研究主题更改为"与条约解释有关的嗣后协定与嗣后惯例"，并继续任命乔治·诺尔特为这一主题的特别报告员。2018 年，国际法委员二读通过了《与条约解释有关的嗣后协定与嗣后惯例结论草案》（下称《结论草案》）。

《结论草案》包括 13 项结论，内容涉及嗣后协定和嗣后惯例的定义与识别、嗣后协定和嗣后惯例在条约解释中所占分量与可能的影响、嗣后协定与嗣后惯例在确定条约含义能否进行演化解释中的作用等方面。《结论草案》指出，嗣后协定和嗣后惯例意在解释条约，而不是修正或修改条约；通过嗣后协定修正或修改条约的可能性并未得到普遍接受。《结论草案》还提出专家条约机构的声明与条约解释的相关性取决于条约的规定;缔约国的沉默并不构成接受专家条约机构以声明解释条约的嗣后惯例。

国际法委员会以"结论草案"而非"条款草案"的方式向联合国大会提交工作成果,是希望《结论草案》能够作为联合国大会决议的附件,得到广泛传播,引起各国及所有需要解释条约的人的注意。由于《结论草案》是权威的国际法学者在深入考察实践并广泛考虑各国政府的评论和意见的基础上作出的,因此其实际影响远不止于建议。

四 条约的暂时适用

《1969 年公约》第 25 条规定了条约的暂时适用问题。鉴于该问题的重要性和实践呈现出的复杂性,2012 年国际法委员会将"条约的暂时适用"列入工作计划,任命胡安·曼努埃尔·戈麦斯·罗布勒多先生(Juan Manuel Gómez-Robledo)为这一专题的特别报告员,继续深入研究该问题。特别报告员广泛搜集交存联合国秘书长或在此登记的双边和多边条约中暂时适用的规定,广泛考察国家和国际组织暂时适用条约的实践,在此基础上先后提交了五份报告。2018 年,国际法委员会第 70 届会议一读通过了《条约的暂时适用指南草案》(下称《指南草案》)。联合国大会于 2019 年通过第 74/186 号决议,请各国政府至晚于 2019 年 12 月 15 日、在国际法委员会对草案进行二读之前发表评论和意见。截至 2020 年 10 月,国际法委员会对该问题的研究仍在进行中。

2018 年一读通过的《指南草案》包括 12 项准则,其目的是为关于条约暂时适用的法律和实践提供指导。这些准则在遵守《1969 年公约》相关规定的前提下进一步规定了条约暂时适用的开始、法律效力,对暂时适用的规定提出保留,因违反暂时适用义务而引起的责任,暂时适用的终止与中止,暂时适用规则与国内法的关系等问题。《指南草案》指出,国家不得以国内法规定为由不履行因条约暂时适用而产生的义务。

中国尚未对一读草案发表评论,但中国的缔约实践中不乏暂时适用条约的例子。暂时适用条约的国际实践更为广泛,且已出现条约暂时适用导致国际法与国内法冲突的问题。① 因此，理论界和实务界对该问题均需给予足够重视。

第三节 对条约法的研究状况

以条约法为研究对象的学科谓之条约法学。条约法虽然是国际法的基奠，但中国的条约法学并未成为国际法学科中的"显学"。尽管现有研究几乎覆盖到了条约法的各个领域，但总体而言，研究欠缺持续性和系统性，对基础理论的深入探讨尚显不足、对条约法的新进展关注不够。

中国学界对条约法的研究集中于以下领域。

一是条约缔结。中国条约法学对条约缔结的研究主要以中国《缔结条约程序法》为依托，意在指出现行法律存在的问题，提出进一步完善法律的对策建议。亦有少量作品涉及对英国、德国、俄罗斯等国家条约缔结程序的比较研究。

二是条约解释。条约解释是条约法的核心，是条约适用的灵魂，所有适用条约的活动都无法回避对条约进行解释。中国条约法学也将"条约解释"作为研究重点。从研究对象来看，现有研究既包括对条约解释规则进行条分缕析的解读，也包括对国际司法机构或仲裁机构在具体案件中所采用的条约解释方法的分析归纳。其中，国际法院、世界贸易组织（WTO）争端解决机制和解决投资争端国际中心（ICSID）的实践受到更多关注。与中国相关的条约的解释问题是另一研究重点，例如《中国入世议定书》《中日联合声明》《马关条约》《联合国海洋法公约》等。从研究方法来看，案例研究是研究条约解释的主要路径。现有研究在一些具体问题上形成了一定的论争，如条约解释的五要素（用语、上下文、目的和宗旨、嗣后协定、嗣后惯例）在适用时是同时考虑还是有一定先后顺序？嗣后惯例仅具有解释条约的功能还是事实上构成对条约

---

① 参见马讯《从 ECT 投资仲裁案看条约的暂时适用》，《法治研究》2012 年第 11 期；吕宁宁《论条约暂时适用所致冲突及其解决——从尤科斯国际仲裁案出发》，《江淮论坛》2016 年第 3 期。

的修改？如何把握演化解释和司法造法的界限，等等。现有研究将目光聚焦于国际司法机构或仲裁机构解释条约的活动，对国内司法机构的条约解释行为关注有限，对缔约国解释和国际司法机构解释之间的关系鲜有研究。而条约解释主体的适格性也应是条约解释予以关注的问题。

三是条约保留。中国条约法学主要关注中国的条约保留实践，得到较多讨论的问题涉及对《联合国国际货物销售合同公约》的保留、对人权条约的保留、对条约中争端解决条款的保留。也有部分研究成果论及条约保留制度的基本理论，如现代条约保留制度的特征、保留与解释性声明的区分。

四是条约适用。中国条约法学主要从两个视角研究条约在国内的适用问题。首先是中国视角。讨论聚焦于中国国内法律体系如何接纳条约、中国宪法应如何规定条约的法律地位等问题。但是相关讨论拘泥于转化式还是纳入式的理论推演，对条约在中国国内实际地位的考察较为有限，对司法适用条约的研究更为欠缺，以致研究成果重复、循环，难有突破性进展。其次是比较法的视角。英国、美国、德国、法国、意大利、日本等国家适用条约的实践受到中国条约法学的较多关注，但世界上绝大多数国家的实践未被列入考察范围，比较法的资源不够丰富。

五是条约退出。近年来英国"脱欧"、美国"退群"激发了学界对条约退出现象的关注，一时间涌现出不少成果，但大多侧重于退出行为的法律和政治影响，缺乏从条约法角度对退出权、退出机制的研究。真正从制度层面对条约退出机制进行系统研究的成果多见于学位论文。

除上述领域外，中国条约法学也论及条约的暂时适用、条约冲突、条约继承等问题，但作品数量有限，尚未形成系统论述。

第四节 条约法学的未来发展

党的十九届四中全会提出"加强国际法研究和运用"。加强对条约法的研究是加强国际法研究和运用的前提和基础。结合当前国际形势和中国的实际需要，本章对中国条约法学未来一段时间应予重点关注的领域和问题提出以下建议。

一　条约缔结

关注国际造法，提供理论支持。条约缔结包括在国际一级积极参与国际造法和在国家一级完善条约缔结程序。国际层面，联合国国际法委员会在条约法方面的研究工作事实上引领着条约法的编纂与逐步发展。在三大维也纳条约之后，国际法委员会又在条约保留、武装冲突对条约的影响、与条约解释有关的嗣后协定和嗣后惯例、条约的暂时适用等方面有新的工作进展。党的十八届四中全会《关于全面推进依法治国若干重大问题的决定》提出我国应"积极参与国际规则制定""增强我国在国际法律事务中的话语权和影响力"的总要求。国际法委员会的研究成果是国际造法的前期工作，国家有充分机会参与其中。但是总体而言，中国政府对国际法委员会工作的参与程度还待提高。目前，条约的暂时适用专题的研究工作已接近尾声，中国政府尚未对此专题发表意见。对此，中国条约法学应密切关注国际法委员会的工作议题并进行深入研究，为中国参与国际规则制定建言献策。

加强对完善条约缔结程序的研究。在国家层面，制定于20世纪90年代初的《缔结条约程序法》已经暴露出难以满足时代发展需求的诸多问题，亟需进行修订。条约是有约束力的法，缔结条约就是为我国立法，因此完善缔约程序需首先从观念上要将"缔约"当作"立法"来对待，大幅提升缔约程序的严谨性；国家主席和全国人大的缔约权、中央政府授权和协助特别行政区缔结条约等已经突破现有规范的做法需要及时以法律形式固定下来；日常缔约工作需要更加细致、更有指导性的操作规则。因此，完善缔约程序是一个从宪法补缺到法律修订再到行政法规进一步细化的系统工程。在此过程中，中国条约法学应研究中国缔约实践，发现问题，做足比较法研究功课，提出契合中国国情的缔约制度体系。

从学理上正确阐释特别行政区缔结条约行为的性质。特别行政区行使缔约权问题是中国"一国两制"基本国策下产生的独特问题。特别行政区作为单一制国家的一个地方行政区域，并不具有与生俱来的缔约权；不论是单独缔约，还是经中央政府具体授权或协助缔约，特别行政区都是经授权行使缔约权，其履行条约的后果最终须由中央政府承担。

中国条约法学有义务按照"一国两制"基本国策和两部《基本法》的规定正确阐发特别行政区在缔结和适用条约时的法律地位，消除国际社会对特别行政区国际法律人格的误解。

二　条约保留

关注条约保留制度与实践的发展，为中国相关制度建设建言献策。保留是缔结条约时一个经常需要考虑的问题。中国已经有较多提具保留的实践，但是国内法上尚无规范提具或撤回保留的具体规则，因此现有实践不可避免带有一定的随意性。2011年国际法委员会提交联合国大会的《条约保留实践指南》进一步补充了《1969年公约》的保留规则，特别是其中针对人权条约、针对争端解决条款提具保留的相关论述值得我们关注。中国条约法学一方面应跟踪保留理论的前沿动态，另一方面要考察中国及其他国家的保留实践，为中国构建更加精细化的保留制度提供理论储备。

三　条约适用

研究条约在中国法律体系中的地位的解决方案。中国如何在国内适用条约是讨论多年但仍未得到解决的问题，根源在于中国宪法未对条约的地位作出明确规定。党的十八届四中全会提出"完善涉外法律法规体系"，党的十九届五中全会提出"加强涉外法治体系建设"。规范条约与中国国内法关系是建设涉外法治体系的重要方面。中国条约法学一方面需要准确把握条约在中国国内法秩序中的实际地位，发掘现行制度存在的问题，提出切实可行的制度建议；另一方面应研究和分析掣肘"条约入宪"的因素，特别是近些年借修订法律之机删除适用条约条款的做法背后的驱动因素，有针对性地解决对国内适用条约的理论分歧和认识分歧。

关注条约在空间上的适用范围这一中国条约适用实践中的重要议题。特别行政区缔结和适用条约的制度安排引发了中央政府缔结的条约是否适用于特别行政区的问题。实践中已经出现外国法院、国际仲裁机构挑战特别行政区条约适用安排的案例，相关司法机构和仲裁机构最终作出与我国制度预期相悖的裁判。这其中暴露出的一个问题是外国司法机构将香港和澳门回归中国看作领土继承，进而按照条约继承规则判断特别行政区如何适用条约。而中国一些学者也存在类似的错误认识。对此，中国条约法学应准确理解和阐释特别行政区的条约适用制度，增进国内外理论界和实务界对该制度的理解。同时，条约法学应当关注中央政府和特区政府可以平行行使缔约权的领域内已经存在的大量中外双边条约的空间适用范围问题，并为解决问题提出行之有效的建议。此外，条约在台湾地区的适用问题也应纳入研究视野。

四 条约解释

深入系统阐释条约解释规则，为加强运用条约维护国家和公民利益提供学理支持。随着中国参与国际交往向纵深拓展，我国缔结的条约数量急剧攀升，需要解释和适用条约的情形不断增多。日益活跃的国际司法和准司法机构通过解释条约解决国际争端成为日常状态。因此，持续关注并深化对条约解释的研究是中国条约法学的重要任务。中国条约法学不仅要继续跟踪国际机构解释条约的方法和实践，关注条约解释制度的理论发展，更应重视中国的条约解释活动。中国法院在适用条约的审判实践中已经积累了一定的条约解释经验，对这些经验，中国条约法学亟需进行系统的梳理、分析和评判。唯有如此，才能汲取经验、发现问题，进而提出构建中国的条约解释制度的学术方案。

党的十八届四中全会以来，党的重要文献多次提出"运用法律手段维护我国主权、安全、发展利益""加强国际法研究和运用""加强国际法运用"的要求。解释条约是运用条约的核心。如何恰当地解释海洋领土条约、经贸投资条约、国际人权条约，对于维护我国的国家利益具有直接影响。除国际机构、缔约国之外，对条约的学理解释对于正确理解条约同样可以产生积极影响。中国条约法学应研究与我国国家和公民利益直接相关的条约的解释问题，发出中国学者声音。

五 条约对第三方的效力

研究和阐释中外双边条约可能涉及的第三方效力问题。中国关于特别行政区条约适用的制度安排，不论是写入中英、中葡两国的双边条约，还是中国的单方面声明，依条约相对性特质，即条约未经第三国同意不为其创设权利和义务的一般原则，该制度安排若想获得第三方的理解和接受，还需要中国与条约的其他缔约方做进一步沟通。这不仅是一个实际操作问题，还涉及条约的适用范围、条约的稳定性和可预见性等问题。鉴于中国缔结的条约数量巨大，中国条约法学有必要研究解决这一问题的最优方案。

中国尚未参加的条约对第三方的效力问题值得关注。以《国际刑事法院罗马规约》（下称《罗马规约》）为例，根据《罗马规约》，安理会可以向国际刑事法院的检察官提交已经发生国际罪行的情势，而不论该情势所涉国家是否为《罗马规约》的缔约国。这一做法的实际效果是《罗马规约》通过间接方式对第三国产生了效力，使得国际刑事法院获得了对第三国的管辖权。实践中已经出现安理会通过提交情势将第三方纳入国际刑事法院管辖范围的事例。对这些规定和做法引起的争议，以及对国际法，特别是条约法的影响，中国条约法学应予研究。

六　条约终止与暂停实施

条约终止的具体情形。《1969 年公约》没有明确规定条约能否因履行完毕而终止，这主要源于在这一问题上的学理分歧。我国条约法专家李浩培先生认为：条约的作用是规定当事国之间的法律，条约既已履行完毕，这个作用就丧失，因而条约也就终止。[①] 这一观点也为众多国外学者所认同。当然，条约终止并不影响终止前因为履行条约而产生的法律情况的继续有效。对条约能否因为履行完毕而终止的理论阐释具有现实意义，值得条约法学界加以研究。

暂停实施条约的具体事由。2020 年，英国、美国、澳大利亚、新西兰、加拿大等国家以中国全国人大常委会通过《香港特别行政区维护国家安全法》[②] 为由单方面宣布暂停执行与香港特区之间的引渡条约。对此，中国政府采取反制措施，停止施行香港特区与对方国家之间的其

---

① 参见李浩培《条约法概论》，法律出版社 2003 年版，第 431 页。
② 《中华人民共和国香港特别行政区维护国家安全法》，2020 年 6 月 30 日第 13 届全国人大常委会第 20 次会议通过。

他司法协助协定。① 此事件对条约停止施行制度提出挑战。英美等国家在没有任何正当理由的情况下恣意停止施行条约，已经构成重大违约。不仅如此，其行为还被个别其他国家效尤，对善意履行条约义务的基本原则和条约关系的稳定性都构成冲击。中国条约法学应当研究并明确指出此事件中英美等国家在条约法上和国际法其他领域的违法性以及对国际法治造成的消极影响。

七 条约退出

退出条约与国际法的稳定性。条约法并不禁止退出条约，但为维护国际法律秩序的稳定，对退出行为施加了必要限制。美国前总统特朗普上任以后掀起的"退约""退群"风波严重破坏了多边体制和国际法治。上述英美等国家以停止施行双边条约的方式达到政治施压目的不排除受到美国随意退约、毁约行为的负面激励。条约退出权、条约退出机制、频繁退约对条约必须遵守的国际法基本原则、对多边主义和国际法治的消极影响等都是摆在中国条约法学面前的课题。

八 条约法领域的其他议题

除上述议题外，条约法领域的其他理论与实践问题也值得中国条约法学关注和研究。例如条约的暂时适用问题。暂时适用发生在条约对国家正式生效之前，我国也有暂时适用条约的实践，此时条约尚未经过全国人大常委会的批准。如何协调暂时适用的条约与国内法的潜在冲突，这是需要研究的问题。又如条约继承问题。因为缔约方政权更迭或国际法主体身份的变动而引发的原缔约方与我国之间的条约的继承问题。再如条约争端解决，包括选择处理条约争端的方式以及在争端解决过程中的条约解释问题。此外，条约冲突问题、条约的域外适用等问题也值得关注和研究。

---

① 参见《中方决定香港特区暂停香港与加拿大、澳大利亚、英国〈移交逃犯协定〉和〈刑事司法互助协定〉》，《人民日报》（海外版）2020年7月29日第4版。

第十三章

国际人权法

第一节 国际人权法作为法律领域和研究领域的定位

一 作为法律领域的国际人权法

"国际人权法是由一系列关于人权保护的,包括全球性的和区域性的,国际公约和条约以及国际习惯组成的国际法的独立分支,是国际上保护人权的原则、规则和制度的总称。"①

国际人权法作为国际法中的一个独立领域,是在第二次世界大战之后发展起来的。在第二次世界大战之前,特别是两次世界大战之间,虽然也曾有一些保护人权的规则和制度,如禁止奴隶制和奴隶贸易、保护少数民族、国际劳工标准等,但都比较零散,适用地域和范围也有限,因此人权保护尚不是国际法中的成熟领域。第二次世界大战结束后,1945年《联合国宪章》首次在国际法律文件中提到人权及基本自由,1948年《世界人权宣言》首次在国际文件中列举要"普遍尊重与遵行"的人权及基本自由,国际人权法由此正式诞生,并在此后70多年的时间里迅速发展,已经成为一个由全球性和区域性的各种规范和各种机制组成的庞大而复杂的法律领域。

全球性的国际人权法主要由在联合国主导下形成的人权规范和人权机制组成。人权规范主要体现在《世界人权宣言》和多项人权公约

---

① 《国际公法学》编写组:《国际公法学》,高等教育出版社2018年第二版,第205页。

中——这些公约中有九项被称为"核心国际人权公约",与《世界人权宣言》一道,构成国际人权法律规范体系的核心。广义上的人权规范还包括各种宣言、决议、准则、行动纲领等,这些可被统称为"软法"的规范性文件尽管没有严格意义上的法律约束力,但作为对有法律约束力文书的补充、阐释和发展,在国际人权领域中发挥着重要作用。人权机制通常分为"以《宪章》为基础的机制"和"以条约为基础的机制"。"以《宪章》为基础的机制"指的是依据《联合国宪章》中的人权条款建立和发展起来的各种机构及其机制,最主要的是1946年成立、2006年停止工作的人权委员会和2006年成立的人权理事会,后者的机制主要包括普遍定期审议、特别程序等。"以条约为基础的机制"指的是依据核心国际人权公约建立和发展起来的各个委员会(称为"人权条约机构")及其机制,这些机制主要包括审议缔约国定期报告并提出结论性意见、发布一般性意见或建议、审查个人来文并提出意见等。区域性的国际人权法主要由在各区域主导下形成的人权规范和人权机制组成。欧洲、美洲和非洲都通过了各种人权公约和各种文书,建立了各种人权机构——其中最主要的是欧洲人权法院、美洲人权法院、非洲人权和民族权法院。这些公约、文书、机构及其工作是国际人权法的重要组成部分,与全球性的国际人权法互为补充、互相影响,共同促进了国际人权法的发展和完善。亚洲尚未通过自己的人权文书、建立自己的人权机构[①]。

国际人权法与国际法的许多领域具有紧密联系,其中最突出的是国际人道法与国际刑法。国际人道法早于国际人权法出现,主要关注武装冲突中受难者的保护与对作战手段和方法的限制。在很长一段时间里,国际人权法是否以及如何在武装冲突期间适用,一直被忽视,但随着国际法院在一系列咨询意见和判决中认定,国际人权法在武装冲突时期并不停止适用,以及诸如"反恐战争"等新型武装冲突或使用武力的情况的出现,国际人权法如何适用于武装冲突、其与国际人道法在这种情况中的关系,已经成为国际法领域中的一个热点。国际刑法是国际法中惩治严重国际罪行、追究个人国际刑事责任的一个领域,而严重、大规

---

① 只是在次区域层次上,通过了《阿拉伯人权宪章》(2005年)和《东南亚国家联盟人权宣言》(2012年)。

模侵犯人权的行为，即属于国际刑法的调整对象。例如，国际刑事法院管辖的四类罪行中，灭绝种族罪和危害人类罪就属于严重、大规模侵犯人权的罪行。种族隔离罪行也是如此。

国际劳工法和国际难民法既可以说是广义的国际人权法的一部分，也可以说是与国际人权法具有紧密联系的单独国际法领域。

由于在国际法中人权的主流化和国际法的人本化，① 可以说，国际人权法不仅与国际人道法、国际刑法、国际劳工法和国际难民法具有紧密的联系，而且与国际法几乎所有其他领域的联系也日渐广泛、明显和紧密。例如，即使国际海洋法这一乍看来与人权基本无关的领域，也可能与国际人权法相互联系和影响。②

国际人权法与国内法的几乎所有领域都存在或多或少、或紧或松的联系。国际人权法"所调整的关系不是国家与国家之间的关系，而是个人与国家特别是个人与其本国之间的关系"。③ 而个人与国家的关系首先由国内法调整；可以说，从宪法到各项法律的几乎所有国内法律领域，都或多或少调整或涉及个人与国家的关系，包括人权关系。而且，国际人权法规定的各项权利，首先且最终是要依靠国内法尊重、保障和实现的。可以说，国际人权法是国际法诸领域中，与国内法联系最紧密的一个领域或领域之一。

二 作为研究领域的国际人权法

国际人权法学科即以国际人权法这一领域本身的各种法律原则、规则、制度和机制作为研究对象，同时关注国际人权法与国际法其他领域、国内法相关领域的交叉问题的学科。

国际人权法作为一个法律领域的特点，决定了国际人权法学科的

---

① 参见 Theodor Meron，*The Humanization of International Law*，Martinus Nijhoff Publishers，2006；曾令良《现代国际法的人本化发展趋势》，《中国社会科学》2007年第1期。

② 参见 Sophie Cacciaguidi-Fahy，"The Law of the Sea and Human Rights"，(2007) 19 *Sri Lanka Journal of International Law* 85；Tullio Treves，"Human Rights and the Law of the Sea"，(2010) 28 *Berkeley Journal of International Law* 1.

③ 《国际公法学》编写组：《国际公法学》，高等教育出版社2018年第二版，第205页。这么说有点绝对，因为国际人权法也调整人权事项方面国家之间的关系，但说国际人权法主要或本质上调整个人与国家的关系是正确的。

特点。

　　国际人权法的第一个特点是其"较强的政治性"。① 这是因为，首先人权本身就具有高度的政治性，国际人权法本身就是各种人权观念碰撞和融合的产物，表面中普遍和中立的人权规范都有其各自的意识形态背景和基础。其次，由于人权本质上涉及的是个人与其国家的关系，因此一国的政治、经济和社会制度，历史、文化和宗教传统，不仅决定该国的人权法律、政策和实践，也影响该国对国际人权法的立场、态度和实施路径；也因此，对一国人权状况的讨论往往会涉及一国的内政，引发政治性的反应。最后，与国际法的任何领域一样，国际人权法也会被用作政治工具：无论是在联合国这样的多边场合中，还是在两国外交这样的双边关系中，国际人权法都可能被用于增进和保护人权之外的政治目的。因此，国际人权法学科同样具有较强甚至高度的政治性。在国际人权法学科的研究中，不能只关注技术性的问题，而不关注政治性的问题，或在关注技术性问题时，无视可能影响或决定这些技术性问题的政治性背景和方面。但同时，也要认识到，国际人权法本身是一个法律领域，具有高度的技术性，不能将其中所有的问题都当作政治问题研究，或过分关注或强调政治性的背景或方面，而忽视国际人权法作为一个法律领域本身的技术性问题。

　　国际人权法的第二个特点是跨领域性。如上所述，国际人权法与国际法、国内法的几乎所有领域都有联系。因此，国际人权法学科除了研究国际人权法领域本身的各种问题的"核心"之外，还涉及两大方面。一方面是国际人权法或人权与国际法其他领域相交叉形成的问题，另一方面是国际人权法或人权与国内法各个领域相交叉形成的问题。这使得国际人权法学科的边界极为模糊、难以明确。例如，研究人权与气候变化之间的关系，既可以归属国际人权法学科，也可以归属国际环境法学科；结合国际人权标准研究刑事审判问题，既可以归属国际人权法学科，也可以归属刑事法律学科。然而从法律角度研究人权，仅了解国际人权法学科，或仅熟悉相关的国内法学科，是完全不够的。此外，人权作为"长期以来人类追求的理想"，几乎涉及人类所有生存和生活领

---

① 《国际公法学》编写组：《国际公法学》，高等教育出版社2018年第二版，第205页。

域，因此相当多其他社会科学、人文学科、自然科学、工程技术学科也可能或必然涉及人权问题，相关研究对于国际人权法学科也有影响和助益。

第二节 目前的形势和需要

党的十九大报告指出，"加强人权法治保障"。针对这一重大要求，国际人权法研究应该考虑世界和中国的如下形势和需要，并据其确定下一阶段的研究方向和问题。

一 人权主流化

无论是在国际还是国内，人权主流化都已经成为一种势不可当的趋势。人权主流化并无权威定义，大致是指人权观念和标准被有意识纳入一切层级的国际和国内法律、政策、方案和项目，一切行为者都需要在其行动中有意识考虑人权观念、遵守人权标准、促进人权实现。

国际层面的人权主流化始于1993年的维也纳世界人权会议，其通过的《维也纳宣言和行动纲领》考虑到"促进和保护人权是国际社会的一件优先事项"，"宣告我们时代的精神和现实，要求世界人民和联合国全体会员国再接再厉，献身于促进和保护一切人权和基本自由的全球任务，以确保这些权利能被充分和普遍地享受"。[①] 联合国前秘书长科菲·安南2005年的报告《大自由：实现人人共享的发展、安全和人权》提出"发展、安全和人权三者密不可分"："没有发展，我们就无法享有安全；没有安全，我们就无法享有发展；不尊重人权，我们既不能享有安全，也不能享有发展。除非这些事业齐头并进，否则，其中任何一项事业都不会成功。"[②] 这一报告正式确定人权与安全、发展一道，是21世纪人类和国际社会所致力的三大主题，正式开启了人权在国内层面的全面主流化。

---

① 《维也纳宣言和行动纲领》，A/CONF.157/23（1993），序言。
② 秘书长的报告：《大自由：实现人人共享的发展、安全和人权》，A/59/2005（2005），第14、17段。

在中国，1991年第一份人权白皮书《中国的人权状况》发表、2004年"人权入宪"、2009年起四次国家人权行动计划发布以及人权写进《中国共产党章程》和"十五大"以来党的历次全国代表大会报告当中等一系列进展，也标志着人权在中国的政治、经济、社会和法律发展进程中的主流化。

人权的主流化意味着，无论是国际法还是国内法的各个学科，都需要关注人权问题，有意识地将人权观念、标准和视角纳入其研究中，而国际人权法学科则负有继续推动人权主流化，将人权观念、标准和视角进一步渗透到国际法和国内法各个研究领域的重要任务。

二 人权成为重要的话语阵地

随着人权的国际主流化，人权也成为重要的国际话语阵地，各国各界对人权话语权的争夺日趋激烈。国际人权话语权是指一国在人权领域中的发言权，是塑造人权价值、确定人权内容、建立和发展人权机制和保障模式、界定人权发展目标和国家合作方式的权威。[①]

国际人权话语战线有两大层面。第一个大的层面可以称为官方层面，即主要是联合国层面的塑造人权话语的各种机会和路径。其中又有几个主要方面：（1）联合国人权理事会本身的活动，包括审议什么议题、通过什么决议、设立什么特别程序以及如何进行普遍定期审议；（2）作为联合国人权理事会机制之一的特别程序，特别是专题程序，其如何开展工作，对所涉人权问题得出什么结论、提出什么建议；（3）人权条约机构通过各种意见对所涉国际人权公约的适用、解释和发展。第二个大的层面可以称为非官方层面，即非国家行为者表达人权话语的各种机会和路径，这也存在几个主要方面：（1）非政府组织，它们不仅在许多国家之内有强大的话语权，而且广泛参与人权理事会和人权条约机构的各项工作，对于官方层面的国际人权话语具有很大的影响力；（2）媒体，它们通过报道评论人权事件和问题，对于影响公众的人权认知、塑造人权话语，也具有很大的影响力；（3）学术界，世界各国特别是西方国家的学术界非常注重对人权问题的研究，其成果尽

[①] 孙萌：《中国参与联合国人权机制与国际人权话语权的提升——以人权理事会特别程序为例》，《外交评论》2019年第3期。

管多为学术性的，但无论是对于官方层面还是非官方层间的人权话语，都具有极大的影响力。

中国已经初步形成了具有中国特色的社会主义人权话语，近年来也特别关注国际人权话语能力建设。但是，中国的国际人权话语能力和影响还有待进一步提升。例如，迄今为止只有一名中国人担任人权理事会特别程序的任务承担者，① 中国的媒体和非政府组织在世界范围内的影响也很弱。如何形成既有中国特色、中国风格、中国气派，又让全世界"听得懂、听得进"的人权话语，是包括国际人权法学界在内的整个中国学术界和舆论界的一项重要任务。

三 展示成就、回击诋毁

新中国成立以来，特别是改革开放以来，中国在尊重和保障人权方面取得了巨大的成就。这些成就尽管在客观上有目共睹，但由于各种原因，包括人权话语能力欠缺的原因，这些成就向国际社会展示得还不够，特别是向西方国家和民众展示得不够。自20世纪80年代末以来，一些西方国家的政府、媒体和非政府组织一直在各种场合攻击中国的人权状况，乃至借人权之名，诋毁中国的政治和社会制度和实践。近年来，随着中国的国家实力进一步增强、国际地位进一步提升，这种攻击和诋毁有愈演愈烈之势。

因此，"要深入领会习近平总书记关于做好人权工作和讲好中国故事的重要论述，充分认识我国人权事业取得的历史性成就，正确看待讲好中国故事方面取得的长足进步和存在的不足，坚定信心、绵绵用力，不断提高讲好中国人权故事的有效性，让中国人权故事传得更广更远，增进国际社会对我国人权事业发展成就的认同"。② 展示中国在人权领域的伟大成就，回击某些政府、媒体和非政府组织对中国人权状况的无理攻击和诋毁，是包括国际人权法学科在内整个中国学术界当仁不让的

---

① 中国公民李月芬女士于2020年5月1日就任联合国国家的外债和其他有关国际金融义务对充分享有所有人权尤其是经济、社会和文化权利的影响问题独立专家。https://www.ohchr.org/CH/Issues/Development/IEDebt/Pages/CVYuefenLI.aspx。

② 新华网：《全国政协召开双周协商座谈会 围绕"讲好中国人权事业发展成就的故事"协商议政》，http://www.xinhuanet.com/politics/2020-11/13/c_1126735921.htm。

重要任务。

四 借鉴和利用国际人权法促进中国的人权与法治建设

党的十八届四中全会通过的《中共中央关于全面推进依法治国若干重大问题的决定》明确提出"加强人权司法保障",党的十九大报告再次明确提出"加强人权法治保障"。在坚持新时代中国特色社会主义思想、坚持"四个自信"的前提下,借鉴和利用国际人权法对于促进中国的人权与法治建设、加强中国的人权司法保障和法治保障,具有重大意义,对于提高中国的国际人权法研究水平,具有极大助益。

中国的法学研究一直很注重借鉴和利用域外经验。但是,当我们把目光投向其他国家的法律制度与实践时,总会遇到"国情不同""社会制度不同""意识形态不同"等问题,使得借鉴和利用有时极为困难。但是,如果我们把目光转向国际人权法,则情景大为不同。一方面,国际人权法尽管具有高度的政治性和意识形态性,但也不能否认,其中的许多理论、规则和实践具有普遍性,各国即使在考虑和适应本国国情的条件下,也更容易予以借鉴和利用。另一方面,经过70多年的发展,国际人权法已经成为一个由各种规范和各种机制组成的庞大领域和复杂体系,对于几乎每一项人权以及与人权有关的每一个问题,都有极为丰富的理论、规则和实践。因此,这些汇集了整个人类认识和实现人权的当代成就的丰富的理论、规则和实践,也能够并应该成为中国人权与法治建设的重要借鉴对象和利用资源。

第三节 国际人权法研究的现状和近期应研究的重点问题

一 国际人权法研究现状

自1991年中国发表第一份人权白皮书以来,中国的人权研究,包括人权法研究和国际人权法研究,一直在快速发展。国家也高度重视人权研究,不仅设立了14个国家人权教育与培训基地(这些基地还承担了大量的研究和外宣职能),而且批准发行了两份专门的人权刊物《人权》和《人权研究》。人权研究不仅逐渐成为一门"显学"——研究者众多、研究成果众多，而且随着各个学科不断加入人权研究和互相融汇，一门能够打破学科壁垒、拓展学科边界、促进学科融合的交叉学科"人权学"正在形成。

在承认中国国际人权法学科所取得成就的同时，也需要面对这一学科的不足——有些是学科自身的原因，有些则是外部情况造成的。在广度上，虽然中国的国际人权法研究的成果涉及和覆盖的人权问题的范围已经很宽广，但与世界范围内出现的人权问题、其他国家学者研究的问题范围相比，仍嫌不足，还有很大的拓展空间。在深度上，虽然国际人权法研究的核心对象应该是国际人权标准，特别是国际人权条约所载的标准，而且中国国际人权法学科对于国际人权标准的理解和研究在短时期内已经有了飞跃式的发展，但总体上，还很难说对于国际人权标准已经达到了高水平的把握；另外，在将国际人权标准与中国的人权和法治发展情况相结合、提出建设性实用性建议方面，还有待加强和提高。在影响力方面，中国国际人权法学科的国际影响力还较弱。虽然近年来中国学者在国际刊物甚至主流刊物上发表了越来越多的人权研究成果，但这些成果主要与中国问题有关。这些成果固然对于展示中国的人权成就具有重大意义，但几乎无法参与国际主流人权议题的设定和人权话语的塑造。可以说，中国国际人权法学科的实力还不够强、影响还不够大。国际人权法学科对中国其他国际法学科和国内法学科的影响也不足。其他国际法学科和国内法学科在研究涉及人权的问题时，往往不会有意识地利用国际人权法的资源，这与国际人权法学科未能将人权主流化有力地推进到法学研究领域、未能提供丰富优质的参考资源有一定的关系。在学科地位方面，虽然人权研究正在成为一门"显学"，但地位并不高。例如，人权研究的成果不好发表就是一个体现。这一情况有多方面的原因。不过，无论是人权研究成果在"学术市场"上"销路不好"，还是人权被当成"敏感问题"，解决的办法之一都是包括国际人权法研究在内的人权研究能提供更好的"产品"，并找到能使人对人权特别是国际人权法"脱敏"甚至欣然欢迎的有效办法。

二 近期内重点研究问题

针对上述与国际人权法有关的世界和中国的形势和需要，中国的国际人权法研究一方面要继续直接参与推进人权的主流化,特别是在国际法其他学科和国内法诸学科中的主流化;更有理有利有节地确立中国的人权话语,提升中国的人权话语能力,参与国际人权话语的塑造;展示中国在人权领域的成就,回击对中国人权状况的攻击和诋毁;另一方面也需要认识到,"打铁还需自身硬",国际人权法研究越是练好"内功",对国际人权法本身领域中的问题有越全面、越深入、越高质的研究,就越能为完成上述任务提供坚实的基础和倚仗。国际人权法研究一方面要重视党的十八大以来党中央关于人权和法治建设的各项重要指示和方针,特别是"十四五"规划提出的各项与人权有关的目标以及《国家人权行动计划(2021—2025年)》提出的各项阶段性目标和任务,另一方面要关注国际人权领域特别是国际人权法律领域中的最新问题和发展情况。

可以提出如下问题,作为今后中国国际人权法学科的研究方向指引。这些建议并不旨在提出国际人权法学的全部研究范围,也不涉及更为广泛的人权或人权法领域,而仅集中于一些近期内值得关注的问题。

(一)国际人权法的热点问题

目前,在国际人权法领域,有一些热点问题值得重视。

首先是"跨国公司与人权"问题法律文书的谈判。工商业与人权或更为具体的跨国公司与人权的关系问题受到重视已经有一段时间。2014年,联合国人权理事会启动了"工商业与人权"问题文书的谈判,并已经为此推出了三版案文。但是,各国对于这一方面的法律文书涉及的一些关键问题,依然存在较大分歧。[①] 中国国际人权法学科需要针对这一文书谈判所涉及的各种问题,结合中国的实际需要,做更为具体、细致的研究,不仅从理论上深入认识和阐发,而且为中国参加该法律文书的谈判工作建言献策。在这一方面,特别需要注意的问题包括:作为更广泛背景的发展与人权的关系问题,尤其是如何理解"以人权为基础的发展进路"与"以发展促人权"的关系问题;"跨国公司与人权"的法律文书究竟应该采取以国家还是以公司为中心的规制进路,及其与现

---

① 外交部条法司贾桂德司长于2020年11月7日在中国国际法学会40周年纪念大会暨2020年学术年会上的发言:《当前国际法发展形势和我国外交条法工作》,"中国国际法前沿"微信公众号。

有国际人权保障机制的关系；如何促进中国工商业在对外经贸合作、投资中，实施人权尽责，履行尊重和促进人权的社会责任。

其次是从国际人权法角度研究新冠肺炎疫情。无论是新冠肺炎疫情本身，还是各国为防控疫情而采取的各种措施，都与几乎所有人的所有人权有关，引起了众多的法律问题，包括国际人权法问题。中国国际人权法学科应继续深入研究新冠肺炎疫情以及类似的流行病给人权造成的影响和各国的限制措施引起的各种法律问题，同时继续加强研究国际人权法与国际卫生法的关系问题。

再次是人权条约机构改革。联合国人权条约机构长期面临不断增长的任务需求和有限的资源与能力之间的矛盾，而缔约国与条约机构之间的紧张关系也于近年显现出来。联合国自20世纪80年代末即着手研究并尝试对条约机构进行改革。2014年，联合国大会通过决议，决定在2020年对如何"加强和增进条约机构体系有效运作"进行评估，① 寄翼为条约机构体系的未来发展指明方向。这一工作已如期启动。人权条约机构改革除涉及协调工作方法等技术问题外，本质上指向条约机构的法律地位与职能范围、条约机构与缔约国的关系、人权的国际实施与国内保障的关系等国际条约法和国际人权法问题。中国国际人权法学科有必要对这一国际人权法主要实施机制的发展演变保持持续的学术关注。

（二）国际人权标准

国际人权标准是国际人权法的实质性核心，也是国际人权法研究的重点对象。中国国际人权法学科已经有大量有关具体国际人权标准的研究成果，但还需要继续和深入研究。实际上，对于《世界人权宣言》、九项核心人权公约以及联合国人权理事会的专题程序涉及的几乎每一项具体权利及其相应国家义务，都可以从其理论演变，其规则的形成、适用、解释和发展——特别是人权条约机构的相关实践，与中国的法律规定和实践的比较与结合，做全面深入的研究。

特别是，在"十四五"期间，中国需要根据《禁止酷刑公约》《儿童权利公约》《消除一切形式种族歧视国际公约》《消除对妇女一切形式歧视公约》撰写履约报告并提交有关人权条约机构审议，还需要参加

---

① 联合国大会：《加强和增进人权条约机构体系有效运作》，A/RES/68/268（21 April 2014），para. 41。

有关人权条约机构对中国执行《经济社会文化权利国际公约》和《残疾人权利公约》履约报告的审议。对照这些公约的规定研究如何落实《国家人权行动计划（2021—2025 年）》，既能总结我国尊重和保障人权的进步经验，为中国提交履约报告和接受审议提供资料，又能发现不足和需要改进之处，同时提升中国履行国际人权义务和以法治保障人权的能力，也能加深国际人权法学科对国际人权标准的理解。另外，在国际劳工标准领域，需要加强对禁止强迫劳动的研究，为中国可能批准或加入国际劳工组织有关禁止强迫劳动的公约和议定书提供理论基础和准备。

（三）人权理事会

2006 年成立的联合国人权理事会是联合国最主要的政府间人权机构，负责在全球范围内加强促进和保护人权的工作，解决侵犯人权的状况以及对此提出建议。人权理事会是国际人权斗争和人权话语表达的主要场合之一，也是国际人权标准得以适用、解释、辩论的和发展的主要路径之一。

人权理事会最主要的机制包括普遍定期审议机制、咨询委员会、特别程序和申诉程序。中国国际人权法学科对普遍定期审议机制的研究成果较多，但研究特别程序和申诉程序的成果寥寥无几，研究咨询委员会的成果则完全没有。因此，中国国际人权法学科应继续深入研究普遍定期审议机制，大力加强对特别程序和申诉程序的研究——要关注特别程序尤其是其中的专题程序，并开始对咨询委员会的研究。

（四）《公民及政治权利国际公约》

中国于 1998 年签署了作为"国际人权宪章"之重要组成部分，对公民权利和政治权利做最全面、最权威规定的《公民及政治权利国际公约》，但迄今没有批准。中国在提交联合国人权理事会普遍定期审议机制的三轮报告中，都表示中国"有关部门正在继续稳妥推进行政和司法改革，为批准该公约做准备"。[①] 中国法学界包括国际人权法学界曾一度非常关注对《公民及政治权利国际公约》以及中国批准和实施该公

---

① 中国提交普遍定期审议机制的第二次报告，A/HRC/WG.6/17/CHN/1（5 August 2013），para. 7；第三次报告，A/HRC/WG.6/31/CHN/1（August 2018），para. 14。第一次报告中的表述略有不同：A/HRC/WG.6/4/CHN/1（5 December 2008），para. 11。

约的研究，并取得了丰硕的成果，但近年来的研究力度减弱。《公民及政治权利国际公约》生效 40 多年来，通过缔约国提交的约千份报告以及人权事务委员会审议这些报告的数百份结论性意见，根据《任择议定书》提交的数千件个人来文以及人权事务委员会审议这些来文的意见（包括上千份对实质问题的意见），人权事务委员会发布的 37 项一般性意见，已经形成了有关该公约之适用和解释的丰富实践，也为研究该公约规定的各项权利、涉及的各个方面提供了丰富的资料。为了继续稳妥推进行政和司法改革、为批准该公约做准备，中国国际人权法学科需要借助上述有关该公约实践的丰富资料，继续深入地、有针对性地开展对该公约的研究。

（五）国际人权标准的国内实施与域外经验

鉴于国际人权法主要调整国家与其管辖范围内的个人之间的关系，国际人权法的日常实施主要体现为国际人权标准的国内实施，包括国家通过立法、执法、司法及其他一切适当措施落实国际人权标准。世界范围内，以宪法赋予国际人权标准，特别是《世界人权宣言》、联合国核心人权条约及区域代表性人权条约或其规定以优于法律、优于其他国际条约甚至等同于宪法的地位屡见不鲜。各国因为接受国际人权标准而修改法律、制定新法的例子不胜枚举。在各级法院中，当事人援引国际人权标准主张权利，法官参照国际人权标准解释法律、依据国际人权标准作出判决也已成为一种全球趋势。其他国家在国内实施国际人权标准的经验为我国提供了充沛的比较法资源。中国作为六项联合国核心人权条约的缔约国承担在国内实施国际人权条约的义务，党中央的多项重要决定明确提出"加强人权司法保障""加强人权法治保障""促进人权事业全面发展"[1]的总体要求。为更为有效地履行这些义务和要求，中国国际人权法学科应进一步关注国际人权标准国内实施的理论和实践问题，考察域外经验，而最终的着力点应放在对中国履约实践的有效性、与国际人权标准的一致性的研究上。

（六）与国际法其他领域的交叉研究

随着人权主流化，人权观念和标准对国际法其他领域的影响越来

---

[1] 《中共中央关于制定国民经济和社会发展第十四个五年规划和二〇三五年远景目标的建议》，人民出版社 2020 年版。

大，国际人权法与国际法其他领域的交叉问题越来越多，值得重视。中国学者已经对国际人权法与国际人道法、国际贸易法、国际投资法、国际环境法、国际发展法等领域的相互作用与影响的问题，进行过一定的研究，但尚未形成规模，也不够深入。就国际人权法与这些领域相互作用与影响，仍有许多问题需要更加深入的研究，仍有许多问题有待研究；国际人权法与这些领域之外的国际法其他领域的交叉问题，还没有引起足够的重视，如上文提到的国际卫生法，此外还有国际私法、国际金融法、国际商事法、国际体育法等。

（七）需要加强研究的问题

在国际人权法领域，中国国际人权法学科也有关注但需要加强研究的问题还有：人权指数；区域性人权制度的实践，特别是区域性人权法院的实践——对欧洲人权法院研究较多，但对美洲人权法院、非洲人权和民族权法院的研究还需要加强；人权与网络的关系；以及人权理事会特别程序的专题任务中，任何值得重视的问题。[①] 另外，中国国际人权法学科还需要继续译介国际人权法的权威研究成果，例如对核心人权公约的评注。

---

① 专题任务的清单见，https：//spinternet. ohchr. org/ViewAllCountryMandates. aspx？ Type = TM&lang = zh。

第十四章

国际海洋法

海洋是人类生命的根基，是人类赖以生存的资源宝库，是一个国家经济、社会发展的资源基地。党的十八大以来，中国首次正式提出"建设海洋强国"的国家战略目标。党的十九大报告指出，"坚持陆海统筹，加快建设海洋强国"。2019 年 4 月 23 日，习近平主席在青岛会见应邀前来参加中国人民解放军海军成立 70 周年多国海军活动的外方代表团团长时，首次提出了"海洋命运共同体"的理念。"海洋命运共同体"理念的提出，进一步丰富和发展了人类命运共同体，是人类命运共同体理念在海洋领域中的实践。建设海洋强国，推动构建海洋命运共同体，既需要以综合国力、科技实力为基础，更离不开法律保障。

中国作为海洋大国，面临着许多与世界上其他海洋国家相同或相近的问题。这些问题涉域广泛，要解决这些问题，需统筹国内国际两个大局，以和平、发展、合作、共赢方式扎实推进海洋强国建设，不断提高运用国际海洋法建设海洋强国的能力；更需要不断丰富和强化海洋权益主张的法理依据，紧密跟踪国际海洋法的最新理论与实践发展。

第一节 海洋法的历史与现状

现代海洋法有着悠久的历史。在传统的国际法中，特别是 20 世纪以前，国际海洋法中所规定的海洋利用的原则和规则主要是体现在习惯国际法中。

一　现代海洋法的缘起

1625 年，荷兰学者雨果·格劳秀斯（Hugo Grotius）的三卷本巨著《战争与和平法》（De jure belli ac pacis）对后世产生了重大而深远的影响，并奠定了其作为"国际法之父"的声名。然而，在他的全部作品中，他于 1605 年至 1606 年撰写完成却直至 1864 年才为人所知的《捕获法论》（De jure praedae commentarius），以及 1609 年以单行本发表的《海洋自由论》（Mare liberum）[1]，同样具有压倒性的分量。《海洋自由论》这本小册子原本是 1604—1606 年期间所写的《捕获法论》中的一部分。1609 年，在荷兰与西班牙举行休战谈判的过程中，荷兰东印度公司担心荷兰政府过早妥协，遂发动舆论造势，请格劳秀斯将尚未刊行的《捕获法论》书稿的第十二章进行细微修订后，以《海洋自由论》为题独立成册匿名出版，目的在于捍卫荷兰的海上航行自由权和贸易自由权。《海洋自由论》正如其书名一样，倡导自由的海洋，一经出版立刻引起了巨大的争议，甚至引发了一场关于是海洋自由还是海洋闭锁的"百年书战"。[2]

英国的约翰·塞尔登（John Selden）所著述的两卷本《闭海论》同样是关于海洋属性方面较为有名的著述，与格劳秀斯"海洋自由论"的观点基本针锋相对。塞尔登在《闭海论》中尝试提出和证明，在某些特定情况下，可以由国家行使海洋管辖权。这一观点的确否认了格劳秀斯提出的海洋是一个自由空间的说法。"无害通过"最早就是出现在《闭海论》一书中，在首次提出这一概念的同时，塞尔登主张海洋并非在任何地方都是公有的，它可以被占领。由此可见，17 世纪之初，关于"海洋自由"的讨论此起彼伏。

---

[1]　该书中译本有多个版本：［荷］格劳秀斯（著）：《论海洋自由》，马忠法译，张乃根校，上海人民出版社 2020 年版；［荷］格劳秀斯（著），［荷］拉尔夫·冯·德曼·马戈芬（英译）：《海洋自由论》，马呈元译，中国政法大学出版社 2018 年版；［荷］格劳秀斯（著）：《海洋自由论》，宇川译，上海三联书店 2005 年版。

[2]　参见禾木《在战争与和平之间——格劳秀斯战争法思想述评》，《国际法研究》2014 年第 4 期。

二 现代海洋法的发展

直至 20 世纪 50 年代前，海洋法基本原则的渊源为习惯国际法。在领海出现的早期，当时所称的领海是为不同的目的而设置，沿海国在领海中所享有权利的内涵也不同。进入 19 世纪，沿海国开始主张"单一领海"，在此领海中，沿海国享有主权。领海的宽度则以特定的距离来确定。

进入 20 世纪，国家权力在世界范围内的崛起缩减了公海的范围及其领域内的自由。[①] 第二次世界大战以后，随着世界经济的恢复和发展，沿海国对海洋资源的需求日益加大。随着国际政治力量对比的变化和科学技术的进步，许多国家相继提出新的海洋权利主张，促进了海洋法的发展。1958 年，第一次联合国海洋法会议在日内瓦召开，有 86 个代表团参加了会议。会议通过了四个公约，即《领海及毗连区公约》《公海公约》《大陆架公约》和《捕鱼与养护生物资源公约》，又称日内瓦四公约。第一次联合国海洋法会议获得了相当大的成功，但是它没有能够解决海洋法中某些十分重要的问题，例如领海的最大宽度。联合国于 1960 年召开了第二次联合国海洋法会议，审议了领海宽度和渔区界限等问题，但是这次会议仍然未达成新的成果。

自 20 世纪 60 年代以来，随着国际形势的变化，海洋法的发展进入了一个新阶段。1967 年，马耳他常驻联合国大使帕多（Pardo）先生使人们注意到国家管辖区域以外的海床和洋底，孕育着巨大的资源，他向时任联合国秘书长递交了一份题为"关于目前国内管辖范围以外的海洋床底及底土专为和平目的及为人类利益而利用之宣言与条约"的提议，建议将这些资源认定为不为任何国家所占有的人类共同继承财产，仅为和平的目的而开采利用。在草案中第一次使用了"人类共同继承财产"的概念。[②]

海洋法由此开始发生了格劳秀斯时代之后最重大的变化。1973 年

[①] 张相君：《国际法新命题：基于 21 世纪海上丝绸之路建设的背景》，社会科学文献出版社 2016 年版。

[②] 参见王铁崖《论人类的共同继承财产的概念》，载邓正来编《王铁崖文选》，中国政法大学出版社 2003 年版，第 67—94 页。

联合国召开了第三次海洋法会议，这次会议于 1982 年 12 月 10 日结束，通过了一个包含 320 个条款和 9 个附件的《联合国海洋法公约》（以下简称《公约》）。《公约》是一份综合且复杂的法律文件，它涵盖了从一国的领海宽度（以及该国在领海的权利），到领海以外海域的权利以及关于海底资源的诸多问题。《公约》同时建立起国际海底管理局（International Seabed Authority）、大陆架界限委员会（Commission on the Limits of the Continental Shelf，CLCS）和国际海洋法法庭（International Tribunal for the Law of the Sea，ITLOS）等机构。在随后的两年开放签字期内，159 个国家和实体签署了《公约》，但是几个主要大国，包括德国、英国和美国都没有签字。这些发达国家主要关切《公约》的第 11 部分关于国际海底区域（简称"区域"）资源的管理规定。经过进一步的协商和妥协，于 1994 年 7 月 28 日签订了《关于执行 1982 年 12 月 10 日〈联合国海洋法公约〉第十一部分的协定》（以下简称《协定》），解决了争议已久的"区域"开采制度问题。经过 1994 年《协定》，大多数国家由此批准了《公约》。1995 年 8 月 10 日，《关于执行 1982 年 12 月 10 日〈联合国海洋法公约〉有关养护与管理跨界鱼类种群和高度洄游鱼类种群规定的协定》（以下简称《鱼类协定》）通过，并于 2001 年 12 月 11 日生效。《海洋法公约》于 1994 年 11 月 17 日生效，截至 2021 年 8 月 30 日，《公约》现有 168 个缔约方（167 个国家和欧盟）。

第二节　各海洋区域的法律制度

根据《公约》和习惯国际法规则，海洋法在很大程度上是按照某些主要海洋区域的划分，以及对海洋的某些功能性利用而组成的。国际海洋法的内容包括将海洋划分为国家管辖范围内的内水、领海、毗连区、用于国际航行的海峡、群岛国、专属经济区、大陆架、公海，以及岛屿制度、闭海或半闭海、内陆国等规则，还包括国家管辖范围以外的国际海底资源开发制度和管理机构，以及海洋环境保护、海洋科学研究与技术转让和海洋解决争端等规则。①

由此，海洋法的许多内容都可以通过有关适用于某些海域内的规则加以理解。一般来说，越是靠近一国海岸的区域，受沿海国主权的影响或受该国对区域活动的控制程度越高，越是远离海岸的区域受沿海国控制的程度也就越低。因此，本章同样采用海洋区域划分的角度加以阐述。

一 内水

海洋法的基本原则是"陆地统治海洋"。由此陆地领土的情况构成决定一个沿海国海洋权利的起点。划分海洋区域的起始点是领海基线。一国的基线既是一国内水与领海的分界线，同时基线还为各个外部海域界限的测算提供了起点。一国基线以内朝陆地一面的所有水域为内水，内水与国家领土具有同样的法律地位。

《公约》第 5 条规定了测算基线的一般规则，即"除本公约另有规定外，测算领海宽度的正常基线是沿海国官方承认的大比例尺海图所标明的沿岸低潮线"。在海岸线极为曲折的地方，或者如果紧接海岸有一系列岛屿，测算领海宽度基线的划定可采用《公约》第 7 条规定的连接各适当点的直线基线法。第 8 条第 1 款规定，领海基线向陆一面的水域构成国家内水的一部分。内水与国家领土具有同样的法律地位（除受《公约》第 8 条第 2 款限制规定外）。

当一外国船舶处于一国的内水，它便要接受该国的刑事与民事管辖。因此，进入港口的商船有可能因违反海关规定而遭扣押，也有可能面临就该船舶而提起的诉讼。实践中，沿海国一般不对纯属外国船舶的内部事务予以管辖，而是将这类事务交由船舶的船旗国处理。

二 领海与毗连区

（一）领海

领海法律制度的发展是现代海洋法的主要内容之一，领海的概念是海洋法体系发展的基础，当今有关领海的法律制度体现在《公约》中

---

① 陈德恭：《现代海洋法》，海洋出版社 2009 年版，第 21 页。

相关的规定。至于领海的宽度，在领海制度的发展历史上则一直存在争议。许多国家早期提倡以岸上的大炮射程的终点为界，即离岸约三海里。这一"大炮射程"规则得到了广泛的认同，但从未被一致接受。《公约》第 3 条规定，"每一国家有权确定其领海的宽度，直至从按照本公约确定的基线量起不超过十二海里的界限为止"。相应地，《公约》的缔约国及其他承认 12 海里领海宽度界限的国家皆承认并主张 12 海里的合法性，因此 12 海里领海宽度是目前绝大多数国家的选择。

《公约》第 2 条规定，沿海国主权及于其陆地领土及其内水以外邻接的一带海域；在群岛国的情形则及于群岛水域以外邻接的一带海域，两个水域均称为领海。沿海国的主权还及于领海上空及其海床和底土，对于领海主权的行使受《公约》和其他国际法规则的限制。尽管沿海国享有主权，但是外国船舶不受妨碍地通过某海岸领海的权利是习惯国际法中早已承认的一项原则。在无害通过权的实践中，最有争议的是军舰和其他用于非商业目的政府船舶的无害通过问题。《公约》的规定似乎表明包括军舰在内的所有船舶都享有无害通过权。但是在具体实践中，《公约》缔约国对这个问题的理解不尽相同。在领海通行问题上的经典案例是"科孚海峡案"。该案涉及的是军舰在国际海峡中通过的问题，国际法院在该案判决中提到了该问题，但仍然没有解决军舰无害通过领海的判断问题。

（二）毗连区

类似毗连区的功能区在《公约》诞生之前就在实践中存在，具有悠久的历史。直至 1930 年，国际法中才出现了关于毗连区制度的系统理论。1958 年第一次联合国海洋法会议最终确定了毗连区制度，在此海域内沿海国享有特定事项的管辖权。1958 年《领海及毗连区公约》第 24 条将毗连区纳入调整范围，此后 1982 年《公约》第 33 条延续 1958 年《领海及毗连区公约》的规定，即"沿海国可在毗连其领海、称为毗连区的区域内，行使对下列事项所必要的管制：1）防止在其领土或领海内违犯其海关、财政、移民或卫生的法律和规章；2）惩治在其领土或领海内违犯上述法律和规章的行为。毗连区从测算领海宽度的基线量起，不得超过二十四海里"。此外，毗连区的管辖权扩展至海底考古领域。1982 年《公约》第 303 条第 2 款规定："为了控制这种文物的贩运，沿海国可在适用第三十三条时推定，未经沿海国许可将这些文物移出所指海域的海床，将造成在其领土或领海内对该条所指法律和规章的违反。"

三 群岛

（一）群岛制度

《公约》第 46 条是群岛的定义。该项规定："'群岛'是指一群岛屿，包括若干岛屿的若干部分、相连的水域和其他自然地形，彼此密切相关，以致这种岛屿、水域和其他自然地形在本质上构成一个地理、经济和政治的实体，或在历史上已被视为这种实体。"早在 1958 年第一次联合国海洋法会议期间，远海群岛就被称为"远离大陆海岸从而可被视为独立的整体而非大陆海岸一部分的群岛"。远海群岛可分为以下两类：大陆国家的远海群岛和构成群岛国全部或部分领土的群岛。一般认为，大陆国家远海群岛具有三项特征：其一，这类群岛在地理意义上远离大陆海岸；其二，这类群岛并不构成一个独立主权国家的全部领土；其三，这类群岛处于一个独立的大陆国家的主权之下。《公约》及其谈判资料显示，大陆国家远海群岛属于《公约》未予规定的事项，从而如《公约》前言第 8 段所说"应继续以一般国际法的规则和原则为准据"。

（二）中国实践

中国对南海诸岛及其附近海域拥有无可争辩的主权。南沙群岛构成地理上的整体。南沙群岛位于南海中南部，北起礼乐滩北的雄南滩，南至曾母暗沙一带，西自万安滩，东到海马滩，是南海诸岛中分布海域最广、岛礁数目最多的群岛，整个群岛共有岛、礁、沙、滩近 200 个。从地理事实上看，南沙群岛具有群岛所共有的特点，即由岛、礁、沙、滩、相连水域和其他自然地形所组成。南沙群岛在地质上主要是由珊瑚礁所构成，岛屿、沙洲和礁滩彼此环绕，成环礁，环礁内形成潟湖。小的环礁往往构成大的群礁的组成部分。这些地理和地质特点进一步加强了构成南沙群岛各组成部分、各种自然地形之间以及自然地形与有关水域之间的联系。从自然地理特点上看，南沙群岛完全符合群岛概念，即群岛的各个组成部分及相连水域之间密切相关，以致这种岛礁、水域和其他自然地形构成地理上的整体。

中国对南沙群岛整体拥有领土主权。中国南沙群岛的地理范围是明确的。对于菲律宾将中国南沙群岛部分岛礁并连同周边大范围海域称为"卡拉延岛群",中国政府明确指出,菲律宾所谓的"卡拉延岛群"完全是中国南沙群岛的一部分,菲律宾对中国南沙群岛部分岛礁的占领及相关行为构成对中国领土主权的侵犯。

四 专属经济区

专属经济区是一个独特的制度,这一区域既不同于领海,也有别于公海,是介乎二者之间的一种新制度。《公约》规定,专属经济区从测算领海宽度的基线量起,不应超过200海里。在此区域内沿海国享有对自然资源的专属权利和相关的管辖权,而其他国家同享有航行、飞越、铺设海底电缆和管道的自由。世界上大多数国家的渔业资源是在专属经济区发现的,因此专属经济区最早是与渔区有关的主张,而创设这一制度的动力就来自发展中国家。专属经济区的概念最初由肯尼亚于1971年向亚非法律咨询委员会和1972年向联合国海底委员会先后提出的。专属经济区概念的形成过程反映的是它得到了广大发展中国家的支持,也反映了广大发展中国家希望扩大其对沿海自然资源权利的要求。

专属经济区是在《公约》的谈判过程中逐步发展起来的概念,但这一概念的出现本身就是妥协的产物,是寻求200海里领海的国家与希望更加限制沿海国权利的国家之间的妥协,从而最终发展出来的独特制度。许多国家都主张200海里的专属经济区。即使尚未主张的国家也宣布了渔区。

五 大陆架

(一)大陆架的法律制度

在地质学上,从海岸到海底的斜坡,一般分为三段,第一段是平缓的斜坡(大陆架),然后是一段向海洋急剧倾斜部分(大陆坡),再后是通向深海床平面的一段更加平缓的斜坡。这三块区域称为大陆边,蕴藏着丰富的自然资源,包括石油天然气和某些矿物资源。

1945年,美国总统杜鲁门发表声明,宣布美国"将处于公海下毗连美国海岸的大陆架的底土和海床的自然资源视为美国所有,受美国的管辖控制"。其后,其他一些国家也提出了类似的主张。1969 年国际法院在"北海大陆架案"判决中指出,大陆架是沿海国陆地领土的自然延伸,沿海国凭借其对陆地领土的主权而对大陆架享有的权利在事实上自始存在。这是一种固有的权利。①

《公约》第 76 条规定的大陆架的法律定义,沿海国的大陆架包括其领海以外依其陆地领土的全部自然延伸,扩展到大陆边外缘的海底区域的海床和底土,如果从测算领海宽度的基线量起到大陆边的外缘的距离不到二百海里,则扩展到二百海里的距离。如果自然延伸离基线超过 200 海里,沿海国的大陆架则继续量到自然延伸的终止处,但在任何情况下都不能超过:从基线量起 350 海里;或 2500 公尺"等深线"以外 100 海里。这一款的适用受到第 4 款关于确定大陆边外缘的两种方法的限制。

需要注意的是,在 1945 年美国宣布对大陆架的权利主张时,使用的是地质和地形学的标准,包括 200 米等深线的标准。1958 年的《大陆架公约》就大陆架的定义也没有包含距离标准。1958 年《大陆架公约》和 1982 年《公约》关于大陆架定义的变化,表明了国际法院的判决,尤其是 1969 年"北海大陆架案"在改变国际法规则过程中的重要作用。可以说,《公约》的第 76 条既反映了大陆架 1982 年时已有的法律定义,也发展了这一定义。1982 年以后的实践开始逐渐更多依靠第 76 条下距离标准的考虑。在 1985 年国际法院"大陆架案"(利比亚/马耳他)的判决中,国际法院指出:"自然延伸……部分是由从岸边起算的距离起确认的。自然延伸和距离这两个概念是相辅相成的,都是法律意义上大陆架定义的基本要素。"②

(二) 大陆架界限委员会的工作

1994 年 11 月 16 日《公约》正式生效。按照《公约》第 76 条和附件二第四条规定:沿海国大陆架不足 200 海里时,可将其大陆架扩展至 200 海里;如大陆架超过 200 海里,沿海国应按规定的方式确定超过

---

① See *North Sea Continental Shelf*, Judgment, I. C. J. Reports 1969, p. 3.
② *Continental Shelf* (*Libyan Arab Jarnahiriya/Malta*), Judgment, I. C. J. Reports 1985, p. 13, para. 34.

200 海里以外大陆架外部界限，并向 200 海里以外联合国大陆架界限委员会提出申请。大陆架界限委员会对此进行审议并提出建议，沿海国在此建议的基础上所确定的 200 海里以外大陆架外部界限将具有确定性和拘束力，沿海国也将为勘探和开发其资源的目的，对所确定的大陆架行使主权权利。

截至 2019 年 12 月 31 日，自 2001 年 12 月俄罗斯首个划界案提交以来的 18 年内，委员会共收到 85 个划界案和 8 个修订案，完成 28 个划界案和 4 个修订案的审议，还有 61 个划界案和修订案在等待审议。从提交时间来看，2009 年 5 月 13 日截止日前提交了 50 个划界案，截止日之后提交了 35 个；从划界案形式来看，85 个划界案中，后续又提交修订划界案 8 个，联合划界案 7 个，部分划界案多达 52 个；从划界案的提交国来看，85 个划界案共涉及 77 个国家，部分国家以不同形式提交了多个划界案，比如，法国最多提交了 7 个，包括 4 个部分划界案和 3 个联合划界案。考虑到部分缔约国在 10 年提交期限内可能提交划界案，未来缔约国在批准或加入《公约》后可能提交划界案，已提交初步信息缔约国提交划界案后根据委员会建议提交修订案，以及已提交部分划界案的缔约国可能会提交新划界案等各种因素，排队等候审议的划界案数量还会不断增加。此外，随着各缔约国划界案提交的国家实践，以及委员会划界案审议实践的不断发展，大陆架调查数据资料的不断积累，各缔约国借鉴他国经验基于新采集的科学数据，在小组委员会审议其划界案之前或期间提交划界案补充材料或修订稿，都将导致委员会的工作量大幅增加。因此，未来委员会面临的划界案审议工作将是长期和艰巨的。[①]

六　海洋划界

（一）划界规则

由于 1982 年《公约》创设了专属经济区等海洋区域，客观上造成了各国海洋区域和大陆架的主张重叠的情况。因此，海岸相邻的国家、海峡或窄海相向的国家，有可能发生对彼此领海、专属经济区和大陆架

[①] 方银霞、尹洁：《大陆架界限委员会的工作进展及全球外大陆架划界新形势》，《国际法研究》2020 年第 6 期。

相关争议的主张。

海洋区域的划界问题不限于专属经济区或大陆架之内，也可以涉及特殊情形如历史性海湾的划界，也会出现在领海中。《公约》第 15 条规定了领海划界的基本原则：除因历史性权力或其他特殊情形的存在而需要其他划界方法的情况，相关国家在没有协议的情况下，应该适用中间线原则。实践中，相邻国家还采用了不同的领海划界方法，最常用的是"等距离原则"，即从相邻海岸向外划出中间线作为边界。1909 年由常设仲裁法院审理的"格里巴斯丹案"采纳了沿海岸划垂直线的方法，以一条垂直于海岸一般方向的线作为领海划分界线。①

目前，专属经济区划界往往有混合性质，同时也涉及大陆架划界的问题。专属经济区与大陆架划界的规则比较接近，《公约》第 74 条和第 83 条的规定也较为类似。

越来越多的国家希望它们的海洋边界由单一边界线构成，例如在"关于海洋划界和领土争端案"（卡塔尔诉巴林）中，当事方请求国际法院为他们划定单一的海洋边界。国际法院认为，这种做法产生于实践，而非条约。② 由于在第三次海洋法会议上大陆架和专属经济区的划界问题是放在一起讨论的，③ 因此有观点认为，这种单一边界的做法假以时日可能成为习惯国际法。应该说在实践中仍然存在着上述两个区域分开划界的可能，并非所有争议都是以重叠的大陆架和专属经济区为客体的，单一边界的做法并不构成习惯国际法。

在解决这些争端当中，当事国会依靠《公约》中的某些一般原则和习惯国际法。对于相向国家之间领海界限的划定，一般的做法是采用中间线对相邻国家领海界限的划定，有时以海岸向外划分中间线，有时则采用一条简单的垂直线。在这两种分界方式中，还要考虑到一些特殊的情况。《公约》第 15 条规定："如果两国海岸彼此相向或相邻，两国中任何一国在彼此没有相反协议的情形下，均无权将其领海伸延至一条

---

① 参见刘衡《"格里斯巴丹那仲裁案"重述——以海洋划界的公平解决为视角》，《国际法研究》2020 年第 5 期。

② *Maritime Delimitation and Territorial Questions between Qatar and Bahrain*, Merits, Judgment, I. C. J. Reports 2001, p. 40, at para. 141.

③ See Satya N. Nandan and Shabtai Rosenne, *United Nations Convention on the Law of the Sea*, 1982: *A Commentary*, Volume II (Brill Academic Publishers, 2002), p. 801.

其每一点都同测算两国中每一国领海宽度的基线上最近各点距离相等的中间线以外。但如因历史性所有权或其他特殊情况而有必要按照与上述规定不同的方法划定两国领海的界限，则不适用上述规定。"《公约》第83条第1款的规定了大陆架划界的规则："海岸相向或相邻国家间大陆架的界限，应在国际法院规约第三十八条所指国际法的基础上以协议划定，以便得到公平解决。"

实践中，当事国和国际法庭都不愿意自动地将等距离原则适用于大陆架的划界。解决争端的法庭所考虑的"有关情况"还会包括海岸的总体形状、当事方海岸线的长度、岛屿的存在，以及当事方先前的行为等因素。

（二）经典判例

1969年国际法院"北海大陆架案"是经典且重要的判例。1966年，德国与荷兰和德国与丹麦在如何划定北海大陆架界限上发生争议，荷兰丹麦主张等距离原则划定全部界限，德国认为这种划法不公平，因为德国的海岸是凹入的，从这两段划出的等距离线会形成交叉，使德国得到的大陆架只是一个与其海岸长度小得不成比例的三角形。1967年2月，德国与丹麦和德国与荷兰分别达成协议，将争议提交国际法院，请求法院判定，在划分属于该三国的北海大陆架时，应适用何种国际法原则和规则，国际法院在1969年2月20日，以11票赞成，6票反对作出判决，法院指出，等距离概念不曾被认为具有已被广泛接受的大陆架划界规则。《大陆架公约》第6条包含的这一项等距离规则，但其只是一项条约规则；如果《大陆架公约》在其起源或开始之时没有宣告等距离原则是相邻国家间大陆架区域划界的习惯法规则，那么其后的效果也不能构成这样的一种习惯国际法规则。迄今为止，国家实践同样是不充分的，法院不否认等距离划界方法是一种非常便利的方法，并在很多情况下广为采用。但这些因素本身还不足以使该方法成为一项法律规则，从而把接受使用该方法的结果看作在所有情况下必须履行的义务。等距离方法不是习惯法的强制性规则。国际法院指出："划界应由有关国家根据公平原则并考虑一切有关情况进行，使每一方尽可能多地取得构成其陆地领土向海底自然延伸的部分，但又不侵害他国领土的自然延伸部分。"①

"北海大陆架案"是关于大陆架的自然延伸概念和经协议公平划界原则的重要案例。公平原则不排除以等距离规则划界，但等距离规则不具有习惯法的地位，其适用在很多情况下可能有失公平。同时该案判决还指出了划界导致的重叠处可实行共同管辖和开发，该判决的基本主张为后来的海洋划界判例所援引和发展，成为海洋划界发展的重要案例。

（三）中国实践

北部湾划界是中国海上划界的首次成功实践，为中国今后与其他邻国划分海上边界线积累经验，意义重大。北部湾是一个较为狭窄的海湾，其宽度在110海里到180海里之间，按照《公约》的规定，沿海国可拥有宽度不超过12海里的领海、宽度不超过200海里的专属经济区以及更为宽广的大陆架。中越两国都是《公约》的缔约国，两国根据《公约》规定，在北部湾海域主张的专属经济区和大陆架存在重叠，须通过划界加以解决。1993年8月，在中越第三次边界谈判开始前，中越双方签署了《关于解决中华人民共和国和越南社会主义共和国陆地边界和划分北部湾问题的基本原则协议》，该协议规定，边界谈判应"按照包括1982年《联合国海洋法公约》在内的国际法所确认的法律制度和原则"进行。至此，中越双方就划界依据达成了共识，为两国间陆上和海上边界问题的最终解决奠定了基础。此后，自1992年至2000年中越双方共举行了7轮政府级谈判、3次政府代表团团长会晤、18轮联合工作组会谈及多轮的专家组会谈，② 最终于2000年12月25日在北京签署《中华人民共和国和越南社会主义共和国关于两国在北部湾领海、专属经济区和大陆架的划界协定》和《中华人民共和国政府和越南社会主义共和国政府北部湾渔业合作协定》。2004年6月30日，两国政府代表在河内交换了上述协定的批准书，至此中越北部湾划界协定生效，标志着我国第一条海上边界的诞生。根据划界协定，中越双方处于北部湾的领海、专属经济区和大陆架的分界线共有21个坐标点相续连接而

---

① *North Sea Continental Shelf*, Judgment, I. C. J. Reports 1969, p. 3, para. 101
② 张植荣：《中越北部湾划界谈判及其对解决海疆争端的启示》，《国际论坛》2005年第2期。

成,北自中越界河北仑河的入海口,南至北部湾的南口,全长约 500 公里。①

北部湾划界确定后,中越两国又于 2011 年 10 月 11 日签订了《关于指导解决中华人民共和国和越南社会主义共和国海上问题基本原则协议》,规定中越两国应"稳步推进北部湾湾口外海域划界谈判",并设立了双方每年两次的政府边界谈判代表团团长的定期会晤机制。2019 年 12 月,中越北部湾湾口外海域工作组第 12 轮磋商、海上共同开发磋商工作组第九轮磋商在北京举行。双方就海上划界与共同开发等问题深入交换意见,一致同意要继续通过双边对话协商管控海上争议,积极推进海上合作,共同维护两国关系良好发展势头和南海和平稳定局面。②

七 公海与国际海底区域

(一) 公海

随着沿海国对其海域控制面积的不断扩大,公海的面积已经大幅度收缩。根据《公约》第 86 条规定,公海为"不包括在国家的专属经济区、领海或内水或群岛国的群岛水域内的全部海域"。公海的法律概念不仅包括水体,还包括其上空及海床和底土。

《公约》规定了所有国家在公海上可享受的自由的部分内容:航行自由、飞越自由、捕鱼自由、铺设海底电缆和管道的自由、科学研究的自由以及建造人工岛屿和设施的自由。一国在行使这些公海权利和海底区域权利时,通常有义务适当顾及其他国家的利益。此外,各国还需要承担某些具体的义务,如就公海渔业养护的必要措施进行谈判并达成一致。同时《公约》第 88 条规定,公海"只用于和平目的"。

一般而言,船旗国对其在公海上的船舶具有排他的管辖权,因此,只有船旗国或当事人的国籍国才能对该人员就在公海上的碰撞提出任何刑事诉讼或纪律程序。这一规则推翻了常设国际法院对"荷花号"一案的判决,该判决认为受伤害船舶的所属国对碰撞事件拥有并行管辖

---

① 《中越北部湾划界协定情况介绍》,中华人民共和国外交部网站,http://infogate.fmprc.gov.cn/web/ziliao_674904/tytj_674911/tyfg_674913/t145558.shtml。

② 中华人民共和国外交部政策规划司主编:《中国外交(2020 年版)》,世界知识出版社 2020 年版,第 310 页。

权。船旗国的排他管辖权存在几种例外，所有国家都可以对海盗船行使管辖权。海盗行为是指：私人船舶（或飞机）的船员（或机组成员）或乘客为私人目的，在公海上（或其上空）对另一船舶（或飞机），或对另一船舶（或飞机上）的人或财物所从事的任何暴力、扣留或掠夺行为。所有国家还可以对公海上未经许可的广播形式行使管辖权，军舰对涉嫌从事海盗行为、奴隶贩运和其他某些行为的船舶具有登临权。

(二) 国际海底区域

根据《公约》第 1 条的规定，深海海底被称为"区域"，是指国家管辖范围以外的海床和洋底及其底土。"区域"内活动是指勘探和开发"区域"资源的一切活动。

从 20 世纪 40 年代至 60 年代中期，许多国家主张越来越宽的管辖海域，如 200 海里的管辖范围。一些国家和地区性组织越来越关注深海海底及其资源问题。1970 年，联合国第 25 届大会通过了《关于各国管辖范围海床洋底及其底土的原则宣言》，宣布深海海底及其资源"为全人类的共同继承财产"，为建立国际海底区域制度奠定了基础。如前述，1994 年《协定》于 1996 年 7 月 28 日起生效。1994 年《协定》对《海洋法公约》第十一部分内容进行了较大修正，作为解决一个困难问题的创新之举，1994 年《协定》被证明是成功的，但是，它也带来了与《公约》兼容性的问题。① 《协定》的《附件》第 1 部分规定，《公约》缔约国按照第十一部分和《协定》通过国际海底管理局（以下称"管理局"）组织和控制"区域"内活动，特别是管理"区域"内资源的组织；管理局应具有公约授予的权力和职能。管理局具有国际法律人格，以及为执行其职务和实现其宗旨所必要的法律行为能力。管理局由大会、理事会、秘书处、法律和技术委员会、财务委员会和企业部等几个机构组成。作为管理局的最高权力机关，大会有权依照公约有关规定，就管理局权限范围内的任何问题或事项制订一般性政策。依据大会所制订的一般性政策，作为管理局执行机关，理事会有权制订管理局对于其权限范围以内的任何问题或事项所应遵循的具体政策。公约《附件》第 2 部分规定企业部初期的深海底采矿业务应以合资企业的方式进行；

---

① 参见贾桂德《关于执行〈联合国海洋法公约〉第十一部分的协定评述》，载中国国际法学会主办：《中国国际法年刊（1998 年）》，法律出版社 2002 年版，第 154—192 页。

第 3 部分规定管理局的政策应由大会协同理事会制订；作为一般规则，管理局各机关的决策应当采取协商一致方式。因此，理事会在管理局政策决策过程中处于关键地位。

（三）中国实践

国家管辖范围以外的海床洋底及其底土的勘探开发制度和机构问题是 1967 年联合国大会决定建立海底委员会和 1973 年开始的第三次联合国海洋法会议重点审议的项目，也是 1982 年《公约》的主要组成部分之一。中国代表团参加了历次联合国海洋法会议有关国际海底问题的协商，在许多问题上都发表了声明。中国一直支持 77 国集团的许多主张，例如，中国支持将"人类共同继承财产"原则作为国际海底制度的基础，原则上同意建立统一的国际机构来开展海底的勘探开发活动。又如，关于国际海底的资源生产政策，中国认为要考虑到陆产国、消费国和发展中国家的利益需求，合理控制产量。

中国在"区域"内的活动开始于 20 世纪 70 年代中期。中国"大洋矿产资源研理局究开发协会"成为这个领域的先驱之一，并在 1991 年 3 月 5 日与管理局签订了勘测矿物资源的合同。随后，该协会按照经管理局批准的工作计划开始勘测"区域"的某一特定部分。管理局从 1996 年 6 月起开始全面运转。

第三节 海洋环境保护和海洋科学研究

一 海洋污染和海洋环境

《公约》第 1 条规定，"海洋环境污染"是指人类直接或间接把物质或能量引入海洋环境（其中包括河口湾），以致造成或可能造成损害生物资源和海洋生物、危害人类健康、妨碍包括捕鱼和其他对海洋正当的利用在内的各种海洋活动、减损海水使用质量和妨害环境优美等有害影响。海洋间运输货物的船舶是海洋环境的主要污染源之一。这类污染可能来自由船舶推进器所产生的排放物、废料和污水，或者是货物意外或故意的泄漏。各种全球、区域或双边的条约都试图缓解海洋污染。在国际层面，国际海事组织于 1973 年制定了《防止船舶造成污染公约》，以应对船舶除了倾倒垃圾以外的各种造成海洋污染的行为。该公约作了几次修正,并于1978年通过了一份议定书。该公约还在其涉及油类和大宗有害物质运输的附件中,制定了复杂而详细的污染标准。

二 海洋科学研究

《公约》第238条规定,所有国家,不论其地理位置如何,以及各主管国际组织,在公约所规定的其他国家的权利和义务的限制下,均有权进行海洋科学研究。第242条规定,各国和各国际组织应该在海洋科学研究上进行国际合作。第245条规定沿海国有在其领海内进行海洋科学研究的专属权利。根据第246条第3款的规定,沿海国在专属经济区和大陆架上不享有这种专属权利,其他国家可以在沿海国同意的情况下在此区域从事科学研究;但是,如研究计划与开发该区域自然资源有重大关系或类似情况,沿海国可以不予准许。各国和各国际组织如果在一个沿海国专属经济区内或大陆架上进行海洋科学研究,应该向沿海国提供相关信息。在深海海底区域进行海洋科学研究活动时,除了船旗国的管辖权之外,国际海底管理局也有协调的权力。

三 中国实践

在第三次联合国海洋法会议谈判期间,中国代表指出,关于如何有效地防止和控制海洋污染包括如下几个方面。一是尊重各沿海国的权利。各沿海国有权在邻接其海的一定范围海域内采取必要措施,保护本国海洋环境免受外来污染;当海洋环境受到外来污染危害时,沿海国有权要求肇事国赔偿损失。二是履行各国的责任。各国特别是工业发达国家有责任加强对国内海洋倾废的管理,并采取有效措施,解决有害物质的排放问题,防止由于本国海洋污染而损害别国的和各国管辖范围以外的海洋环境。三是建立国际管制。

中国在1983年颁布了《海洋环境保护法》,并于1999年、2018年分别作了修正。这部法律的目的是保护和改善海洋环境。国家海洋局(现自然资源部)等部门负责海洋环境的监督管理,并组织海洋环境的调查、监测、监视、评价和科学研究;它的任务还包括管理非军事船舶造成的污染;军事船舶造成的由军队环境保护部门负责(第5条)。该法适用于中国内水、领海、毗连区、专属经济区、大陆架以及中国管辖的其他海域,所有在这些区域活动的单位和个人都必须遵守该法的规定(第2条)。

关于海洋科学研究,中国在历史上就有观测潮汐的记录。中国代表团在第三次海洋法会议上提出修正案,内容是沿海国对其专属经济区和大陆架上的海洋科学研究有专属管辖权;在专属经济区内和大陆架上进行的任何科研活动必须征得沿海国事先明确同意;反对区分与资源有关和无关的研究,主张在专属经济区和大陆架上进行的任何科学研究都需经沿海国批准。这些内容最后都被写入《公约》。① 我国《领海及毗连区法》第11条和《专属经济区和大陆架法》第9条是专门针对在我国领海、专属经济区和大陆架从事科学研究的规定。这两个条款都要求任何国际组织、外国机构或个人要进行科学研究都需征得事先批准;但这两个条款并没有提到外国国家从事的此类科研活动的问题。中国的海洋科学研究法律制度主要体现在《中华人民共和国涉外海洋科学研究管理规定》之中。

第四节 国际渔业法律制度

国际渔业法主要包括普遍性、区域性、多边和双边国际条约规定的有关渔业的法律制度。自1982年《公约》通过以来,国际渔业法发生了诸多重要的发展变化。②

一 公海渔业法律制度的新发展

自1982年《公约》通过以来,特别是20世纪90年代以来,随着公海渔业的迅速发展,公海渔业法律制度也发生了急剧而深刻的变化。这一变化的主线是公海捕鱼自由原则受到越来越严格的限制。《公约》确立的专属经济区制度结束了200海里海域内的捕鱼自由时代。而在此

---

① 参见张海文编著《〈联合国海洋法公约〉与中国》,五洲传播出版社2014年版,第22—25页。
② 参见张晏瑆《国际渔业法律制度的演进与发展》,《国际法研究》2015年第5期。

线以外的公海渔业中，捕鱼自由原则仍占支配地位。被从沿海国的专属经济区内排斥出来的大批外国渔船继续留在专属经济区邻接公海区域内作业。其捕捞对象主要是跨界鱼类种群和高度洄游鱼类种群。这些种群的跨界洄游特性决定了专属经济区以内和以外有关这些种群的捕捞活动会产生相互影响，因此，这成了沿海国和公海捕鱼国之间渔业冲突的根源。而《公约》的有关规定因存在严重缺陷而未能为上述问题提供充分的解决办法。

第三次海洋法会议后，联合国从1993年4月开始至1995年8月5日召开跨界鱼类种群和高度洄游鱼类种群养护和管理会议，会议于1995年8月4日一致通过了《鱼类协定》。《鱼类协定》仅仅就两种鱼类对《公约》的捕鱼制度做出了有关资源保护和管理方面的实质性规定。根据《鱼类协定》的有关规定，其适用范围主要限于公海，其所包括的鱼类——跨界和高度洄游鱼类种群是公海渔业开发的主要对象。这样，除捕鲸问题由国际捕鲸委员会管理、溯河产卵种群继续按《公约》第66条的规定进行管理之外，《鱼类协定》涵盖了现有的公海渔业生产中允许捕捞的所有鱼类。事实上，联合国粮农组织正是以这两类渔业资源的开发利用情况代表公海渔业资源的开发状况。因此，这一协定实质上可以称为一个公海渔业管理的协定。《鱼类协定》标志着国际渔业法乃至国际海洋法的重要的新发展，对世界公海渔业产生了重大影响。

二 BBNJ 国际协定与国际渔业法律制度的关系

自2018年9月正式开始的国家管辖范围以外区域海洋生物多样性（BBNJ）养护和可持续利用问题国际文书的政府间谈判，涉及渔业的主要问题包括如下几个方面：一是 BBNJ 国际协定与《公约》、1995年《鱼类协定》，以及其他现有的普遍性、区域性渔业法律文件规定的渔业法律制度的关系；二是关于鱼类的划分；三是关于设立海洋保护区与渔业的关系；四是关于环境影响评价与渔业的关系。

有关 BBNJ 国际协定与国际渔业法律制度的关系的这些问题尚待我国学界进行系统而深入的研究，特别是要为我国提出的立场观点进行法律论证，包括其法律依据，以及如何建立相关的法律制度。

三 公海海洋保护区对国际渔业法的发展和影响

公海保护区是为保护和管理海洋资源、环境、生物多样性或历史遗迹等目的而在公海设立的海洋保护区。海洋保护区是保护海洋生物及其栖息地、重建海洋生物多样性、修复海洋生态系统和维持重要生态服务的关键工具。迄今为止，一些国家和国际组织在世界范围内已经设立了一些公海保护区，包括2009年11月设立的南奥克尼群岛南大陆架海洋保护区；2010年设立的大西洋中央海脊海洋保护区，以及2017年设立的罗斯海地区海洋保护区等。2014年的世界自然保护联盟（IUCN）世界公园大会和2016年的世界自然保护大会都提出，要在2030年之前以划设海洋保护区等形式保护全球30%的海洋，其中包括部分公海海域。

公海保护区关于渔业的规定及其相关法律制度，构成国际渔业法的组成部分，是对国际渔业法的发展。作为公海渔业大国及有关公海保护区的成员国，我国受到这些公海保护区的约束和影响。我国需要深入研究如何更好地参与公海保护区的立法及其管理措施的制定，在有关制度建构中维护我国的利益；在遵守这些保护区法律制度和措施的同时，利用这些保护区的资源，包括从事海洋和渔业科研活动。

四 北极渔业治理

随着全球气候变暖，远洋渔业国家日益关注北极渔业，包括其法律问题。在北极渔业中，与我国利益攸关的渔业主要涉及北冰洋中部的公海海域和斯瓦尔巴群岛海域。除了《联合国海洋法公约》等适用于北冰洋中部的公海渔业的国际条约以外，2017年通过的《预防中北冰洋不管制公海渔业协定》建立了防治北冰洋中部不受管制的公海渔业的国际法律制度。我国参与了该协定的制定。作为缔约国，我国需要研究如何与其他缔约方继续就该协定的科研和监测计划、探捕等后续规则的制定进行谈判和合作，共同加强北冰洋公海渔业管理，保护北极海洋生态系统。

斯瓦尔巴群岛海域的渔业则存在法律问题的争议。1920年《斯瓦尔巴条约》规定，挪威对斯瓦尔巴群岛享有充分和完全的主权，但各缔约国的公民可以自由进入,在遵守挪威法律的范围内从事正当的生产和商业以及科学考察等活动。据此,作为该条约缔约国的我国公民去斯瓦尔巴群岛不仅免挪威签证,而且去留都没有时间限制。然而,对于该群岛海域的法律地位,该条约却没有规定。作为对该群岛享有主权的挪威根据《联合国海洋法公约》,主张在该群岛海域设立领海、毗连区、专属经济区和大陆架,而其他一些缔约国则根据《斯瓦尔巴条约》,反对挪威在该海域的专属经济区和大陆架主张。

五 《中国远洋渔业履约白皮书》

2020年11月,我国农业农村部对外发布《中国远洋渔业履约白皮书(2020)》(以下简称《白皮书》),以使国际社会充分了解我国远洋渔业管理原则立场、政策措施和履约成效。[①]

中国远洋渔业自1985年起步,根据相关双边渔业合作协议或安排,在合作国家管辖海域开展互利共赢的入渔合作。自20世纪90年代以来,根据《联合国海洋法公约》等相关国际法,中国开始发展公海渔业,积极行使开发利用公海渔业资源的权利,同时全面履行相应的资源养护和管理义务。《白皮书》主要介绍中国履行船旗国、港口国和市场国的义务,实施远洋渔业监管,促进渔业资源科学养护和可持续利用的各项制度规定和措施做法,以及为提升履约绩效、促进全球渔业可持续发展开展的科学支撑、国际合作、基础设施和能力建设等内容。

我国远洋渔业发展目前面临严峻的国际渔业法律环境。展望未来,正如《白皮书》结语所言,随着我国进入新的发展阶段,海洋渔业行业的外部性日益复杂,我国远洋渔业的进一步发展面临新的机遇与挑战。比如,在参与国际渔业立法、执法时,如何贯彻落实人类命运共同体及海洋命运共同体理念,如何平衡我国作为最大的发展中国家和海洋渔业大国的利益关系问题;如何充分履行我国参加的国际渔业条约,并且完善我国的相关渔业法律制度;我国参与国际渔业管理组织的相关法律问题;《海警法》关于国际渔业执法的问题;国际渔业争端解决机制及其运用;关于采用生态系统方式对海洋渔业资源环境进行养护和管理

---

① 《中国远洋渔业履约白皮书(2020)》,2020年11月。

的法律制度的制定和实施；等等。

第五节　海洋争端的解决

海洋已经成为国际事务中的热点和沿海国普遍关注的重点。随着海洋科学研究和技术手段的发展，人类对海洋战略地位及其价值的认识不断深化，开发和利用海洋及其资源的能力不断增强，各类海洋争端逐渐增多。国际海洋争端的解决机制分为两类，一类是国际法框架下的一般解决机制，以国际法院为例子，国际法院是联合国的主要司法机关，职能包括就国家间争端行使诉讼管辖权，截至 2019 年 12 月 31 日，提交到国际法院的案件有 177 件，其中 150 件是国家之间的诉讼案件，27 件是联合国机关和专门机构要求发表咨询意见的案件。在诉讼案件中，半数以上涉及领土和边界纠纷，不少涉及海事争端和有关国际法问题。[①]另一类是《公约》框架内的解决机制。

一　《联合国海洋法公约》的争端解决机制

《公约》的争端解决机制以其复杂性著称。《公约》提倡以和平方式解决有关海洋法公约的任何争端。《公约》第 15 部分第 1 节要求两个缔约国在争端发生后迅速交换意见，并以双方同意的方式解决争端。如果这种办法不可行，任何一方可以要求另一方同意采用《公约》所设立的调解程序。根据这一程序，各方从《公约》缔约国所编制的名单中各选择 2 名调解员，然后由这 4 名调解员选择第 5 位调解员担任主席。委员会负责就此争端提出一份报告，委员会在报告中可以提出无约束力的建议。如果争端不能依据第 15 部分第 1 节得到解决，在第 2 节中的例外又无一适用的情况下，任何一方可以诉诸第 2 节强制性争端解决的规定，例如大多数涉及沿海国行使其主权权利或对专属经济区管辖权的争端，不适用《公约》的强制性争端解决。否则，有关《公约》或其执行协定的争端，应当提交以下 4 个争端解

---

① 中华人民共和国外交部政策规划司主编：《中国外交（2020 年版）》，世界知识出版社 2020 年版，第 303—304 页。

决机构之一解决：按照附件 6 设立的国际海洋法法庭；国际法院；按照附件 7 成立的一般性仲裁法庭，以及按照附件 8 成立的由某领域专家组成的仲裁法庭。

二 国际海洋法法庭

国际海洋法法庭的建立是《公约》的一个重要成果。《公约》附件 6 即《国际海洋法法庭规约》（以下简称《规约》）。《公约》在 1994 年 11 月 16 日生效之后，缔约国大会选举出了 21 名法官。他们从 1996 年 8 月 1 日起开始任职，任职时间为 3 年、6 年或 9 年不等。1996 年 10 月 5 日，加纳法官当选为第一任法庭庭长。1997 年 10 月 28 日，法庭规则在法官全会上通过被法官全会通过；该规则后经 2001 年 3 月和 9 月两次修订。和其它主要国际司法机构一样，国际海洋法法庭的管辖权也分为诉讼管辖权和咨询管辖权。在《公约》的最初制度设计中，海洋法法庭的主要职能在于解决争端，强调其诉讼管辖权，并没有赋予其咨询管辖权，或者更为准确地说是海洋法法庭本身没有咨询职能，承担咨询职能的是海底争端分庭。2011 年，国际海洋法法庭海底争端分庭处理了对其成立以来受理的第一起咨询意见案件，即"第 17 号案"——担保国对"区域"内活动的责任和义务问题。2015 年 4 月 2 日，海洋法法庭根据"次区域渔业委员会"提交的申请，对在次区域渔业委员会成员国专属经济区内渔业的相关问题发表咨询意见。该案是法庭第一次以法庭全体成员的方式发表咨询意见。

三 争端解决机制中适用的一般原则

在争端解决机制中，就当事方相关条约开展解释与适用是较常见的方法。1969 年《维也纳条约法公约》就条约的解释规则作出了详细的规定，由于关于条约解释的《维也纳条约法公约》在维也纳大会通过时没有遇到反对票，因此可以说这些规则已经构成了习惯国际法。

根据《维也纳条约法公约》第 31 条，条约应依其用语按其上下文并参照条约之目的及宗旨所具有之通常意义，善意解释之。就"上下文"而言，应与上下文一并考虑者尚有：当事国嗣后所订关于条约之解释或其规定之适用之任何协定；嗣后在条约适用方面确定各当事国对条约解释之协定之任何惯例；适用于当事国间关系之任何有关国际法规则。第 32 条规定，为确认适用第 31 条后所得的解释，或者当存在着依照第 31 条对条约含义所作解释不明或者有歧义，或导致解释的结果明显荒谬或不合情理的情况时，可以采用其他方法进行补充解释。这些方法包括使用条约起草过程的记载，以及缔约情况的记录。就《公约》的解释而言，由于联合国第三次海洋法会议并未全部整理出准备工作中所产生的综合官方文件记录，而《公约》中某些关键章节的最终确定是谈判促成的，而谈判也并非全部有相关记录。这一情况将使得以缔约情况记录作为解释方法的可能性受到一定的限制。当然，由于海洋法同属于国际法的其中一个分支领域，对于国际法渊源中习惯国际法和一般法律原则的理解，例如国家责任、国家主权等，都将与海洋法的解释和适用问题密切相关。

第六节　当前国际海洋法值得关注的前沿问题

《联合国海洋法公约》的生效和通过，不仅使中国更积极地参与到国际海洋事务之中，也掀起了 20 世纪 80 年代中期的海洋法研究热潮。[①] 进入 21 世纪，海洋法在中国再度成为国际法中的显学，虽然这种表面的热闹仍然揭示了我们深度研究的不足和扎实推进的乏力，但是因为中日钓鱼岛和东海大陆架的问题、所谓"南海仲裁案"的问题，引起了很多人对于海洋法的进一步关注。就海洋法而言，关于建立更加公正合理的海洋秩序，国家管辖范围以外区域的生物多样性养护和可持续利用问题、公海海洋保护区问题、在他国专属经济区内的军事活动问题、岩礁和低潮高地的法律地位问题、大陆架和专属经济区划界的新动向、第三方争端解决机制问题、国际海底资源开发规章、南

[①] 相关研究可参见赵理海：《当代海洋法的理论与实践》，法律出版社 1987 年版；周忠海：《国际海洋法》，中国政法大学出版社 1987 年版；吴慧：《国际海洋法法庭研究》，海洋出版社 2002 年版；张海文等主编：《联合国海洋法公约释义集》，海洋出版社 2006 年版；高之国等：《国际海洋法论文集》，海洋出版社 2006 年版。

极和北极的国际治理以及"南海仲裁案"的后续应对法律问题,都值得深入研究。①

一 全球海洋治理的法律问题

目前全球海洋治理的热点问题颇多,主要包括北极治理、南极海洋保护区、沿海国 200 海里以外大陆架外部界限划界、海洋垃圾治理、国家管辖范围外海洋保护区的设立、公海渔业管理、区域矿产资源开采技术装备研发及海底生态环保新要求、国际航运新规则等。

随着人类对海洋资源的大规模开发利用,污染排放、过度捕捞、滥采资源等一系列不合理不可持续的行为频发,给海洋生态带来了巨大的压力,而海上安全风险也呈上升态势,特别是非传统安全威胁日益突出。台风、海啸等严重自然灾害多发,溢油、危险化学品泄露等海上突发事故增多,海盗、非法捕鱼等事件屡见不鲜。

上述新规则和法律制度的国际磋商与谈判,均应充分考虑当前的时代背景与地缘政治格局。在海洋命运共同体思想的指引下,应积极推动深化国际海洋合作,加强和完善全球海洋治理,构建更加公正合理的海洋法律秩序,并应全面分析正在制定中的新规则和新制度将对现有国际海洋秩序可能产生的影响,尤其是对我国现有利益和长远利益的可能影响,这是当前国际法学界的一项重要任务。

二 关于海洋法渊源多样性的认识

当前,国际海洋法律制度取得诸多新发展,也面临不少新问题和新挑战。第三次海洋法会议是具有历史意义的。在与会各国的共同努力下,经过近九年漫长和艰难的协商,取得签订了《联合国海洋法公约》的成果,并得以通过。《公约》在通过后的这 40 年里,在国际海洋法律制度的发展中扮演着越发重要的角色。但这并不等同于整个公约条文就是令人满意的。中国代表团团长在 1982 年 12 月 9 日第三次联合国海洋法最后会议上指出:《公约》还有不少条款是不完善的,甚至是有严重缺陷的。例如,《公约》中关于领海无害通过的条款和

---

① 参见黄惠康《国际海洋法前沿值得关注的十大问题》,载《边界与海洋研究》2019 年第 1 期。

有关大陆架的定义以及相向和相邻国间专属经济区和大陆架的划界的规定，就是有缺陷的。每个国家都可能对《公约》的某一部分或某一规定表示不满意。

近年来，在"南海仲裁案"中仲裁法庭把《公约》奉为圭臬，这一所谓裁决回避《公约》未予规定的事项仍继续由一般国际法规则和原则调整这一前提，背离条约解释习惯国际法，曲解《公约》强制性仲裁管辖的例外条款，无视中国在南海的历史性权利首先产生对南海诸岛屿的领土主权以及由此拥有《公约》下海洋权益等，其实质在于全盘否定中国对南海诸岛屿的领土主权。仲裁庭声称，《公约》为解决海洋法的一切问题提供了全面规则，已成为评判国家在海洋法律秩序中权利和义务的唯一标准。这一论断无论对于国际法的渊源，还是对于国际海洋法认识，都是错误的。《公约》不是国际海洋法的全部，也不能等同于国际海洋法。尽管《公约》构建了当代国际海洋秩序的法律框架，但《公约》并未穷尽关于海洋权利义务的所有事项。国际海洋法并非一个封闭的法律体系，解决海洋法中的诸多具体问题仍需诉诸包括习惯国际法在内的一般国际法。

正如本书"国际法的渊源"章节中所指出的，除了条约以外，还需要认识到习惯国际法与一般国际法。尤其是一般国际法并不完全等同于习惯国际法，两者之间有着需要认识的差别。因此亟需探析海洋法中"一般国际法"的含义，明确其内涵和外延。例如，一般国际法上关于领土主权的历史性权利不等于《公约》下有关海域的历史性所有权或权利。完整、准确、善意地解释和适用《公约》是维护《公约》权威性和有效性的前提。对于《公约》未予规定的事项，应继续适用一般国际法的原则和规则。

三 争端解决机制中的新问题

国际司法机构，特别是联合国国际法院，被许多国家视为公平正义的化身，在国际法的解释与适用中发挥重要作用。不仅决定有关争端个案的解决，也在很大程度上影响国际法的发展方向，一直是大国博弈和争夺的重要阵地。近年来，国际性司法裁判机制趋于加强，越来越多的条约规定了以司法手段解决争端的义务和程序，主权国家接受国际司法机构管辖的压力增大，在人权、环境、海洋法领域尤其明显。在海洋法领域，诉讼资格的问题尤为值得注重。

并非所有国家都能就违反《公约》的争端提出诉讼，一般来说一个国家必须就某些权利的违反，表明本国具有特定的法律权利或法律利益。一个国家若要成为诉讼主体，必须具有恰当的诉讼资格。例如，尽管公海上的污染事件可能会对全球许多国家造成不利的影响，但在实践中很难证明该污染与某特定国家受损之间存在因果关系，这将使得诉讼资格成为一个值得关注的问题。在1974年的国际法院"核试验案"中，澳大利亚和新西兰均援引"对国际社会整体的义务"的概念以证明自己享有起诉法国的资格。但这一问题并没有在该案中得到有效的讨论与解决。因此，日趋活跃的第三方争端解决机制能否真正有助于国家间争端解决现已存疑。

四 科学技术发展带来的新问题

科学技术一直是海洋法发展与演变的主要驱动力。从领海宽度3海里的大炮射程说，到今天关于国家管辖范围以外区域（BBNJ）以外海洋生物多样性协定的谈判，科学技术对海洋法的发展应要重视。

《联合国海洋法公约》谈判和生效至今已约40年。这40年中，全球科学技术得到了极大的发展，不断发展的海洋科技极大地提升了开发利用海洋及其资源的能力，由此引发许多新的问题，包括上述已提及的BBNJ谈判、海洋保护区、还有200海里外大陆架界限、深海海底矿产资源、气候变化带来的海平面上升等。《公约》在某些方面已经不能很好地解决这些问题，一是由于《公约》对某些问题缺乏规定，有些规定则比较原则，有些甚至本身就很模糊；二是由于《公约》难以直接和明确地用于规范和解决新问题，可能需要不同的策略与方案，可能需要重新谈判新的协定文书，这将使国家之间的分歧与合作范围有新的调整。随着国家管辖范围外海洋生物多样性养护与可持续利用新协定和国际海底区域采矿规章等新的国际海洋法谈判不断推进，传统的公海自由等原有的海洋法规则也受到影响。这些新问题和新变化，已经构成了海洋法的新发展。

当今世界经历着百年未有之大变局，全球海洋也正处于维持现有秩序与不断推出新规则的快速变化进程中。① 由于国际形势的变化以及海洋法领域出现的新情况、新问题，《公约》所存在的一些缺陷和不足逐渐为各方关注，都是未来海洋法值得关注的前沿问题。

五　气候变化与海平面上升

2019年，国际法委员会决定将"与国际法有关的海平面上升"列入其工作方案，并对海平面上升对海洋法、国家地位、受海平面上升影响的人员保护三个问题展开研究。②

海平面上升的根源在于气候变化。海平面上升对沿海国家，特别是小岛屿发展中国家构成了严重威胁。对于海平面上升可能导致的后果，《公约》的规定目前存在滞后性。中国代表、外交部条法司贾桂德司长日前在第74届联大六委审议关于"国际法委员会第71届会议工作报告"议题的发言中提出，海平面上升关系众多沿海国的重大利益，是一个超出现有海洋法范围，需要结合其他多个领域的国际法一起研究的新问题，且相关国家实践还在不断发展中。中国希望委员会充分认识到该问题的复杂性，深入广泛研究各类国家实践和与之相关的法律问题，得出客观、平衡、有价值的研究成果。海平面上升的根源在于气候变化，中国愿与世界各国一道，积极推进巴黎协定全面有效实施，同时与周边海洋邻国加强区域合作，积极探索行之有效的应对方案。③

从维护发展中国家利益角度出发审视海平面上升对于海洋法和国际法的影响与意义，探讨当中跨领域的国际法问题，是一项必须正视的研究课题。

---

① 张海文：《地缘政治与全球海洋秩序》，《世界知识》2021年第1期。
② 参见 "Analytical Guide to the Work of the International Law Commission: Sea-level rise in relation to international law"，国际法委员会网页，https://legal.un.org/ilc/guide/gfra.shtml，最后访问时间：2021年9月25日。
③ 参见 https://www.un.org/en/ga/sixth/74/pdfs/statements/ilc/china_23.pdf。

第七节　中国与海洋法

中国是一个濒临海洋的国家，有着长达 18000 千米的大陆海岸线，①东部沿海自北向南有渤海、黄海、东海、南海。中国有着 5000 年历史文明，对海洋的开发利用有着渊远的历史，可以追溯到夏朝。"中国是一个海岸国家，长期以来对于海洋有兴趣和利害关系，虽然它走过的是一条曲折的道路——在闭关自守时期几乎断绝了海上的交往，直到殖民主义国家打开门户，才重新开放海洋交通——那是畸形的海洋交通。"②1949 年 10 月 1 日中华人民共和国成立后，在开发利用海洋、管理海洋、海洋立法方面进入了一个新的历史阶段。海洋事业在此以后一直受到重视，近年来更是有所发展。

一　中国与《联合国海洋法公约》

1971 年 10 月 25 日，联合国大会通过决议恢复了中华人民共和国在联合国的合法席位，1972 年起中国派出代表团参加了联合国海底委员会和第三次联合国海洋法会议，自始而终参加了第三次海洋法会议历期会议，积极参加对海洋法各实质事项的审议。1982 年 4 月 30 日，中国在表决《公约》时投了赞成票。同年 12 月 10 日在牙买加召开的海洋法公约签字仪式上，签署了《公约》。1996 年 5 月 15 日，中国批准《公约》，成为《公约》的缔约国。

在第三次海洋法会议上，中国代表积极就领海基线的划定、领海中的通行制度、专属经济区制度、大陆架范围的界定等问题提出了观点。例如，中国于 1973 年向海底委员会第二小组委员会提出的工作文件指出：岛屿相互距离较近的群岛可视为一个整体，划定领海范围；坚持以"自然延伸"作为确定一国大陆架范围的基本原则；中国历来支持拉美国家关于专属经济区扩展沿海国管辖权的主张。1975 年 4 月 24 日中国

---

① 段洁龙主编：《中国国际法实践与案例》，法律出版社 2011 年版，第 68 页。
② 王铁崖：《新海洋法公约与海洋法的发展》，载邓正来编《王铁崖文选》，中国政法大学出版社 2003 年版，第 100—101 页。

代表指出：专属经济区是国家管辖范国区域，不是公海的一部分。关于海洋划界，中国认为，海城划界的根据应是公平原则，即双方应在平等的基础上，考虑到一切因素，通过协商而确定；中间线并非海域划界的当然方案，只有在符合公平原则并得到双方同意的前提下才能得以适用。2006 年 8 月 25 日，中国根据《公约》发表排除性声明，就第 298 条第 1 款（a）(b)(c) 项相所述的任何争端（即涉及海域划界、历史性海湾或所有权，军事和执法活动，以及安理会执行联合国宪章所赋予的职务的争端），中国不接受《公约》第 15 部分第 2 节规定的任何程序。自 1958 年以来，中国政府在关于领海通行问题上的立场是一贯的，即外国军舰通过中国领海需要经过中国政府部门的事先批准，其他外国非军事船舶享有无害通过权。此外，中国有权利采取一切办法阻止外国船舶在其领海的非无害通过行为；在中国领海内，潜艇必须在水面航行。

中国积极参与依据《联合国海洋法公约》设立的大陆架界限委员会、国际海底管理局和国际海洋法法庭的工作。2012 年 12 月 14 日，中国常驻联合国代表团代表中国政府向联合国秘书处提交了东海部分海域 200 海里以外大陆架外部界限划界案。中国政府还积极推选中国公民到国际海洋法法庭和大陆架界限委员会工作，目前这两个机构均有中国籍的法官和委员。自海洋法法庭成立以来，先后在法庭任职的中国籍法官有赵理海（任期 1996 年至 2000 年）、许光建（任期 2001 年至 2007 年）、高之国（任期 2008 年至 2020 年）和段洁龙（任期 2020 年至今）。大陆架界限委员会先后任职的中国籍委员有吕文正（任期 1997 年至 2018 年）和唐勇（任期 2019 年至今）。

二　中国维护海洋权益方面的立法

自签署和批准《联合国海洋法公约》以来，中国建立起了比较完备的维护海洋权益的法律体系。1992 年的《中华人民共和国领海及毗连区法》确立了国家拥有领海、管理和使用领海及毗连区的基本法律制度及一些原则性的规定。1996 年 5 月，中国政府公布了《中华人民共和国政府关于中华人民共和国领海基线的声明》，公布了我国 49 个大陆领海的部分基线，28 个西沙群岛的领海基线。1998 年 6 月 26 日，第九届全国人大常委会第三次会议表决通过《中华人民共和国专属经济区和大陆架法》。该法的制定和颁布，"对于依法划定中国的专属经济区和大陆架，保障中国在这些区域的主权权利及管辖权的有效行使，保护、开发和利用中国海洋资源，维护国家海洋权益，具有重要的意义"。①

此外，全国人大还相继制定和修改了一批涉海法律，具体有《海洋环境保护法》《海上交通安全法》《渔业法》《矿产资源法》《海域使用管理法》《海岛保护法》《测绘法》《港口法》《深海海底区域资源勘探开发法》等。国务院也制定了《涉外海洋科学调查研究管理规定》《海洋倾废管理条例》《铺设海底电缆管道管理规定》《水下文物保护管理条例》《矿产资源勘查区块登记管理办法》《对外合作开采海洋石油资源条例》《海洋石油勘探开发环境保护管理条例》等行政法规。② 上述法律、法规，在地域上覆盖了内水、领海、毗连区、专属经济区、大陆架等中国可管辖海域；在内容上，涉及岛屿领土主权、海洋权益维护、海洋资源开发利用、海洋环境保护、海洋科学研究、海上交通运输、深海海底区域资源勘探开发等，使中国的海洋工作在基本的各个方面都已经有法可依，初步形成了比较完整的海洋法律法规制度和体系。其中，《领海及毗连区法》和《专属经济区和大陆架法》是中国海洋法律制度的"基本法"和基石。③

2012年9月10日，中国政府公布了《中华人民共和国政府关于钓鱼岛及其附属岛屿领海基线的声明》，公布了钓鱼岛及其附属岛屿的领海基线。1998年6月，我国颁布了《专属经济区和大陆架法》，对专属经济区和大陆架的概念和范围进行了规定，并对专属经济区和大陆架自然资源的开发、利用、管理进行了规定，对涉外或境外经济组织在我国专属经济区和大陆架的权利进行了明确。此外，我国制定的维护海洋权益方面的立法还包括《中华人民共和国海上交通安全法》《中华人民共

---

① 《九届人大常委会第三次会议闭幕》，《人民日报》1998年6月27日第1版。
② 参见国家海洋局政策法规和规划司编《中华人民共和国海洋法规选编》（第四版），海洋出版社2012年第4版。
③ 张良福：《改革开放40年来中国涉海法理维权历程的回顾与展望》，《国际法研究》2019年第3期。

和国海警法》《中华人民共和国渔业法》《中华人民共和国海岛保护法》《中华人民共和国深海海底区域资源勘探开发法》等。除此以外，中国还有许多维护海洋权益的行政法规和部委规章等。

第十五章

国际组织法

第一节 国际组织法概述

一 研究对象：国际组织

从一般（普遍）意义来看，国际组织可以包括政府间组织和非政府（间）组织（nongovernmental organization，NGO）两大类。此种意义上的国际组织可以被概括为两个以上国家或其政府、人民、民间团体基于特定目的，以一定协议形式而建立的各种机构。[①] 传统上，国际组织法的研究对象主要是国家通过条约成立的政府间国际组织。国际组织，特别是政府间国际组织，是国际社会组织化、全球化的载体，是国际社会法律秩序和国际体制的组织形态。然而关于国际组织的定义，目前尚没有一个被普遍接受的观点。传统观点认为，一个国际组织需要具备以下要素：主要成员是主权国家、以国际条约为基础、具备自己的独立意志、并设有常设机构。对政府间国际组织的新界定是，所谓政府间国际组织，就是适用于国家间多边合作的、依据国际法运作的制度性安排。[②]

纵观国际实践，国际组织往往具有以下一些特点：第一，它的主要参加者是国家，虽然有个别国际组织的成员包含非独立国家的政治实

[①] 参见梁西著，杨泽伟修订《梁著国际组织法》（第六版），武汉大学出版社2011年版。

[②] 饶戈平：《本体、对象与范围——国际组织法学科基本问题之探讨》，《国际法研究》2016年第1期。

体，但这些主体的权利往往受到限制。第二，国际组织的法律地位有别于成员国，且具有相对独立的法律人格。第三，国际组织宗旨的实现，有赖于在一定范围内约束成员国的行为，成员国根据协议承担其国际义务。第四，国际组织具有国际合作的功能，各成员国在主权平等的基础上，借助国际组织的平台，彼此协调合作。第五，国际组织赖以存在的基本文件或协议均应符合国际法，但其效力一般来说只及于成员国。

二　国际组织法

国际组织法有别于主权国家间的传统国际法，它形成于政府间国际组织诞生后的特定国际法律环境中。严格意义上，国际组织法在理论上并不成熟和完善，国际组织的研究领域依然缺乏有广泛影响力的理论框架，但这并未妨碍国际组织自身的蓬勃发展。也不能否认在国际秩序中，的确存在和运行着规范国际组织的法律。

国际法学偏重对国际组织的操作规则与行为规范的研究，而国际政治学则偏重考察国际组织中国家利益的较量和权力政治角逐。① 通过观察政府间国际组织活动可以发现，这些国际组织的成立与运作同国际法息息相关。

目前，在国际社会尚不存在一部普遍适用于所有国际组织的统一的国际组织法法典，国际组织法大量表现为各个国际组织的多样化的法律秩序。但是各国际组织中存在着共同的法律问题，需要就其一般性法律原则、规则和制度进行基础性研究，推动形成适用于各国际组织的普遍性法律规范和法理基础。国际组织法是用以规范、调整政府间国际组织的建立和运作的所有原则、规则、章程和制度的总称。② 其渊源通常包

---

① 国际法学者的代表性著作主要有：饶戈平：《国际组织法》，北京大学出版社1996年版；梁西：《梁著国际组织法》，武汉大学出版社2011年版；李赞：《国际组织司法管辖豁免研究》，中国社会科学出版社2013年版；葛勇平：《国际组织法》，知识产权出版社2020年版；饶戈平：《全球化进程中的国际组织》，北京大学出版社2003年版。国际关系学者的代表性著作主要有：张贵洪：《国际组织与国际关系》，浙江大学出版社2004年版；高晓雁：《当代国际组织与国际关系》，河北大学出版社2008年版；马荣久：《变化世界中的国际组织》，人民出版社2019年版；[美]迈克尔·巴尼特等编著：《为世界定规则：全球政治中的国际组织》，薄燕译，上海人民出版社2009年版；于永达：《国际组织》（第二版），清华大学出版社2011年版；杨丽、丁开杰：《全球治理与国际组织》，中央编译出版社2017年版。

② 参见饶戈平主编《全球化进程中的国际组织》，北京大学出版社2013年版，第14页。

括作为组织基本文件的国际多边条约，适用于组织活动的一般国际法、习惯国际法和一般法律原则，还包括以组织决议形式出现的各种内部规则和对外文件。其中由各成员国政府订立的创始条约（即基本文件）是最重要的渊源。普遍性国际组织的基本文件，如《联合国宪章》，往往包含了重要的国际法原则和规则，构成现行国际法的一部分。国际组织法的适用范围广泛，不限于国际组织本身，也不限于国际法的某一特定领域，而是涉及国际法的各个分支、所有领域。在国际组织法这个总称之下，因各组织的宗旨、职能的差异或调整对象的不同，所以习惯上国际组织法并没有一个适用于所有国际组织的实体法存在。

在内容上，国际组织法律秩序包括内部和外部两个方面。内部法律秩序通常也称为国际组织的内部法，或称组织机构法，涉及国际组织内部运作中适用的一般性法律原则、规则、章程和制度，包括组织的基本文件、法律地位、成员资格、组织机构、机构职能、组织机构的议事决策和投票程序、组织内部的管理制度等多个方面。外部法律秩序则是指调整国际组织与包括成员国在内的其他国际法主体交往过程中所发生的法律关系，其中涉及的问题包括对外缔约、承认和求偿、特权与豁免、组织的监督实施机制、制裁机制、争端解决机制以及国际组织的责任等问题。外部法关注的是组织运作过程中所适用的国际法原则、规则和制度，既包括国际组织章程、国际组织参加的条约，也包括其他可适用于国际组织的国际法一般规则。

第二节　国际组织目前发展的新形势

一　国际背景

第二次世界大战以来，科学技术有了革命性的发展与传播，国家间相互依存的关系加强，多边主义被推向国际舞台，现代国际组织的数目也呈爆炸性增长。在推动构建人类命运共同体的今天，国际组织成为将世界各国紧密相连的载体和依托。

当今世界，从解决贸易争端到维护区域和平，从全球大气污染控制到人权的国际保护，专业性国际组织活跃在政治、经济、社会、文化、教育、科学、卫生等各个方面。正如世界卫生组织 2020 年以来在 COVID-19 全球疫情防治中发挥着重要作用，世界上重大问题的解决离不开相关国际组织。

国际组织的职能体现在如下几个方面。第一，国际组织在国际社会中具有论坛的职能。每个国际组织都是特定区域范围或特定问题的国际论坛，是一种常设的固定的国际会议形式，是连接、沟通各成员国的纽带和渠道，为各国交流与合作提供了广阔平台。第二，国际组织具有管理者的职能。正如一国政府是本国内外事务的管理者，国际组织在一定意义上充当着国际社会共同事务管理者的角色，特别是在专门性或技术性领域，全球性或区域性管理规则的制订、管理机构的建立与运作，都是由相关国际组织来完成。第三，国际组织具有分配者的职能。在世界范围内，除了各国主权范围内的职能，国际组织在各有关国家之间公平、合理分配的作用，能够推动建立国际经济新秩序。第四，国际组织具有组织协调的职能。例如，联合国是世界经济社会发展的最大的组织协调中心。第五，和平解决国际争端也是国际组织的一项重要职能。国际争端的和平解决是现代国际法的一项基本原则。在一定程度上，国际组织成为了和平解决国家间争端的重要工具。一些国际组织的基本文件将和平解决争端列为自己的重要职能，并规定了相应解决机制。第六，国际组织同时在维持和平方面发挥着重要的职能。自联合国创立以来，许多全球性与区域性政治组织，都有维持世界及地区和平的职能。

二 中国与国际组织

中国是联合国的创始会员国之一，但由于历史原因曾经长期游离于联合国之外。1971 年中国恢复联合国合法席位，作为安理会常任理事国。随着综合国力的提升，中国更加积极地参与国际事务，在联合国及其系统发挥的作用越来越重要，影响力越来越大，这既有利于维护世界和平与发展，也有利于促进中国的改革开放和国家发展。以联合国为代表的国际组织，日益成为中国走向民族伟大复兴和坚定维护国际和平与安全的重要平台。

近年来，中国积极与国际组织开展务实合作。2016 年以来，中国在南南合作援助基金项下与联合国开发计划署、世界粮食计划署、联合国难民署、联合国儿童基金会、世界卫生组织、国际红十字会等十多个国际组织和国际非政府组织开展合作，发挥其专业能力和渠道优势，在亚洲、非洲、美洲等地区近 50 个国家实施粮食援助、灾后重建、难民救助、妇幼卫生等领域的发展合作项目，约 2000 多万发展中国家民众受益。同联合国儿童基金会合作，向索马里严重急性营养不良的妇女和儿童提供援助，惠及约 25 万名妇女儿童；与联合国开发计划署开展联合案例研究，在联合国总部共同发布援几内亚比绍农业技术合作项目和援莫桑比克农业技术示范中心项目研究报告，介绍中国农业援助的成效与经验，进一步提升中国援助的透明度。设立中国—联合国教科文组织信托基金，10 余个非洲国家 1 万多名教师受益。[①]

然而"中国威胁论"依然甚嚣尘上，这反映了西方发达国家对中国快速发展的复杂心态，表达了对中国综合国力增强的担忧和防范。中国应积极参与国际组织多边合作的机制，强调合作共赢，增强国际社会对中国的信任，减少国际社会对中国的疑虑甚至敌意。尤其在美国等西方国家强行与中国经济"脱钩"的情况下，国际组织是中国未来需要更加看重的平台。

虽然中国在联合国以及其他国际组织中的地位越来越高，但中国在国际组织中的议题设置能力仍需加强。像气候变化、减碳等成为近年来联合国及其系统有关组织的热门议题，中国一般都是被动参与、附和跟进，难以提出自己特别需要、在国际社会又具有普遍意义的议题，从而服务于国家整体战略和人类命运共同体建设。另外，与其他大国相比，中国在国际组织中的国际动员能力还有待提升。中国一直坚持不结盟，但可以结伴，需要广结善缘，团结更多有共同价值观和共同利益的伙伴国，集体应对挑战，在国际组织的多边舞台发挥更大的作用。

此外，现代国际组织的职权范围日益扩大，国家将越来越多的主权让渡给国际组织，使得国际社会普遍担心，国家对于其国内外事物的决定权。习近平总书记指出："我们要坚持走和平发展道路，但决不能放弃我们的正当权益，决不能牺牲国家核心利益。任何外国不要指望我们会拿自己的核心利益做交易，不要指望我们会吞下损害我国主权、安

[①] 《新时代的中国国际发展合作》白皮书，中华人民共和国国务院新闻办公室，2021 年 1 月。

全、发展利益的苦果。"① 因此，在中国通过国际组织积极参与国际事务的过程中，应当以不损害中国核心利益为底线，所以在进行国际组织法研究的过程中，也应当从实际出发，加强理论研究以指导实践，维护国家利益，推动世界和平发展。

中国除了广泛参与以联合国为代表的大量国际组织的活动外，也积极推动和发起成立一些国际组织，比如上海合作组织、亚洲基础设施投资银行等，它们是中国因应国际社会发展形势、地缘政治格局调整和"一带一路"倡议落实等国家发展需要而倡导或主导成立的国际组织。对于这些国际组织，总结其成功经验，未来更好地发挥其作用，是一个值得关注的问题。

第三节　国际组织法的研究现状

一　研究与教学现状

目前，我国学界对国际组织的研究和教学，在成果和数量上都有所发展，同时也有待提升。目前虽然没有精确的统计数据，但整体上大家认为，国内从事国际组织法研究和教学的人员非常有限，开设国际组织法课程的大学屈指可数，每年有关国际组织法的著作和论文产出不多。不论是整体研究、对基本理论和基本问题的研究，还是类别组织、个别组织的深入研究，国内大多数工作暂且还停留在对知识的介绍、章程的诠释以及对个别、局部问题的分析上。在国际组织法学科的研究对象、研究范围、研究方法、核心内容等一系列问题上，国内学界更需要加强研究和探讨。对这些问题的清晰认识，不仅需要密切跟踪国际组织的发展现实，对国际组织法这一学科的基本框架和方法做深层次的思考；更要适应我国认识和参与国际组织的实际需要，在国际学术讨论中表达中国学界的思考和声音。

随着全球化的深入，国际组织承担越来越多的全球治理职能，行使广泛的国际权力。因此，今后国际组织法的研究，在继续关注组织机构

---

① 习近平：《更好统筹国内国际两个大局，夯实走和平发展道路的基础》，载《习近平谈治国理政》（第一卷），外文出版社 2018 年版，第 249 页。

法的同时,应当更多地将组织外部法律秩序纳入研究视域,注重内部法律秩序和外部法律秩序的互动关系。

所以,对于国际组织法学科研究,一方面要统筹全局,对国际组织从事比较性的、一般性的研究,开展对于理论和学说的探索和归纳;另一方面也要强化对特定、个别国际组织的专门研究。国际组织的实践都是在具体的国际法领域内开展的,涉及具体的国际法问题,表现形式较为多样,故研究范围也应更加全面。

二 主要研究方向和体系

(一) 国际组织的法律人格

一般来说,由于国际组织具有独立的法律人格,成员国不应对其承担责任。但是,如果成员国在决策层面通过有效和压倒性控制的方式滥用国际组织的法律人格,则会引发一系列权利、义务和责任的问题。而这些问题的厘清与解决都始于对基础性、本源性问题的探究。例如,国际组织的国际法律人格同主权国家的法律人格有何区别?各个政府间国际组织是否享有不同程度和范围的法律人格,它们之间的法律地位是否与主权国家一样是平等的?国际组织由暗含权力推断出的法律人格是否具有客观性,对于没有承认该国际人格的非成员(国)是否有效,又在多大程度上产生效力?国际组织的法律人格问题,是国际组织法中一个长久不衰的重要问题,它反映出国际法和国家主权的变化发展。国内外学者对这些问题进行了广泛的讨论和研究,这些问题同时也值得我们去进行更深入的思考与讨论。[①]

(二) 国际组织的责任

国际组织在与各个国家、其他国际组织以及各国的自然人等进行交往的过程中,不可避免地形成各种法律关系,并产生与国际组织有关的各种责任问题。国际组织责任是国际组织法的一个基本问题。在现行国际法上并没有关于一般的国际组织责任的明确规定,只在某些技术性领域(如外空法、海洋法及国际环境法等),有国际条约对国际组织责任

[①] 代表性的学者论述主要有饶戈平:《论政府间国际组织的法律人格》,《中外法学》2003年第3期;黄涧秋:《试论国际组织的国际法律人格及其与国家的关系》,《燕山大学学报》(哲学社会科学版)2002年第1期。

作出专门规定。在论述国际组织的责任问题时，首先应区分国际组织在国际法上的责任与在国内法上的责任。依据各种国际组织的基本文件或暗含权原则，国际组织在各成员（国）甚至非成员（国）国内享有法律人格，由此，国际组织能够独立地承担国际法上的责任。因此，研究国际组织的责任，前提是确定国际组织的法律人格。国际组织的责任由国际不法行为引起。所以国际不法行为的界定与构成也被学者们广泛研究。此外，国际组织责任的救济方式也值得进一步思考和研究。①

（三）国际组织与主权国家间的关系

国际组织与主权国家之间是一种既矛盾又统一的两难关系。一方面国际合作产生国际组织，另一方面国际组织又对国家主权形成制约。国际合作是国际组织成立的初衷，但国际组织又在一定程度上制约国家主权，成员国经常不得不让渡一部分主权给国际组织，以实现国际组织的职能，同时也维护成员国的利益。国际组织的职权与国家的主权之间的关系常常在互动中被重新界定。建立国际组织的目的本身不是限制国家主权，而是协调各国意志，化解国际矛盾，处理国际危机。近年来在国际实践中，出现了某些国际组织未经成员国同意或授权，任意扩大职权，侵犯国家主权的情况，这也越来越引起国际社会的关注。②

部分国际组织在尚未获得主权国家自愿授权的情况下，擅自为第三国设定义务，甚至强迫实力较弱的国家签订对其不利的协议，要求不同意国际条约修正案的国家接受修正的内容，这一系列行为均会对国家主权造成严重的损害。基于对一些国际案例与学术理论上的研究，结合我国实际情况，厘清并正确处理国家主权与国际组织的关系至关重要。

（四）国际组织的司法管辖豁免与限制豁免

作为国际法的主体，国际组织享有豁免权得到了普遍的承认，但是随着国际法的发展，国际组织豁免权也遭遇了一些挑战。国际组织兴起初期受主要国际公约的影响，为确保国际组织的独立性，多数国家更倾

---

① 代表性的学者论述主要有：黄瑶：《国际组织国际规则与国家责任规则之比较》，《法学评论》2007 年第 2 期；万霞：《国际组织的责任条款草案述评》，《外交评论》2010 年第 2 期；何阳：《从国家责任条款到国际组织责任条款——一种成功的"照葫芦画瓢"》，《西部法学评论》2014 年第 3 期。

② 薛剑：《论国际组织对国家主权的影响》，《湖北行政学院学报》2020 年第 2 期。

向给予国际组织较大程度的豁免。然而时移事易,在人权保护水平不断提高的当今社会,国际组织在相应历史条件下被赋予的绝对豁免所具有的正当性逐渐减弱。由于时代的发展和国际环境的改变,国际组织有时也会对个体的权益造成侵害,其不能凌驾于法律之上。限制国际组织的豁免作为另一种可能,将在对国际组织进行有效追责及人权保护水平提升上发挥积极作用。限制国际组织的豁免虽并未成为国际惯例,但其所具有的合理性不容忽视。① 在国际组织豁免问题上,无论是在理论上,还是国际法庭和国内法院的实践上,都还充满着疑虑和矛盾。所以对这一方面的探索和研究具有积极的理论价值和现实意义。

(五) 主要国际组织研究

国际组织法一般问题的研究,不能替代对单个国际组织的具体、深入、跟踪性的研究。若要充分认识和善加利用国际组织,我们更需要对特定国际组织有深度的研究和能解决实际问题的研究者。

因此,我们需要强化对特定的国际组织、对特定类型的国际组织(如经济类、安全类、环境类、卫生类的国际组织)开展深入研究。在这方面,国内学者以往的研究较多偏重于联合国、世界贸易组织、世界银行、国际货币基金组织,以及联合国系统的一些专门机构,② 针对其他国际组织的专门性、有深度的研究还略有不足。所以,我们应当紧密结合具体国际法领域或实体国际法问题,对于这些具体的、个别的国际组织加强研究,增强国际组织法研究的现实意义。

(六) 非政府组织的研究

根据联合国经社理事会的定义,一个非政府组织是一个非营利机构,其成员是一个或多个国家的公民或公民的联合体,并且其行动是由

---

① 何志鹏、姜晨曦:《国际组织限制豁免的理论探析与实践立场》,《太平洋学报》2019年第7期。

② 代表性的著作主要有:李铁城:《世纪之交的联合国》,人民出版社2002年版;李铁城:《联合国的历程》,北京语言学院出版社1993年版;李铁城:《联合国五十年》,中国书籍出版社1995年版;曹建明:《世界贸易组织》(第二版),法律出版社2004年版;白树强:《世界贸易组织教程》,北京大学出版社2009年版;黄东黎、杨国华等:《世界贸易组织法:理论、条约、中国案例》,社会科学文献出版社2013年版;杨国华:《世界贸易组织与中国》,清华大学出版社2016年版;何曼青:《世界银行集团》,社会科学文献出版社2004年版;王德迅等:《国际货币基金组织》(第二版),社会科学文献出版社2018年版;谢世清:《国际货币基金组织及其改革》,中国财政经济出版社2021年版。

其成员的集体意志根据成员的需要，或一个或多个与其合作的团体的需要而决定的。据此，可以认为对非政府组织的界定有如下几个要求：由私人建立；独立于国家；受法律规范；寻求实现公共利益甚于私人目的；展现一个变化的行动范围；拥有一个小的组织结构。[①]

  国际非政府组织在国际事务中的活动历史悠久。从19世纪早期开始，非政府组织的数量逐渐增加并参加到国际社会活动中，在国际法律、人道主义和社会事务等方面的作用不断增强。直到第一次世界大战时，国际非政府组织几乎都是理想性或自然科学方面的，第一次世界大战后则出现了一些经济性的国际非政府组织，但当时国际非政府组织还没有能够引起国际社会足够的重视，如国际非政府组织与国际联盟有许多直接或间接的联系。

  传统上国际组织法不包括对非政府组织的研究，然而在国际新形势下，不得不重新考虑是否要继续这一立场。非政府间国际组织已经成为全球化时代国际社会不可或缺的"完全参与者"。非政府组织是国际关系中的非国家行为体，代表了国际合作的民间组织形态，也以各种形式参与了全球性、区域性国际制度的构建，与政府间国际组织发生大量的交往，但由于不具有国际法的主体资格，整体上也不能直接承受国际法上的权利与义务，向来未被正式列入国际法的研究视野。现代国际法亦缺乏专门规范非政府组织的原则、规则以及制度。因此，在未来的学术研究中，如何把非政府组织作为一个特殊对象列入国际法、国际组织法的研究范畴，也是国际组织法的一个重要任务。

  尤其在网络信息技术加快发展的形势下，得益于先进技术的发展，地球真正变成了村落。那么，国际性议题更加碎片化，国际性交流与合作更加个体化，国际组织也把触角更加深入个人的领域。一般意义上的国际组织和国际非政府组织都面临着基本理论和生存空间的危机和挤压。

  在逐渐多元化的全球治理体系中，非政府组织的活动虽然不是人们首要关注的对象，但由于其活动具有跨国界、非政治和非营利性质，并且一般不受自我利益的驱动，着眼点又是全人类的共同利益和特定问题

[①] 参见饶戈平主编《全球化进程中的国际组织》，北京大学出版社2004年版，第13页。

的解决，因此其作用和影响力在全球治理体系中日益突出，这就为非政府组织的兴起提供了契机。

第四节　当前和今后一段时间特别值得关注的几个问题

一　遭遇美国"退群"后的国际组织如何应对的问题

近些年来，美国相继退出了一些国际组织和多边安排，比如美国退出或扬言要退出联合国教科文组织、世界卫生组织等重要的国际机构。未来这种趋势恐怕还看不到完全停止的迹象。那么，国际组织如何应对重要大国的退出，如何继续发挥应有的作用，有没有比较成型的理论、经验和措施等，可以从国际联盟等国际组织的发展历史、从现实的国际政治、国际关系和国际法治需要等方面予以关注和研究。

二　联合国改革及美国可能"退群"的应对研究

联合国改革是一个历久弥新的老课题，在新冠肺炎疫情肆虐的大背景下，联合国及其体系面临着新的巨大危机和挑战。那么，在新的背景和形势下，联合国的改革议题势必出现新情况、新发展、新要求和新方向。

2020年9月21日，在联合国成立75周年纪念峰会的讲话中，习近平主席将"厉行法治"作为后疫情时代联合国应该如何发挥作用的四点建议之第二点。习近平主席指出："联合国宪章宗旨和原则是处理国际关系的根本遵循，也是国际秩序稳定的重要基石，必须毫不动摇加以维护。各国关系和利益只能以制度和规则加以协调，不能谁的拳头大就听谁的。大国更应该带头做国际法治的倡导者和维护者，遵信守诺，不搞例外主义，不搞双重标准，也不能歪曲国际法，以法治之名侵害他国正当权益、破坏国际和平稳定①。"

以《联合国宪章》宗旨和原则为核心的国际秩序，符合绝大多数

---

① 《习近平在联合国成立75周年系列高级别会议上的讲话》，人民出版社2020年版，第3页。

国家利益，促进了世界和平与发展。为谋求一己之私，粗暴践踏国际法和国际关系基本准则，将会把世界推入混乱无序甚至对抗冲突的危险境地。权力如果横行霸道，正义就会消磨殆尽。国际社会应坚定地团结起来，坚决推进国际关系民主化，坚决维护人类赖以生存和发展的道德和法治规范，坚决维护国际公平和正义。①

随着美国"退群"上瘾，对全球化的界定与拓展、否定与重建势必出现新的理论和实践。未雨绸缪，方能临危不乱；及早准备，才会让工具箱里有更多更好用的工具，在惊人的变局来临时才会真正做到有的放矢、出奇制胜。

三 "一带一路"倡议下的国际组织

帮助其他发展中国家落实联合国《2030年可持续发展议程》是中国开展国际发展合作的重要方向。《2030年可持续发展议程》是指导全球发展合作的纲领性文件，与共建"一带一路"高度契合。近年来，全球落实进程取得初步进展，但全球发展不平衡不充分的现象仍然突出，新冠肺炎疫情全球蔓延为落实议程带来严峻挑战。如期实现可持续发展目标，不让任何一个国家、任何一个人掉队任重道远。中国通过开展国际发展合作，增强有关国家发展能力，优化发展伙伴关系，帮助其他发展中国家克服疫情影响，加快落实《2030年可持续发展议程》，实现共同繁荣。②

实施"一带一路"倡议，意味着中国需要更加积极地参与国际规则的制定，努力将中国的诉求和法治观念融入国际规则中。

在研究国际组织法基本概念、原理、规则、制度的同时，我们应当更加注重运用国际组织法的原理、规则去分析和解决国际实践中的问题，尤其是"一带一路"倡议实施中的实际问题，实现研究性和实践性并举。随着区域一体化和世界多极化的趋势，区域性国际组织在发展地区经济与解决地区争端中，发挥着更加重要的作用。"一带一路"倡议所涉及的是沿线特定区域内的若干主权国家，具有显著的区域性特

---

① 《新时代的中国与世界》白皮书，中华人民共和国国务院新闻办公室，2019年9月。
② 《新时代的中国国际发展合作》白皮书，中华人民共和国国务院新闻办公室，2021年1月。

征。在国际组织法的研究和教学当中,需要从两个方面突出"一带一路"沿线区域性组织相关制度的内容。一方面,应加强对现有的"一带一路"沿线区域性国际组织的法律制度内容的研究。对于东南亚国家联盟、上海合作组织、阿拉伯国家联盟、非洲联盟等国际组织,要结合"一带一路"建设的实施加深对其研究;同时还应当将环印度洋区域合作联盟、东非共同体等与"一带一路"建设相关但是研究较少的国际组织包含其中。另一方面,在介绍相关法律制度的基础上思考、研究"一带一路"倡议下建立新的国际组织的可能性及其途径,以及如何进行基本制度的构建。

四 中国的国际组织发展战略与布局

对于一个现代国家而言,国际组织是一种宝贵的国际资源;积极参与和借助国际组织实现自身发展,不仅有助于维护国家利益,在一定程度上也是参与全球治理的一项国际权利和义务。国家借助国际组织的多边合作机制,不但有助于为自己构建全方位、多层次的国际关系,为本国的生存发展谋求一个和平稳定的国际环境,而且可以为本国谋求更多、更新、更广泛的国际资金、技术和市场,促进成员之间的经济贸易关系。从广义上看,国家通过参与国际组织的活动,可以同其他国家一道共同维护世界和地区的和平安全,参与国际规则的制定,促进国际社会的整体发展,有利于建立一个多极化世界、建设公正合理的国际政治经济秩序,而且国家还可以借助国际组织来扩大自身的影响,提升本国的国际地位。可以说当今世界,衡量一个国家的对外政策是否成熟明智,衡量其国际交往能力是否强大有力,非常重要的一个标准,就是其对国际组织的理解程度、重视程度和参与程度。[1]

一直以来,中国积极构建总体稳定、均衡发展、互利共赢的大国关系框架,促进形成机遇共享、共同发展的周边合作局面,巩固并加强了同发展中国家传统友谊和团结合作,与各国相互依存、利益交融日益加深,与世界各国交流合作更加广泛。[2] 作为一个发展中国家,中国尤其需要借助参与国际组织来扩大国际交往和多边合作,争取和维护国家利

---

[1] 参见饶戈平主编《全球化进程中的国际组织》,北京大学出版社2004年版。
[2] 《中国的和平发展》白皮书。

益，促进现代化国家建设。

虽然中国自改革开放以来大幅度加快了参与国际组织活动的步伐，但是以中国目前的综合国力和潜在实力而言，中国对国际组织的重视、参与程度同发达国家相比，整体上还存在着较大的距离。中国参加的国际组织数目还很有限，缺乏整体规划和安排；在已参加的多数国际组织中，中国的地位不够高，发挥的作用不够大，影响力不够强；中国在重要国际组织中担任高官和技术官员的人数过少、比例过小，中国欠缺胜任国际公务员的高素质人才；中国关于国际组织的研究和教学相当薄弱、相当落后，很难适应国际社会组织化、全球化的挑战，亟待改进。在这方面，从事国际法和国际政治研究的学者应该义不容辞地担负起先行者的角色。

此外，中国作为一个负责任的大国，要做好包括国际组织在内的发展战略谋划与布局，有必要也有责任借助国际组织来发挥自身影响力，履行更多的国际义务。

新冠肺炎疫情暴露出各国在公共卫生体系建设中还存在不足和短板，各国应团结合作，共同加强公共卫生体系建设。中国将同世界卫生组织合作，并通过建立30个中非对口医院合作机制、加快建设非洲疾控中心总部等举措，帮助广大发展中国家特别是非洲国家筑牢公共卫生防线，提高突发公共卫生事件应急响应速度和疾病防控能力。[1]

继续支持世界卫生组织等机构发挥重要作用。世界卫生组织为领导和推进国际抗疫合作作出重大贡献，支持世界卫生组织就是支持国际抗疫合作，支持挽救生命。中国将继续支持世界卫生组织的工作，并呼吁国际社会加大对世界卫生组织的政治支持和资金投入，调动全球资源，打赢疫情阻击战。继续支持二十国集团、亚太经合组织、金砖国家、上海合作组织等多边机制加强协调沟通，开展联防联控国际合作。[2]

---

[1] 《新时代的中国国际发展合作》白皮书，中华人民共和国国务院新闻办公室，2021年1月。

[2] 《新时代的中国国际发展合作》白皮书，中华人民共和国国务院新闻办公室，2021年1月。

五　非政府组织的发展

除了政府间国际组织，国际非政府组织（NGO）也是一个特别值得我们关注、研究和推动的领域。纵观全球非政府组织的兴起和发展，它日渐成为协调和沟通社会各界的中介与纽带。在西方社会，有时候非政府组织能发挥独特而重要的作用。从现实来看，国际社会的非政府组织大多处于发达国家，不具有广泛的地域代表性；非政府组织与国家间关系的发展也不充分，大多数国家对非政府组织缺少支持和培育；非政府组织与国家之间还难以形成关于预期行为的相互理解的框架。我们可以针对这些特点，积极引导和发挥国际非政府组织在全球治理中的作用。

除了政府间国际组织，也要充分发挥非政府间国际组织的积极作用，中国可以主导和发起成立一系列各领域的国际性非政府组织，作为中国国际影响力的载体之一，将业务开展到世界各地。这样，可能既更好地满足各国当地的法律制度方面的要求，也有利于顺利开展有关工作。我们有必要从国家层面做好这方面的规划和设计。

六　国际组织外交

国际组织外交是中国多边外交的重要组成部分。在 70 年的发展历程中，中国的国际组织外交始终以联合国为中心，坚持多边主义和不干涉内政的原则，积极维护发展中国家的合法权益，体现了传承性。近年来，中国的国际组织外交呈现出一些新的特点，开始在国际组织中发挥引领性作用。从建设性参与到引领性参与，标志着中国与国际组织之间的关系实现了转型。未来，在推动人类命运共同体和新型国际关系的进程中，中国的国际组织外交还需要进一步开拓与创新，不仅要提高在国际组织中的议程设置能力，将中国的理念和主张转化为国际组织的议程和规范，而且还要加强国际组织和全球治理人才的培养和输送。在当前的全球抗疫斗争中，中国与世界卫生组织开展了积极合作，集中展现了中国特色国际组织外交的传承、转型与创新。[①]

[①] 张贵洪、王悦：《论当代中国特色国际组织外交的主要特点——以世界卫生组织为例》，《国际观察》2020 年第 4 期。

第五节 结语

在全球化的今天,国家利益的呼唤要求中国以更加积极的态度,全面参与国际组织的活动。构建人类命运共同体、走和平发展道路、构建以合作共赢为核心的新型国际关系、推动国际秩序与全球治理体系朝着更加公正合理的方向发展,要求我们加强对规则的把握、强化国际组织制度研究、培养国际组织专业人才,将理论成果应用于国际实践。"积极参与国际规则制定,推动形成公正合理的国际规则体系。加快推进我国法域外适用的法律体系建设",[①] 才能增强中国的国际影响力,更好地实现和维护中国的国家利益。

---

① 《法治中国建设规划(2020—2025年)》。

第十六章

国际环境法

第一节 国际环境法概述

国际环境法相较于其他国际法而言,还是一个新兴的国际法领域,仍然处于完善与发展阶段。国际环境法可以定义为"为了规范国际法主体在开发环境资源和环境保护过程中形成的国际关系而制定的一系列法律的总和"①。国际环境法的起源可以追溯到 20 世纪初的一系列国际法条约,包括 1902 年的《保护农业益鸟公约》和 1933 年的《保护天然动植物的伦敦公约》。20 世纪 70 年代的联合国人类环境大会是国际环境法发展过程中的重要会议,会议形成了著名的《斯德哥尔摩宣言》(The Stockholm Declaration),强调通过国际合作来有效控制、阻止、减少和消除环境恶化影响的重要性。经过了多年的发展,国际环境法已经取得了长足的进步,但也面临着诸多严峻考验。面对日益严重的全球环境污染和气候变化问题,人类如何建立一个真正有效的、系统的、公平的国际环境法体系来保护地球这个人类唯一的家园,成为全球亟待解决的重要问题。

值得指出的是,现代国际环境法的一个特点是除了有法律约束力的国际条约和国际习惯外,它还包含没有法律约束力的国际文件,这类国际文件也被一些学者称之为"软法",这一概念是相对于国际条约等具有法律约束力的"硬法"而言的。"软法"的优点在于它的使用能使谨

---

① 秦天宝:《国际环境法基本原则初探》,《法学》2001 年第 10 期。

慎的国家更容易就共同的目标达成共识，能促使那些国家承担在约束性法律（"硬法"）情形下不愿承担的义务。① 考虑到国际（环境）法与国内法相比缺乏直接的立法机构，而当今世界各国的政治、经济和文化背景不同，利益诉求各异，要想就环境问题达成国际共识并形成有强制性的国际环境法非常不容易，所以从这方面看，软法具有它特殊的优势和贡献。从未来发展来看，许多"软法"中采用的原则也逐渐发展成为具有法律约束力的国际环境法条约和习惯国际环境法规则。

国际环境法涵盖所有主要的环境领域，范围涉及空气污染、臭氧层破坏、全球气候变化、危险物质与有害废物、海洋污染、野生物种保护、生物多样性保护、生物安全、淡水资源保护、沙漠化、山脉森林和极地生态系统保护、外层空间保护和可再生能源。同时国际环境法还包括规范人与环境关系的一系列法律，如文化与自然遗产保护、人权和环境、贸易和环境。由于国际环境法是动态的、与时俱进的，可以预见的是，随着人类生产发展的需要，国际环境法涉及的领域会更多，国际环境法本身的框架体系也会更加系统、科学。具体来说，当前国际环境法重点关注以下领域。

一 跨境空气污染

空气污染主要是由有害气体造成的，会对人类健康、建筑物、生态系统和整个环境带来损害。以 1979 年的《日内瓦远距离跨境空气污染公约》（The Geneva Convention on Long-range Transboundary Air Pollution，LRTAP）为代表，国际社会形成了一系列预防、监控和减少跨境空气污染的国际环境法条约。按照 LRTAP 的定义，"远距离跨境空气污染指的是空气污染的来源全部是或部分处在一个国家的管辖范围内，而对另外一个主权国家区域造成不利影响……" 二氧化硫和氮氧化合物是最主要的大气有害气体，也是酸雨的主要来源，除此之外，空气污染还包括粉尘污染和烟雾污染。为了控制二氧化硫和氮氧化合物的污染，在 LRTAP 的基础上国际社会还达成了包括 1994 年的《进一步减少二氧化硫的远距离跨境空气污染议定书》（the 1994 Protocol to the 1979 Convention

---

① ［英］帕特莎·波尼、埃伦·波义尔：《国际法与环境》（第二版），那力、王彦志、王小钢译著，高等教育出版社 2007 年版。

on Long-Range Transboundary Air Pollution on Further Reduction of Sulphur Emissions）和 1998 年的《关于控制氮氧化物排放的远距离跨境空气污染议定书》（the Protocol to the 1979 Convention on Long-Range Transboundary Air Pollution concerning the Control of Emissions of Nitrogen Oxides）等议定书。

二 臭氧层破坏

臭氧层能吸收掉来自太阳的绝大多数有害的紫外线辐射，对保护人类健康和环境起着非常重要的作用，然而从 20 世纪 70 年代开始，科学家发现平流层的臭氧被大规模破坏，特别是在南极洲上空发现了臭氧空洞。鉴于控制臭氧层破坏不是某一个国家可以做到的，所以它是一个全球共同关注的问题，需要在有效的国际环境法框架下通过全球协同合作来解决。1987 年形成的《关于破坏臭氧层物质的蒙特利尔议定书》（the 1987 Montreal Protocol on Substances that deplete the Ozone Layer, Montreal Protocol）是国际社会形成的一系列逐步淘汰破坏臭氧层物质的国际条约。《蒙特利尔议定书》很具代表性，取得了非常好的实施效果，是国际环境法发展过程中的一个里程碑，有效地调动了全球大多数国家的积极性。

三 应对气候变化

气候变化法可以定义为为了减少人类活动对气候变化的影响而制定的一系列法规集合。[①] 国际气候变化法具有跨领域的特点，同时它又具有多层次的特点，在国际层面、区域层面和国内层面都有涉及。1988 年联合国大会通过了第 43/53 决议，第一次把气候变化提升为全球共同关注的问题，从而开启了全球协同应对气候变化的努力。同一年，世界气候组织和联合国环境开发署共同建立政府间气候变化专门委员会（the Intergovernmental Panel on Climate Change, IPCC），来负责评估气候变化的程度和影响。1992 年地球峰会正式通过了《联合国气候变化框架公约》（the United Nations Framework Convention on Climate Change,

---

① Koch, Hans-Joachim, "Climate Change Law: Objectives, Instruments and Structures of A New Area of Law", in *Climate Change: International Law and Global Governance* (Nomos, 2013).

UNFCCC)，UNFCCC 的通过标志着全球正式建立了通过国际合作来协同解决全球气候变化问题的国际法制度，但是它并没有对温室气体排放量进行强制性的规定，没有国际法强制力。鉴于 UNFCCC 的不足和国际社会越来越意识到形成一个具有国际法强制约束力的国际公约来规范各国减少温室气体排放量的必要性，国际社会在 1997 年签订了在气候变化法发展历程中具有里程碑意义的《京都议定书》。2015 年 12 月的联合国巴黎气候变化大会在一片赞誉声中落下帷幕，达成的《巴黎协定》成为全球协同应对气候变化努力进程中的另一个里程碑，鉴于《京都议定书》的明显不足，《巴黎协定》取代《京都议定书》也因此具有历史的必然性和进步性。

四 危险物质与有害废物

国际环境法把有害废弃物定义为对人类健康和环境带来损害的废弃物。《关于控制有害废弃物跨境转移和处理的巴塞尔公约》（Basel Convention on the Control of Transboundary Movements of Hazardous Wastes and Their Disposal）于 1992 年 5 月 5 日开始生效。该公约旨在严格控制有害废弃物的跨境转移，以环保的方式处理废弃物，倡议在国际和国内层面实施公约的各项条款。最近发生的日本试图把福岛的核废水排放到海洋的计划就有可能违反该公约，遭到国际社会的强烈谴责。

化学品在日常生活和工业中有广泛用途，比如农业的杀虫剂对提高农业产量有积极作用，但是化学物质一旦被排放到自然环境中，它会存在很多年，给人类健康和生态环境带来长期的不利影响。为了规范化学品使用而颁布的国际环境法规则包括：1976 年的《潜在有毒化学物质的国际注册》（the International Register of Potentially Toxic Chemicals）和 1998 年的《关于国际贸易中针对某些有害化学品和农药事先达成统一程序的鹿特丹公约》（Rotterdam Convention on the Prior Informed Consent Procedure for Certain Hazardous Chemicals and Pesticides in International Trade）等。

五 海洋污染

海洋污染的主要来源可以分为陆源污染（占海洋污染总量的

82%)、船源污染（占海洋污染总量的9%）、在海洋中倾倒废弃物（占海洋污染总量的8%）和海上活动（占海洋污染总量的1%）。针对不同的海洋污染来源，国际社会达成了多个国际环境公约来控制海洋污染，具有代表性的包括：1974年通过的《关于预防陆地污染源造成的海洋污染公约》（Convention for the Prevention of Marine Pollution from Land-based Sources）、1954年通过的《关于预防由石油泄漏造成的海洋污染国际公约》（the International Convention for the Prevention of Marine Pollution of the Sea by Oil）和1972年通过的《关于预防废弃物和其他物质倾倒引起的海洋污染公约》（Convention on the Prevention of Marine Pollution by Dumping of Wastes and other Matter）。

六　野生动物保护

野生物种是人类共同的自然遗产，需要全世界协同合作来保护野生动物的安全，国际社会形成了诸多国际环境法文件，从不同角度保护野生物种，其中最具影响力的方案包括：1979年的《保护迁徙类野生动物公约》（the Convention on the Conservation of Migratory Species of Wild Animals）、1973年的《关于遏制濒危野生动植物国际贸易的公约》（the Convention on International Trade in Endangered Species of Wild Fauna and Flora）和1972年的《世界遗产公约》（the World Heritage Convention）。

七　生物多样性

生物多样性被认为是不可再生的资源，一旦某一种物种消失，就不可替代或无法通过现代技术再生。生物多样性的丧失会使生态系统不稳定并且会削弱生态环境应对自然灾害的能力。为了推动全世界共同努力来保护生物多样性，国际社会形成了一系列保护生物多样性的法律文件，其中最著名的是1992年通过的《生物多样性公约》（the Convention on Biological Diversity）。这一公约的先进性在于，它是第一个从整体的视角、以生态环境为导向的方式来保护生物多样性和可持续发展的国际环境法条约。

八　生物安全

随着生物技术的迅猛发展和现代生物技术在人类生产领域的广泛运

用，生物安全逐渐成为国际社会普遍担心的问题，包括农业领域采用的转基因生物技术。为了确保生物安全，国际社会在 2000 年通过了以《关于生物安全的卡塔赫纳条约》（the Cartagena Protocol on Biosafety）为代表的诸多规范生物技术使用的国际环境法。

九 淡水资源保护

对淡水资源的保护不应仅限于规范水资源的利用和减少水污染，还应包括保护水资源赖以存在的整个生态系统。国际社会对淡水资源不足的担忧主要是由于一方面人类经济活动和快速的人口增长对水资源的需求不断增大；另一方面环境污染影响了实际可饮用的水资源量，而且同时气候变化也会影响水资源储备。在 2000 年召开的千年峰会（the Millennium Summit）上，联合国大会通过"千年宣言"（the Millennium Declaration），其中第 23 节条款（Paragraph 23）指出要"停止减少水资源的不可持续使用……"除了规范淡水使用和防止淡水污染的国际法，国际社会还形成了指导国际河水水域利用的国际环境法。

十 沙漠化

土地沙漠化现象在世界上大多数地区都存在，给农业生产和人类的正常生活带来很多不利影响，为了解决这一全球性问题，国际社会制定了一系列国际法文件，其中有代表性的条约是 1994 年的《关于减少正在经历严重干旱和沙漠化现象的国家的沙漠化问题公约》（the United Nations Convention to Combat Desertification in Countries experiencing Serious Drought and/or Desertification）。

十一 山脉、森林和极地生态系统

山脉、森林和极地生态系统所涵盖的领域通常与政治性的主权国家疆域不相重叠，这就使得保护生态系统的努力有可能和国家对其疆土和自然资源的主权利益相冲突。为了解决这一难题，国际环境法提出了可持续发展原则和预防原则等来指导生态环境的保护和管理。国际社会还形成了一套保护生态系统的国际法条约，包括《保护阿尔卑斯山公约》（The Convention on the Protection of the Alps）、保护森林生态系统的《热

带木材国际条约》(the International Tropical Timber Agreement) 以及保护南极生态系统的《南极条约》(the Antarctic Treaty)。

十二 外层空间保护

外层空间一般指国家主权范围以外的整个空间,任何国家可以为和平目的而利用外层空间,但不得据为己有。① 与外层空间保护有关的国际条约包括1967年的《关于各国探索和利用包括月球和其他天体在内外层空间活动的原则的条约》,1972年的《外空物体造成损害的国际责任公约》和1976年生效的《关于登记射入外层空间物体的公约》等。

十三 可再生能源

经济快速发展带来的巨大能源需求和不科学的能源消耗方式使石化能源资源储备迅速减少,已经不能满足人类未来的发展需求,而且石化能源会对环境带来污染,造成温室气体大量排放,导致全球气候变暖,因此世界各国亟需从当前以石化能源为主的能源结构转变到可再生能源为主的新能源结构,提高能源使用效率②。为了促进可再生能源的使用和提高能源利用率,国际社会形成了包括1994年的《能源宪章条约》在内的一系列国际环境法条约。

十四 文化与自然遗产保护

文化遗产和自然遗产不仅是遗产所在国的宝贵遗产,也是全人类的共同遗产,它们不仅是当代人的宝贵财富也是后代人的财产③。《保护世界文化和自然遗产公约》是保护世界文化与自然遗产的重要公约,于1975年12月17日生效。

十五 人权与环境

人权和环境紧密相连,环境恶化对人类生活质量和其享有的人权都

---

① 周忠海:《国际法》,中国政法大学出版社2004年版。
② Bradbrook A., Lyster R. & Ottinger R., *The Law of Energy for Sustainable Development* (Cambridge: Cambridge University Press, 2005).
③ 林灿铃:《国际环境法理论与实践》,知识产权出版社2008年版。

造成了严重危害，特别是社会中的弱势群体更容易成为环境恶化的受害者。从人权角度探讨环境问题具有进步意义，一些环境法学者发展出环境权的概念来作为人权的一部分，它包括人类享有干净的水、食物和健康的生存权，还有获取环境信息的信息权，公众参与到当地环境相关问题的决策过程的参与权，以及诉诸司法和行政程序来获取环境补偿的权利。在诸多国际环境法文件中都体现了环境人权的内容，包括1972年的《斯德哥尔摩宣言》和1992年的《里约宣言》（第10原则）等。

十六 贸易与环境

环境与贸易之间存在紧密而又复杂的关系，一方面国际贸易可能会对环境产生不利影响，而环境保护措施也可能会与自由贸易原则相冲突，特别是一些环保措施涉及禁止某些产品的国际贸易或涉及绿色贸易壁垒。① 同时这两方面又是可以相互共存和彼此促进的。旨在促进环境和贸易协调发展的国际环境法条约包括1992年的《21世纪议程》、1992年的《里约宣言》第12条原则、1998年的《关于国际贸易中针对某些有害化学品和农药事先达成统一程序的鹿特丹公约》和2000年的《关于生物安全的卡塔赫纳条约》。随着国际社会对环境保护的紧迫性和必要性认识的不断加深，世界贸易组织也开始把环境保护的内容融入进来，并且成立了专门的贸易和环境委员会（Committee on Trade and Environment）来探讨如何实现国际环境保护法规和世界贸易法规体系的和谐发展。

第二节 绿色发展的战略布局为国际环境法研究提出现实需求

党的十八大以来，以习近平同志为核心的党中央高度重视绿色发展，多次强调要"利用绿色信贷、绿色债券、绿色股票指数和相关产品、绿色发展基金、绿色保险、碳金融等金融工具和相关政策为绿色发

---

① World Trade Report 2010, World Trade Organization, 2010.

展服务"。在国际合作方面,绿色发展逐步融入"一带一路"建设,中国绿色发展的国际话语权和引领力显著提升。我国的绿色发展战略布局为新时期的国际环境法研究提出现实需求与指引。

我国宣布将力争在2030年前实现"碳达峰"、2060年前实现"碳中和"。这是中国基于推动构建人类命运共同体的责任担当和实现可持续发展的内在要求作出的重大战略决策。中国承诺实现从"碳达峰"到"碳中和"的时间,远远短于发达国家所用时间,需要中方付出艰苦努力。这一方面是中国为了实现《巴黎协定》的国家自主贡献目标的内在需求,也是我国作为一个负责任的大国积极承担应对气候变化的国际责任的担当。换言之,我国的低碳发展战略布局既是我国内生的发展需求,也与我国积极推动国际气候变化治理体系的构建相契合。中国是应对气候变化国际努力的重要推动力量,《巴黎协定》的达成背后离不开中国的付出与贡献,中国积极参与国际气候变化条约规则制定和国际气候变化治理,赢得了世界的尊重与肯定。

习近平总书记指出,生态环境关系各国人民的福祉,我们必须充分考虑各国人民对美好生活的向往、对优良环境的期待、对子孙后代的责任,探索保护环境和发展经济、创造就业、消除贫困的协同增效,在绿色转型过程中努力实现社会公平正义,增加各国人民获得感、幸福感、安全感。这样的定位凸显了绿色发展背景下,我国高度重视人权与环境的关系,努力实现可持续发展的环境保护、社会发展与经济发展的三个维度平衡发展的战略布局安排,这为国际环境法的研究提供了重要的历史契机。

国际环境法与构建人类命运共同体息息相关,国际环境法各个领域的问题都跟人与自然的和谐发展密不可分,无论是环境污染的预防与治理、环境与人权、环境与贸易、气候变化应对、自然资源的保护还是可再生能源,无论是从代内公平还是代际公平的维度,都彰显了国际环境法研究在新的历史时期,需要以更加体系化、科学化和创新性的视角来回应和解决当前面临的国际环境治理难题。鉴于国际环境问题的解决需要依赖国际社会的协同努力,在当前复杂的国际关系局面下,如何构建和维护有效的国际环境治理多边机制与规则是国际环境法面临的巨大挑战。我国在国际环境法规则制定中应该发挥更加积极的引领作用,为国际环境法的发展模式探索贡献中国智慧和经验,也为广大发展中国家争取更多国际环境法规则制定的话语权与代表性。这也契合习近平总书记提出的"必须完善全球治理,践行真正的多边主义"这一新形势下的重要国际法理念。

第三节 国际环境法热点问题指引

国际环境法经过数十年的发展,进一步呈现出跨学科的研究态势,积极关注全球关切问题,进一步打破公法与私法的原有界限,探索人与自然的和谐共生。国际环境法在新的时代背景下有很多前沿热点问题值得进一步探索,以下几个领域尤其值得关注。

一 国际气候变化治理面临机遇与挑战

《巴黎协定》的灵活性制度设计在最大程度上吸引了全球的广泛参与和支持,淡化了发展中国家与发达国家间的对立,却又由于强制履约机制的缺失而使得本来就不易落实的国际条约履约更加充满风险和不确定性。如何实现条约的灵活性和有效性双重目标,如何以较低的成本实现协定的气候减缓雄心目标,都是国际社会在"后《巴黎协定》时代"面临的亟待解决的棘手问题。

从《京都议定书》到《巴黎协定》,世界应对气候变化治理机制发生了根本转变,从《京都议定书》主要依赖自上而下(top-down)的治理机制到《巴黎协定》的以自下而上(bottom-up)的治理机制为主同时兼有自上而下治理成分的混合型治理机制(hybrid climate governance structure)[①],《巴黎协定》无疑开启了气候变化治理的新阶段。《巴黎协定》由于成功覆盖了全球96%的温室气体排放量,而被广为肯定,认为这是全球气候变化谈判在经历了哥本哈根气候变化大会以来的低潮与

---

① Bodansky D. M., Hoedl, S. A., Metcalf, G. E. & Stavins, R. N. "Facilitating linkage of climate policies through the Paris outcome", (2017) 7 *Climate Policy*, pp. 1–17.

挫折之后的一次重大胜利。①

为了赢得最大程度的国家参与和支持,《巴黎协定》事实上是放弃了《京都议定书》所遵循的"发达国家"和"发展中国家"两分法的格局,虽然仍然秉承"共同但有区别责任"原则,但是重心已然不像《京都议定书》那般强调发达国家的强制减排义务,而更多地是在强调当前的世界各国按照各自能力和自愿原则而进行的国家自主贡献减排模式。"后《巴黎协定》时代"国际社会还需要花很多力气来完善《巴黎协定》,把协定的关键条款和原则落在实处,在《巴黎协定》亟待解决的问题当中,如何提高《巴黎协定》缔约国的履约积极性无疑是最为关键的问题。为了督促缔约国真正落实其承诺的国家自主贡献,构建有效的履约机制,国际社会需要从以下两个方面着重努力:第一,鉴于《巴黎协定》不具有强制履约措施的现状,通过提高条约的履约透明度和落实国家自主贡献的检测、报告和核查机制来敦促缔约国积极履约以实现《巴黎协定》灵活性和有效性的双重目标②;第二,探讨通过市场机制来刺激缔约国自觉自愿地实现国家自主贡献,通过合作来减少缔约国的履约成本,充分调动私营部门的减排积极性。

二 贸易与环境的平衡发展在 CPTPP 的背景下面临新挑战

如何促进贸易与环境的协调发展是国际环境法一直面临的挑战,随着国际社会对环境保护的紧迫性和必要性认识的不断加深,包括 WTO 在内的多边经贸组织也逐渐把环境保护的内容融入进来,比如 WTO 成立了专门的贸易和环境委员会(Committee on Trade and Environment)来探讨如何实现国际环境法体系与世界贸易法体系的和谐发展。经过长时间的努力,包括通过多边谈判来修改规则以及通过做出的一系列有国际影响力的认可环境保护必要性的 WTO 判例,WTO 在规则上逐渐认可了绿色发展理念的重要性,并由此发展出了"绿色贸易"的概念与标准。需要指出的是,从过去的不一致和相冲突到最终实现真正的和谐发展,

---

① 参见气候变化报道:http://theconversation.com/thanks-to-paris-we-have-a-foundation-for-meaningful-climate-progress-52525。

② Bellassen, V. and N. Stephan (eds.), *Accounting for Carbon: Monitoring, Reporting and Verifying Emissions in the Climate Economy* (Cambridge: Cambridge University Press, 2015)。

这两大国际法体系还面临诸多挑战。比如说，因为担心发达国家利用环境保护为借口对发展中国家的贸易产品实行"绿色保护主义"歧视政策，又鉴于广大发展中国家在国际贸易规则制定中的话语权严重缺失，发展中国家对于国际贸易法规体系中的环境保护标准的制定与适用范围设定存在极大担忧。

随着中国申请加入《全面与进步跨太平洋伙伴关系协议》（CPTPP），鉴于 CPTPP 在环境保护标准方面提出了更为严格的要求，这对于中国既是机遇也是挑战。中国正式申请加入 CPTPP 具有十分深远的意义。这标志着，继 2020 年中国成功签署《区域全面经济伙伴关系协定》（RCEP）之后，中国进一步扩大高质量开放、推进国际国内双循环相互促进的重要努力，也是在以实际行动捍卫世界贸易的多边主义原则。从国际环境法的发展视角来看，在国际经贸规则重构的过程中，重新审视贸易与环境的关系，积极回应当前全球环境关切和经贸发展需求，有利于制定更符合当前时代背景的新型贸易与环境协调发展的国际规则。

三 日本核污染排放问题再次凸显国际协同应对环境问题的重要性

日本政府于 2021 年 4 月 13 日正式决定向海洋排放福岛第一核电站放射性核废水，对整个地球海洋生态环境造成巨大威胁。鉴于人类历史上尚未发生过类似福岛核事故产生大量核废水的情况，也尚无核事故处理后废水向海洋排放的先例及相关程序和标准，如何妥善处理日本核废水排放危机是全球面临的棘手挑战。环境因为其公共物品属性要求任何国家都不能做出损害国际社会整体利益的行为，即国际法语境下的"对世义务"。日本无视国际法规则，在未与周边国家积极协商并听取邻国意见的情况下单方面决定将核污水排入海洋的做法，无疑是极其不负责任的，不仅损害邻国的海洋生态环境也对本国的环境带来严重损害，日本核污染排放问题再次凸显国际协同应对解决环境问题的重要性。面对日本所作决定及其给环境带来的风险，国际社会该如何应对是国际环境法学界亟需研究的问题，以下几个角度尤其值得关注。

1. 敦促日本向国际社会如实披露福岛核污水准确信息、情报，公开日本所做的关于排放核污水入海洋的全面环境影响评估报告，以便于国际社会了解日本福岛核污水处理的真实情况以及核污水进入海洋可能造成的环境损害。中国应联合其他国家积极推动日本核污水危机在联合国框架下，在信息公开透明和多边合作的基础上寻求危机解决。日本作为《联合国海洋法公约》的缔约国，有义务保护海洋环境。日本对于福岛核废水排海事项的任何决定，应当与周边国家或者将受其影响的国家以及国际机构展开合作，分享必要的信息与情报，制定应急计划，积极遵守为防止、减少和控制陆地来源对海洋环境污染而适用的国际规则和标准。

与此同时，日本也是《伦敦倾废公约》及其《伦敦倾废议定书》的缔约国之一。按照该公约及议定书，日本不得将核污水排入海洋。日本对其管辖权之下的福岛核电站所产生的核废水的安全应当承担责任，并且应当履行相关公约所载的具体义务，包括要求缔约国采取立法、监管和行政措施，以便通过缔约国按公约规定建立的监管机构履行公约义务，并向公约建立的缔约方会议的审议会议提交履行公约的报告。

2. 要求日本尊重国际法原则，以合作、协商，负责任的态度控制风险、化解危机。要求日本基于环境法风险防范原则，采取必要防范措施。日方在未穷尽安全处置手段的情况下，不顾国内外质疑和反对，未经与周边国家和国际社会充分协商，单方面决定以排海方式处置福岛核电站事故核废水。这种行为不仅不负责任，也有违国际法原则。日本政府对环境问题采取拖延行动，并将其不作为归咎于缺乏科学确定性。按照风险预防原则，日本应根据其本国的能力采取更为有效的预防措施以及正确的决策，以达到预防风险和保护海洋环境的目的。同时应当秉承国际合作原则、审慎义务原则，引入更多中立研究机构、公益机构和利益相关国的研究机构，共同探讨危机的演化和处置的可能性、可行性，力争在多边参与的基础上，选用风险最小的方案处置、化解危机。

第十七章

国际卫生法

第一节 国际卫生法概述

在相互关联的当今世界,卫生健康是一个全球性问题。2020年突如其来的新冠肺炎疫情(COVID-19)是人类百年以来最严重的大流行传染病。疫情发生以来,中国提出了人类卫生健康共同体的理念。构建人类卫生健康共同体,是构建人类命运共同体的有机组成部分。如何推动构建人类卫生健康共同体,中国提出了五点主张:一是坚持人民至上、生命至上;二是坚持科学施策,统筹系统应对;三是坚持同舟共济,倡导团结合作;四是坚持公平合理,弥合"免疫鸿沟";五是坚持标本兼治,完善治理体系。面对传染病这一共同挑战,人类卫生健康共同体的理念,也为国际卫生法的未来研究指明了方向。

国际卫生法是全球卫生治理中的重要组成部分,国际社会通过搭建法律框架,促进跨境集体行动和国际合作,实现全人类的健康福祉。国际卫生法作为一个法学领域,其称谓和性质都受到了学者们的关注与讨论。例如,一些学者认为,卫生法有其自身特点和性质,无法确定卫生法是否应成为国际法新兴或现有分支的标签。再如,关于"国际卫生法"的称谓问题,一些学者认为,是否应该以"全球"代替国际卫生法的称谓,如果称之为国际卫生法,可以与国际法下的其他分支领域,例如国际人权法、国际人道法、国际环境法、国际贸易法、国际投资法等相一致。然而,一些学者指出,在全球治理领域,"全球卫生"一词已逐渐取代了较早的"国际卫生"之称。① 传染性疾病和非传染性疾病的全球化已成为一个不争的事实,这也是卫生法能被冠之以"全球"的重要原因。全球化的不断提速在过去数十年戏剧性地改变了全球的疾病谱。势不可挡的全球化浪潮催生并加快了各种社会与经济巨变。当今世界充满了各种各样的公共卫生风险。传染性疾病和非传染性疾病(亦称慢性病)的发展变得越来越复杂化。

本篇指引考虑到全书统一问题,采用国际卫生法之称。国际卫生法的范围包括在世界卫生组织框架内通过的有法律约束力和无法律约束力的文书,也就是由"硬法"性法律与"软法"性标准组成。在国际卫生法领域,一些"软法"性标准可能会比"硬法"性规则更为有效。国际卫生法不是一个单独的领域,其与包括国际人权法、国际人道法、国际环境法、国际贸易法、国际投资法等在内的国际法其他领域,相互关联、相互影响,构成全球卫生治理的组成部分。②

第二节 世界卫生组织及其运行机制

一 世界卫生组织概述

关于建立一个长期性的国际组织来应对全球公共卫生问题的设想,最早出现于 1851 年召开的巴黎国际卫生会议,但直到第二次世界大战结束后的 1946 年 2 月,联合国经济与社会理事会在纽约召开国际卫生大会,才正式同意建立世界卫生组织(以下简称"世卫组织"),大会通过了《世界卫生组织组织法》(以下简称《组织法》)。1948 年 4 月 7 日,世界卫生组织正式成立,总部设于瑞士日内瓦,而这一天也被定为"世界卫生日"。世界卫生组织的执行机构分别是世界卫生大会、执行委员会和秘书处。世界卫生大会是世界卫生组织的最高决策机构,每年举行常会。执行委员会由 32 名技术专家组成,由世界卫生大会批准,

---

① 关于"全球"卫生法还是"国际"卫生法的讨论,参见 Gian Luca Burci & Brigit Toebes, *Research Handbook on Global Health Law* (Edward Elgar, 2018), pp. 2 – 3。

② 本章节部分内容曾公开发表,参见何田田《〈国际卫生条例〉下的"国际关注的突发公共卫生事件":规范分析、实施困境与治理路径》,《国际法研究》2020 年第 4 期。

任期三年，每年改选三分之一。联合国安理会五个常任理事国是必然的执委成员国。总干事由世界卫生大会根据执委会提名任命，任期为 5 年，只可连任一次。

自 1948 年成立以来，世卫组织一直处在促进全世界人民卫生健康事业的前沿。根据《组织法》，世卫组织基于"求各民族企达卫生之最高可能水准"的宗旨，秉持人人"享受最高而能获取之健康标准"的原则，履行"充任国际卫生工作之指导及调整机关"的职能。成立 70 多年以来，世卫组织在全球公共卫生进步中承担了重要的职责，有效地推进了全民健康覆盖。天花的彻底根除、治愈丙型肝炎新药品价格的成功降低、①全球 1 岁以下儿童疫苗接种覆盖率已高达 86%②等，都是典型例子。

二　世卫组织突发公共卫生事件的防范与应对机制

世卫组织在成立以来的这 70 多年中，逐渐发展起一套突发公共卫生事件的防范与应对机制，这一机制主要围绕《紧急情况应对框架》《国际卫生条例》（以下简称《条例》），以及"突发事件应对规划"展开。《紧急情况应对框架》和"突发事件应对规划"均是无拘束力的、属于世卫组织框架内部的工作文件，本部分简要介绍《紧急情况应对框架》和"突发事件应对规划"。

（一）《紧急情况应对框架》

《紧急情况应对框架》（Emergency Response Framework，ERF，以下简称《框架》）的主要作用是澄清世卫组织在紧急状况中的作用和责任，并就在紧急状况中的工作框定具体工作方法和工作流程。《框架》目前修订更新至第二版（2017 年）。作为统一的突发事件管理程序，《框架》规定了世卫组织在实际运作中的方法与程序。《框架》对如下一些重要术语均有界定。

——"公共卫生事件"（public health event）：任何可能对人类健康

---

① 世界卫生组织：《总干事陈冯富珍博士在第七十届世界卫生大会上的讲话》，A70/3，2017 年 5 月 22 日。

② WHO, "Immunization coverage", https：//www.who.int/news-room/fact-sheets/detail/immunization-coverage.

造成负面影响的事件，包括尚未导致人类疾病，但有可能通过暴露于受感染或受污染的食物、水、动物、制成品或环境而引起人类疾病的事件。①

——"紧急情况"（emergency）：影响大量人口的生活和福祉，且需要动员多部门和大量资源以援助的情况。就需要世卫组织的应对而言，还必须有明确的公共卫生后果。②

——"紧急情况分级"（graded emergecy）：要求世卫组织做出相应工作的紧急公共卫生事件或其他紧急事件。世卫组织有3个紧急情况分级，分别反映需要世卫组织响应的不同程度：1级（有限响应），2级（一般响应），3级（重大响应）。如果紧急情况持续六个月以上，则可能会转变为长期紧急情况。③

（二）"突发卫生事件应对规划"

"突发卫生事件应对规划"（WHO Health Emergencies Programme，WHE，以下简称"规划"）是世卫组织会员国于2016年在第69届世界卫生大会上，就世界卫生组织应急机制改革达成一致通过的规划，其目的是希望在传统技术和规范作用之外，加强世卫组织在疫情和人道主义紧急情况中的运行能力。"规划"以世卫组织多年来在突发事件中与国家的合作经验为基础，其中一个重要特点在于，其涵盖完整的风险管理周期。

在"规划"通过时，中国代表、时任国家卫生计生委卫生应急办公室主任许树强称："近年来，国际社会应对埃博拉和黄热病等疫情的经验和教训表明，建立新的世卫组织突发事件应对管理模式和机构，提升机构层次，扩大管理范围，将有利于全球层面更加有效、有序开展突发事件应对准备、监测预警、应急处置和事后恢复等工作，推动从应急处置向全过程风险管理的转变。"④ 这一规划也应得到关注与重视。

总体而言，"规划"是世卫组织的一项根本发展，是一项"管总"

---

① *Emergency Response Framework*, World Health Organization, Second Edition, 2017, p. 7; *Rapid Risk Assessment of Acute Public Health Events*, World Health Organization, 2012.

② *Emergency Response Framework*, World Health Organization, Second Edition, 2017, pp. 7 – 8.

③ *Emergency Response Framework*, World Health Organization, Second Edition, 2017, p. 3

④ 《世卫应急机制改革 制定"突发卫生事件规划"》，2016年5月26日，http://www.rmzxb.com.cn/c/2016 – 05 – 26/833940.shtml。

规划。世卫组织在突发事件领域的所有工作都融入了这项统一的"规划"中。由于世卫组织在总部和所有区域办事处拥有统一的结构,"规划"便于优化机构内部的协调、业务和信息流动。①

"规划"的具体展开是依据《框架》和《国际卫生条例》的,由于《框架》是世卫组织的内部技术规范性文件,不需要世界卫生大会会员国的磋商与同意,因此《框架》可以依据"规划"的原则、目的与设置作出修订和更新。但《条例》作为"硬法"性国际条约,和《框架》不一样,因此"规划"主要在防范领域通过支持各缔约国应用《条例》的监测和评价框架开展自身能力与遵约的评估;并按《条例》设置的国家归口单位等方式开展协调与沟通。

三 中国与世界卫生组织的合作

中国是世卫组织的创始国之一。世界卫生组织自成立以来与中国形成了紧密的互惠互利合作关系。1972年5月10日,第25届世界卫生大会通过决议,恢复中国在世界卫生组织的合法席位。中国出席了此后历届大会和西太平洋区地区委员会会议,多次当选执委会委员。1978年10月,中国与世界卫生组织签署《卫生技术合作谅解备忘录》。2017年1月,习近平主席访问世界卫生组织总部并会见时任总干事陈冯富珍。

新冠肺炎疫情发生以来,中国同世界卫生组织保持密切沟通,不断深化双方合作。中国政府第一时间向世界卫生组织、有关国家和地区组织主动通报疫情信息,分享新冠病毒全基因组序列信息和新冠病毒核酸检测引物探针序列信息,定期向世界卫生组织和有关国家通报疫情信息。2020年1月,时任世界卫生组织总干事谭德塞访华,习近平主席、国务委员王毅、国家卫生健康委主任马晓伟分别会见谭德塞。2月16日至24日,中国—世界卫生组织联合专家考察组对北京、成都、广州、深圳和武汉等地进行实地考察调研,29日发布联合考察报告。2021年1月14日至2月10日,中国—世卫组织新冠溯源研究联合专家组在武汉开展了为期28天的联合研究。

---

① 世界卫生大会:《改革世卫组织在突发卫生事件管理领域的工作——世界卫生组织突发卫生事件规划,总干事的报告》,A69/30,2016年5月5日。

2020年5月18日，习近平主席在第73届世界卫生大会视频会议开幕式上发表致辞，呼吁各国团结合作战胜疫情，共同构建人类卫生健康共同体，提出全力搞好疫情防控、发挥世卫组织领导作用、加大对非洲国家支持、加强全球公共卫生治理、恢复经济社会发展、加强国际合作6点建议，并宣布两年内提供20亿美元国际援助、与联合国合作在华设立全球人道主义应急仓库和枢纽、建立30个中非对口医院合作机制、中国新冠疫苗研发完成并投入使用后将作为全球公共产品、同二十国集团成员一道落实"暂缓最贫困国家债务偿付倡议"等中国支持全球抗疫的一系列重大举措。① 疫情发生以来，中国政府已向世界卫生组织提供两批共5000万美元现汇援助，积极协助世界卫生组织在华采购个人防护用品和建立物资储备库，积极协助世界卫生组织"团结应对基金"在中国筹资，参与世界卫生组织发起的"全球合作加速开发、生产、公平获取新冠肺炎防控新工具"倡议和"新冠肺炎疫苗实施计划"。②

第三节 国际卫生法中的国际法规则

一 《国际卫生条例》

国际社会很早就认识到需要通过国际合作以防止和遏制传染病的全球蔓延。2005年5月，世卫组织的主要决策机构世界卫生大会通过了新修订的《国际卫生条例》。2007年《条例》生效，成为目前国际法上唯一用于应对传染病疫情和其他突发公共卫生事件的"硬法"，具有里程碑意义。

（一）《条例》的修订与PHEIC的定义

《条例》是一个基于疾病与健康的具有法律约束力的条约。为有效应对有国际传播风险的新发或再发疾病以及化学物、有毒物和放射物的威胁，《条例》要求各缔约国构建一系列监测和应对的核心能力，涵盖"对人类构成或可能构成严重危害的任何疾病或医学问题，无论其病因

---

① 《团结合作战胜疫情 共同构建人类卫生健康共同体》，《人民日报》2020年5月18日，第2版。
② 《中国同世界卫生组织关系（最近更新时间：2021年8月）》，外交部，https://www.fmprc.gov.cn/web/gjhdq_676201/gjhdqzz_681964/lhg_681966/zghgzz_681970/t1266602.shtml。

或来源如何"。这是在国际法上首次将"全危害策略"①（all-harzards approach）纳入了公共卫生领域。② 不问病因与来源的"全危害策略"，决定了公共卫生风险防范与应对方法的转变。《条例》的直接前身是1969年《国际卫生条例》。"扩大"是《条例》生效前后转变的关键词。"全危害策略"扩大了公共卫生风险的范围，决定了流行病学数据处理、事件通报、风险评估、紧急应对与卫生措施等各方面都需适用一种新的扩大性公共卫生方法。"国际关注的突发公共卫生事件"（Public Health Emergency of International Concern，以下简称 PHEIC）正是这一"全危害策略"与扩大公共卫生方法下的重要创新，经190多个缔约国反复谈判而成，且得到共同接受的全球风险警报。《条例》第1条中的 PHEIC 定义如下：

> "国际关注的突发公共卫生事件"是指根据本条例规定所确定的不同寻常的事件：
> （一）通过疾病的国际传播构成对其他国家的公共卫生风险；以及
> （二）可能需要采取协调一致的国际应对措施。

PHEIC 的定义尽管从表面上看似清晰，但在具体事件的适用和决定中，以及在 PHEIC 宣布后公共卫生应对工作的领导、协调和管理过程中，存在相当复杂的实施问题。每次 PHEIC 都引起国际卫生法律与治理专家对《条例》的解释和运用以及世界卫生组织工作的高度关注。③

---

① ［美］劳伦斯·O. 戈斯廷：《全球卫生法》，翟宏丽、张立新主译，中国政法大学出版社 2016 年版，第163页；See Rebecca Katz and Anna Muldoon, "Negotiating the Revised International Health Regulations (IHR)", in Rosskam Ellen and Kickbusch Ilona (eds.), *Negotiating And Navigation Global Health：Case Studies In Global Health* (New Jersey：World Scientific, 2011), p. 96.

② 参见世界卫生组织《突发公共卫生事件快速风险评估》，冯子健主审，倪大新、金连梅主译，人民卫生出版社 2015 年版，第3页。

③ ［美］劳伦斯·O. 戈斯廷：《全球卫生法》，翟宏丽、张立新主译，中国政法大学出版社 2016 年版，第163页；See Rebecca Katz and Anna Muldoon, "Negotiating the Revised International Health Regulations (IHR)", in Rosskam Ellen and Kickbusch Ilona (eds.), *Negotiating And Navigation Global Health：Case Studies In Global Health* (New Jersey：World Scientific, 2011), p. 96.

(二) PHEIC 的前置步骤与判断权力

由于《条例》中 PHEIC 定义的概括性与开放性，无法从文本用语得出较具体的适用标准。按照风险管理的基本方法，以及以"风险"为基础的预警法律分析，在《条例》文本背后，PHEIC 包含着公共卫生事件的信息流动、风险评估以及决定应对三个阶段。

(1) 信息流动阶段

启动 PHEIC 的基础是及时有效的信息流动。信息流动一般包括危害发现、监测和验证，亦称流行病学情报（epidemic intelligence）。在有国际传播可能的公共卫生事件面前，尽早发现和让信息流动是有效应对的基础，能为后续的评估和决策提供重要保障。《条例》载有"24 小时内""48 小时内"等快速的严格时间要求，就是尽早"与时间赛跑"的卫生治理特点的体现，但是应该注意到，这种严格的、以小时为单位的时间框架，对缔约国来说，是指国家层面的；附件 1 对于缔约国的社区、基层或中层的要求，是立即评估或向国家级机构报告，遵循的是各国国内法。尽管《条例》没有明确提出，但各国国家层面的卫生立法是《条例》实施的重要保证，是国际法与国内法衔接之处。

(2) 风险评估阶段

在信息与数据的基础上，快速风险评估是预警 PHEIC 的必要步骤；风险评估后，各缔约国根据《条例》附件 2 的要求，决定是否需要通报。在法律层面，PHEIC 的风险评估可以从特点、依据和时间三方面分析。

第一，突发公共卫生事件的风险评估首先是个科学问题。风险评估的定义、方法以及过程均表明，[1] 它主要是一个科学判断，且这些判断有一定开放性，较难用纯粹的法律术语描述。[2]《条例》要求每个缔约国在国家层面必须具备风险评估的核心能力。

---

[1] 参见世界卫生组织《突发公共卫生事件快速风险评估》，第 7 页。
[2] Gian Luca Burci, "The Outbreak of COVID-19 Coronavirus: are the International Health Regulations fit for purpose?", February 27, 2020, EJIL: Talk?, https://www.ejiltalk.org/the-outbreak-of-covid-19-coronavirus-are-the-international-health-regulations-fit-for-purpose/; Pedro A. Villarreal, "Public International Law and the 2018-2019 Ebola Outbreak in the Democratic Republic of Congo", August 1, 2019, https://www.ejiltalk.org/public-international-law-and-the-2018-2019-ebola-outbreak-in-the-democratic-republic-of-congo/.

第二，突发公共卫生事件的实际风险评估时间不容易确定。附件1要求的国家层面的风险评估时间是48小时，评估后的决策时间是24小时，但在实践中，实际的评估工作时间不容易确定。世卫组织《2016年报告》指出，根据缔约国技术信息、资源和能力的可得性，包括国家归口单位的力量和资历，评估工作可能需要数天。① 也正是基于这种考量，《条例》纳入了第8条的磋商机制，以及通过第9条赋予世卫组织有权从其它信息来源多方位地收集信息的权力。

第三，缔约国风险评估后、向世卫组织通报前的决策依据是附件2。为了将科学的风险评估结果尽可能地"标准化"与"法律化"，《条例》提供了附件2。由于目前大多数突发公共卫生事件的风险描述是定性评估，这种评估结果就可以直接作为回答附件2四个标准问题的答案（即"是"与"否"）。附件2作为一份科学法律化的决策文件，有必要作单独讨论。

（3）决定应对阶段

缔约国提供的仅是潜在PHEIC的信息，最终决定是否构成PHEIC的判断权在世卫组织总干事。根据《世界卫生组织组织法》的规定，总干事②是世卫组织的技术与行政首长。作为国际组织的"首席行政长官"，总干事在《条例》下拥有宣布PHEIC这一重要权责，其重要性体现在即使相关缔约国不同意，甚至在委员会会议讨论后也不建议的情况下，总干事仍可单独作最终决定。

在国际组织中拥有最终单独决定权的"首席行政长官"是罕见的，世卫组织总干事就是其中一例。即使《条例》纳入了专家（即突发事件委员会）参与决定的程序，但仍赋予总干事重要的最终单独决定权。当然，世卫组织总干事决定PHEIC这一权责受到了前述已提及的严格程序的限制。实践中，世卫组织总干事在已宣布的6次PHEIC③中，每一次决定均听从了委员会的建议。

---

① 世界卫生组织：《2016年报告》，第57段。
② 英文中为"Secretary-General"，《世界卫生组织组织法》中文本中作"秘书长"。本文采用《条例》中文本中的称谓即"总干事"，这也是通行中文说法。
③ 分别是2009年的甲型H1N1流感、2014年的野生脊灰病毒疫情、2014年西非暴发的埃博拉病毒疫情、2016年的寨卡病毒疫情、2019年刚果民主共和国暴发的埃博拉疫情以及2019年新型冠状病毒肺炎疫情。

二 《烟草控制框架公约》

迈入 21 世纪之后，应对非传染性疾病的国际干预也不断升级。烟草危害是当今世界最严重的公共卫生问题之一，是人类健康所面临的最大的可以预防的危险因素。鉴于吸烟是全世界可预防的一个主要死因，早在 2003 年 6 月，世界卫生大会就通过了《烟草控制框架公约》。

《烟草控制框架公约》是世卫组织首次根据其《组织法》第 19 条规定的权利制定的一份国际性法律文书，其宗旨是限制烟草在全世界的蔓延，尤其是在发展中国家的蔓延。由 190 多个国家参与，经 2 次工作组会议和历时约 4 年的 6 轮政府间谈判，于 2003 年 5 月 21 日在第 56 届世界卫生大会上获得通过。2004 年 11 月 30 日已经有 40 个国家正式履约，《烟草控制框架公约》已于 2005 年 2 月 27 日正式生效。这是世卫组织主持制定的世界上第一个限制烟草的全球性公约，是人类公共卫生领域和控烟史上的一座里程碑。它标志着烟草控制已经由国内立法控制扩大到国际法上的共识。《烟草控制框架公约》的主要目标是"保护当代和后代免受烟草消费和接触烟草烟雾对健康、社会、环境和经济造成的破坏性影响"。如《条例》一样，这份具有法律约束力的国际文书也描绘了公共卫生领域国际合作的新蓝图。此外，联大 2011 年通过了《预防和控制非传染性疾病的联合国大会高级别会议政治宣言》。世界卫生大会据此在 2013 年通过了世界卫生组织负责起草的《预防和控制非传染性疾病的全球行动计划（2013—2020 年）》，设定了预防和控制心脏病、糖尿病、癌症等非传染性疾病的全球目标。为了应对日趋严峻的人口老龄化的挑战，世界卫生组织先后制定了"积极老龄化"和"健康老龄化"政策框架。

2003 年 11 月 10 日，我国签署《烟草控制框架公约》，成为公约的第 77 个签约国。2005 年 8 月 28 日，第十届全国人大常委会批准了公约。2006 年 1 月 9 日，《烟草控制框架公约》在我国正式生效。从签署到生效间隔了 3 年时间。可见，一方面，我国积极支持《烟草控制框架公约》；另一方面，基于我国实际情况，我国仍持审慎态度。2020 年我国召开的烟草控制框架公约履约工作会议指出，要深入贯彻习近平总书记关于卫生健康工作的重要指示批示精神，认真落实健康中国战略，充分发挥部门优势，积极探索符合中国国情的控烟模式和方法，切实提升控烟成效，提高人民群众健康保障水平。要从推进无烟环境建设、加强青少年控烟、完善电子烟监管、强化控烟宣传教育、打击烟草非法贸易等方面着手，扎实推动各项控烟工作落实落地，共同推动我国控烟履约工作再上新台阶，为维护人民群众的生命健康作出更多努力。

第四节　新冠肺炎疫情与国际卫生法

新型冠状病毒肺炎是近百年来人类遭遇的影响范围最广的全球性大流行病，对全世界是一次严重危机和严峻考验。人类生命安全和健康面临重大威胁。2020年1月31日，世卫组织总干事宣布新冠肺炎疫情构成《条例》下"国际关注的突发公共卫生事件"，同时根据《条例》发布了临时建议。截至2021年8月30日，全球新冠肺炎确诊人数已逾2.1亿，累计死亡数超过400万。① 应对疫情的全球卫生治理，也就成了当前国际卫生法颇受关注的重要原因。当前，国际社会出现了一些与国际卫生法与全球卫生治理理念不相一致的动向，值得我们研究和关注。

一　COVID-19中的诬告滥诉

自2020年3月份以来，美国出现了多起以中国政府、相关部委和事业单位等为被告的新冠疫情相关的诬告滥诉案件，且美国一些政客还提议修改1976年《外国主权豁免法》，以打开起诉中国政府的闸门。美国这一系列的诉讼经过一些欧美媒体的舆论质疑和炒作后受到了全世界的广泛关注。

对此，我国学者已经充分阐述了美国新冠疫情诬告滥诉的违法性，不但没有事实和法律依据，② 既违反了国际法也违反了美国法。美国

---

① https：//news.google.com/covid19/map? hl = en-US&mid = % 2Fm% 2F02j71&gl = US&ceid = US% 3Aen 全球新冠肺炎疫情数据来源。

② 参见黄惠康《借疫情污名化中国，于法不容》，《人民日报》2020年4月24日第16版。

《外国主权豁免法》中外国享有管辖豁免的规定体现了一国法院不得管辖外国政府行为的国际法规则,据此,这些新冠疫情诬告滥诉案件应被撤销。一些学者指出,中国政府及相关主体防控新冠疫情的行为不构成"商业行为例外""侵犯例外""恐怖主义例外",美国法院应依职权主动认定没有事项管辖权,驳回原告起诉。①

二 COVID-19 全球应对的多机制中期审查情况

截至 2021 年 8 月 30 日,世卫组织动用了三个机制,分别就本次 COVID-19 的全球应对发布了相关审查情况。这三个机制分别是世卫组织成立的大流行防范和应对独立小组、《国际卫生条例》在 COVID-19 应对期间的运作情况审查委员会,以及世卫组织"突发卫生事件规划"独立监督和咨询委员会。这三个机制都发布了关于 COVID-19 全球应对的相关审查情况。

(一)大流行防范和应对独立小组

2020 年 7 月,世卫组织总干事谭德塞宣布成立大流行防范和应对独立小组,以评估世界对 COVID-19 大流行的应对表现。2021 年 5 月,大流行防范和应对独立小组发布报告,指出在国家和国际层面,目前的制度不足以防止世界再受到类似 COVID-19 的侵害。

该小组的审查报告指出,从 2019 年 12 月中下旬报告一系列不明原因的肺炎病例到全球发出最高警报 PHEIC,全球应对所耗费的时间太长。2020 年 2 月也是全球应对贻误时机的一个月,如果当时有更多的国家采取更为果断的措施遏制新冠病毒的蔓延,或许能防止其演变为一场至今仍在造成巨大影响的全球卫生、社会和经济灾难。该小组审查报告由此认为,目前的全球卫生系统显然也无法防止另一种新的高度传染性病原体发展成为一场大流行病,而这种病原体随时可能出现。该小组审查报告提出了一系列防范未来大流行病暴发的改革措施和倡议,包括:一是建立一个应对全球健康威胁理事会,该理事会保持对大流行病防范和应对的政治承诺,并通过同行认可和监督等方式追究不遵守者的责任。各国还应在未来 6 个月内通过一项大流行病框架公约。二是在完

---

① 李庆明:《美国新冠疫情诬告滥诉的违法性分析》,《法律适用》2021 年第 21 期。

全透明的基础上建立一个新的全球监测系统。三是将世卫组织和其合作伙伴于 2020 年 4 月发起的"获取 COVID – 19 工具加速计划"(Access to COVID – 19 Tools Accelerator, ACT)转变为一个真正的全球平台。四是注重并加强世卫组织的权威和筹资。五是建立一个"应对国际大流行病融资机制"。①

(二)《条例》实施情况审查委员会

2020 年 9 月 8 日,世卫组织总干事谭德塞按照《条例》第 50 条召集了 COVID – 19 应对期间《条例》实施情况审查委员会,审查在 COVID – 19 应对期间《条例》的实施情况。审查委员会的报告通过总干事于第 74 届世界卫生大会上提交。

审查委员会认为《条例》的条款与内容仍然是基本适当的。但是,在 COVID – 19 大流行期间,《条例》的缔约国没有充分实施《条例》,甚至故意忽视《条例》。报告认为,全球应对不力的原因是多方面的,一是国家预防、发现和应对公共卫生风险的能力薄弱;二是世卫组织的风险评估机制效用不明显;三是在缺乏有效药物干预的情况下,无法在大流行演变过程中及早预测大流行的卫生、社会和经济影响。② 由此,委员会在报告中提出了 40 项建议,并认为是否采纳、如何落实应由缔约国共同决定。本次疫情的其中一个启示是,国家内部人人可以利用的可持续国家卫生系统是全球突发卫生事件防范和应对的重要基础;富有成效的国际合作需以信任和透明为基础。由此,国内可持续的国家卫生系统、信任和透明的国际合作,是未来防范与应对大流行病缺一不可的两项基础。③

(三)世卫组织"突发卫生事件规划"独立监督和咨询委员会

世卫组织"突发卫生事件规划"是根据世界卫生大会 WHA69 (9) 号决议于 2016 年 7 月 1 日启动的,并由此成立了"突发卫生事件规划"独立监督和咨询委员会。2020 年,第 73 届世界卫生大会根据 WHA73.1

---

① 《大流行防范和应对独立小组:需采取一系列大胆和重要的改革 以防止出现下一次危机》,https://news.un.org/zh/story/2021/05/1083982。
② 世界卫生组织:《世卫组织在突发卫生事件领域的工作——加强突发卫生事件防范:实施〈国际卫生条例(2005)〉》,A74/9 Add. 1,2021 年 5 月 5 日,第 138 段。
③ 参见世界卫生组织《世卫组织在突发卫生事件领域的工作——加强突发卫生事件防范:实施〈国际卫生条例(2005)〉》,A74/9 Add. 1,2021 年 5 月 5 日。

号决议提出，COVID-19 大流行是对世卫组织前所未有的考验，呼吁开展公正、独立和全面的评价，以审查在世卫组织协调下国际卫生领域应对工作中取得的经验教训。①

2021年2月，独立监督和咨询委员会发布了 COVID-19 的中期报告，②并于第74届卫生大会上提交了基于中期报告的监督报告。③该报告认为，COVID-19 大流行显示，世卫组织的"突发卫生事件规划"对于同时应对一场全球大流行病和其他突发事件没做好充分的准备；《条例》中缔约国和世卫组织秘书处在实施《条例》方面都存在缺陷。国家和国际社会都在竭力应对这场大流行带来的挑战，很多国家的国内卫生系统已不堪重负，人们无法获得充足的卫生保健。

总之，这三个世卫组织层面的审查机制，从规则和治理的角度评估《条例》的实施，以及世卫组织的应对情况。这三个审查机制的报告均指出，世卫组织会员国在未来需要根据这些调查结果，采取法律和政策行动；需要进一步努力加强《条例》的实施，以防止、减轻和应对未来的大流行病。以其中较为详尽的《条例》实施情况审查委员会的报告为例，该审查报告通过访谈、分组讨论等方式，由世卫组织秘书处提供资料，采访了9个国家（包括中国）国家归口单位，所有世卫组织区域办事处和包括中国在内的世卫组织国家办事处，就《条例》的每一条展开具体分析，讨论了具体问题后作出的报告。经考察和阅读，该审查委员会的报告对 COVID-19 回溯与分析较为详细，详尽列明了"COVID-19 疫情应对期间与实施《国际卫生条例》有关的事件时间线"，并在报告中提出"第一起聚集性重症肺炎病例是在一个拥有发达卫生保健系统的大型现代化城市发现的，这说明了警觉的医生和护士以及完善的报告和监测系统的核心作用，这是早期发现疾病事件的先决条件"。④

---

① 世界卫生组织：《世卫组织突发卫生事件规划独立监督和咨询委员会》，A74/16，2021年5月5日，A74/16，第9段。
② https://www.who.int/about/who_reform/emergency-capacities/oversight-committee/en/.
③ 世界卫生组织：《世卫组织突发卫生事件规划独立监督和咨询委员会》，A74/16，2021年5月5日。
④ 参见世界卫生组织《世卫组织在突发卫生事件领域的工作——加强突发卫生事件防范：实施〈国际卫生条例（2005）〉》，A74/9 Add.1，2021年5月5日，第51段。

三 病毒溯源的相关问题

当前，新一波疫情在多国卷土重来，国际社会更需聚焦合作抗疫，但美国等个别国家频借新冠病毒溯源问题颠倒是非，持续炒作"实验室泄漏"等阴谋论，处心积虑污名化中国，借溯源问题搞政治操弄，以科学之名行霸凌之实。一个科学问题已经演变成了一场"政治辩论"。

2021年3月30日，中国—世卫组织新冠病毒溯源联合研究报告在日内瓦发布。报告显示，联合专家组认为，华南海鲜市场不是疫情的最初来源。3月31日，联合研究中方专家组召开新闻发布会，表示中方和外方专家所掌握的信息是不存在差异的，中外双方专家进行的是高度融合的研究。报告基于联合专家组在武汉独立、专业、透明的调查研究而成，研究结论再一次证明部分西方政客炮制的"阴谋论"。同时也再次证明，溯源问题是严肃的科学问题，不应将病毒溯源政治化。

中国坚持科学溯源，反对政治溯源、情报溯源。新冠病毒溯源是科学问题，应该也只能由科学家研究找到病毒源头和向人类传播的途径，任何国家都无权为一己政治私利而漠视生命、将科学问题政治化。美国把溯源如此专业的科学问题交给情报部门，以溯源为名行霸凌之实，是对科学精神的严重背叛，是对全球抗疫努力的蓄意破坏，更是对人类良知底线的公然挑战。①

四 抗击新冠肺炎疫情的中国行动

抗击新冠肺炎疫情是一场全人类与病毒的战争。面对前所未有、突如其来、来势汹汹的疫情天灾，中国果断打响疫情防控阻击战。中国把人民生命安全和身体健康放在第一位，以坚定果敢的勇气和决心，采取最全面最严格最彻底的防控措施，有效阻断病毒传播链条。14亿中国人民坚韧奉献、团结协作，构筑起同心战疫的坚固防线，彰显了人民的伟大力量。

中国始终秉持人类命运共同体理念，肩负大国担当，同其他国家并肩作战、共克时艰。中国本着依法、公开、透明、负责任态度，第一时

---

① 《中方关于病毒溯源问题的"三坚持三反对"》，中华人民共和国外交部香港特别行政区特派员公署，http://www.fmcoprc.gov.hk/chn/gsdzywtdbthlc/t1901626.htm。

间向国际社会通报疫情信息，毫无保留同各方分享防控和救治经验。中国对疫情给各国人民带来的苦难感同身受，尽已所能向国际社会提供人道主义援助，支持全球抗击疫情。例如，在 COVID – 19 的应对中，中国作为初期科学数据信息共享的主要提供方，在促进全球科学证据和科学信息的迅速、公开和透明共享方面，得到了国际社会的认可与赞许。尽管国际卫生法上目前没有病原体和数据共享的国际法律规定，但中国仍然在第一时间向世卫组织共享了病毒的基因序列。早在 2020 年 1 月 12 日，中国疾控中心、中国医学科学院、中国科学院武汉病毒研究所作为国家卫生健康委指定机构，向世界卫生组织提交新型冠状病毒基因组序列信息，在全球流感共享数据库（GISAID）发布，全球共享。① 正是基于中国提供的科学证据和最佳科学信息，全球科学家在 COVID – 19 的应对中才得以争分夺秒地开展前所未有的国际合作，极大地协助与推动了 COVID – 19 药品和疫苗的加速研发。②

第五节　国际卫生法的动向与发展

在百年未有之大变局下，在全球治理形势依然复杂、国际秩序面临重构之际，新冠肺炎疫情更是一次重大挑战，暴露出全球防范和应对大流行病中存在的问题和国际卫生法、全球卫生治理的短板。概括来说，全球卫生治理是所有保护全球人口健康的规则、规范、制度和程序的总称。③ 当前，国际卫生法和全球卫生治理出现了如下几方面的动向和趋势，值得关注。

一　调整全球卫生的国际法律框架正出现新变化

国际卫生法未来的发展与完善需要基于对疾病和科学、合作与援助

---

① 《抗击新冠肺炎疫情的中国行动》白皮书。
② Covid – 19 Changed How the World Does Science, Together, https：//www.nytimes.com/2020/04/01/world/europe/coronavirus-science-research-cooperation.html, June 5, 2020.
③ Lawrence O. Gostin, *Global Health Law* (Cambridge：Harvard University Press, 2014), p. 72.

的基本认识。就目前而言，国际卫生法的细化有两个方向：一是制订新的国际卫生法律；二是细化与修改原有的卫生规则。

就新规则的制定而言，国际社会正在提出要新制定"大流行病"条约国际法新规则。2021年3月30日，欧盟、英国、法国等国的25位领导人联名发表文章，呼吁国际社会共同努力，制定一项关于大流行病防范和应对的国际条约。该倡议一经提出，就得到世界卫生组织积极响应。2021年5月31日，第74届世界卫生大会决定，世卫组织防范和应对突发卫生事件会员国工作组将评估关于制订一项世卫组织防范和应对大流行公约、协定或其他国际文书的益处，提交一份报告；并计划于2021年11月召开一届世界卫生大会特别会议，专门审议关于制订世卫组织防范和应对大流行公约、协定或其他国际文书的益处，以推进防范和应对大流行公约、协定或其他国际文书起草和谈判工作的政府间进程。①

此前，国际社会主要关注的是世卫组织改革、《国际卫生条例》修订等立足现有制度体系，进行修补完善的路径。而制定"大流行病"条约，则是另起炉灶。这是非常值得中国理论与实践界关注的新动向。

就现有的法律规则的细化与科学标准的细化方面，也有如下几个值得关注的问题。一是可考虑细化世卫组织在《条例》下的公共卫生事件全球预警分级规则。目前可考虑通过新的规范、创新风险级别，制定中间警报级别或高于PHEIC的更高警报级别，以协助缔约国获得来源权威的、现有且充分的科学证据。二是可考虑细化世卫组织科学证据与科学信息的及时共享机制，促进科学与法律的国际合作。世卫组织在PHEIC期间的科学判断主要源于《条例》下设的突发事件委员会，目前委员会专家名册中共有443名81个不同专业领域的专家，包括流行病学、医药学等方面的专业人士，但缺乏一些如后勤与外勤支持、医学人类学和社会科学领域的专家。② 在完善世卫组织突发事件委员会的构成、增加不同领域专家的基础上，可考虑修订内部规则，完善议事规则

---

① 世界卫生组织：《举行世界卫生大会特别会议审议制定世卫组织防范和应对大流行公约、协定或其他国际文书》，WHA74（16），2021年5月31日。

② 世界卫生组织：《实施〈国际卫生条例（2005）〉〈国际卫生条例（2005）〉在埃博拉疫情和应对方面的作用审查委员会的进展报告总干事的报告》，A72/8，第26段。

与程序,细化增强专家科学决策透明度的方法。① 三是可考虑细化公共卫生事件应对过程的科学标准。《条例》"附件2"是一份科学问题法律化后的文件,很有借鉴意义。因此,世卫组织进一步借鉴如附件2这样的科学法律化思路,采纳当前一些较为成熟的风险管理周期理论,或者疾病管理方式等,以具体且操作性强的方式将其标准化与法治化。

二 世卫组织的优势与改革

一方面,在2014年埃博拉疫情应对中,世卫组织的协助工作有所不足,疫情蔓延成有记录以来规模最大的埃博拉病毒暴发。由此,世卫组织执行委员会以及第69届世界卫生大会批准世卫组织设立新的"突发卫生事件规划",全面改革突发卫生事件管理领域的工作,② 并重新将世卫组织定位为一个既有技术又能在实地领导应对全球卫生危机的行动型政府间国际组织。③

首先,世卫组织现在是、将来仍将是以科学和证据为基础的公共卫生的组织。④ 在跨国传染性疾病的预防控制领域,全球需要循证技术型组织,发挥风险管理全流程中的信息收集、科学咨询、科研攻关的组织、协调和指导作用。在疫情迅速向全球蔓延的压力下,世卫组织协调和加速全球研究工作,汇集技术优势推进技术共识,将使各国受益。

其次,世卫组织不仅是一个技术机构,还是一个行动型政府间国际组织。世卫组织的行动性角色,主要体现在通过政策支持和规范制定,发挥政府间国际组织的专长,推动就重要卫生议题开展高级别对话,提供有影响力的全球公共产品。⑤ 世卫组织在《条例》修订过程中发挥了

---

① 参见蔡奉真《全球卫生治理中之专家决策与透明度问题——以H1N1新流感事件为例》,吴金峰主编《2011科技发展与法律规范双年刊》,台北"中央研究院"法学研究所,第496页。
② 参见世界卫生组织《2019—2023年第十三个工作总规划草案——总干事的报告》,A71/4/2018年4月5日。
③ 世界卫生组织:《突发公共卫生事件:防范与应对——世卫组织突发卫生事件规划独立监督和咨询委员会的报告》,A72/6,2019年5月7日。
④ 世界卫生组织:《第十二个工作总规划:不仅为疾病之消除(草案)》,A66/6,2013年4月19日,第43段。
⑤ 参见世界卫生组织《〈2019—2023年第十三个工作总规划〉草案:总干事的报告》,2018年4月5日,A71/4。

重要的协调和推进作用。《条例》中许多科学条款最初的基础就是由世卫组织协助提供的谈判蓝本,① 这直接推动了《条例》的顺利通过。

最后,世卫组织推动形成的国际规范有其独特的生效或保留方式。例如,《条例》的"不拒绝即生效""通知即生效"生效模式,即有别于传统国际法上需要国家通过批准或加入等方式来表达受约束意图的生效方式。根据《组织法》第 21 条通过的条例,采用的是通知即接受的生效方式,不需要缔约国采取任何传统的同意行动。② 唯一例外仅是在通知所规定的时间内,缔约国明确向世卫组织总干事作出拒绝或保留。国家必须在接受或拒绝(或保留)之间作选择,没有其他选项,也不需国内程序,因此有学者称之为"选择退出"(opt out)模式。③ 世卫组织成立 70 多年以来,在第 21 条下通过的这种"硬法"数量很少,目前仅有《命名条例》(the Nomenclature Regulations)④ 和《国际卫生条例》。

作为一个既有技术又能行动的多边政府间国际组织,世卫组织如何继续发挥其"规范、标准和公约"(norms, standards and conventions)制定者的这一独特职能,值得深入研究。

另一方面,世卫组织成立以来,先后进行了三次改革以优化其机构和决策,以应对不断出现的问题和挑战。这些变革都对全球公共卫生治理有着巨大影响。在新冠肺炎疫情之前,世卫组织转型进程的目标就是提高其在国家一级的影响力。2019 年 5 月,第 72 届世界卫生大会在 WHA72(1)号决议中要求总干事继续通过与会员国磋商制定《2019—

---

① Rebecca Katz and Anna Muldoon, "Negotiating the Revised International Health Regulations (IHR)", pp. 81 – 82.

② 世卫组织 194 个成员均是《条例》缔约国,列支敦士登和罗马教廷根据《条例》第 64 条第 1 款也接受《条例》,故《条例》目前有 196 个缔约国。《条例》缔约国名录见 WHO, "States Parties to the International Health Regulations (2005)", https://www.who.int/ihr/legal_issues/states_parties/en/。罗马教廷并非通常意义上的主权国家,但世卫组织仍将其列为"缔约国"(State Parties)之一。

③ David P. Fidler, "From International Sanitary Conventions to Global Health Security: The New International Health Regulations", pp. 332 – 333.

④ World Health Assembly, *WHO regulations No. 1 regarding Nomenclature (including the compilation and publication of statistics) with respect to Disease and Causes of Death*, A/3 Rev. 3, 29 July 1948, https://apps.who.int/iris/handle/10665/97656.

2023年第十三个工作总规划》(以下简称《第十三个工作总规划》)结果框架。《第十三个工作总规划》侧重于在国家一级对人民健康产生可衡量的影响。可以说,在疫情之前,世卫组织就期望在更广泛的联合国改革范围内重新定位、重新配置并增强其权能,以提高规范工作和技术工作质量,更加突出地侧重于会员国的需求、要求和预期行动,并直接转化为国家一级的成果。①

新冠肺炎疫情的全球蔓延突出和强化了迅速将世卫组织转变为完全适合其宗旨的组织的重要性。在最近的第74届世界卫生大会上,世卫组织再次确认其转型目标,即世卫组织应在所有国家都具有相关性,注重成果,提供技术和规范性领导,并走在时代前列。由此,《第十三个工作总规划》和世卫组织转型并没有由于COVID-19的大流行而出现显著变化,反而是突显了世卫组织转型的重要作用,即通过更加重视促进健康和预防疾病来推动全球卫生的范式转变。

三 构建全球卫生国际协调机制

世卫组织是全球卫生治理国际舞台上的重要参与者,但并非唯一行动者。有效的国际协调与应对体系是必不可少的。全球卫生国际协调机制早就体现在世卫组织的发展与改革进程中,在COVID-19的全球应对经验中,更是突显了以科学信息为视角构建与完善公共卫生国际协调机制的必要性。

一是有效发挥非国家行为者在全球卫生治理中的作用。在一般国际法律制度中,国家和政府间国际组织是主要参与者,国家更是处于主导的地位;但全球卫生领域略有不同,在《条例》生效前,缔约国和世卫组织就认识到,为实现卫生目标,世卫组织需要和非国家行为者交往。在2005年《条例》之前的旧全球卫生制度中,世卫组织只能处理来自缔约国提供的信息。《条例》生效后彻底改变了这一做法,在科学信息和应对方面允许世卫组织从非国家来源收集和使用监测信息。这在客观上扩大了世卫组织风险信息的来源,促使非国家行为者目前以更多

---

① 世界卫生组织:《世卫组织改革进程,包括转型议程和落实联合国发展系统改革》,A72/48,2019年5月7日,第5版。

的方式频繁地登上了这个曾经由世卫组织独占的"舞台"。① 2016 年 5 月,世界卫生大会通过了《非国家行为者交往的框架》,提出分别适用于非政府组织、私营部门实体、慈善基金会和学术机构的具体政策和实施程序。2018 年,与世卫组织有"正式关系"②的非国家行为者有 214 个。根据 2019 年《条例》实施情况总干事报告,2018 年世卫组织的事件管理系统共记录了 484 起公共卫生事件,仅有约 31% 是来源于国家政府机构;其他信息来源包括世卫组织办事处和其他组织。③ 由此可见,世卫组织可以进一步理顺与推动非国家行为者在提供科学证据、提供技术和资金方面的体制机制,使这些非国家行为者在全球卫生治理中发挥出有效作用。

二是充分整合与借鉴其他国际法律制度,尤其是国际环境法律制度。构建全球卫生协调综合体,须考虑国际法中不同法律制度与国际卫生法的有效关联及相互影响。在融合理念创新方面,以《条例》为主的国际卫生法律框架早在 2005 年通过时就首次在国际卫生法律中纳入人权义务,强调保护公众健康,也得顾及人的尊严。这不但说明了国际卫生法需要与国际人权条约相互借鉴与协调,也反映了卫生问题的广阔讨论空间。④

《条例》中的现有科学证据和相关概念同样规定于环境生态领域国际条约中,国际环境条约已经受到全球卫生治理的影响,如《巴黎协定》《关于汞的水俣公约》等环境条约,都将保护人类健康作为其目的

---

① 这些年来,越来越多的非国家行为体就不同主题在卫生大会上发出声音。参见世界卫生组织《世卫组织治理改革进程——非国家行为者的参与:总干事的报告》,EB145/4,2019 年 4 月 25 日,第 5 段。

② 正式关系"为一特权,执行委员会可授予曾为并继续为本组织利益进行了持续和系统交往的非政府组织、国际商会和慈善基金会"。世界卫生组织:《与非国家行为者交往的框架》,WHA69.10,第 50 段。

③ 世界卫生组织:《实施〈国际卫生条例(2005)〉——〈国际卫生条例(2005)〉实施情况年度报告:总干事的报告》,A72/8,2019 年 4 月 4 日,第 2 段。

④ 参见何田田《"现有科学证据"规则与全球卫生法的完善》,《中国社会科学院研究生院学报》2020 年第 6 期;何田田《中国公共卫生风险防控体系的完善——基于对世界卫生组织相应机制的借鉴》,载蔡昉、王灵桂主编:《健全国家公共卫生应急管理体系研究》,中国社会科学出版社 2021 年版。

与宗旨。① 据学者统计，有 300 多个国际环境条约直接规定了与卫生健康有关的规定，即便是一些未明确提及人类健康的环境条约，也通过规定一些如降低污染水平和创造更健康环境等治理手段，间接地促进全球卫生治理。② 尽管如此，环境法和卫生法仍然是国际法的两个领域，国际环境条约提到了科学证据与人类健康，但却鲜有提及全球卫生制度和世卫组织；正如学者指出，这两个领域中目前似乎缺乏联系的"桥梁"（formal bridge），处于"低水平的互动"（low level of institutional interaction）中。③ 由此，全球卫生治理的手段是多样的，整合较为成熟的国际环境制度、评估环境制度对全球卫生治理的贡献，构建与完善全球卫生国际协调机制，仍然是有待发掘的重要课题。

---

① 《巴黎协定》"序言"规定："应当尊重、促进和考虑它们各自对人权、健康权……"；《关于汞的水俣公约》（the Minamata Convention on Mercury）"序言"就规定："必须对之采取进一步的国际行动，以期减少因汞及其化合物向环境的释放而对人体健康和环境构成的各种风险。"

② Jean-Frédéric & Chantal Blouin, How Environmental Treaties Contribute to Global Health Governance, *Global Health*, Vol. 15 (47), 2019, p. 7.

③ Jean-Frédéric & Chantal Blouin, How Environmental Treaties Contribute to Global Health Governance, *Global Health*, Vol. 15 (47), 2019, p. 6.

第十八章

国际劳动法

国际劳动法已形成一个专门的研究领域，涉及国际层面上确立的劳动实体法规范及其制定与实施监督的程序性规则。在全球化背景下，它对世界大多数国家的劳动和社会保障产生不同程度的影响。目前我国已进入新发展阶段，"十四五"规划提出推进要素市场化配置改革，实施就业优先战略，健全多层次社会保障体系；同时继续推进"一带一路"建设，积极推动构建人类命运共同体，完成《中欧全面投资协定》谈判并正式提出申请加入《全面与进步跨太平洋伙伴关系协定》（CPTPP），这些均关涉国际劳动法议题。对此，统筹推进我国劳动和社会保障领域的国内法治和涉外法治，完善劳动保护和社会保障制度，促进体面就业和社会正义的实现，亟待加强国际劳动法研究。

第一节 国际劳动法概述

一 国际劳动法概念的使用

"国际劳动法"这一术语，源于英文"international labour law"的中文译文，与我国较早研究该主题的文献使用的"国际劳工法"[1] 的中文译文不同。在国内近期研究文献中，多采用"国际劳动法"[2] 这一中文译文。考虑到与国内劳动法相对应的关系，本文采用"国际劳动法"

---

[1] 刘有锦编译：《国际劳工法概要》，劳动人事出版社1985年版。
[2] 参见陈一峰《跨国劳动法的兴起：概念、方法与展望》，《中外法学》2016年第5期；田思路主编《外国劳动法学》，北京大学出版社2019年版，第477—483页。

这一中文译文，但在本文研究语境下与"国际劳工法"在同一意义上使用。

国际劳动法是指具有国际法渊源的劳动法律规定，涵盖国际层面上确立的实体法规范及其制定与实施监督的程序性规则；而那些确定哪一国内法适用于特定的劳动关系的国际私法规则，则不属于国际劳动法。① 然而，也有研究主张国际劳动法包括国际私法规则，但这一主张现阶段已较为少见。②

此外，需要指出的是，首先，由于国际劳工组织维持着全球唯一的国际劳工标准体系，因此国际劳动法的研究内容主要以国际劳工标准为主，同时涉及国际层面与区域层面其他劳工规制问题。其次，国际劳动法的研究范围与近年来兴起的关于跨国劳动法的研究范围有所差异。跨国劳动法的法律渊源包括国际劳动法和国内劳动法的部分内容，以及国际人权法、国际贸易法、国际组织法、国际私法等相关领域的劳动保护原则、规则和制度，③ 国际劳动法是跨国劳动法的规范核心，在重塑跨国劳动法律结构方面，发挥至关重要的作用。④

二　国际劳动法的历史起源

在国际层面上，尝试进行劳动立法最早可追溯到19世纪。时值工业革命之后，工人的高强度劳动与恶劣的劳动和生活条件引起了罗伯特·欧文（Robert Owen，1771—1858）和丹尼尔·格兰德（Daniel Legrand，1783—1859）等劳动活动家的高度关注，他们首先向欧洲主要国

---

① See Nicolas Valticos and G. von Potobsky, *International Labour Law* (Kluwer Law and Taxation Publishers, 1995), p. 17; Franz Christian Ebert and Claire La Hovary, "International Labour Law", *Max Planck Encyclopedia of Public International Law*, 2013, p. 1, http://www.mepepil.com (last Visited July 27, 2021).

② See Ernest Mahaim, "International Labour Law", (1921) Vol. 1 (No. 3) *International Labour Review* 283, p. 283.

③ Antonio Ojeda Avilés, *Transnational Labour Law*, Wolters Kluwer, 2015; Adelle Blackett and Anne Trebilcock eds., *Research Handbook on Transnational Labour Law* (Edward Elgar Publishing, 2015); 陈一峰：《跨国劳动法的兴起：概念、方法与展望》，《中外法学》2016年第5期。

④ Adelle Blackett, "Introduction: Transnational Futures of International Labour Law", (2020) 159 *International Labour Review* 455, p. 455.

家提出倡议，对劳动问题进行国际规制，因为，在国际层面上制定劳工标准，当时被认为是对工作条件较差的国家进行不正当竞争予以抵制的一种保障。① 这一努力以及其他相关活动促成了国际劳工立法协会（International Association for Labour Legislation）于1900年在巴塞尔成立。在第一次世界大战爆发之前，该协会从事欧洲劳动法的翻译和出版工作，并发起国际上最早的两项劳工公约的制定工作，这两项公约禁止使用白磷并对妇女的夜间工作进行规制。②

第一次世界大战后建立的国际劳工组织，对国际劳动立法提供了制度保障。1918年11月11日，第一次世界大战协约国与同盟国宣布停战，之后经过巴黎和会长达半年的谈判，于1919年6月28日签订《凡尔赛条约》（Treaty of Versailles）。在1919年巴黎和会上成立的国际劳工立法委员会（Commission on International Labour Legislation）认为，当时的劳动条件使大量的人遭受不公正、苦难和贫困，并对世界和平与和谐造成危害；任何一国不采用合乎人道的劳动条件，会构成其他国家愿意改善其本国劳动条件的障碍。③ 为解决这些问题，它通过了建立国际劳工组织公约草案，该草案随后被纳入《凡尔赛条约》作为其第13部分，包含了《国际劳工组织章程》（以下简称《章程》）的主要内容，为制定和实施国际劳工标准建立了一个制度框架：国际劳工大会；国际劳工局作为秘书处；理事会作为执行机构并指导秘书处工作；制定公约和建议书的程序；劳工公约批准国的义务和劳工标准实施的监督程序。④ 依据《凡尔赛条约》相关规定，1919年建立了国际劳工组织，它

---

① Nicolas Valticos and G. von Potobsky, *International Labour Law* (Kluwer Law and Taxation Publishers, 1995), pp. 17–18.

② Erika de Wet, "Governance through Promotion and Persuasion: the 1998 ILO Declaration on Fundamental Principles and Rights at Work", (2008) 9 (No. 11) *German Law Journal* 1429, p. 1431.

③ Erika de Wet, "Governance through Promotion and Persuasion: the 1998 ILO Declaration on Fundamental Principles and Rights at Work", (2008) 9 (No. 11) *German Law Journal* 1429, p. 1431.

④ Klaus Samson, "The Standard-Setting and Supervisory System of the International Labour Organization", in Krzysztof Drzewicki, Catarina Krause and Allan Rosas (eds.), *Social Rights as Human Rights: A European Challenge* (Institute for Human Rights Abo Akademi University, 1994), p. 115.

是唯——一个可以追溯到该条约并运行至今的国际组织。①

三 国际劳动法的研究现状

关于国际劳动法的研究,可追溯到20世纪早期的1921年,② 至今已形成专门研究领域。代表性著作有尼古拉斯·瓦提科斯和G.冯·波托布斯基的《国际劳动法》(Nicolas Valticos and G. von Potobsky, 1995)③、吉恩—米歇尔·塞维斯的《国际劳动法》(Jean-Michel Servais, 2017)④、吉安尼·阿里戈和朱塞佩·卡萨莱的《国际劳动法手册:从A到Z》(Gianni Arrigo and Giuseppe Casale, 2017)⑤ 和《国际劳动法报告》⑥。这些研究主要以国际劳工组织规范体系为研究对象,同时不同程度地涉及国际层面和区域层面关于劳动问题的其他规范。这一研究路径和研究范围在其他专题性论文中也得到体现,如《国际劳动法》(Ernest Mahaim, 1921)、《国际劳动法》(Laszlo Trocsanyi, 1970)、《国际劳动法:选定问题》(Gwyneth Pitt, 1995)、《国际劳动法》(Franz Christian Ebert and Claire La Hovary, 2013)、《国际劳动法:概念、对象》(M. V. Lushnikova, 2013)、《传统的国际劳动法和新的全球劳动法:它们能否共同发挥作用?》(Nikita Lyutov, 2017)、《导论:国际劳动法的跨国未来》(Adelle Blackett, 2020)、《论国际劳动法的过去

---

① Steve Charnovitz, "International Labour Organization in its Second Century", in J. A. Frowein and R. Wolfrum (eds.), *Max Planck Yearbook of United Nations Law* (Kluwer Law International, printed in the Netherlands, 2000), p. 183.

② Ernest Mahaim, "International Labour Law", (1921) Vol. 1 (No. 3) *International Labour Review* 283.

③ Nicolas Valticos and G. von Potobsky, *International Labour Law* (Kluwer Law and Taxation Publishers, 1995).

④ Jean-Michel Servais, *International Labour Law* (Wolters Kluwer, Fifth Edn., 2017).

⑤ 该手册全面概述了劳动法和劳资关系问题的发展和现状,包括全球化和国际劳工标准、国际劳工组织总干事所作的各种报告中展示的成就、辩论、想法和方案,它交叉引用了国际劳工标准和欧盟指令、决议和条例。See Gianni Arrigo and Giuseppe Casale, *International Labour Law Handbook: from A to Z* (International Training Centre of the International Labour Organization, 2017), XIII, Foreward.

⑥ 《国际劳动法报告》为系列报告。如,Alan Gladstone (eds.), *International Labour Law Reports*, Volume 22 (Martinus Nijhoff Publishers Leiden/Boston, 2003)。

与未来》（Adelle Blackett，2020）。① 这些研究涵盖国际劳工组织制定的劳工公约、制定程序和规则、国际劳工标准实施的监督机制，同时也涉及相关国际层面与区域层面劳工规制问题，这些均关涉成员国的义务。

在我国国内，以"国际劳动法"为主题的专门研究比较有限，目前较为系统的研究只有《国际劳工法概要》②，它从国际劳工组织的标准和其他国际标准两个视角，对选定的国际劳动法内容（如结社自由、就业歧视等）、国际劳工标准的制定、实施与监督进行探讨。但该书是以《国际劳动法》（Nicolas Valticos and G. von Potobsky，1979）和《国际劳工标准》（国际劳工局，1978）两本书为主，并参照国外其他文献编译而成，③ 其研究方法和研究范围基本上沿用原著体例。国内其他研究则是在不同方面对国际劳动法相关内容进行探讨，主要包括：《国际劳动公约概要》侧重研究国际劳工公约确立的国际劳工标准及其实施和监督机制；④《国际劳工标准概述》主要介绍国际劳工标准的相关内容（如基本权利、就业、社会保障、产业关系、工作条件等）及其实施监督机制；⑤《国际劳工标准：演变与争议》则以国际政治经济学的基本概念为框架，对国际劳工标准进行层次分析和个案分析；⑥《全球化背景下的国际劳工标准分析》主要论述了经济全球化与国际劳工标准之间的内在关系与作用机理；⑦《国际劳工标准与中国劳动法比较研究》

---

① Ernest Mahaim, "International Labour Law", (1921) Vol. 1 (No. 3) *International Labour Review* 283; Laszlo Trocsanyi, "International Labour Law", (1970) 12 *ACTA JURIDICA* 438; Gwyneth Pitt, "International Labour Law: Selected Issues", (1995) Vol. 24 (No. 3) *Industrial Law Journal* 300; Franz Christian Ebert and Claire La Hovary, "International Labour Law", *Max Planck Encyclopedia of Public International Law*, 2013; M. V. Lushnikova, "International Labour Law: Concept, Object", (2013) 21 *PERM U. HERALD JURID. Sci.* 131; Nikita Lyutov, "Traditional International Labour Law and the New Global Kind: Is There a Way to Make Them Work Together", (2017) 67 *ZBORNIK PFZ* 29; Adelle Blackett, "Introduction: Transnational Futures of International Labour Law", (2020) 159 *International Labour Review* 455; Adelle Blackett, "On the Presence of the Past in the Future of International Labour Law", (2020) 43 *The Dalhousie Law Journal* 947.

② 刘有锦编译：《国际劳工法概要》，劳动人事出版社1985年版。

③ 刘有锦编译：《国际劳工法概要》，劳动人事出版社1985年版，前言，第1页。

④ 王家宠：《国际劳动公约概要》，中国劳动出版社1991年版。

⑤ 刘旭：《国际劳工标准概述》，中国劳动社会保障出版社2003年版。

⑥ 佘云霞：《国际劳工标准：演变与争议》，社会科学文献出版社2006年版，第18页。

⑦ 杜晓郁著：《全球化背景下的国际劳工标准分析》，中国社会科学出版社2007年版。

从比较法的视角，研究国际劳工标准与中国劳动法；①《自由贸易协定中的劳工标准》主要探讨自由贸易协定中的劳工标准；②《劳动法学》③和《外国劳动法学》④分别设专章对国际劳动法的相关内容进行研究，尤其是对国际劳动法的概念和性质进行阐述，并侧重研究选定的国际劳工标准（基本劳工标准、劳动就业等）。此外，国内论文也从不同的视角程度不一地涉及国际劳动法问题，如对国际劳工组织的专题研究有《全球劳工治理：议题、机制与挑战》⑤《国际劳工组织缔约国报告制度研究》⑥ 等。

从中外研究现状看，国外研究较多以国际劳动法为主题进行系统研究，研究内容不仅包括国际层面上确立的劳动实体法规范及其制定与实施监督的程序性规则，还涉及国际劳动法的渊源以及法律冲突的解决、监督机构就所涉标准在适用过程中作出的解释和判例。而国内研究除了编译著作外，其他研究均是在不同方面对国际劳动法相关内容进行介绍，体系化研究有待进一步发展。

第二节 我国进入新发展阶段构建新发展格局，亟需加强国际劳动法研究

一 以国际劳工标准为主体框架的国际劳动法对中国已经并将继续产生影响

在现行国际体系中，国际劳工组织作为联合国的专门机构，承担国际职责分工，制定劳工公约和建议书并对其实施建立监督机制，构成国际劳动法的主体内容。国际劳工标准作为国际劳动法的渊源之一，可资成员国政府利用并作为其立法指引来源，无论其当时的条件或发展阶段

---

① 林燕玲：《国际劳工标准与中国劳动法比较研究》，中国工人出版社2015年版。
② 李西霞：《自由贸易协定中的劳工标准》，社会科学文献出版社2017年版。
③ 贾俊玲：《劳动法学》，北京大学出版社2009年版，第39—44页。
④ 田思路主编：《外国劳动法学》，北京大学出版社2019年版，第477—562页。
⑤ 汪仕凯：《全球劳工治理：议题、机制与挑战》，《世界经济与政治》2015年第8期。
⑥ 郭曰君、沈慧琳：《国际劳工组织缔约国报告制度研究》，《人权研究》2021年第1期。

如何，它们都或多或少影响了大多数国家的立法进程。① 换言之，成员国政府在起草和实施国内劳动和社会保障法律时，都会考虑国际上承认的劳工标准。具体而言，如果决定批准劳工公约，必要时还将修订其立法和政策以便遵守拟批准的公约；如果决定不批准公约，则会考虑尽量使其国内立法与劳工公约保持一致。除此之外，国际劳工标准还可为制定国家和地方政策（如就业、工作和家庭政策）提供指导，并用于改善各种行政结构，如劳动行政管理、劳动监察、社会保障和就业服务。②

中国作为国际劳工组织成员国，在劳动和社会保障立法和实践进程中，适用或参考相关国际劳工标准，在立法理念、制度设计、立法技术和法律实施等方面，均不同程度地体现出国际劳工标准的影响。③ 主要体现在以下三个方面。

其一，中国在劳动和社会保障领域，以国际劳工组织劳动治理理念和原则为指引开展立法和实践工作。遵守《章程》义务，改善劳动条件，④ 明确规定工时制度，实行最低工资制度，对工人因工患病和因工负伤予以保护，保护儿童、青年和妇女，提供养老金和残疾抚恤金，保护工人在外国受雇时的利益，承认同工同酬原则，承认参加工会的权利等。中国已逐步建立起全面的社会保障制度，初步实现了基本医疗保险和基本养老保险的全覆盖。这些在不同程度上体现了国际劳工标准的基本原则和精神。⑤ 此外，中国改革开放四十多年来，数亿人摆脱了既有

---

① Nicolas Valticos and G. von Potobsky, *International Labour Law* (Kluwer Law and Taxation Publishers, 1995), p. 289.

② ILO, *Rules of the Game: An Introduction to the Standards-related Work of the International Labour Standards* (Geneva: ILO, Fourth Edition, 2019), p. 26.

③ 参见田野、林菁《国际劳工标准与中国劳动治理——一种政治经济学分析》，《世界经济与政治》2009 年第 5 期；刘冬梅：《论国际机制对中国社会保障制度与法律改革的影响——以联合国、国际劳工组织和世界银行的影响为例》，《比较法研究》2011 年第 5 期；林燕玲：《国际劳工组织的历史贡献及其对中国劳动社会保障法制建设的影响——纪念国际劳工组织成立 100 周年》，《中国劳动关系学院学报》2019 年第 6 期。

④ 1919 年《国际劳工组织章程》序言；另参见 ILO, *Work for a Brighter Future-Global Commission on the Future of Work*, International Labour Office (Geneva: International Labour Office, 2019), p. 39。

⑤ 国际劳工组织柯凯琳：《让贫困成为历史》，中国扶贫在线，http://f.china.com.cn/2018-10/17/content_66628807.htm，最后访问时间：2020 年 4 月 15 日。

标准意义上的绝对贫困，这在很大程度上归因于转移就业扶贫政策的实施和就业率的提高，以及大力发展社会保障制度。中国摆脱绝对贫困为世界范围内消除贫困、实现社会正义与和平发展作出历史性贡献，并为国际减贫合作提供了有益经验。①

其二，批准相关劳工公约，② 积极实施国际劳工标准。我国男女同工同酬、最低工资制度参照适用已批准的相关劳工公约中的国际劳工标准。注重构建基于三方结构原则的劳动关系。1990 年我国批准《三方协商（国际劳工标准）公约》（第 144 号公约），③ 并将三方结构原则纳入我国相关立法中，如 1994 年《劳动法》明确规定劳动争议仲裁委员会组成的三方结构，④ 2001 年修订的《工会法》第 34 条第 2 款规定，"各级人民政府劳动行政部门应当会同同级工会和企业方面代表，建立劳动关系三方协商机制，共同研究解决劳动关系方面的重大问题"。此外，值得指出的是，中国作为国际劳工组织成员国，即使我国尚未批准相关劳工公约，所涉国际劳工标准也会对我国立法产生影响。如我国尚未批准 2000 年《生育保护公约（修订）》（第 183 号公约），但《女职工劳动保护特别规定》（2012 年 4 月 28 日发布实施）参照该国际劳工公约的规定，⑤ 将我国女职工生育产假从 90 天⑥延长至 14 周，⑦ 从而与国际劳工标准保持一致。

其三，在国家层面，国际劳工组织一直支持成员国的法律政策制定和能力建设，帮助其建立强有力的劳动行政制度、有效实施劳动立法，

---

① 国际劳工组织柯凯琳：《让贫困成为历史》，中国扶贫在线，http://f.china.com.cn/2018-10/17/content_66628807.htm，最后访问时间：2020 年 4 月 15 日。

② 截至目前，中国已签署并批准 26 项国际劳工公约。"Ratification for China"，https://www.ilo.org/dyn/normlex/en/f?p=1000:11200:0::NO:11200:P11200_COUNTRY_ID:103404，最后访问时间：2019 年 6 月 12 日。

③ 1990 年 9 月 7 日，第七届全国人民代表大会常务委员会第十五次会议决定：批准国际劳工组织 1976 年第六十一届大会通过的《三方协商（国际劳工标准）公约》。

④ 1994 年《劳动法》第 81 条规定，"劳动争议仲裁委员会由劳动行政部门代表、同级工会代表、用人单位方面的代表组成。劳动争议仲裁委员会主任由劳动行政部门代表担任"。

⑤ 即生育妇女享有不少于 14 周产假。参见 2000 年《生育保护公约（修订）》（第 183 号公约）第 4 条。

⑥ 参见 1988 年 7 月 21 日国务院发布的《女职工劳动保护规定》第 8 条规定，"女职工产假为 90 天"。

⑦ 2012 年《女职工劳动保护特别规定》第 7 条规定，"女职工生育享受 98 天产假"。

协助成员国实施国际劳工标准等。① 在此过程中，国际劳工组织与中国进行了卓有成效的合作。基本养老保险是中国政府与国际劳工组织之间的一个重要合作领域。20世纪90年代，国际上个人账户改革成为一种潮流，但中国并没有跟随这种潮流，而是建立了统账结合的养老金模式，即通过现收现付制度保障基本养老金，个人账户提供补充，这与国际劳工组织建议的原则基本一致。统账结合的模式一直沿用至今。② 基本医疗保险是另一个合作领域。2000年以后，中国进入社会保障发展的新阶段，向农村和城乡居民提供医疗保障福利，并很快实现了基本医疗保险全民覆盖。2010年中国颁布的《社会保险法》体现了相关国际劳工标准的基本原则，国际劳工组织在这部法律起草的过程中从专业角度上做出了贡献。目前，国际劳工组织继续在基本医疗保险领域与中国人力资源和社会保障部开展合作，提供医疗保险支付方式改革方面的技术支持。③

二 中国进入新发展阶段构建新发展格局，亟待加强国际劳动法研究

当今世界处于百年未有之大变局，全球劳动世界治理格局也正发生重大变化。我国进入新发展阶段，贯彻新发展理念，构建新发展格局。"十四五"规划提出，推进要素市场化配置改革，健全统一规范的人力资源市场体系，实施就业优先战略，完善再分配机制，健全多层次社会保障体系，以满足人民日益增长的美好生活需要为根本目。同时，立足新发展阶段，继续推进"一带一路"建设，倡议构建人类命运共同体，完成《中欧全面投资协定》谈判并正式提出申请加入CPTPP，这些均关涉国际交往中国际劳动法议题。对此，统筹推进我国劳动和社会保障领域的国内法治和涉外法治，亟待加强国际劳动法研究。首先，深入理解和掌握现行有效的国际法律文件及其关于劳动问题与国家义务范

---

① 胡文娟、李思楚：《国际劳工组织柯凯琳专访：实现所有人体面劳动的下一个100年》，《可持续发展经济导刊》2019年第4期。
② 国际劳工组织柯凯琳：《让贫困成为历史》，中国扶贫在线，http://f.china.com.cn/2018-10/17/content_66628807.htm，最后访问时间：2020年4月15日。
③ 国际劳工组织柯凯琳：《让贫困成为历史》，中国扶贫在线，http://f.china.com.cn/2018-10/17/content_66628807.htm，最后访问时间：2020年4月15日。

围的规定。虽然主权国家的批约是其承担国际义务的前提，但批约并不是唯一的因素。因为即使在公约没有获得批准的情况下，立法者的案文、政府制定的社会政策、雇主组织和工会的集体谈判立场、公司的行为守则以及司法机构的裁决都可能援用国际劳工公约和建议书中的国际劳工标准，这些价值和影响要远超过其固有的法律效力。

其次，国际劳工标准是比较法研究的基准。当对外国劳动法律制度进行比较研究时，尤其是研究不同社会制度的国家的劳动法律制度，国际劳工标准既是有用的分析工具，也是确定共同点的最佳标准。它们甚至可以用来衡量某一特定法律体系在多大程度上符合国际上普遍接受的一般原则。[1] 这些对于我国在新的国际治理格局下，增强在国际劳动领域的治理能力，提升在国际劳动领域的影响力和话语权，进而对全球劳动治理体制的走向与形成产生影响，具有重要的理论与现实意义。

再次，相较于1921年出现的国际劳动法专门研究，我国国内对国际劳动法的研究相对有限。我国直到1985年才出现了以"国际劳工法"为主题的研究，[2] 其后的相关研究则是在不同方面上涉及国际劳动法内容，虽然在某些领域已有深入研究，但都没有对国际劳动法进行系统和全面研究，即不仅研究国际层面上确立的劳动实体法规则及其制定与实施监督的程序性规则，也探讨国际劳动法的渊源以及法律冲突的解决，以及监督机构就所涉劳工标准在适用过程中作出的解释与判例。因此，我国对国际劳动法的体系化研究有待深入发展。

最后，还有一个重要的方面，就是关于国际劳动法在国内法律体系中地位的问题，本文认同有学者提出的观点，即国际劳动法应被视为与国内劳动法相对独立的法律分支，就像国际私法与民法和家庭法的关系、国际民事诉讼与民事诉讼法的关系、国际金融法与国家金融法的关系，或国际刑法与刑事诉讼法与国内刑法与刑事诉讼法的关系。[3] 虽然国际劳动法尚未发展成为一个专门学科，但从学科建设和发展来看，与我国国内劳动法相对应的国际劳动法的研究相对有限的现

---

[1] Jean-Michel Servais, *International Labour Law* (Wolters Kluwer, Fifth Edition, 2017), Preface, p.19.
[2] 刘有锦编译：《国际劳工法概要》，劳动人事出版社1985年版。
[3] Laszlo Trocsanyi, "International Labour Law", (1970) 12 *ACTA JURIDICA* 438, p.439.

状，不利于我国劳动法学科的发展，同时也会给劳动法领域的国际学术交流和学术发展带来困难和障碍。由此，应从学科建设的高度给予重视。

第三节　国际劳动法的渊源

从规范的视角研究国际劳动法，涉及国际劳动法的法律渊源、实体法规范及其制定与实施监督的程序性规则。本节探讨国际劳动法的法律渊源和国际劳动法渊源之间的关系，第四节研究实体性规范及程序性规则。

从广义上讲，国际劳动法的渊源主要包括国际劳工组织制定的章程、劳工公约和建议书、宣言，以及联合国等其他国际组织或区域组织通过的从劳动视角或从人权角度处理劳动问题的各种国际文件。这些国际文件的法律性质有所不同，一些文件如劳工公约、联合国人权公约旨在为批准国创设法律义务（欧盟条例甚至具有直接适用性，一经颁布生效，即对欧盟成员国产生直接效力）；而其他文件如建议书、宣言等没有强制性法律效力，但可为国家政策和行动提供指南。此外，这些国际标准适用的监督机构作出的解释和逐步建立的判例，也是国际劳动法的一个重要渊源。最后，旨在规范其他缔约国国民在本国领土上的准入和工作条件的双边条约和自由贸易协定，也构成国际劳动法渊源的组成部分。①

一　国际劳工组织通过的国际文件

国际劳工组织通过的国际文件是国际劳动法渊源的主体内容，体现在《国际劳工组织章程》、劳工公约和建议书、宣言，以及由监督机构

---

① Nicolas Valticos and G. von Potobsky, *International Labour Law* (Kluwer Law and Taxation Publishers, 1995), pp. 17, 49 – 78; Jean-Michel Servais, *International Labour Law* (Wolters Kluwer, Fifth Edition, 2017), pp. 51 – 96; ILO, "Labour Law (International)", https://www.ilo.org/inform/online-information-resources/research-guides/labour-law/lang—en/index.htm (last visited June 26, 2021).

作出的解释与判例中。

(一)《国际劳工组织章程》

1919 年《国际劳工组织章程》是国际劳工组织据以建立和运行的国际法依据。《章程》规定了该组织的组织机构(国际劳工大会、理事会和国际劳工局)、职能及其运行程序等。

(二) 国际劳工公约及其解释和判例

国际劳工标准的表现形式之一为劳工公约。国际劳工公约是一经批准就产生法律约束力的国际条约,开放供成员国批准;它规定的是批准国应实施的基本原则,旨在为批准国政府确立具有约束力的法律义务并使其履行承诺的义务和接受监督。截至目前,国际劳工组织已通过 190 项国际劳工公约。[1] 鉴于篇幅有限,以下以劳工公约为例作简要介绍。

在国际劳工组织建立初期,与劳工公约制定有关的问题通常被列入国际劳工大会议程,并由国际劳工大会根据其一般的决策程序进行讨论和决定通过。1921 年,国际劳工大会委托理事会就公约制定程序的修改是否会导致更多批约这一问题进行审查,其结论之一就是认识到有必要建立一个公约制定的特殊程序。[2] 经过多次磋商和讨论,1926 年第八届国际劳工大会通过了两次性讨论程序(double-discussion procedure),[3] 该程序经过修改,现载于《国际劳工大会议事规则(2012 年)》第 E 节中。[4] 除理事会已另有决定外,计划对已列入国际劳工大会议程的议题制定国际劳工标准(劳工公约)时,应视为已提交大会进行"两次性讨论"。但在特别紧急或其他特殊情况下,理事会可以 3/5 多数票决定将某一问题提交国际劳工大会进行一次性讨论程序(single-discussion

---

[1] ILO, https://www.ilo.org/dyn/normlex/en/f?p=NORMLEXPUB:1:0::NO::: (last visited February 24, 2020).

[2] Ebere Osieke, *Constitutional Law and Practice in the International Labour Organization* (Martinus Nijhoff Publishers, 1985), p.148.

[3] ILC, 8th Session, (1926), *Record of Proceedings*, p.200, also pp.357–363.

[4] 国际劳工组织:《国际劳工大会议事规则》,载《国际劳工组织章程和国际劳工大会议事规则(2012)》,日内瓦:国际劳工局,2012 年,第 E 节,https://www.ico.org/gb/documents-in-chinese/WCMS_652215/lang--en/index.htm,最后访问时间:2021 年 7 月 25 日。

procedure)。①

无论是采用两次性讨论程序，还是一次性讨论程序，国际劳工大会在就通过公约进行最后表决时，都必须经出席代表的 2/3 多数票通过。②

国际劳工公约一旦通过，监督机构就这些公约所涉国际劳工标准在适用过程中作出的解释和判例，也构成国际劳动法的法律渊源。③

(三) 建议书和宣言

如上所述，在国际劳工组织框架内，建议书和宣言从广义上讲也属于国际劳动法的渊源。但它们属于软法，不具法律约束力。建议书旨在为成员国制定政策、立法和实践提供指导、以及提供关于如何适用公约的更详细的指引。截至目前，国际劳工组织已通过 206 项建议书。④ 宣言则强调其内容的重要性，对国际劳工组织的目标和宗旨、工作中的基本权利等作出宣誓性规定。目前，国际劳工大会已通过四个宣言，1944 年《关于国际劳工组织的目标和宗旨的宣言》(即《费城宣言》)、1998 年《〈关于工作中基本原则和权利宣言〉及其后续措施》(以下简称 1998 年《宣言》)、2008 年《关于争取公平全球化的社会正义宣言》(以下简称 2008 年《社会正义宣言》)、2019 年《关于劳动世界的未来百年宣言》。不过，《费城宣言》于 1946 年作为附件成为《国际劳工组织章程》的组成部分。

二 联合国文件和区域性文件

在联合国系统内，其他国际组织制定的国际公约，如联合国大会通

---

① 国际劳工组织：《国际劳工大会议事规则》，载《国际劳工组织章程和国际劳工大会议事规则 (2012)》，日内瓦：国际劳工局，2012 年，第 34.4 条和第 34.5 条，https//：www. ico. org/gb/documents – in – chinese/WCMS_ 652215/lang – – en/index. htm，最后访问时间：2021 年 7 月 25 日。

② 《国际劳工组织章程》第 19.2 条。

③ Nicolas Valticos and G. von Potobsky, *International Labour Law* (Kluwer Law and Taxation Publishers, 1995), pp. 67 – 68; Jean-Michel Servais, *International Labour Law* (Wolters Kluwer, Fifth Edition, 2017), pp. 55 – 70.

④ ILO, https：//www. ilo. org/dyn/normlex/en/f? p = NORMLEXPUB：1：0：：NO：：：(last visited February 24, 2020).

过的 1966 年《公民权利及政治权利国际公约》、① 1966 年《经济、社会及文化权利国际公约》② 等，也对劳动问题进行规制。此外，区域性国际文件，如《欧洲人权公约》也涉及对劳动问题的规制，③ 不过后者主要适用于区域层面。

三 双边条约和自由贸易协定

劳动领域的双边条约旨在规范其他缔约国国民在本国领土上的准入和工作条件，依据的主要是同化原则。关于劳动问题的双边条约绝大多数涉及社会保障，其它则是规范有关移徙工人、人员流动和季节性工人流动、社会政策、海员和技术合作等问题。④

此外，自 1994 年《北美自由贸易协定》纳入劳工标准以来，美国、加拿大和欧盟等主要经济体在其自由贸易协定中纳入劳工标准，已在劳工标准与国际贸易之间建立起不同程度的联系。⑤ 截至 2019 年，已有 85 个区域自贸协定（双边或诸边）纳入劳工标准。⑥ 自贸协定劳工标准既被视为治理工具，又被视为合作框架，要求缔约国遵循所要求的劳工标准，实施利益相关方参与、促进对话、监督和交流有关劳工问题信息的机制。⑦

四 国际劳动法渊源之间的关系

不同的国际组织有时会制定涉及同一事项的国际文件，虽然在国际层面设立有协调机制，但其规定的标准仍可能存在差异。这种差异并不

---

① 1966 年《公民权利及政治权利国际公约》对强迫或强制劳动（第 8 条）、结社自由（第 22 条）和非歧视（第 26 条）作出规定。
② 1966 年《经济、社会及文化权利国际公约》对工会（第 8 条）、同工同酬（第 7 条）作出规定。
③ 1950 年《欧洲人权公约》对强迫劳动（第 4 条）作出规定。
④ See Nicolas Valticos and G. von Potobsky, *International Labour Law* (Kluwer Law and Taxation Publishers, 1995), pp. 75–77.
⑤ 李西霞：《自由贸易协定中的劳工标准》，社会科学文献出版社 2017 年版。
⑥ Marva Corley and Elizabeth Echeverria Manrique, *Labour Provisions in G7 Trade Agreements: A Comparative Perspective* (Geneva: International Labour Office, 2019), pp. 15–16.
⑦ Marva Corley and Elizabeth Echeverria Manrique, "*Labour Provisions in G7 trade agreements: A comparative perspective*" (Geneva: International Labour Office, 2019), p. 9.

一定意味着相关标准之间必然发生冲突。只有在下列情形下，才会发生真正的冲突：其一，所涉文件必须能够产生国际义务（如公约、条约），而非建议书和宣言等，后者只是向政府推荐政策指南；其二，如果一个国家受到规定不同标准的不同国际法律文件的约束，将会发生真正的冲突。然而，从一般的角度来看，制定不同标准的国际法律文件越多，引起的相互矛盾也就可能越多，尤其是对于尚未决定批准和实施哪一项国际法律文件的国家而言。[1]

解决国际层面关于劳动问题规定之间的法律冲突，主要标准应着眼于国际劳动法的"进步"性质，即促进社会进步的性质。因此，国际劳工组织建立的劳工标准之间的冲突的解决，决定因素应基于目的的实质性标准，即如果发生冲突，原则上必须优先考虑对工人最有利的标准。《章程》（第 19 条第 8 款）明确承认，在任何情况下都不得影响到那些保证使有关工人获得较公约或建议书之规定更为优越的条件的法律、裁决书、惯例或协议。换言之，相较于国际劳工标准，应优先考虑可为工人提供更有利条件的标准。同理，在国际层面上不同的劳工标准之间的关系方面，冲突的解决在逻辑上可适用同样的原则。也就是说，如果两项国际文件中有一项规定了更高的标准，那么它们之间就不会有真正的不相容性，较高标准必然包括了需要执行较低的标准。这一标准也符合并行条约的独立性原则，根据这一原则，受两项（或多项）就同一事项规定了不同标准的国际法律文件约束的国家，就每项文件而言，仍受该文件规定的标准的约束，因此也就必须履行这两项国际文件所产生的义务。[2]

在考虑解决法律冲突时，还应考虑到这样一个事实，即相互不同的国际标准一般情况下并不以同样的详细程度处理其主题事项。因此，与国际劳工公约或双边条约的具体规定相比，国际人权公约和《欧洲人权公约》的措辞更为笼统。因此，具体标准只要对工人有利，也可以根据一般法律原则适用。此外，如果两项有关国际文件的实施不能确保兼容

---

[1]　See Nicolas Valticos and G. von Potobsky, *International Labour Law* (Kluwer Law and Taxation Publishers, 1995), p. 80.

[2]　See Nicolas Valticos and G. von Potobsky, *International Labour Law* (Kluwer Law and Taxation Publishers, 1995), pp. 80 - 81.

性，且如果最有利原则不能解决问题，有必要适用在一般条约之间发生冲突的情况下所建议的普遍适用的原则，即 1969 年《维也纳条约法公约》可在一定程度上解决这一问题。①

第四节 国际劳动法的实体性规范和程序性规则

一 国际劳动法的实体性规范

（一）国际劳工标准

国际劳动法实体性规范的主体内容为国际劳工组织建立的国际劳工标准。自 1919 年以来，国际劳工组织已建立和发展了一套国际劳工标准体系，经发展其内容逐步扩展，目前涉及劳动者权利保护的诸多方面，按照其涵盖的主题，大致可归为 22 类：结社自由和集体谈判；废除强迫劳动；禁止童工；机会和待遇平等；三方协商；劳动行政管理和劳动监察；就业政策和就业促进；职业指导和培训；就业保障；工资；工作时间；职业安全与卫生；社会保障；生育保护；社会政策；移民工人；艾滋病毒携带者和艾滋病人；海员；渔民；内河航运工人；土著和部落群体；其他特殊类型的标准涉及如种植园工人、护理人员、家政工人等。② 在当今经济全球化背景下，国际劳工标准已成为确保全球经济增长惠及所有人的国际框架中的一个重要组成部分。③

依据所涉权利性质的不同，国际劳工标准可划分为基本劳工标准、治理劳工标准和技术劳工标准。

基本劳工标准，也称基本劳工权利或核心劳工标准，是指 1998 年《宣言》载明的四项劳工权利，即结社自由和有效承认集体谈判权、废除

---

① See Nicolas Valticos and G. von Potobsky, *International Labour Law* (Kluwer Law and Taxation Publishers, 1995), p. 81.

② ILO, "Subjects covered by International Labour Standards", https://www.ilo.org/global/standards/subjects-covered-by-international-labour-standards/lang—en/index.htm, 最后访问时间，2021 年 6 月 18 日。

③ ILO, *Rules of the Game: An Introduction to the Standards-related Work of the International Labour Standards* (Geneva: International Labour Office, Fourth Edition, 2019), p. 7.

强迫或强制劳动、有效废除童工以及消除就业和职业歧视。① 它们体现在 8 项基本劳工公约中：1930 年《强迫劳动公约》（第 29 号公约）；1948 年《结社自由与保护组织权公约》（第 87 号公约）；1949 年《组织权与集体谈判权公约》（第 98 号公约）；1951 年《对男女工人同等价值的工作付予同等报酬公约》（第 100 号公约）；1957 年《废除强迫劳动公约》（第 105 号公约）；1958 年《（就业和职业）歧视公约》（第 111 号公约）；1973 年《准予就业最低年龄公约》（第 138 号公约）；1999 年《禁止和立即行动消除最恶劣形式的童工劳动公约》（第 182 号公约）。②

基本劳工权利是劳动者争取改善其工作条件的根本手段。作为体面工作议程的策略性目标，基本劳工权利对于促进社会正义、确保公平稳定的经济全球化的实现，起着至关重要的作用。③ 当然，基本劳工权利并不意味着其它劳工标准不重要。依据 1998 年《宣言》，国际劳工组织通过年度报告（成员国提交）和综合报告（国际劳工局编制）这两种后续措施，确定成员国基本劳工标准的实施进展，发现问题并界定需要提供援助的方面，为国际劳工组织的资源和活动用于充分实现《宣言》的原则提供依据。需要指出的是，1998 年《宣言》年度报告并不引入新的义务，而是澄清了履行源于《章程》第 19 条第 5 款（e）项义务的方式，④ 即成员国有义务按照理事会的要求，每隔适当时期，向国际劳工局局长报告该国与未批准公约所订事项有关的法律及实际情况。因而，后续措施不是既有监督机制的替代，在严格意义上属于促进性质。⑤ 截至目前，在 187 个成员国中，批准所有 8 项基本劳工公约的数目为 146 个，批准其中 7 项基本劳工公约的数目为 14 个，批准其中 6 项基本劳工公约的数目为 11 个，批准其中 5 项基本劳工公约的数目为 5

---

① 1998 年《国际劳工组织关于工作中基本原则和权利宣言》第 2 条。
② ILO, "Conventions", https：//www.ilo.org/dyn/normlex/en/f? p = 1000：12000：：NO：：（last visited February 24, 2021）.
③ 林燕玲:《国际劳工组织的历史贡献及其对中国劳动社会保障法制建设的影响——纪念国际劳工组织成立 100 周年》,《中国劳动关系学院学报》2019 年第 6 期。
④ Erika de Wet, "Governance through Promotion and Persuasion: the 1998 ILO Declaration on Fundamental Principles and Rights at Work", (2008) Vol. 9 (No. 11) *German Law Journal*, pp. 1444 – 1445.
⑤ Yossi Dahan, Hanna Lerner & Faina Milman-Sivan, "Shared Responsibility and the International Labour Organization", (2013) 34 *Michigan Journal of International Law* 675, p. 732,

个，批准其中 4 项基本劳工公约的数目为 4 个，批准其中 3 项基本劳工公约的数目为 1 个，批准其中 2 项基本劳工公约的数目为 2 个，批准其中 1 项基本劳工公约的数目为 4 个。① 从 1998 年《宣言》旨在促进普遍批准所有基本劳工公约的目标看，已取得明显成效。截至目前，中国已批准 4 项基本劳工公约，即 1951 年《对男女工人同等价值的工作付予同等报酬公约》（第 100 号公约）、1958 年《（就业和职业）歧视公约》（第 111 号公约）、1973 年《准予就业最低年龄公约》（第 138 号公约）、1999 年《禁止和立即行动消除最恶劣形式的童工劳动公约》（第 182 号公约）。②

治理劳工标准体现在四项治理劳工公约中：1947 年《劳动监察公约》（第 81 号公约）、1964 年《就业政策公约》（第 122 号公约）、1969 年《劳动监察（农业）公约》（第 129 号公约）、1976 年《三方协商（国际劳工标准）公约》（第 144 号公约）。③ 这四项劳工公约的有效实施，不仅对整个国际劳工标准体系的运行至关重要，而且对成员国劳动法律制度与政策的形成也有重要影响，因此国际劳工组织鼓励成员国尽早批准治理劳工公约。此外，2008 年《社会正义宣言》也强调了从治理的角度看待治理劳工公约的重要性。④

技术劳工标准也称一般劳工标准，体现在除上述基本劳工公约和治理劳工公约以外的其他劳工公约中，涉及劳动与社会保障的诸多方面，涵盖劳动者权利内容也十分广泛，并随着经济社会的发展而逐渐扩展。目前有 178 项技术公约,⑤ 在此不作赘述。

---

① ILO,"Ratifications of Fundamental Conventions by Number of Ratifications", https://www.ilo.org/dyn/normlex/en/f?p=1000:10011:::NO:10011:P10011_DISPLAY_BY,P10011_CONVENTION_TYPE_CODE:2,F（last visited January 4, 2021）.

② ILO, https://www.ilo.org/dyn/normlex/en/f?p=1000:11200:0::NO:11200:P11200_COUNTRY_ID:103404（last visited June 12, 2021）.

③ ILO,"Conventions", https://www.ilo.org/dyn/normlex/en/f?p=1000:12000:::NO:::（last visited February 24, 2020）.

④ 2008 年《〈国际劳工组织关于争取公平全球化的社会正义宣言〉后续措施》第 II (A) (vi) 条。

⑤ ILO,"Conventions", https://www.ilo.org/dyn/normlex/en/f?p=1000:12000:::NO:::（last visited February 24, 2020）.

(二) 国际劳工标准的主要特征

就国际劳工组织建立的国际劳工标准而言,它们具有以下主要特征。第一,国际劳工标准具有灵活性。由于国际劳工组织各成员国文化、历史背景、法律制度和经济发展水平的多样性,国际劳工标准面临的一个主要问题是如何使这些标准具有足够的灵活性,以满足不同社会结构以及不同的经济和工业发展水平的成员国的需求。①《章程》包含了专门为解决这一困难而设计的条款(第19.3条),即大会在制定普遍适用的公约和建议书时,应适当考虑某些国家因气候条件、产业组织发展不完善或其他特殊情况而使产业条件存在的巨大差异。第二,建立国际劳工标准并不是向成员国推广统一的立法,而是将其作为一些成员的努力目标,同时也可作为另一些成员国的过渡标准,使其可以通过与国际劳工标准进行比较来改进本国的立法。② 对此,有研究指出,纵观国际劳工组织的发展历史,其主要职能之一就是致力于对劳动条件进行国际规制,因而劳工公约和建议书构成了涵盖国际社会关注的大多数领域的劳工标准,这一事实增强了国际劳工标准的影响力。即使不承担因批准劳工公约而产生的国际义务,政府、雇主组织和工人组织在考虑制定新的政策或立法时、或在集体谈判过程中,都会从国际上承认的劳工原则和规则中寻找指引。③ 第三,国际劳工标准的国家主义责任模式。尽管国际劳工组织具有明显的三方结构特征,但是国际劳工标准的制定过程及其性质,体现的仍是国家主义模式。如劳工公约是具有约束力的国际协定,为批约成员国创造法律义务。就此而言,国家是保护劳工权利的唯一法律责任承担者,也是监督程序下唯一受监督的法律主体,因为它们是批准和遵守劳工公约的唯一行为体。④

---

① Ebere Osieke, *Constitutional Law and Practice in the International Labour Organization* (Martinus Nijhoff Publishers, 1985), pp. 147 – 148.

② Nicolas Valticos and G. von Potobsky, *International Labour Law* (Kluwer Law and Taxation Publishers, 1995), p. 30.

③ Klaus Samson, "The Standard-Setting and Supervisory System of the International Labour Organization", in Krzysztof Drzewicki, Catarina Krause and Allan Rosas (eds.), *Social Rights as Human Rights: A European Challenge* (Institute for Human Rights Abo Akademi University, 1994), p. 119.

④ Yossi Dahan, Hanna Lerner & Faina Milman-Sivan, "Shared Responsibility and the International Labour Organization", (2013) 34 *Michigan Journal of International Law*, p. 695.

（三）国际层面上的其他劳工标准

联合国等其他国际组织或区域组织制定的劳工标准，如 1966 年《公民权利及政治权利国际公约》对强迫或强制劳动（第 8 条）、结社自由（第 22 条）和非歧视（第 26 条）作出规定；1966 年《经济、社会及文化权利国际公约》对工会（第 8 条）、同工同酬（第 7 条）作出规定；1950 年《欧洲人权公约》对强迫劳动（第 4 条）作出规定。在此不作详述。

二 国际劳动法实施的监督机制

（一）国际劳工标准实施的监督机制

就实施已批准劳工公约建立的国际劳工标准而言，国际劳工组织规定了两种监督机制：① 一是基于成员国政府定期报告的常规监督机制，即根据成员国就其实施已批准公约而采取的措施提交的定期报告，② 系统地审查相关成员国的法律和实践，以监督这些已批准公约的实施水平；二是特别监督机制，它涉及对一成员国未能切实遵守其已批准公约的行为提起的申诉和控诉程序。③ 这两种监督机制都以《章程》规定为基础，适用于成员国已批准的劳工公约。除此之外，依据理事会通过的《审查指控违反结社自由的控诉的特别程序》④ 建立的结社自由委员会程序，则是针对结社自由的控诉问题而建立的，无论相关成员国是否批准相关劳工公约，均适用该程序。此外，在控诉程序中，如相关成员国政府不接受调查委员会报告中的建议，有权根据《章程》第 29 条规定在接到报告后的三个月内通知国际劳工局局长，将该案提交国际法院。即在国际劳工组织框架下，可诉诸国际法院解决问题。

（二）国际劳工组织监督机制的特征

国际劳工组织监督机制的运行基于成员国政府对劳工公约的批准与

---

① ILO, "Applying and Promoting International Labour Standards", https://www.ilo.org/global/standards/applying-and-promoting-international-labour-standards/lang—en/index.htm (last visited August 12, 2019).
② 《国际劳工组织章程》第 22 条。
③ 《国际劳工组织章程》第 24 条和第 26 条。
④ ILO, *Rules of the Game: A Brief Introduction to International Labour Standards* (Geneva: International Labour Office, Third Revised Edition 2014), p. 110.

适用，具有以下特征。

第一，国际劳工组织的问责机制，主要依赖公共宣传、道德劝说和提供技术援助，这些方法基于以下假设，即提高认识、知识和专业是改变政府政策和行为的关键途径。换句话说，在考虑国际劳工组织监督机制能够在多大程度上对其监督事项作出回应时，需谨记尽管它们具有某些准司法特征，但它们并不会导致具有法律约束力的裁定。到目前为止，在没有国际法院的帮助下，必须依靠道德压力来获得政府的自愿合作。因此，国际劳工组织监督机构的结论在本质上与欧洲人权法院等机构的裁决有所不同。①

第二，在监督过程的不同阶段，国际劳工组织监督机构均可采用一种非正式的"直接接触"程序，即应所涉成员国政府要求或经所涉成员国政府同意，国际劳工组织派代表访问所涉成员国，举行必要的会议和讨论，以解决特定成员国在适用国际劳工组织标准方面的困难。因此，"直接接触"可能具有调解、事实调查或技术援助的性质，其目的在于解决问题。"直接接触"程序没有严格的规则，自20世纪70年代末以来得到广泛采用。②

第三，与《经济、社会及文化权利国际公约》和《公民权利及政治权利国际公约》等国际文书规定的申诉程序不同，国际劳工组织的申诉程序不向声称为缔约国侵害劳工公约所载劳工权利的个人开放，其目的是审查并确保解决有关国家的法律和实践与已批准劳工公约的要求不符的一般性情况，是一个公共利益问题。两者的启动方式和审查程序均不相同：启动程序的主体没有必要证明他们对所涉事项有利害关系，也不要求事先用尽国内救济措施。③

---

① Klaus Samson, "The Standard-Setting and Supervisory System of the International Labour Organization", in Krzysztof Drzewicki, Catarina Krause and Allan Rosas (eds.), *Social Rights as Human Rights: A European Challenge* (Institute for Human Rights Abo Akademi University, 1994), p. 147.

② Yossi Dahan, Hanna Lerner & Faina Milman-Sivan, "Shared Responsibility and the International Labour Organization", (2013) 34 *Michigan Journal of International Law*, p. 701.

③ Klaus Samson, "The Standard-Setting and Supervisory System of the International Labour Organization", in Krzysztof Drzewicki, Catarina Krause and Allan Rosas (eds.), *Social Rights as Human Rights: A European Challenge* (Institute for Human Rights Abo Akademi University, 1994), p. 133.

(三) 国际层面上其他劳工标准实施的监督机制

国际层面上其他劳工标准的实施，也受到相关监督程序的约束。如《经济、社会及文化权利国际公约》对工会（第8条）和同工同酬（第7条）作出规定，同时对其实施也建立了监督机制，即国家报告程序、个人来文和国家间来文程序和调查程序。《公民权利及政治权利国际公约》和《欧洲人权公约》也建立有各自的监督机制。

第五节　国际劳动法研究展望

当今世界处于百年未有之大变局，全球劳动世界治理格局也在发生重大变化。我国进入新发展阶段，继续推进"一带一路"建设，倡议构建人类命运共同体，完成《中欧全面投资协定》谈判并正式提出申请加入 CPTPP，这些均关涉国际劳动法议题，亟需加强对国际劳动法的系统研究，目前尤其应加大对以下三个具体问题的研究。

一　国际劳动法从普遍促进实施国际劳工公约转向聚焦基本劳工公约，与其他国际监督机制的关系有待深入研究

自国际劳工组织 1919 年成立至今，多次进行改革与制度创新，近年来进行的一次重要改革发生于 1998 年。当时，为了应对全球化给劳动世界带来的严峻挑战，国际劳工组织重新界定其作用和优先事项，决定改变力推成员国普遍批准劳工公约的策略，将其活动重点集中于工作中的基本原则与权利。[1] 在国际劳工组织内部和外部[2]的共同努力下，最终促成了 1998 年《宣言》的通过。

---

[1] Erika de Wet, "Governance through Promotion and Persuasion: the 1998 ILO Declaration on Fundamental Principles and Rights at Work", (2008) 9 (No. 11) *German Law Journal*, footnote 16, p. 1434.

[2] 如1995年3月12日，在哥本哈根举行的联合国社会发展问题世界首脑会议上，通过了《哥本哈根社会发展问题宣言》，倡导在就业关系中尊重国际劳工组织的有关公约，包括关于禁止强迫劳动和童工的公约，以及关于结社自由、组织和集体谈判权以及不歧视原则的公约。这是国际层面首次正式确定四类工作中基本权利。再如1996年，在新加坡举行的世界贸易组织部长级会议形成的《新加坡部长宣言》，明确承认了在国际体系内国际劳工组织制定和处理基本劳工标准的管辖权与核心地位，这极大促进了国际劳工组织确立基本劳工权利的进程。

1998 年《宣言》的通过，标志着 4 项基本劳工权利的确立，即结社自由和有效承认集体谈判权、消除强迫劳动、废除童工、消除就业与职业歧视。基本劳工权利的确立，对于国际劳动法的发展具有里程碑意义，一方面从普遍促进实施国际劳工公约转向聚焦于基本劳工公约；① 另一方面，随着全球化的发展，基本劳工权利的适用范围得到极大扩张。因此在适用基本劳工权利过程中，将面临与其他国际监督机制的关系问题，尤其是与人权监督机制的关系问题。

在 1998 年《宣言》通过前，与基本劳工权利类似的标准已被纳入其他国际人权文件中，如 1966 年《公民权利及政治权利国际公约》，② 1966 年《经济、社会及文化权利国际公约》。③ 对于国际劳工组织成员国来说，如果其加入的其他国际人权文件也已纳入与基本劳工权利类似的标准，在适用基本劳工权利过程中，将面临与人权监督机制的关系问题。其一，对在不同国际文件中得到保障的标准进行不一致解释的风险。虽然前述已指明解决法律冲突的原则与考量因素，如对工人最有利原则，但人权监督机构根本不受《国际劳工组织章程》和劳工公约的约束。因此，不能保证它们将以符合国际劳工组织设想的原则进行解释。④ 其二，解释上的不一致，可能导致对权利的定性的不同，从而引起适用不同监督程序的风险。例如，与《经济、社会及文化权利国际公约》等其他国际人权文书规定的申诉程序不同，国际劳工组织的申诉程序不向声称为缔约国侵害劳工公约所载劳工权利的个人开放，其目的是审查并确保解决有关国家的法律和实践与已批准劳工公约的要求不符的一般性情况，是作为一个公共利益问题。⑤

---

① ［德国］安科·哈塞尔：《全球劳动治理体制的演化》，聂子涵译，《国外理论动态》2016 年第 10 期。

② 1966 年《公民权利及政治权利国际公约》对强迫或强制劳动（第 8 条）、结社自由（第 22 条）和非歧视（第 26 条）作出规定。

③ 1966 年《经济、社会及文化权利国际公约》对工会（第 8 条）、同工同酬（第 7 条）作出规定。

④ Erika de Wet, "Governance through Promotion and Persuasion: the 1998 ILO Declaration on Fundamental Principles and Rights at Work", (2008) 9 (No. 11) *German Law Journal*, p. 1441.

⑤ Klaus Samson, "The Standard-Setting and Supervisory System of the International Labour Organization", in Krzysztof Drzewicki, Catarina Krause and Allan Rosas (eds.), *Social Rights as Human Rights: A European Challenge* (Institute for Human Rights Abo Akademi University, 1994), p. 133.

因此，诸如强迫劳动问题是劳工标准问题还是人权问题，国家在劳工公约下和人权公约下承担不同的国际义务，同时也关涉适用不同的监督程序的可能性，其判定在国际法上有着重要的意义，需要进行深入研究。

二　结社自由委员会程序

在国际劳工组织框架内，结社自由委员会程序是为解决特定领域的问题而设立的，主要在成员国政府、雇主组织或工人组织就结社问题提出指控时发挥作用，即使相关成员国尚未批准相关劳工公约，也可以针对该成员国适用这一程序。①

结社自由是国际劳工组织的基本原则之一。1919 年《章程》序言明确承认结社自由原则；1944 年《费城宣言》进一步重申结社自由这一基本原则，并宣称它"是不断进步的必要条件"；② 同时，国际劳工组织将结社自由原则以公约的形式将其法定化，即 1948 年《结社自由与保护组织权公约》（第 87 号公约）和 1949 年《组织权与集体谈判权公约》（第 98 号公约）。在通过这两项劳工公约不久，国际劳工组织就发现，为确保尚未批准这两项劳工公约的成员国遵守结社自由原则，需要建立进一步的监督程序。为此，依据理事会通过的《审查指控违反结社自由的控诉的特别程序》，③ 于 1951 年建立结社自由委员会，审查与成员国违反结社自由有关的控诉。

结社自由委员会是一个三方委员会，由 1 名独立主席、9 名理事（分别为 3 名政府代表、3 名雇主组织代表和 3 名工人组织代表）组成，每名理事都以个人身份参加。④ 依据《审查指控违反结社自由的控诉的特别程序》的相关规定，提出控诉的主体是符合条件的成员国政府或工

---

① Klaus Samson, "The Standard-Setting and Supervisory System of the International Labour Organization", in Krzysztof Drzewicki, Catarina Krause and Allan Rosas (eds.), *Social Rights as Human Rights: A European Challenge* (Institute for Human Rights Abo Akademi University, 1994), p. 139.
② 1944 年《费城宣言》第 I 部分。
③ ILO, *Rules of the Game: A Brief Introduction to International Labour Standards* (Geneva: International Labour Office, Third Revised Edition, 2014), p. 110.
④ ILO, *Handbook of Procedures relating to International Labour Conventions and Recommendations* (Geneva: International Labour Office, Centenary Edition, 2019), para. 91.

人组织或雇主组织（无论是国内还是国际）；控诉的对象是成员国政府，而不论该成员国是否批准"第87号公约"和"第98号公约"。①

自1951年结社自由委员会成立以来，共审查了3300多项控诉。五大洲60多个国家已实施其相关建议，并向其通报了在结社自由方面的积极进展。②尽管结社自由委员会的建议不具约束力，但其结论仍具有相当大的影响，而且它对工会问题的解决方法常常受到赞扬：一方面，该程序通过"点名羞辱"，披露特定国家对工会具体权利的侵犯，进行道德说服；另一方面，它也具有促进性，致力于寻找解决问题的具体办法。③

这一监督程序针对"第87号公约"和"第98号公约"，即使成员国尚未批准这两项劳工公约，也可以针对该成员国适用这一程序，因此该监督程序的运行机制及其作出的建议应给予高度关注。

三 自由贸易协定中的劳工标准

关于劳工标准与国际贸易的关系，一直是一个存在很大争议的议题，且涉及劳动、贸易、经济、政治等多个方面，因此主要国际组织对这一问题的不同主张，曾在不同程度上影响了对这一问题的国际规制。然而，从实践层面看，在整个20世纪，两者一直都有不同程度的联系，即使在最早的劳动和贸易多边条约中，这种联系也在某些方面有所体现。④尤其是自1994年以来，美国、加拿大和欧盟等主要经济体在其自由贸易协定中纳入劳工标准，已在劳工标准与国际贸易之间建立起不同

---

① ILO, *Handbook of Procedures relating to International Labour Conventions and Recommendations*, Geneva: International Labour Office, Centenary Edition, 2019, para. 92; 另参见国际劳工组织《审查指控违反结社自由的控诉的特别程序》（附件2），载国际劳工组织《国际劳工组织理事会适用规则汇编》，国际劳工局2019年版，第31段。

② ILO, *Rules of the Game: An Introduction to the Standards-related Work of the International Labour Standards* (Geneva: International Labour Office, Fourth Edition, 2019), p. 114.

③ Erika de Wet, "Governance through Promotion and Persuasion: the 1998 ILO Declaration on Fundamental Principles and Rights at Work", (2008) 9 (No. 11) *German Law Journal*, footnote 80, p. 1448.

④ Steve Charnovitz, "The International Labour Organization in its Second Century", in J. A. Frowein and R. Wolfrum (eds.), *Max Planck Yearbook of United Nations Law* (Kluwer Law International, printed in the Netherlands, 2000), p. 157.

程度的法律联系。① 因此，劳工标准与国际贸易关系问题再次成为人们关注的焦点。

依据国际劳工组织 2019 年相关信息显示，自 1994 年《北美自由贸易协定》首次纳入劳工条款起至 2019 年，已有 85 个区域自贸协定（双边或诸边）纳入劳工条款，其中加拿大在其 14 个生效的区域自贸协定中，有 12 个纳入劳工条款；美国在其 14 个生效的区域自贸协定中，有 13 个纳入劳工条款；欧盟有 18 个区域自贸协定纳入劳工条款；日本在其生效的 18 个区域自贸协定中，有 6 个纳入劳工条款。② 对此，需要注意的是，首先，在 85 个纳入劳工条款的区域贸易协定中，半数以上或确切地说有 45 个区域自贸协定的缔约一方是七国集团成员国，可以说纳入劳工条款已成为七国集团成员国区域自贸协定的一个共同特点。这 45 项协定覆盖 12 亿工人，约占世界工人总数的 30%。故这些区域自贸协定的规制框架与对劳动世界的治理机制已产生深层联系。③ 其次，自贸协定劳工条款既被视为治理工具，又被视为合作框架，要求缔约国遵循劳工标准，实施利益相关方参与、促进对话、监督和交流有关劳工问题信息的机制。④ 再次，发展中国家和新兴国家之间纳入劳工条款的区域自贸协定也越来越多，约占纳入劳工条款的区域自贸协定总数的四分之一。⑤

中国在此领域也有最新突破，主要体现在两个方面：其一，2021 年 9 月 16 日，中国正式提出申请加入 CPTPP。⑥ CPTPP 是一个纳入高劳工标准的自由贸易协定，加入 CPTPP 意味着我国接受该自贸协定中有

---

① 李西霞：《自由贸易协定中的劳工标准》，社会科学文献出版社 2017 年版。
② Marva Corley and Elizabeth Echeverria Manrique, *Labour Provisions in G7 Trade Agreements: A Comparative Perspective* (Geneva: International Labour Office, 2019), pp. 15 – 16.
③ Marva Corley and Elizabeth Echeverria Manrique, *Labour Provisions in G7 Trade Agreements: A Comparative Perspective* (Geneva: International Labour Office, 2019), p. 1.
④ Marva Corley and Elizabeth Echeverria Manrique, "*Labour Provisions in G7 trade agreements: A comparative perspective*" (Geneva: International Labour Office, 2019), p. 9.
⑤ Marva Corley and Elizabeth Echeverria Manrique, "*Labour Provisions in G7 trade agreements: A comparative perspective*" (Geneva: International Labour Office, 2019), footnote 1, p. 18.
⑥ 商务部："中方正式提出申请加入《全面与进步跨太平洋伙伴关系协定》（CPTPP）"，中华人民共和国商务部网站，http://bn.mofcom.gov.cn/article/jmxw/202109/20210903200092.shtml，最后访问时间：2021 年 9 月 23 日。

执行力劳工标准。其二，2020年12月30日，中欧领导人共同宣布如期完成《中欧全面投资协定》谈判。[1] 依据2021年1月22日欧盟理事会发布的《中欧全面投资协定》文本，劳工条款规定在该协定第4部分"投资与可持续发展"中。虽然《中欧全面投资协定》不属于自由贸易协定，但它是一项国际协定，其中涉及的劳工标准问题无疑也属于国际劳动法的研究范围。无论是我国政府正式提出申请加入CPTPP，还是完成《中欧全面投资协定》谈判，这两个协定均包含国际劳工组织制定的基本劳工标准，我国加入这两个协定将在事实上承认劳工标准与国际贸易或投资的关系，对此，应作好对我国相关理论和制度进行调整的准备。

---

[1] "中欧领导人共同宣布如期完成中欧投资协定谈判"，中国政府网，http://www.gov.cn/xinwen/2020-12/30/content_5575538.htm，最后访问时间：2021年4月16日。

第十九章

国际航空法

航空法是伴随着人类航空技术的出现和发展而产生的一个新的法律部门。现代航空技术诞生于19世纪末20世纪初到第一次世界大战之间,这个时期正是和平主义、国际主义盛行的时期。新生的航空技术被视为沟通各国、加强交流和密切国际联系的工具,各国政府和学者对国际航空运输的前景报以巨大的期望。[①] 一时之间,空中自由或者航空自由观点在欧美各国普遍流行。但是,接踵而来的第一次世界大战的残酷现实让这种不切实际的空想彻底破灭,各国对其领土之上的空间拥有主权的观点在一战后得到了普遍支持。与此同时,各国也普遍看到了航空活动将会给国际交通运输带来的巨大便利,而且,对和平的向往也促使许多国家希望能够推动各国之间继续扩大国际交往,因此,支持航空自由的观点并未消失。

1919年10月13日,在结束第一次世界大战的巴黎和会上,与会各国签署了第一部国际航空公约——巴黎《空中航行管理公约》(1919年《巴黎公约》),标志着国际航空法的诞生。1944年11月1日至12月7日,在第二次世界大战尚未结束之际,54个国家的代表在美国总统罗斯福的邀请下在芝加哥召开会议,以便"为随即建立临时性的世界飞行航路和业务做出安排"并"成立一个过渡性的理事会,以收集、记录和研究有关国际航空的数据,并提出有关改进的建议",[②] 这次会议通

---

① 1909年法国人路易·布莱里奥(Louis Bleriot)驾驶飞机飞越了英吉利海峡,整个欧洲为之欢呼雀跃,当时新闻报道的标题是"英格兰不再是一个岛"。参见[英]《肖克罗斯和博蒙特航空法》,徐克继摘译,法律出版社1987年版,第2页。

② https://www.icao.int/ChicagoConference/Pages/CH/chicago-conference-introduction_CH.aspx.

过了《国际民用航空公约》（1944年《芝加哥公约》），充分表明国际社会对战后航空业发展的信心和期盼。虽然国际航空法的奠基者福希尔（Paul Fauchille）所提出的"空中自由"论并未被各国所接受，但是这种对人类未来的信心和乐观主义，塑造了国际航空法的精神品质。例如，1944年《芝加哥公约》"序言"开篇即宣布"……国际民用航空的未来发展对创造和保持各国和人民间的友谊和谅解大有帮助……"因此，各国对其领土上空的空气空间拥有领土主权的原则，以及各国应当赋予民用航空活动所需自由的观点，共同构成了国际航空法的基础，这两项原则之间的冲突和平衡造就了国际航空法的当前面貌，而掌握这一点是理解和研究航空法的关键。

第一节　国际航空法的概念和特征

在航空法学的研究中，航空法的概念一直都不是一个核心问题。一部分航空教材会提出有关航空法的定义，但是，这些定义几乎都仅限于描述航空法的外延，并未涉及航空法的本质属性和特征。例如，帕布洛·门德斯·德·里昂（Pablo Mendes De Leon）在最新版的航空法名著《航空法概论》中将航空法定义为"……调整对空气空间的利用，以及这种利用对航空活动、广大旅客、企业和世界各国的利益的一套规则"。[1] 我国著名航空法学者赵维田先生在专门研究了航空法的定义问题之后，同样放弃了根据根本属性对其进行定义，而是表示"我认为，作为一种常识性理解而不作为严格科学性定义而言，可以将航空法定义为'一套调整人类航空活动中各种法律关系的规则整体'，而同时对航空法的主要特征另作表述"。[2]

还有一部分航空教材并未涉及航空法的概念问题。例如，彼得·马丁修订的名著《肖克劳斯和博蒙特航空法》就回避了航空法的定义问

---

[1] Pablo Mendes De Leon, *Introduction to Air Law* (Wolters Kluwer, 10th ed., 2017), p.1.
[2] 赵维田：《国际航空法》，社会科学文献出版社2000年版，第2页。

题，而只谈"航空法"的性质；① 另一位航空法权威学者丹普西（Paul Stephen Dempsey）在其著作《航空法》中也未提出任何航空法的定义，而是直接对航空法各个领域的条约、国内立法或其他规范展开研究；② 类似的情况还有郑斌（Bin Cheng）的《国际航空运输法》。③

这是因为航空法是一个实践性非常强的法律部门，航空法学者从实际的需要，研究与航空活动有关的各种法律问题，这些规范除了都与民用航空活动有关之外，很难归纳出其他共同的属性或者特征，而且学者们所提出的国际航空法的特征也多是描述性的，并不触及各种航空法规范的共同本质。但是，这些描述性特征同样有助于我们了解航空法的内涵和外延。例如，赵维田把航空法的特征归纳为：（1）国际性；（2）囊括公法和私法；（3）民用航空的平时法；（4）具有作为一门法律学科的相对独立性。④《肖克劳斯和博蒙特航空法》对航空法的特征也有类似的看法。⑤

事实上，国际航空法涵盖了与空气空间和航空运输相关的国际法的所有方面，既包括国际公法规范也包括国际私法规范。国际航空法所涉及的问题非常多，例如，运输责任、旅客安全、航空器和行李安全、机场管理、劫机，以及空气污染等方面，广义的航空法还包括空战法。

第二节 国际航空法的主要部门及其条约体系

国际航空法在诞生之初大量借鉴了海洋法和海商法中的规则，又根据国际航空运输的特点作出必要的修正和调整。与海洋法和海商法在诞生后的数百年里都是习惯法不同，国际航空法在诞生之初即采用了国际条约的形式，并由此形成了不同的条约体系，这些条约构成了国际航空

---

① ［英］彼得·马丁修订：《肖克罗斯和博蒙特航空法》，徐克继摘译，法律出版社1987年版，第10—13页。
② See Paul Stephen Dempsey, *Air Law*, McGill University, 2008.
③ 参见［英］郑斌《国际航空运输法》，徐克继译，中国民航出版社1996年版。
④ 赵维田：《国际航空法》，社会科学文献出版社2000年版，第3—5页。
⑤ ［英］彼得·马丁修订：《肖克罗斯和博蒙特航空法》，徐克继摘译，法律出版社1987年版，第10—13页。

法的主要渊源。在国际航空法的发展中，主要在以下几个部门中形成了条约体系。

一 以 1944 年《芝加哥公约》为基础的航空管理体系

1944 年《芝加哥公约》是当代国际航空法的基础和宪章性文件。1944 年《芝加哥公约》第 1 条规定："缔约各国承认每一国家对其领土上空具有完全的和排他的主权"，承认了各国对其领空享有领土主权。这项原则奠定了国际航空法的基础，因此，国际航空运输的实现就需要各国相互开放领空，也就是所谓的"航权"或"航行自由"的交换。

1944 年《芝加哥公约》对于领空开放和航权交换问题是有安排的。《芝加哥公约》把国际航空运输分为"非航班飞行"和"航班飞行"，并规定"航班飞行"应经缔约国的特准或许可（第 6 条），同时试图授予"非航班飞行"以飞行自由（第 5 条），但是并未取得成功。作为公约附件的《国际航空运输协定》（"五大自由协定"）因缔约国数目过少，亦未能发挥预期的作用。

事实上，第二次世界大战后的国际航空运输体系是通过大量的双边航空运输协定建立起来的。其中，最具代表性的就是 1946 年《英美航空运输协定》，为其他国家之间缔结的众多双边航空运输协定所参照，被称为"百慕大模式"。"百慕大模式"对运力采取自由模式，只要求对运费价格进行监管。后来，国际航空业逐渐形成了国际运输协会（IATA）两年一度召开"运营会议"，通过世界范围的多边谈判确定国际航空运费价格的模式，最终形成了复杂的国际航空运输管理体系。

1944 年《芝加哥公约》的另一个重要贡献是建立了国际民用航空组织（ICAO）。国际民航组织是联合国专门机构之一，它依照《芝加哥公约》赋予的职责对国际航空运输进行日常行政和治理方面的管理，是国际航空运输的主管国际组织。国际民航组织在国际航空立法方面也发挥了重要作用，不论是对 1929 年《华沙公约》体系的不断修订和完善，还是 1963 年《东京公约》等国际航空安全（security）方面诸多国际公约的起草和签署，都是在国际民航组织的主持下完成的。

二 以1929年《华沙公约》/1999年《蒙特利尔公约》为核心的承运人责任体系

1919年2月18日，第一个定期航班在巴黎和伦敦之间投入运营，因此航空运输可以说从诞生之初就是一种国际运输方式。为了推动航空业发展，避免航空承运人适用不同国家的法律制度所带来的复杂的法律风险，迫切需要统一有关承运人责任的法律制度，因此，1919年《巴黎航空公约》签署之后不久，在法国政府的倡议下，各国于1925年在巴黎召开了第一次航空私法国际会议。1929年在华沙召开的第二次国际私法会议通过了《统一国际航空运输某些规则的公约》（1929年《华沙公约》）。

1929年《华沙公约》牢固确立了航空承运人对于造成旅客死亡或伤害、行李与货物损害，以及延误所引起的损害赔偿责任的原则和规则，其核心部分是承运人责任的构成要件和责任限额制度。为了适应航空运输业的发展，1929年《华沙公约》经过了一系列的修订：（1）1955年《海牙议定书》；（2）1961年《瓜达拉哈拉公约》；（3）1975年四个《蒙特利尔议定书》；此外，美国政府与国际航空承运人达成的一系列"承运人间协议"，也对华沙体制规则的发展起到了重要的促进作用。1999年5月，国际民航组织在蒙特利尔召开外交大会，通过了新的《统一国际航空运输某些规则的公约》（1999年《蒙特利尔公约》），全面取代了华沙体制的各项公约和议定书。

三 以1963年《东京公约》为基础的国际航空安全（security）体系

1944年《芝加哥公约》缔结和生效后，航空器的法律地位问题尚未得到解决，其核心问题是对于从事国际飞行的航空器内发生的犯罪，哪个或者哪些国家有权行使管辖权。1963年《关于在航空器内犯罪及其他行为的公约》（《东京公约》）在解决航空器内犯罪的管辖权问题上作出了两个方面的重要贡献：一是创立一种新的管辖权——登记国管辖权；二是确立了并行管辖权体制。1963年《东京公约》缔结和生效后，为了应对国际民用航空所遇到的各种安全威胁，例如，劫机、在飞机上放置定时炸弹、对机场发动恐怖袭击，以及把飞机作为武器攻击地面目标，等等，世界各国在国际民航组织的主持下，先后缔结了1970年《海牙公约》、1971年《蒙特利尔公约》、1988年《蒙特利尔议定书》（《机场议定书》）、2010年《北京公约》、2010年《北京议定书》，以及2014年《蒙特利尔议定书》，形成了较为完备的国际民用航空安全公约体系。

此外，国际社会还在有关对地面（水面）第三人责任、对航空器的权利等方面缔结了国际公约，但是因为缔约国数目非常少，因此影响并不大。

第三节 国际航空法学的研究现状和发展趋势

一 中国国际航空法研究现状

我国从事国际航空法研究的学者，主要集中在中国民航大学、北京航空航天大学等在航空领域拥有专长的理工科大学的法学院系；在中国政法大学、西北政法大学等拥有航空法研究传统的法律院校，以及部分军事院校中，也有学者从事航空法研究。总体而言，国际航空法在我国属于"小众"学科，即使在与国内法各部门相比已属"冷门"的国际法学科中，研究力量仍属薄弱之列。这种状况与我国在国际航空领域中的大国地位极不相称，亦不能适应我国航空业发展的需要。具体而言，主要存在两个方面问题。

一是研究力量薄弱，研究成果不足。我国老一辈学者（例如赵维田）出版了一些航空法领域的重要著作，奠定了我国国际航空法的基础；新一辈学者也有许多人在航空法领域默默耕耘，陆陆续续有重要的著作和学术论文面世。但是，与其他法学学科相比，我国航空法研究力量投入明显不足，学科基本概念、主要原则、学科范围等基本问题尚未完全厘清，一些重要问题尚未触及，研究内容仍然处于追随美欧先进国家的阶段，对我国现实需要的问题研究不足。

二是学术论文发表困难，不能调动学者研究的积极性。发表学术论文中存在的实际困难，也阻碍了许多人从事航空法研究的积极性。我国尚无专门研究航空法或者空间法领域的学术期刊，而《航空法评论》《中国航空法评论》等学术集刊由于不能满足当前职称评定制度的要求，很难吸引到好的稿源，部分集刊经常不能按期出版，甚至出现无以为继的现象。而许多核心学术刊物出于种种考虑也并不愿意刊登国际航空法领域的学术论文：一是国际航空法研究人员较少、学科专业性较强，本学科之外的学者一般不感兴趣，发表论文的引用率低；二是国际航空法学是科技进步所产生的法学新部门，学术论文通常技术性较强，而理论性相对不足，不符合学术刊物对论文理论性的要求；三是国际航空法属于分支学科，本学科看来已经非常宏观的问题，从法学学科的一般视角来看仍显琐碎，更不用说那些研究具体问题的文章，因此，许多航空法的重要问题不能获得应有的重视。

二　国际航空法研究的未来趋势

国际航空法已经建立起了相对完备的条约体系，下一步研究的重要方面仍然是现有条约的解释和适用问题。首先，以 1944 年《芝加哥公约》为基础，以大量双边航空运输协定为主体的国际航空运输管理体系，经过第二次世界大战后数十年的运行，已经非常成熟。国际民航组织和国际航空运输协会（IATA）等国际组织在国际民航的日常运营中充当着管理者的角色，民航业遇到的各种问题和挑战会在这些组织中得到充分讨论和合作解决。因此，对于《芝加哥公约》、双边航空运输协定以及国际民航组织的研究，仍将是航空法研究的一个重要方向，尤其是应当关注国际民航运输中发生的各种新问题或者突发事件，如何在现有体制得到有效的解决和应对。

其次，在航空私法方面，1999 年《蒙特利尔公约》的通过和生效，实现了对《华沙公约》项下航空承运人责任规则的统一和更新。随着 1999 年《蒙特利尔公约》的缔约国越来越多，适用范围越来越普遍，它的重要性也越来越大，将来有关航空私法的研究，必将围绕 1999 年《蒙特利尔公约》的解释和适用展开。然而，我们还是要继续关注《华沙公约》的作用，这是因为一方面，这部公约在尚未批准 1999 年《蒙特利尔公约》的缔约国之间仍然生效；[①] 另一方面，《华沙公约》开创

---

① 《华沙公约》是国际司法领域内批准国家最多的条约之一，目前有 152 个缔约国。参见国际民航组织网站，https：//www.icao.int/secretariat/legal/List% 20of% 20Parties/WC-HP_EN.pdf。

性贡献确立了承运人的责任限额制度：在缺乏证据证明导致旅客死亡或者身体伤害的事故是航空承运人有意不良行为的结果时，航空承运人对该死亡或身体伤害的责任以一定数额为限。① 这个特征同样被1999年《蒙特利尔公约》所继承；而且《华沙公约》中有关管辖权、法律选择和实体条款解释等方面的司法实践也在某种程度上继续适用于1999年《蒙特利尔公约》。因此，有关1999年《蒙特利尔公约》的研究应当重视国际民用航空承运人责任制度的发展和演变，这样才能把握该公约所规定规则的真正含义。

再次，在国际航空安全公约体系方面，2010年《北京公约》和《北京议定书》、2014年《蒙特利尔议定书》实现了对"三个反劫机公约"（赵维田先生对1963年《东京公约》、1970年《海牙公约》和1971年《蒙特利尔公约》的称呼）的更新换代。《北京公约》的主要内容是将几种威胁民航安全的行为界定为国际犯罪，例如：使用民用航空器作为武器，使用生物、化学和核武器及类似危险物质攻击民用航空器、使用此类物质从民用航空器攻击其他目标，非法利用民用航空器运输生物、化学和核武器及相关材料，以及网络攻击航空设施等；《北京议定书》的主要内容是扩大了《海牙公约》适用范围，并且列入了更多应受刑事处罚的作案手段；此外，这两份新文书将危害民用航空安全的威胁行为、组织和指挥行为、共谋行为、协助逃匿行为和法人行为规定为犯罪，扩大了对危害民用航空安全的犯罪和行为的打击力度。② 2014年《蒙特利尔议定书》是对1963年《东京公约》的现代化，它最重要的发展有两个方面：一是加强了对实施非法干扰行为的乘客（unruly passenger）的制裁；二是规定了降落地国管辖权等重要管辖权类型。目前这三个新的安全公约均已生效，未来有关它们解释和适用中所遇问题的研究，将会是航空法研究的一个重点领域。

另外，国际航空法所面临的一些新问题，例如无人驾驶民用航空器、亚轨道飞行器，以及"新冠疫情"等问题，也会在将来一个时期

---

① ［美］乔治·汤普金斯：《从美国法院实践看国际航空运输责任规则的适用和发展》，本书译委会译，法律出版社2014年版，第1页。

② 参见黄解放、刘贺《北京公约和北京议定书浅析》，《中国国际法年刊》（2010年卷），世界知识出版社2011年版，第55—77页。

继续成为国际航空法研究的重点问题。

第四节 当前国际形势下我国对国际航空法的研究需求

当前我国面临着复杂的国际形势，中美贸易摩擦和新冠肺炎疫情大流行都给我国对外交往工作带来了非常大的挑战。这种复杂的形势也对我们的国际法研究工作提出了更高的要求。我们不仅应当顺应国际法的发展趋势，对国际航空法的前沿问题开展研究，还应当关注我国的现实需要，努力解决我国所面临的相关国际国内法律问题。具体到国际航空法而言，我们应当加强对以下问题的研究。

一 为应对疫情的长期化，对国际航空法与世界卫生法的交叉领域进行研究

国际民航业是遭受新冠肺炎疫情打击最重的行业之一。这次新冠疫情的冲击史无前例，对空中旅行和航空业的打击远超"9·11"恐怖袭击事件和2007—2008年的全球金融危机。根据2021年8月3日国际航空运输协会发布的《国际航协世界航空运输统计报告》（WATS），2020年客运量为18亿人次，比2019年的45亿人次减少60.2%；全行业航空客运需求（以收入客公里或RPKs计算）同比下跌65.9%；国际航空客运需求（RPKs）同比下跌75.6%；与2019年相比，国内航空客运需求（RPKs）下降48.8%；2020年，航空连通性下降了一半以上，连接机场的航线数量在疫情危机开始时急剧下降，2020年4月同比下降60%以上；2020年，行业客运总收入下降69%，至1890亿美元，净亏损总额为1264亿美元；自1950年开始追踪全球航空客运需求以来，2020年航空客运量降幅最大。[①] 而且，在疫情得到有效控制之前，国际航空业仍将受到重大影响。在这种背景下，如何在防止疫情通过航空运输传播，与促进国际民用航空运输早日复苏之间保持平衡，是一个亟待

---

① 国际航空运输协会：《国际航协发布2020年航空业数据，史上最糟年份》，https://www.iata.org/contentassets/84b4eef61a8e4d46b658458d5dac9e98/2021-08-03-01-cn.pdf。

解决的问题。

在联合国体系中，国际航空运输由国际民用航空组织主管，国际卫生问题由世界卫生组织主管，国际航空法和国际卫生法也是相互独立发展的两个不同国际法分支，推动国际民航组织与世卫组织开展合作，尤其是探索建立更加有效的长期合作机制是国际航空法当前面临的重要课题。事实上，不论是国际航空法还是世界卫生法，均已包括了这两个国际组织开展合作的基本规定。

1944年《芝加哥公约》第14条"防止传染病传播"规定：

"缔约各国同意采取有效措施防止经由空中航行传播霍乱、斑疹伤寒（流行性）、天花、黄热病、鼠疫，以及缔约各国随时确定的其他传染病。为此，缔约各国将与负责关于航空器卫生措施的国际规章的机构保持密切的磋商。此种磋商应不妨碍缔约各国所参加的有关此事的任何现行国际公约的适用。"

这里所说的"负责关于航空器卫生措施的国际规章的机构"即是指当时尚未成立的世界卫生组织。世界卫生组织成立于1948年4月7日，依照其《组织法》，世卫组织的首要职责是"充任国际卫生工作之指导及调整机关"，同时负责"与联合国，各专门机关，各政府卫生署，各专业团体，及其他适当组织成立并维持有效之合作"，其中就包括与国际民航组织开展合作。依据《国际卫生条例》（2005年第二版）第11条第1款的规定，世卫组织应当酌情向国际民航组织发送"应付公共卫生风险所必需的公共卫生信息"；而且，《卫生条例》在第二章"对交通工具和交通工具运营者的特别条款"中还规定了缔约国的监管职责，其中就包括了对可能受染的航空器及其运营者采取适当卫生措施的权力，同时禁止缔约国对没有传播风险的航空器采取此类措施。最后应当提到的是，上述《条例》附件7中包括了国际民航组织发布的《飞机申报总单》中的"卫生部分"。

总体来说，上述规定仍然过于原则化，缺少严格的拘束效力，尤其是缺少有关双方合作机制的制度性规定。考虑到疫情可能长期存在的可能性，以及应对今后可能出现的其他传染病传播的风险，我们至少有必要对以下两个方面开展研究：一是应当对1944年《芝加哥公约》和《国际卫生条例》（2005年第二版）有关防止传染病通过航空运输的途径传播的相关条款开展研究，探索在现有机制下如何在控制疫情传播的同时确保国际航空运输不受过度干预；二是对如何在国际民航组织与世卫组织之间，建立更为深入和有效的长期合作机制开展研究，提高国际社会应对疫情的能力，推动民航业早日复兴。

二 为应对我国与其他国家可能出现的摩擦，对双边民用航空运输协定进行研究

当前的国际航空运输是世界各国通过大量的双边航空运输协定相互授予航权实现的，缔约双方通常在协定中纳入以航路和互相授权为内容的基本条款，并对运力、运费、以及航空公司的指定等事项作出约定。缔约国交换航权的实质是双方运营市场的交换，所以非常重视利益的对等和平衡。为了防止疫情传播，一国通常会在通关机场对入境的国际航班进行检疫，甚至会临时中断国际航班的运营。例如在此次疫情期间，中美两国政府先后暂停对方的指定航空公司运营中美航线，并由此引发两国纠纷。如果缔约一方为了防止疫情的传播停止本国航空公司运营规定航线，那么应当属于一种弃权行为；然而一旦停止对方航空公司的运营，则可能涉及对双边航空协定的违反。而且，在停止对方航空运营规定航线的同时，却允许本国航空公司继续运营，则非常可能引发两国外交纠纷。在这种情况下，我们应当对双边航空运输协定有关双方权利义务的条款开展研究，尽量确保我国所采取的卫生防疫措施符合协定的要求，避免发生不必要的纠纷，在对外斗争中做到有理、有利、有节。

三 加强对1999年《蒙特利尔公约》的研究，为我国法院适用公约提供支持

2005年7月，1999年《蒙特利尔公约》对我国生效。根据我国学者研究，自2011年到2019年，我国各级人民法院共审结至少120件以上涉及1999年《蒙特利尔公约》的案件。[1] 但是，从我国法院对这部公约的适用情况来看，还是存在比较多的问题，这主要表现在两个方面：一是我国法院在审理1999年《蒙特利尔公约》适用的案件时，有

---

[1] 谢海霞：《蒙特利尔公约在我国法院适用的实证分析》，《经贸法律评论》2020年第2期。

时未能正确认识公约的优先性。1999年《蒙特利尔公约》优先性表现在对于适用该《公约》的案件来说，完全排除缔约国国内法的适用；我国部分法院对于这种特征并未完全了解，因此在一些不得适用国内法的情况下仍然适用了我国有关法律规范；二是部分法院在对1999年《蒙特利尔公约》中一些重要概念进行解释时，仍然受到我国普通民事法律概念的影响，未能准确把握该《公约》项下概念的独特含义。1999年《蒙特利尔公约》中所规定的"身体伤害""事故""上下航空器的操作""有意的不良行为""损害""精神损害"等许多重要概念，都有自己的独特含义，这些概念的解释对于确定承运人的责任有重要意义。我国部分法院在审判实践中未能准确把握这种独特性，从而在案件的处理上有时候会出现偏差。我们应当加强对1999年《蒙特利尔公约》解释和适用问题的研究，尤其是加强与欧美国家法院的比较研究，推动我国法院提高对《公约》适用的准确性。

四 对航空刑法开展研究，为批准国际航空安全（security）公约做准备

目前，2010年9月10日在北京订立的《〈制止非法劫持航空器的公约〉补充议定书》（2010年《北京议定书》）和《制止与国际民用航空有关的非法行为的公约》（2010年《北京公约》），以及2014年4月4日于蒙特利尔订立的《关于修订〈关于在航空器内的犯罪和犯有某些其它行为的公约〉的议定书》（2014年《蒙特利尔议定书》）均已生效，我国已经签署、但是尚未批准这三份公约。

2010年《北京议定书》《北京公约》和2014年《蒙特利尔议定书》是"9·11事件"后，国际社会为应对国际航空安全所面临的各种新威胁而缔结的国际法律文书，尽速批准这三个公约，这对于打击恐怖主义活动，制裁有关刑事犯罪和非法扰乱行为，维护民用航空安全具有重要意义。为了批准这三个公约，应当对我国《刑法》作出相应修订。

这三个公约分别是对1970年《海牙公约》、1971年《蒙特利尔公约》和1963年《东京公约》的完善和发展，也是实现国际航空安全法律体系现代化的重要步骤，考虑到民航运输安全的重要性，我国应当早日批准这三份公约。为了履行依据新的航空安全公约可能承担的义务，不仅需要在我国《刑法》分则中加入公约中新增加的罪行,而且需要对《刑法》总则部分中的管辖权条款,乃至我国刑法的犯罪构成理论作出修订。因此,为了推动公约获得批准,并且有效地履行根据公约所承担的义务,我们需要加强对航空刑法的新发展的研究。

五 关注新技术进步给航空法带来的挑战

当前,新技术的进步给国际航空法带来的新挑战主要表现在无人驾驶航空器和亚轨道飞行器的出现和应用上。

截至目前,无人驾驶民用航空器仍然处于试验阶段,并未投入运营。然而,这种航空器一旦投入运营,必将对传统航空法产生重大影响,首当其冲的就是有关机长法律地位的规定。这是因为机长在航空器飞行中负有安全驾驶的首要责任,同时对机舱内秩序肩负着一定的管理职责,因此,机长在传统航空法中具有重要地位。然而,不论是1944年《芝加哥公约》还是1963年《东京公约》,在起草之时都不可能考虑到负责驾驶航空器的人不在航空器内的情况。因此,无人驾驶民用航空器的出现,不论是采取遥控技术还是人工智能自主驾驶,对于传统航空法而言都是一种深刻的改变,这其中涉及的法律问题必须得到重视。

亚轨道飞行器的出现将给国际航空法带来更深层次的挑战。众所周知,随着航空技术和外空技术的出现和发展,地球的上空被分为空气空间和外层空间。虽然对于这两个空间划分的标准和具体的界限,仍然存在不同的观点,但是这两个空间所适用的法律制度已经分别形成:空气空间适用航空法,外层空间适用外层空间法。而且,由于人类在这两个空间的已有活动基本不会出现交叉,所以航空法与外层空间法也基本上能做到相安无事。但是,亚轨道飞行器的出现打破了这种已有的平衡。

亚轨道飞行是指空间飞行器进入外层空间,但是它的轨道与大气层或者地球表面相交,从而无法完成一次围绕地球的公转或者达到所谓的"逃逸速度"(escape velocity)的空间飞行活动。这种活动通常发生在空间轨道飞行之下,因此被称为"亚轨道飞行"。这种活动同时涉及空气空间和外层空间,究竟应当适用空气空间的法律制度还是外层空间的法律制度,有着比较大的争议。由于我们国内主流的国际法教材把空气空间的法律制度和外层空间的法律制度放在同一章节之中,并称"空间法"或者"国际空间法",① 我们很容易形成一种错误观念,那就是这两种法律制度是类似的。然而实际情况是这两种法律制度有着完全不同的性质:空气空间法律制度的根本原则是领空主权原则,而外层空间法律制度的根本原则是外空自由原则。亚轨道空间飞行处于这两个空间的交叉位置,究竟应当适用什么样的法律制度,是一个值得研究的问题。

---

① 参见国际公法编写组《国际公法学》,高等教育出版社2016年版,第332页;白桂梅:《国际法》,北京大学出版社2015年版,第412页。

第二十章

外层空间法

1919年巴黎《管理空中航行的公约》和1944年芝加哥《国际民用航空公约》确立了领空主权原则。当时的领空主权在高度上并无上限，理论上可以向太空无限延伸。1957年10月4日，苏联成功发射第一颗人造地球卫星，标志着人类进入外空时代。自此以后情况开始发生变化，空间逐渐划分为空气空间和外层空间，并且诞生了一个新的国际法部门——外层空间法。

第一节 外层空间法的诞生具有深刻的冷战背景

外层空间法诞生于20世纪50年代，在60年代和70年代获得了大发展，并最终形成了国际法的一个新分支。20世纪50年代至70年代，正是美苏冷战的高峰时期，外层空间的竞争也是美苏冷战的一个非常重要的组成部分。美苏冷战不仅是双方军事实力、经济实力的竞争，更是两种不同政治制度的竞争，而外空活动恰恰是展现双方综合国力的重要平台。外空活动作为综合国力的象征，其作用已远超科技领域，成为国家科技实力、工业水平、军事潜力、政治制度乃至全民动员能力的综合展示平台。[1] 从第一颗人造地球卫星的发射，到第一次载人航天飞行，再到登月行动，每一次人类在外空的飞跃进步，都是在美苏竞争的背景

---

[1] 范海虹：《苏联与美国外层空间竞争研究（1945—1969）》，九州出版社2014年版，第1页。

下实现的。

在这种背景下,国际社会努力阻止外层空间成为美苏军备竞赛的下一个战场,确保外层空间用于和平用途。20世纪六七十年代不仅是冷战的高峰期,也是大量亚非拉殖民地国家获得独立,开始踏入国际舞台的时期。以"77国集团"为代表的第三世界国家团结了世界爱好和平的力量,对国际问题发出独立声音,对世界政治格局发展产生了重大影响。1958年12月13日,联合国大会通过第1348(13)号决议"外空之和平使用问题",宣布"确认人类对于外空祸福与共,而共同之目的则在使外空仅用于和平之途",并设立了"外空和平利用问题专设委员会"。1959年12月12日,大会通过决议将上述专设委员会改为常设机构"和平利用外层空间委员会",成为联合国负责外空事务的特别机构。

1963年12月13日,联合国大会第1962(XVIII)号决议通过了《各国探索和利用外层空间活动的法律原则宣言》;1966年12月19日联合国大会通过了《关于各国探索和利用包括月球和其他天体在内外层空间活动的原则条约》(简称《外空条约》),并于1967年1月27日开放签字。1967年10月10日《外空条约》正式生效,被视为外层空间法的基石。

在这个背景下诞生的外层空间法,蕴含着大国博弈与人类对和平的美好愿望之间的内在张力,这种特质始终主导着外层空间法的发展和演变,掌握这种特质是理解和研究外空法的关键。

第二节 外层空间法的条约体系

在1967年《外空条约》缔结和生效之后,到70年代末期各国又相继缔结了4项外空领域的国际条约:(1)1968年《关于营救航天员,送回航天员及送回射入外空之物体之协定》(《营救协定》);(2)1972年《外空物体所造成损害之国际责任公约》(《责任公约》);(3)1975年《关于登记射入外层空间物体的公约》(《登记公约》);(4)1979年《关于各国在月球和其他天体上活动的协定》(《月球协定》)。1967年

《外空条约》被一些学者称为"外空宪章",规定了适用于外层空间活动的基本法律原则,其他外空条约大多都是它某项原则的具体化,这五项条约共同构成了外层空间法的基本框架,是研究和解决外空法律问题的重要依据。

一 外层空间"不得据为己有"的原则揭示了外层空间的法律地位

1967年《外空条约》第2条规定:"各国不得通过主权要求、使用或占领等方法,以及其他任何措施,把外层空间(包括月球和其他天体)据为己有"。这个条款体现了外空法的最基本原则。[①] 这个条款的措辞表明了航空法与外层空间法之间的重要区别,前者承认国家对其领空的主权,而后者禁止国家对外层空间的主权要求,宣布外层空间属于"国家管辖权以外区域"。这项原则主要有两项功能:一是在大部分国家(尤其是发展中国家)不具备外空探索能力的情况下,防止外空大国瓜分外层空间;二是阻止外空大国在外层空间"掀起新一轮瓜分狂潮",并由此引发国际争端,危及世界和平与安全。

二 "自由探索和利用"外层空间的原则是各国开展外空活动的依据

1967年《外空条约》第1条第2款规定:"所有国家可在平等、不受任何歧视的基础上,根据国际法自由探索和利用外层空间(包括月球和其他天体),自由进入天体的一切区域。"第3款规定:"应有对外层空间(包括月球和其他天体)进行科学考察的自由……"这项原则与外空"不得据为己有"原则相辅相成,是各国开展和参与外空活动的直接依据。这项原则还应当与《外空条约》第3条一并解读,第3条规定了各国探索和利用外层空间时应当遵守国际法的义务:"各缔约国在进行探索和利用外层空间(包括月球和其他天体)的各种活动方面,应遵守国际法和联合国宪章,以维护国际和平与安全,促进国际合作和了解。"

[①] Tanja Masson-Zwaan & Mahulena Hofmann, *Introduction to Space Law* (Wolters Kluwer), 2019, p. 18.

三 探索和利用外层空间"应为所有国家谋福利和利益"的原则规定了外空活动的最高愿景

1967年《外空条约》第1条第1款规定:"探索和利用外层空间(包括月球和其他天体),应为所有国家谋福利和利益,而不论其经济或科学发展程度如何,并应为全人类的开发范围"。这个条款被一些学者称为"共同利益原则",① 其重心是原则上所有国家应从外空探索和利用活动中受益,这不仅包括有外空能力的国家平等、自由参与外空活动并从中获益,甚至那些没有能力参与外空活动的国家,也应当从中受益。该条款中的"不论其经济或科学发展程度如何",更是增加了这种意味。然而,这个条款的最后一个分句"并应为全人类的开发范围"(and shall be the province of all mankind) 应当如何解释,一直都是不清楚的。② 我国有空间法学者将这句话翻译为"并应为全人类共同的事情",③ 可能更为准确表达了原文的含义。许多学者将"探索和利用外层空间应为全人类共同的事情",视为1982年《联合海洋法公约》和1979年《月球协定》将特定区域及其资源规定为"人类共同继承财产"的前身。④ 然而,多数观点认为,"全人类的开发范围"这个术语不适用于包括月球和其他天体在内的外层空间,而是只适用于其探索和利用活动。⑤

四 外层空间营救制度

外层空间的营救制度主要规定在1967年《外空条约》第5条、第

---

① 邵津主编:《国际法》(第5版),北京大学出版社2014年版,第213页。
② Tanja Masson-Zwaan & Mahulena Hofmann, *Introduction to Space Law* (Wolters Kluwer, 2019), p. 17.
③ 参见[德]斯蒂芬·霍贝等主编《科隆空间法评注(第一卷:〈外空条约〉)》,李寿平等译,世界知识出版社2017年版,第47页。值得注意的是,1996年《外空合作宣言》和2019年《外空活动长期可持续性准则》的中文本中均将这句话翻译为"并应成为全人类的事业"。
④ Hobe, Schmidt-Tdee & Schrogl ed., *Cologne Commentary on Space Law*, Vol. 1: Outer Space Treaty (Carl Heymanns Verlag, 2009), pp. 36 - 37, para. 45.
⑤ Tanja Masson-Zwaan & Mahulena Hofmann, *Introduction to Space Law* (Wolters Kluwer, 2019), p. 17.

8条和1968年《营救协定》之中。外空探索是一项高风险活动，宇宙航行员作为人类探索外空的先驱者承担了巨大风险，做出了巨大牺牲，因此，《外空条约》把宇宙航行员视为"人类派往外层空间的使节"，并在宇宙航行员发生意外、遇难、或在另一缔约国境内、公海紧急降落等情况下，要求"各缔约国应向他们提供一切可能的援助"。《营救协定》具体规定了营救中的通知制度、营救和援助制度、送回宇航员和归还空间物体制度，以及费用承担等问题。

五　空间物体损害赔偿制度

空间物体损害赔偿制度规定在1967年《外空条约》第6条、第7条和1972年《责任公约》之中。空间物体的损害赔偿制度不仅规定了责任主体、赔偿范围、求偿主体、赔偿标准以及求偿程序等问题，还依据损害发生的地点不同，分别适用过错责任原则和无过错原则。更重要的是，为了确定责任主体所创设的"发射国"概念，已经成为外层空间法的核心概念，在空间物体损害赔偿制度中发挥着重要作用。

六　空间物体登记制度

空间物体的登记制度是外空法的一个重要组成部分。空间物体登记国是确认空间物体管辖权和控制权归属的重要法律依据。《外空条约》第8条规定："凡登记把实体射入外层空间的缔约国对留置于外层空间或天体的该实体及其所载人员，应仍保持管辖及控制权。"此外，外空法一些规定将空间物体登记国作为重要的法律连接点，例如《外空条约》第8条规定空间物体的归还对象为"登记国"。空间物体登记制度有助于确认空间物体的发射国，因而有助于外空法相关规定的执行，特别是有关发射国权利和义务的规定。[1] 1975年《登记公约》对需要登记的空间物体、建立国家登记册、建立联合国登记总册，以及登记的内容等问题作出了详细规定。登记义务与"发射国"的概念密切相关。一般而言，登记国即为发射国，然而，随着外空活动发展，尤其是参与外空活动主体的多样化以及转让在轨空间物体活动的出现，登记国和发射

---

[1] 邵津主编：《国际法》，北京大学出版社2014年第5版，第217页。

国之间的关系也变得复杂化。

七 在月球和其他天体上开展活动的原则

《月球协定》重申和详细阐述了 1967 年《外空条约》中适用于月球和其他天体的规则，其首要宗旨是"不使月球成为国际冲突的场所"，月球和其他天体应供缔约国"专为和平目的而加以利用"，这一点与《联合国宪章》和 1967 年《外空条约》的基本原则相一致。《月球协定》的另一个主要考虑就是保护所有人开发利用外空资源的权利，确保发展中国家能够与发达国家一样有机会从外空活动中获益，它明确规定"月球及其自然资源均为人类共同遗产"。在这个前提下，《月球协定》第 11 条第 5 款规定："本协定缔约各国承诺，一俟月球自然资源的开发即将可行时，建立指导此种开发的国际制度"，第 7 款规定："有秩序地和安全地开发月球的自然资源"、"所有缔约国应公平分享这些资源带来的惠益，而且应当对发展中国家的利益和需要，以及各个直接或间接对探索月球作出贡献的国家所作的努力，给予特别的照顾"。美俄等航天大国与一些发展中国家对"月球及其自然资源均为人类共同遗产"的理解一直存在分歧。因此，《月球协定》不仅是五个外空条约中最后一个缔结的，还是缔约国数量最少的，而且所有航天大国均未批准这个条约。

第三节 冷战后外层空间的新发展及软法体系

进入 20 世纪 80 年代之后，随着美苏两国由激烈争霸转入缓和与合作，第三世界反对霸权主义和建立国际经济新秩序的斗争也转入低潮；冷战结束后，世界出现"一超多强"的格局，虽然主要的航天国家仍在继续开展航天活动，各种新的外层空间法律问题也不断出现，但由于航天大国均无意愿再接受新国际条约的约束，国际社会未能在外空领域缔结新条约。这一时期外层空间的国际立法主要表现为联合国大会以及外空委通过了一系列具体应用领域的法律原则；虽然这些原则不具有法律拘束力，但是它们仍然具有一定的指导作用和政治约束力，被称为外层空间的"软法"。进入 21 世纪后，联合国大会通过了若干有关外层空间法中具体问题的决议，也对外空法的研究有着重要指引作用。

一　联合国大会通过的外空法原则或宣言

随着外空活动的不断发展，出现了越来越多的法律问题，但是国际社会长期未能缔结新的外空条约。在这种背景下，联合国以大会决议的形式通过一系列有关外空活动的重要原则和宣言。除了早在 1963 年 12 月 13 日大会第 1962（XVIII）号决议通过《各国探索和利用外层空间活动的法律原则宣言》（《外空宣言》），自 20 世纪 80 年代开始，联合国大会通过的决议还包括：（1）1982 年 12 月 10 日大会第 37/92 号决议通过《各国利用人造地球卫星进行国际直接电视广播所应遵守的原则》（《卫星国际直接电视广播原则》）；（2）1986 年 12 月 3 日大会第 41/65 号决议通过《关于从外层空间遥感地球的原则》（《遥感原则》）；（3）1992 年 12 月 14 日大会第 47/68 号决议通过《关于在外层空间使用核动力源的原则》（《核动力源原则》）；（4）1996 年 12 月 13 日大会第 51/122 号决议通过《关于开展探索和利用外层空间的国际合作，促进所有国家的福利和利益，并特别要考虑到发展中国家的需要的宣言》（《外空合作宣言》）。

《卫星国际直接电视广播原则》是两个法律原则调和的产物：一方面，西方国家提出信息自由（包括接受和发出信息的自由）是国际法的一般原则，因此在外层空间领域，在不违反国际法的情况下，这项原则应当在自由利用外层空间的活动中得到更为具体的表述；另一方面，发展中国家依据领土主权原则提出每个国家有控制其领土内发生的一切事物的权利，包括控制信息传入其领土内。[1] 该《原则》的"宗旨和目标 1"就反映了这两种原则的调和："利用卫星进行国际直接电视广播活动的进行，不得侵犯各国主权，包括不得违反不干涉原则，并且不得侵犯有关联合国文书所载明的人人有寻求、接受和传递情报和思想的权利。"

《遥感原则》同样反映了发达国家（主要是遥感国）与发展中国家

---

[1] Fans von der Dunk & Fabio Tronchetti ed., *Handbook of Space Law* (Edward Elgar, 2015), p. 496.

（被感测国）之间的博弈。《遥感原则》规定了15项从外层空间遥感地球的原则，其中最重要的是原则二和原则四。原则二规定："遥感活动应为所有国家谋福利和利益，不论它们的经济、社会或科学和技术发展程度如何，并应特别考虑到发展中国家的需要。"原则四规定："进行这些活动时应尊重所有国家和人民对其财富自然资源享有完全和永久主权的原则，同时应适当顾及其他国家及其管辖下的实体依照国际法享有的权利和利益。这种活动的进行不得损及被感测国家的合法权利和利益。"

《核动力源原则》一方面承认核动力源"特别适用于甚至必须用于在外层空间的某些任务"，另一方面又认识到"在外层空间使用核动力源应当以包括或然风险分析在内的彻底安全评价为基础，特别应着重减少公众意外地接触到有害辐射或放射物质的危险"。因此，该《原则》不仅详细规定了核动力源"安全使用的准则和标准"，还建立了"安全评价"制度；同时要求发射载有核动力源的空间物体的任何国家在该空间物体发生故障而产生放射性物质重返地球的危险时，应及时通知有关国家。

《外空合作宣言》可以看作是外空探索和利用"应为所有国家谋福利和利益"原则的具体实施。该《宣言》要求根据包括《联合国宪章》和1967年《外空条约》在内的国际法的各项规定，开展为和平目的的探索和利用外层空间的国际合作。该《宣言》同时指出，开展这一国际合作应是为了促进所有国家的福利和利益，不论其经济、社会或科学技术的发展程度如何，并应成为全人类的事业。并且再次提及，应特别考虑到发展中国家的需要。

二 联合国大会通过的其他相关决议

联合国大会还对外空活动的一些具体问题通过了多项重要决议：（1）2000年12月8日，联合国大会通过了第55/122号决议，其中第4段提及了"关于使用地球静止轨道的一些问题"；（2）2004年12月10日，联合国大会通过了第59/115号决议《适用"发射国"概念》；（3）2007年12月17日，联合国大会通过了第62/101号决议《关于加强国家和国际政府间组织登记空间物体的做法的建议》；（4）2013年

12月11日，联合大会通过了第68/74号决议《就有关和平探索和利用外层空间的国家立法提出的建议》。

最后还应当提及联合国外空委下属的科学和技术小组委员会组织起草的《和平利用外层空间委员会空间碎片减缓准则》，以及联合国外空委科学和技术小组委员会与国际原子能机构联合起草的《外层空间核动力源应用安全框架》，这两份文件均已获联合国外空委核可。

第四节　中国外层空间法研究现状

我国是世界航天大国，在人造地球卫星、运载火箭、载人航天、探月工程和深空探测等领域都取得了巨大的成就。在这种背景下，我国外层空间法研究工作虽然起步较晚，但是一直得到航天业界和国际法学界的重视，取得了一定的成绩。例如，1982年创刊的《中国国际法年刊》在第一卷中就发表了倪征噢《关于外层空间法的国际法问题》、贺其治《外层空间的定义和界限问题》和刘文宗《苏联在卫星遥感地球方面的技术情况和法律主张》3篇外空法方面的论文，开启了我国外层空间法学的研究。

这里应特别提及的是，在我国外层空间法研究的开创时期，贺其治先生发表了大量有关外层空间法的论文，[①] 几乎触及外空法的所有重要问题，并于1992年出版了专著《外层空间法》，[②] 为我国外空法研究奠定了基础。进入20世纪90年代后，一批年轻一代的国际法学人相继加入了外层空间法的研究，例如深圳大学尹玉海教授、哈尔滨工业大学赵海峰教授、中国政法大学李居迁教授、香港大学赵云教授、北京理工大学李寿平教授等，这些学者出版了一系列外空法领域的专著，在国内外

---

① 贺其治先生发表的其他外空法方面的论文主要有：(1)《卫星国际直接电视广播的法律问题》，载《中国国际法年刊》(1983年卷)；(2)《卫星遥感地球的法律问题》，载《中国国际法年刊》(1984年卷)；(3)《外空军事化和有关法律措施》，载《中国国际法年刊》(1985年卷)；(4)《外空使用核动力源的法律问题》，载《中国国际法年刊》(1986年卷)；(5)《地球静止轨道的法律地位》，载《中国国际法年刊》(1987年卷)；(6)《空间站的法律地位》，载《中国国际法年刊》(1989年卷)。

② 贺其治：《外层空间法》，法律出版社1992年版。

重要期刊上发表了一批重要学术论文，极大地推动了我国外层空间法学的研究。李寿平和赵海峰还分别主编了《中国空间法年刊》和《空间法评论》，为推动我国空间法研究付出了辛勤劳动。

我国外层空间法研究在取得一系列成绩的同时，也面临一些问题。一是研究力量仍显不足。进入 21 世纪后，我国整个法学研究进入了高速发展的繁荣时期。虽然也有一批"70 后""80 后"国际法学人相继加入空间法的研究队伍，但是不论是与法学其他学科、甚至国际法其他分支相比，还是就满足我国空间法发展的需要来看，均显薄弱。研究力量不足的直接后果就是许多空间热点问题得不到充分讨论，甚至一些国家急需研究支撑的问题长期得不到关注。

二是研究成果不多，尤其缺少重大研究成果。虽然我国空间法学者陆续出版了一批重要的学术专著，在国内外期刊上发表了一批重要论文，但是总体数量仍然不大。一方面，我国缺少新的《外层空间法》教材。贺其治的《外层空间法》出版距今已近三十年，而在这期间我国其他学者未再出版另一本规范的外层空间法教程，[①] 这种状况严重影响到我国国际空间法学科的发展和研究队伍的建设。另一方面，虽然我国学者在 Journal of Space Law、Space Policy 等国际一流空间法刊物不断发表文章，但是我国国内一流法学学术期刊上发表的空间法论文却一直很少，从而导致外层空间法学科在国内很难扩大自己的学科影响。

第五节　当前国际形势下我国对外层空间法研究的需求

进入 21 世纪后，外层空间活动商业化的趋势更加明显，尤其是私营企业参与外空活动的深度和广度都有显著提高。例如，美国太空探索技术公司（Space X）的猎鹰系列火箭和龙系列飞船取得了巨大成功，如今 SpaceX 已具备制造、发射、回收、复用运载火箭的能力，并且能

---

① 贺其治和黄惠康二位先生曾经共同主编了一本《国际空间法》，但可能是出版方不是专业的学术出版社的原因，在学界影响并不大。参见贺其治、黄惠康主编《外层空间法》，青岛出版社 2000 年版。

够发射载人飞船以及卫星系统进入各种轨道。另一方面，政府主导的外空活动也引人瞩目。美国已经重启了雄心勃勃的"月球到火星"计划，预计在 2024 年重返月球，未来将以月球为前进基地进行载人登陆小行星或者火星的计划；并且在 2019 年年底成立了新军种"太空军"（Space Force），以保护美国和盟国在太空方面的利益，并为联合部队提供太空能力。近年来中国的航天事业更是喜报频传：北斗卫星导航系统全面建成开通；正在研发的长征九号将投入中国探月工程；成功发射了天宫空间站的首个舱段天和核心舱，目前有 3 名宇航员进入空间站在轨工作；嫦娥五号于月球正面取样并带回地球；天问一号火星环绕器与着陆巡视器成功环绕和着陆火星。不论是外层空间法所面临的种种新挑战，还是我国蓬勃发展的外空活动，都给我国的空间法研究工作提出了一系列议题和任务。

一　对我国制定《航天基本法》开展研究

目前，我们尚未颁布有关外层空间的基本法律，对外空活动的调整主要依靠行政法规、部门规章和其他规范性文件。这样一来就造成立法层级低、政出多门、权责不明、监督不足，以及立法和政策过多考虑部门利益等种种不利局面；不仅不利于政府实现对外空活动的有效监管，也不利于有效保障外空活动的参与者的合法权益，已经不能适应我国外空活动发展的需要。反观世界其他航天大国，例如美国、俄罗斯和欧盟国家，乃至日本均已制定有关外空活动的立法，而且在国际社会长期未能制定新的外空活动国际条约的背景下，联合国外空委也一直推动各国制定有关外空活动的国家立法。我国航天基本法（《中华人民共和国航天法》）的立法工作，已经正式启动数年，但是仍然主要由行业部门主导，立法进程缓慢。今后一个时期，我国对外空法的研究，仍然需要集中在外空活动基本法的立法工作上。

二　对制定适用于我国空间站的立法开展研究

我国空间站建设进展顺利。今后我国空间站将长期有 3 名宇航员在轨驻留，而且等到空间站在轨建造任务完全完成之后，将会有更多宇航员在空间站工作和生活，甚至会包括部分外国宇航员。这种情况是我国以往航天活动从未遇到的,由此各种法律问题也是我国现有立法所未曾准备的。其中,最重要的是以下三个方面的问题:一是应当立法明确空间站的管辖权问题;二是应当立法解决空间站的法律适用问题;三是应当立法解决空间站科学研究的专利权问题。由于我国航天的立法工作进展较慢,① 可以先考虑以行政法规或者部门规章的形式制定单行的空间站管理条例或者办法。由此产生的种种问题,亟待学者开展研究。

三 对外空活动商业化相关法律问题开展研究

近年来外空活动的商业化、私营化,打破了以国家为主从事外空探索和利用活动的传统模式,这是 20 世纪六七十年代外空法形成时所无法预料的,因此也带来了复杂的国际国内法律问题。美国私营公司能够在外空商业活动中独树一帜,与该国健全的法律制度有着不可分割的关系。目前,我国外空活动仍然是以国家主导模式为主,外空探索活动所需的庞大资金仍然主要由政府财政承担,外空活动市场化程度不高,私营资本参与程度不足。为了改变这种不利局面,追赶外空探索和利用的世界潮流,我国亟待对外空活动商业化、私营化的相关法律问题加强研究。

四 对北斗卫星导航系统的商业应用开展研究

我国北斗卫星导航系统建设完成并开通全球服务,是我国航天事业发展的重要成就。北斗系统可以为全球用户提供全天候、全天时、高精度的定位、导航、授时和短报文通信服务,我国已经形成包括基础产品、应用终端、运行服务等较为完整的北斗产业体系,正在从行业应用发展到大众应用,北斗系统的商业前景十分广阔。近年来,国务院及其相关部委相继制定了北斗系统应用和产业化政策,以国家力量支持北斗系统发展。然而,北斗系统要真正实现商业化应用,尤其是海外市场推广,不仅需要尽快制定和完善卫星导航系统的标准体系,加快推进国际标准化进程,而且需要对卫星导航服务的一系列相关法律问题开展研究,这里至少涉及国内法中的行政许可制度、竞争法制度、政府采购制

---

① 虽然 2018 年全国人大常委会将《航天法》列入"第二类项目:需要抓紧工作、条件成熟时提请审议的法律草案",但是《全国人大常委会 2021 年度立法工作计划》和《国务院 2021 年度立法工作计划》并未包括《航天法》。

度、合同法律制度、侵权法律制度，以及国际法中的民用航空法律制度、海事法律制度，以及 WTO 货物贸易与服务贸易制度等，均需要我国学者进行研究。

五 对月球基地和月球资源开发的相关问题开展研究

"外空不得据为己有"原则在以前也曾受到质疑，但是总的来说它从未遭遇严肃的挑战，一直被视为外层空间法的基本法律原则。然而，近年来有关开发月球资源的提议出现后，有关外空资源开采、获取、加工和出售问题再次引发了对这项原则的争论，也就是说，不得据为己有原则是否适用于外空资源。[1] 2015 年美国国会通过《商业航天发射竞争力法案》，授权"美国公民对外空资源进行商业开采和商业获取"，并且规定"美国公民从事商业开采和获取外空资源的权利，不受有害干扰，与美国的国际义务相一致，并从属于联邦政府的权威和持续监管"。[2] 根据当前 NASA 正在进行的"阿尔忒弥斯计划"（Artemis Program），美国计划重返月球并可能建立长期基地和开采月球资源。2021 年 4 月中俄两国发布《关于合作建设国际月球科研站的联合声明》，宣布中俄两国将与其他国际伙伴一起，共同建设国际月球科研站。由于《月球协定》的普遍性和约束性均显不足，当前正在进行的有关月球探索和资源开采活动，将会给外层空间法（尤其是现有月球制度）带来何种挑战和冲击，非常值得研究。

六 对防止外空武器化和天体军事化问题开展研究

外空武器化和天体军事化并非一个新问题。1967 年《外空条约》第 4 条第 1 款规定："本条约当事国承诺不将任何载有核武器或任何他种大规模毁灭性武器之物体放入环绕地球之轨道，不在天体上装置此种武器，亦不以任何其他方式将此种武器设置外空"；第 4 条第 2 款规定："月球与其他天体应由本条约所有当事国专为和平目的的使用。于天体上建立军事基地装置及堡垒，试验任何种类之武器及举行军事演习，均所

---

[1] Tanja Masson-Zwaan & Mahulena Hofmann, *Introduction to Space Law* (Wolters Kluwer, 2019), p. 18.

[2] https://www.congress.gov/bill/114th-congress/house-bill/2262/text.

禁止。使用军事人员从事科学研究或达成任何其他和平目的在所不禁。使用为和平探测月球与其他天体所需之任何器材或设备，亦所不禁。"这两个条款与外层空间非武器化、月球和其他天体非军事化密切相关。

然而在解释和适用中，这两个条款的几乎每一句话都存在争议。实践中，外空武器化和军事化的趋势亦未得到有效阻止，外空军备竞赛的风险始终存在。作为一个航天大国，我国有权利用航天技术保护自身的国家安全和其他利益。如何从我国的国家安全利益出发，准确表达我国在防止外空武器化和天体军事化问题上的立场和建议，同样是一个非常值得研究的问题。

七 对外层空间的环境保护和外空活动长期可持续开展研究

地球轨道空间环境是有限资源。空间碎片的不断增多、空间业务的日益复杂、大型星座的出现以及与空间物体的碰撞及其干扰空间物体运行的风险的增加，都可能会影响到外空活动的长期可持续性。面对这些最新动态和风险的处理，需要各国和各政府间国际组织就避免损害空间环境和影响空间业务安全展开国际合作。[①] 我国作为一个航天大国和发展中国家，应当在这个问题上坚持自身立场，推动有关国际规则的形成。因此，我国空间法学界应当对这个问题开展研究，为我国空间外交提供理论支撑。

---

① 联合国外层空间事务厅：《和平利用外层空间委员会外层空间活动长期可持续性准则》，第1页。

第二十一章

外交与领事关系法

第一节　外交关系与领事关系概述

外交关系与领事关系在国际关系上有着悠久的历史，相关习惯也随着国际实践而逐步建立。联合国于1961年通过了《维也纳外交关系公约》（Vienna Con vention on Diplomatic Relations），1963年通过了《维也纳领事关系公约》（Vienna Convention on Consular Relations），对既有的国际习惯进行了编纂，外交制度和领事制度从长期以来以国际习惯为主的形式转变为国际条约形式，这为国家间外交关系和领事关系的建立与发展提供了坚实平台，包括中国在内的很多国家也制定了相应规则。

一　外交关系

简单意义上，外交（diplomacy）构成国家之间赖以建立或维持共同关系及相互交往、或执行其政治或法律事务的任何手段。在上述每一种情形下，国家均通过其授权的代表机关发展外交关系。外交在这种意义上可能存在于交战国之间或发生武装冲突的国家之间，但是这一概念与其说是与经济和军事冲突的实质形式有关，还不如说是与国家之间的交流（无论是友好的还是敌对的）有关。①

从国际法的角度看，外交应是指国家为了实现其对外政策，通过其主管机关或官员，用谈判、通信、会议、参加国际组织或缔结条约的方

---

①　参见［英］肖恩·布朗利《国际公法原理》（第五版），曾令良、余敏友等译，法律出版社2003年版，第306页。

法，处理对外关系的活动。国家进行外交活动的方式通常有：领导人访问、谈判、签订条约、外交文书往来、互相在对方首都设立使馆、参加国际组织和国际会议等。①

"外交"与"外交关系"定义不同。广义的外交关系是国家之间、国家与国际组织之间所进行的、对外行使主权的一种官方交往关系。包括国家之间通过外交机关以诸如访问、谈判、缔约、交涉、参加国际组织和国际会议等方式进行的双边或者多边的交往关系。

在国际法意义上，狭义的外交关系指国家之间通过协议，在对方的首都，通过建立使馆并派遣常驻使节而形成的官方双边关系。在现代国际实践中，相互设立常驻外交机构、互派外交代表是国家之间外交最常见的方式，也被看作国家间正常外交关系的必然结果和基本标志。因此，狭义的外交关系特指国家之间，通过建立互派机构所形成的关系。

外交关系起源于东西方在历史上长期存在的使节制度。这一制度在西方逐渐催生了外交官职业，它们将外交视为谈判的艺术，使外交具有了专业化色彩。国家间关系的不断发展使现代外交使团的职务日益繁重和复杂，而国际组织的迅猛发展则丰富了现代外交使团的种类，现代外交关系法和领事关系法从过去的分散状态朝较集中的方向发展。

二 领事关系

领事关系是指国家之间根据彼此达成的协议，相互在对方一定地区设立常驻机构（领事馆）、派遣领事官员和执行领事职务所形成的国家间的关系。

原则上，领事在职务与法律地位上有别于外交代表。尽管他们是派遣国出于特殊目的而派遣的代表，但是不享有外交代表免除接受国法律与执行的豁免。领事职务千差万别，它包括：保护派遣国及其国民的利益、发展与接受国的经济和文化关系、颁发护照和签证、管理派遣国国民的财产、登记派遣国国民的出生和死亡与婚姻，以及监督归属派遣国的船舶与航空器。

领事制度产生于中世纪后期的地中海国家。侨居某一外国进行商贸

---

① 参见王虎华主编《国际公法学》（第四版），北京大学出版社2018年版，第327页。

活动的同一国商人，推选出一些"商人领事"，用来解决他们之间的商业纠纷、处理他们与居住国地方间的某些事务，保护自身权益。这种做法后来逐渐传到世界各地，行使这种职务的领事人员也从由当地侨居商人中推选，演变为大都由商人的本国派出。自18世纪起，领事的地位一直由一般惯例而非法律与特别条款予以调整。领事应得到派遣国的委任（任命书）和接受国的认可（称为领事证书，exequatur）；接受国应给予领事官员及馆舍以特殊的保护，即高于一般外国人的保护标准。领事关系成为一种重要的官方关系，外交关系法的内容也多是集中在对这种关系的规定上。①

第二节　外交与领事关系法

一　外交关系法的产生与发展

外交关系法是规范外交关系的国际法规范，它主要是对外交程序、形式及相关制度的规范。外交活动具体内容方面的事项，分别由国际法相关领域的实体规则调整。外交关系的规则，大多是长期实践形成的习惯国际法，许多内容从古老的使节制度演变而来。外交关系法的发展大体经历了以下三个阶段。

（1）古代外交法阶段（1648年《威斯特伐利亚合约》签订之前）。据荷马史诗记载，早在公元前8世纪左右，古希腊城邦已形成一种互派公使制度，并与特洛伊互设使馆。公元前3世纪，卡提利亚（Kautilya）已将外交使节分为三类，即公使衔使节、略低于公使衔的使节和纯粹传递信息的使节。古代印度也有着类似的实践。这些早期的使馆和使节具有如下特征：外交使馆具有临时性质，是否设有常驻使馆不太清楚；使节持有本国国民大会或长老会颁发的证书，是派遣国的正式代表；使节的作用在于传递信息或在对方国民大会、长老会前申诉、辩解或同时具有两种作用，故担任此职者多为演说家、辩论家；使节完成任务后即返回本国汇报，使节只是一种临时职务。

---

① 有关领事保护法律制度，可参见许育红《领事保护法律制度与中国实践研究》，法律出版社2020年版。

（2）近代外交法阶段（从《威斯特伐利亚合约》签订到 1945 年）。《威斯特伐利亚合约》签订之后，主权国家成为国际法主体，许多外交惯例经各国承认后予以实施，从而成为制约国家关系的准则，其中有外交特权与豁免、外交代表的等级和优先权等。这些惯例均先于国际法存在而后被国际法所吸收，使外交法成为国际法的一个部门。在这一阶段，外交法的编纂得到了一定的发展。历史上第一次对外交法作大规模编纂的是 1815 年的维也纳会议，对一些国际规则成文化，形成了《维也纳议定书》，会议特别对组成万国法主体的欧洲国家近代惯例中使节的不同种类进行了详细的区分。

第二次对外交法的大规模编纂由国际联盟主持进行。1927 年，委员会提出了七项编纂时机已经成熟的项目，其中第三项就是外交特权与豁免。但从 1928 年起，这个委员会处于实际解散状态。在此期间，出现了世界上第一个地区性的外交法公约，即 1928 年 2 月 20 日第六届泛美会议通过的《哈瓦那外交官公约》。这一时期也是欧洲外交惯例形成的一个重要时期。

（3）现代外交法阶段（1945 年至今）。在这一阶段，外交法公约的编纂得到了长足的发展，外交法作为国际法的部门法之一更加完善。这一阶段先后签订和通过了 1946 年《联合国特权及豁免公约》、1947 年《联合国专门机构特权及豁免公约》、1969 年《联合国特别使团公约》、1973 年《关于防止和惩处侵害应受国际保护人员包括外交代表的罪行的公约》和 1975 年《维也纳关于国家在其对普遍性国际组织关系上的代表权公约》等一系列关于外交关系的国际公约，这一时期的外交关系法有如下特点：主权国家的急剧增加，扩大了外交使团的数量；国家间关系的不断发展，使外交使团的活动日益繁重和复杂；国际组织的迅猛发展丰富了现代外交使团的种类；现代外交法已经形成了以条约为主干，以国际习惯为辅助、体系独立内容丰富的法律部门。

1961 年 4 月 18 日签订、1964 年 4 月 24 日生效的《维也纳外交关系公约》（Vienna Convention on Diplomatic Relations）对外交规则进行了系统的编纂和发展，全面地规定了适用于国家之间外交关系的原则、规则和制度。条约包含 53 个条文，分别对国家之间外交关系的建立、使馆的职务、使馆馆长的派遣和接受、使馆馆长的等级、使馆和外交代的特权和豁免、享有外交特权和豁免的人员对接受国的义务等予以明确规定。

二 外交关系的一般法律问题①

1. 适用范围

《维也纳外交关系公约》第 2 条规定："国与国之间外交关系及常设使馆之建立，以协议为之。"虽然所有独立国家都具有建立外交关系的能力，但是在一般国际法中并没有关于使节权（right of legation）的规定。有关的相互同意可以是非正式表明的。

2. 外交与承认的关系

承认是建立和保持外交关系的一个条件，但是保持外交关系并不必然是承认的结果。外交关系的不存在或撤销外交代表机构，可能纯粹是现实考虑或非军事制裁的形式的结果。

3. 特权与豁免

外交关系的本质是派遣国政府经接受国许可而在后者境内行使职务。接受国同意建立外交关系后，必须采取措施以确保派遣国在许可范围内的利益。对于许可给予"善意及信任"的过程产生"特权与豁免"的内容。对此的一种解释是，外交代表与使馆馆舍具有"治外法权"（ex-territorial），换句话说，出于所有目的在法律上把使馆比作派遣国属地管辖权的区域。这一理论已经受到了广泛的质疑。现有的法律立场更强调外交代表作为主权国家代表作用的代表性说（the representative theory）与基于实际需要的职务需要说（the functional theory）的相互协调。后一种学说相当流行，不过也存在一些问题，需要进一步研究。这一问题必须与外交代表的双重方面联系起来，即：附属于外国国家官方行为的主权豁免（基于属物理由的豁免）与外交人员和馆舍的更广泛、更重要但却附有更多条件的"职务性"特权与豁免因素。

4. 东道国义务的履行

东道国对其法律义务的履行，要求其在国内采取若干立法与行政措施。在为使馆人员及馆舍提供警察保护方面，东道国必须显示出适当的

---

① 参见［英］肖恩·布朗利《国际公法原理》（第五版），曾令良、余敏友等译，法律出版社 2003 年版，第 307—308 页。

关心，如果司法机关未能维护必要的特权与豁免，那么可能出现东道国的责任问题。

三 领事关系的国际立法

领事关系法是调整国家间领事关系的规范。1963 年 4 月 24 日订于维也纳，1967 年 3 月 19 日生效的《维也纳领事关系公约》（Vienna Convention on Consular Relations）对这些规则进行了系统的编纂，全面地规定了适用于国家之间领事关系的原则、规则和制度。该公约共计 79 条，分别对国家之间领事关系的建立、领事职务、领馆馆长等级、领馆馆长的委派及承认、领馆馆员之委派、领馆和领馆人员特权与豁免、享有领事特权与豁免的人员对接受国的义务等问题予以明确规定，构成了当今领事关系法的主要内容。

《维也纳领事关系公约》通过后，领事法律制度在实践中不断变化与发展。随着实践的发展，《维约》中一些模糊与空白的规定愈发容易引起各种国际争议。例如关于领事保护的定义，领事保护的权利性质和职责范围、领事保护的程序，以及相关权利救济和责任分配制度等。[①]

四 中国参与的条约和相关立法

我国于 1975 年 11 月 25 日加入《外交关系公约》，同时提出了三点保留，对第十四条第一项甲乙两款、第十六条第三项和第三十七条二、三、四项的保留，但于 1980 年 9 月 15 日外交部正式声明撤销对第三十七条二、三、四项的保留。我国于 1979 年 7 月 3 日正式加入《领事关系公约》。

中国于 1986 年颁布了《中华人民共和国外交特权与豁免条例》，1990 年颁布了《中华人民共和国领事特权与豁免条例》，基本按照前述国际条约确立了中国的相关规范。此外，第十一届全国人民代表大会常务委员会第十一次会议 2009 年 10 月 31 日通过、2010 年 1 月 1 日起施行的《中华人民共和国驻外外交人员法》主要针对驻外外交人员（我国驻外外交机构中从事外交、领事等工作，使用驻外行政编制，具有外交衔级的人员），规范其管理，保障其合法权益。无法律约束力的《中国领事保护

[①] 何田田：《领事保护之概念辨析和中国领事保护法律的完善》，《宁夏社会科学》2021 年第 4 期。

和协助指南》（2015 年版）提出，领事保护是指中国政府和中国驻外外交、领事机构维护海外中国公民和机构安全及正当权益的工作。

第三节 研究重点与方向

2018 年 8 月 24 日，习近平总书记主持召开中央全面依法治国委员会第一次会议，在谈到成立该委员会的重大意义时，习近平强调指出："中国走向世界，以负责任大国参与国际事务，必须善于运用法治。在对外斗争中，我们要拿起法律武器，占领法治制高点，敢于向破坏者、搅局者说不。全球治理体系正处于调整变革的关键时期，我们要积极参与国际规则制定，做全球治理变革进程的参与者、推动者、引领者。"[①]

2020 年 2 月 5 日，在中央全面依法治国委员会第三次会议上，习近平进一步指出："要加强国际法治领域合作，加快我国法域外适用的法律体系建设，加强国际法研究和运用，提高涉外工作法治化水平。"[②]

自《维也纳外交关系公约》签订以来，一些新的问题不断出现。有的超出有关公约、国际惯例的调整范围，即新的国家实践；有的是联合国试图编纂而未完成或尚未涉及的；还有的则是有关公约不能解决的。对这些问题的解决也将会促进外交法的发展。

一 外交特权与豁免

在外交法的发展过程中，国家元首在国外的地位是建立在几个世纪以来的国际习惯法基础之上的。随国家元首的特权与豁免而给予其外交代表等以特权与豁免。但是近几十年来，有关外交代表、领事官员和国家其他官员以及国家本身的外交法规则都较为具体，而国家元首的地位却不甚明晰。近些年的国际协议体现了这一点。

外交法是国际法中最少遭到违反的部门法之一，但在实践中也常出现违反甚至公然漠视其有关规则的情况。一方面，扣压外交人员作为人

---

① 参见习近平《加强党对全面依法治国的领导》，《求是》2019 年第 4 期。
② 《全面提高依法防控依法治理能力　为疫情防控提供有力法治保障》，《人民日报》2020 年 2 月 6 日，第 1 版。

质、侵犯外国使馆、毁坏使馆档案、破坏使馆通信、扣留毁坏外交邮袋事件时有发生，从而严重影响正常的国际交往。为此，国际社会倾向于增加外交特权与豁免的内容。

（一）外交特权与豁免的概念

外交特权与豁免（diplomatic privileges and immunities）是外交代表机关及其人员在接受国所享有特殊权利和优惠待遇的总称。其主要目的是保证外交代表、外交代表机关以及外交人员进行正常的外交活动。13世纪，欧洲开始出现常驻使节，他们被认为神圣不可侵犯，受到特别的保护。到17世纪后半叶，互派常驻使节成为普遍的制度，使节享有的特权与豁免逐渐形成惯例。

把使馆用于与外交目的不相符合之用途、滥用外交特权与豁免、滥用外交邮袋，会严重损害接受国的利益和主权，这一系列问题引起国际社会的普遍关注。有的国家对外交特权与豁免产生怀疑，对应否开启查验外交邮袋产生争论。许多国家已将有关公约国内法化，要求使馆及其人员等尊重东道国的法律规章。1986年《中华人民共和国外交特权和豁免条例》即为一例。

（二）中国关于外交特权与豁免的立法实践[①]

中华人民共和国成立后，曾于1951年9月4日由政务院通过了《中华人民共和国对各国外交官及领事官优遇暂行办法》。此外还有关于外交特权与豁免方面的单行规定，如1961年公布的《对各国外交官和领事官的行李物品进出国境优待暂行办法》、1957年公布的《中华人民共和国海关对进出国境的中国和外国信袋及外交信使个人行李物品放行办法》等。为了改变我国外交立法缺乏的状况，适应国际交往的需要，1986年9月5日，第六届全国人民代表大会常务委员会第十七次会议通过了《外交特权与豁免条例》，该条例基本内容和原则与1961年的《维也纳外交关系公约》所规定的特权与豁免基本相同，又在公约许可范围内作了一些调整和补充。如扩大了外交特权与豁免对人的适用范围、扩大了民事管辖豁免的范围、确立了外交特权与豁免的对等原则等。

（三）外交特权与豁免和领事特权与豁免的差异

（1）刑事豁免程度的不同。外交代表在刑事管辖上有绝对豁免权，

[①] 参见王虎华主编《国际公法学》（第四版），北京大学出版社2018年版，第327页。

在任何情况下都不受接受国刑法规定的管辖。个人不能放弃豁免。在任何情况下，接受国都不能因为外交官触犯刑法而对其进行起诉、刑事强制措施或刑事审判，而只能由派遣国处理。领事官员只享有相对刑事管辖豁免权，根据《领事关系公约》第 41 条第 1 项的规定，领事一般享有刑事管辖豁免，但是有例外，在领事犯了严重罪行或为了执行有确定效力的司法判决，可以予以逮捕或羁押。

（2）作证义务的不同。《外交关系公约》第 31 条第 2 项规定：外交代表无以证人身份作证之义务。这种义务的豁免是绝对的，虽然在某些情况下，接受国可以请求外交代表作证，但是必须经过派遣国的同意。《领事关系公约》第 44 条明确规定了领事的作证义务，领馆人员得被请求在司法和行政程序中到场作证。除与职务相涉，领馆雇员或服务人员不得拒绝作证。如领事官员拒绝作证，不得对其实行强制措施和处罚。可以看出，外交代表是绝对无作证义务的，就算是其愿意作证也须经过派遣国的同意。而领事一般有作证义务，其出庭作证不须经过派遣国的同意，只是在领事拒绝作证时不能对之实行强制措施。

二　领事保护制度

领事关系牵涉每个国家海外公民的切身利益，是国家间关系的重要内容之一。随着中国开放的大门进一步敞开，中外人员往来日益密切，中国需要不断加强海外利益保护和风险预警防范体系建设。中国的海外领事保护工作旨在保护中国公民、企业和机构在海外的安全与正当权益，事关海外中国公民、企业和机构的切身利益，是中国外交工作落实以人为本、执政为民理念的具体体现，具有十分重要的意义。[①] 在全球化浪潮下，世界人口加速流动，中国公民的出国人数不断增加。而与此同时，中国公民海外安全事件也不断发生。在此背景下，领事保护问题值得我们关注并进行研究。从国际法的角度对领事保护制度的基本理论进行研究，将国家主权、国际人权等国际法热点议题与领事保护法律制度相结合，洞悉这一领域即将面临的新挑战尤为重要。另一方面，加强对领事保护制度的国内法研究，对比发达国家国内领事保护的立法，结

---

① 何田田：《领事保护之概念辨析和中国领事保护法律的完善》，《宁夏社会科学》2021 年第 4 期。

合国情,剖析中国目前领事保护制度可待完善之处,对我国如何建立起完善的领事保护制度提出意见和建议也尤为重要。

此外,领事协助作为《维也纳领事关系公约》规定的一项重要领事职务,有关实践近年来在国内和国际上都有许多新的发展。在外交领事关系对等互惠的条件下,中国一方面作为接受国,应履行相应领事告知和领事通知义务,另一方面作为派遣国,应关注和维护在国外被拘禁中国公民的领事告知与领事通知。随着全球化的深入,国际法在经历变革,领事协助法律制度也出现了一些新的发展,如主导理念的人本化、实施主体的复合化和保护对象的多样化。在目前走出去国民日益增多、重大海外安全事件多发频发背景下,应当积极、稳妥、有序地继续推进领事协助专门立法,但应处理好法律与政策、国际法与国内法等关系,调研解决概念使用、立法调整范围、领事协助行为的可诉性等具体理论问题。

第四节 研究展望

外交和领事关系法的研究和实践应该服务国家外交工作大局,重点做好如下一些方面的研究工作。

一 新冠肺炎疫情下外交与领事工作的强化与优化

当今世界正经历百年未有之大变局,国际力量对比深刻调整,国际环境的不稳定性不确定性明显增加。新冠肺炎疫情影响广泛深远,全球化遭遇逆流,世界进入动荡变革期;新冠肺炎疫情暴露了全球治理体系短板,后疫情时代国际法相关领域的变革势在必行。一国为维护公共卫生利益而采取疫情防控措施时,如何处理好外交领事特权和豁免,在此次疫情期间也引发一些争议。

当前,国际形势持续发生深刻复杂变化,中国外交面临前所未有的机遇与挑战。近年来,随着中国开放的大门进一步敞开,中外人员往来日益密切,维护海外中国公民和机构安全及正当权益的任务更加繁重。因此,为践行人类命运共同体和"外交为民"理念,探讨如何完善与打造我国领事保护与协助的法律支撑与机制建设，很有必要。① 在对外国公民入境、过境和本国公民、侨民回国以及在驻在国提供外交和领事保护等方面，由于新冠肺炎疫情的冲击都出现了新情况，新问题。是当前和今后一段时期外交和领事工作的重要方面。新冠肺炎疫情暴露了全球治理体系短板，后疫情时代国际法相关领域的变革势在必行。疫情发生后，全球治理赤字进一步凸显。各国在应对疫情时各自为政，有时候甚至相互拆台；全球化和国际组织的作用受到质疑；一些领域的"规则真空"在疫情下突然暴露。从微观层面看，举例来说，我们以往认为，国际邮轮的登记、航行和管辖等相关国际规则是清晰的，但多艘国际邮轮在发生疫情后，竟因为管辖权不明确，而不得不长期漂在海上，酿成悲剧。

党的十九届五中全会通过的《建议》提出积极参与全球治理体系改革和建设，积极参与重大传染病防控国际合作等重大任务，加强涉外法治体系建设。四中全会提出了推进中国法域外适用法律体系建设，这些都需要从国际法角度建言献策。

党的十八大以来，在习近平外交思想指引下，中国特色大国外交实践中尊重国际法、坚持运用和发展国际法的特征更加鲜明。中国要实现综合国力和国际影响力领先的强国目标，需要在更广范围、更深层次、更高水平运用国际法，积极参与引领全球治理体系改革。

在领事保护的国际法层面，我国有关领事保护方面的法律文件主要由两部分组成：《维约》，以及我国与其他国家缔结的49份双边领事关系条约或协定。第一，"在国际法的限度内"进一步完善领事保护体系。第二，推动领事保护的国际磋商与合作。目前，我国仅有43份已生效的领事条约。与我国没有建立外交或领事关系的国家，与我国人员往来所产生的领事问题，可通过加强领事磋商、开展合作的方式来解决。从领事保护的国内层面看，中央、地方、驻外使领馆、企业和公民的"五位一体"领事保护体系和海外安保机制是未来推进中国整体海外安全治理能力的有效途径。第一，领事保护专门立法宜尽快出台并生效。第二，加强领事保护的多元参与机制。在当前的"五位一体"的领事保

---

① 何田田：《领事保护之概念辨析和中国领事保护法律的完善》，《宁夏社会科学》2021年第4期。

护机制中,参与实施领事保护的主要部门是政府部门。非政府部门除了大型企业以外,其他部门参与极少,公民社会的力量未得到充分调动。近几年,这种情况有所改善。从 2018 年开始,我国外交部继续推动领事保护联络员机制,缓解专业领事人员不足带来的工作压力,各驻外使领馆纷纷建立与当地政府部门和当地中国公民之间的联络和协调机制等。第三,加强预防性领事保护工作机制。"预防是最好的保护",事前预防机制更多属于领事保护中的领事服务之范畴。①

二 反制特朗普政府关闭中国驻休斯敦总领馆所涉国际法问题

2020 年 7 月 21 日,特朗普政府突然要求中方关闭驻休斯敦总领馆,并于 72 小时后强行闯入馆舍。我们坚决回击,对等关闭了美国驻成都总领馆。这是中美建交以来首次闭馆事件,国内外舆论高度关注。一个普遍关注的问题是,特朗普政府强行闭馆的做法是否违反国际法?结论显而易见。我们认为至少在三方面违法:一是闭馆缺乏正当理由,违反国际法上的善意原则。根据《维也纳领事关系公约》("维约"),设立领馆以驻在国同意为前提,简单从法理上讲,驻在国也应同样有权撤回同意、要求闭馆。但根据善意原则,驻在国行使这一权利时,应基于正当和令人信服的理由,合理顾及派遣国正当关切,否则就是滥用权利。美方 1979 年同意中方在休斯敦设立建交后首个驻美领馆,是基于行使领事职能、促进人员经贸往来等客观需要,这一需要迄今并未减损,而是随着中国的发展和两国交往扩大日益增强了。此时特朗普政府却拿"保护知识产权""保护贸易公平""防止颠覆活动"等前后不一、毫无依据的借口作为闭馆理由,显然没有说服力,是在滥用权利。二是闭馆期限仅有 72 小时,少于合理需要,违反维约和《中美领事协定》的基本精神。领馆闭馆后,馆舍、档案及财产的不可侵犯权等特权豁免能延续多久,维约和协定并无明确规定,但原则上要求驻在国确保领馆顺利履行职务,应善意解释为包括要确保顺利完成闭馆善后工作。维约还规定,领事人员特权豁免在职务届满后"合理期限"内终止,各国实践中一般也参照该规定,在短则十几天、长则数月的"合理期限"内,

---

① 何田田:《领事保护之概念辨析和中国领事保护法律的完善》,《宁夏社会科学》2021 年第 4 期。

继续认可已关闭领馆的特权豁免。中国驻休斯敦总领馆运行40多年，善后事务庞杂，特朗普政府要求我们在3天内完成，显然不合理；美方有关人员在单方面设定的期限届满后闯入馆舍，没有尊重领馆本应在合理期限内继续享有的馆舍不受侵犯权，违反国际法和国际惯例。三是强行接管馆舍，违反维约明确规定。维约第27条规定，即使两国断绝领事关系，驻在国也应尊重并保护领馆馆舍、档案及财产，纵使发生武装冲突也应如此；派遣国则可将馆舍、档案及财产交由其在驻在国的使馆或其他领馆保管，也可委托给驻在国同意的第三国保管。再退一步讲，馆舍是中国国家购置，即使不再享受领馆馆舍的特权与豁免，也仍属中国国家财产。中国有权将馆舍交由中国驻美使馆或其他驻美领馆保管，甚至请第三国保管。实践中这是各国通行做法，美国和伊朗于1981年因"人质事件"断交时，美方也尊重伊朗将驻美使馆馆舍交给阿尔及利亚保管的决定。此次美方不顾中方意愿，强行进入馆舍，违反了维约的明确规定，侵犯了中国国家财产。对于特朗普政府的违法行径，我们采取坚决反制措施，要求美方在同样时限内关闭其驻成都总领馆，并接管了美方馆舍。我们这样做有充分的国际法依据，包括外交和领事法上的"对等原则"和国际法上的"反措施"规则。无论目的还是手段，都合法、适度，符合国际法和国际实践。①

外交与领事关系法的研究工作肩负着为中央外交决策提供法律参考和法律支撑的重要使命，承担着运用法律手段维护国家主权、安全和发展利益的神圣职责。国际形势复杂多变，外交任务艰巨繁重，需要我们加强调查研究，把握好中央的外交方针政策，及时提供有效的法律研究成果，为我国外交工作提供强有力的法律支撑。

三 改善和发展中美关系要善用国际法

"冷战"结束以来，国际形势发生了深刻的变化。世界正朝着多极化、多边主义和国际关系民主化的方向发展，要和平、谋发展、促合作已成为不可阻挡的时代潮流，国际权力和国际秩序也首次出现了"和平转换"的历史性机遇。但是，我们前进道路上必然会面临各种难题和挑

---

① 贾桂德：《从外交领事法看中国疫情防控措施和美国关闭中国领事馆》，《国际法研究》2021年第1期。

战。随着国际形势的变幻，中美关系面临建交以来最严峻的挑战。如何从国际法的角度诠释当前的外交形势？如何看待美国违反国际法的霸凌行径？如何评判蓬佩奥的"涉南海声明"？所谓南海仲裁案"裁决"对中国有法律效力吗？如何准确把握外交中的"软"与"硬"？如何把握国内民间外交舆论的正确导向？美国对待国际法是典型的"双标"，是国际法治不折不扣的践踏者。诬告滥诉、鼓吹"新冷战"、强行"脱钩"都使得中美关系将在曲折中前行。所以，在外交斗争中，应更好地掌握国际法这一强大武器。

2020年8月8日，外交部新闻发言人指出："美方借口国家安全，频繁动用国家力量，无理打压非美国企业，这是赤裸裸的霸凌行径。""美国向台湾出售武器严重违反一个中国原则和中美三个联合公报特别是'八·一七'公报规定，严重损害中国主权和安全利益，严重违反国际关系基本准则。"此前，在外交部例行记者会上，对于美国突然关闭中国驻休斯敦总领馆，发言人指出，"这是美方单方面对中方发起的政治挑衅，严重违反国际法和国际关系基本准则，严重违反中美领事条约有关规定，蓄意破坏中美关系，十分蛮横无理"。针对美国国务院、财政部宣布对新疆生产建设兵团及2名官员实施制裁一事，发言人指出，"美方上述行径严重干涉中国内政，严重违反国际关系基本准则，中方对此坚决反对并予以强烈谴责"。针对美国国务卿蓬佩奥口口声声称要按国际法行事，发言人指出，"美国惯于借维护国际法之名，行谋取一己私利之实，对国际法合则用、不合则弃是美方的一贯立场"。①

由此可见，中美关系的改善任重道远，国际法作为国际关系和国际秩序的"稳定器"，日益成为对外斗争和扩大国际影响的重要抓手。大国外交必重国际法。我国应大力加强国际法的研究，要善于运用国际法这个武器，推动中美两国在国际关系中遵守以《联合国宪章》宗旨和原则为基础的国际法和公认的国际关系基本准则，积极推动构建以国际法治为基础的人类命运共同体。中美两个大国要彼此适应双方力量对比的改变和国际关系的调整，主张践行真正的多边主义，坚持和平共处五项原则，努力构建新型大国关系，维护世界和平与发展的总趋势。

---

① 参见黄惠康《当前中美外交博弈中的若干法律问题》，《国际法学刊》2020年第3期。

四 综合性对外法律人才培养

再一次温习习近平总书记的有关论述,增强综合性对外法律人才培养的紧迫感和使命感。总书记强调指出:"中国走向世界,以负责任大国参与国际事务,必须善于运用法治。在对外斗争中,我们要拿起法律武器,占领法治制高点,敢于向破坏者、搅局者说不。全球治理体系正处于调整变革的关键时期,我们要积极参与国际规则制定,做全球治理变革进程的参与者、推动者、引领者。"[1]

涉外法治工作事关国家主权、安全和发展利益,是推进国家治理体系和治理能力现代化战略的重要支点。为新时代对外开放提供有力法律支撑,需要在更广范围、更深层次、更高水平运用国际法,为此需要培养、建立和扩大一支德才兼备、知行合一的高素质涉外法律人才队伍。这既是当务之急,也是长远所需。近期围绕抗击新冠肺炎疫情的外交舆论战和法律战凸显了加强涉外法律人才队伍建设的重要性[2]。

在中国外交部门驻外的人员组成中,有必要新增法务参赞,主理法律与司法方面的合作事务,促进两国法律交流和司法合作,维护我国驻外机构和人员的合法权利。因此,需要一大批语言娴熟、精通国际法、熟悉中国和驻在国国内法的法律专业人才。

随着"一带一路"建设的深入推进,中国企业和其他机构到沿线国家开展业务,急需大量懂得当地文化、法律和司法实务的人才,为相关机构提供高质量的法律服务,维护自己的合法权益。因此,在深化国际法的学习和研究的基础上,加强"一带一路"沿线国家国别法的学习和研究,造就一大批谙熟国际法业务和驻在国国内法的综合性人才,也是非常必要的。

五 其他值得关注的问题

在外交和领事关系法方面,其他值得关注和研究的问题有:随着中国发展利益逐渐扩及全球,如何更好地发挥外交和领事特权与豁免的法

---

[1] 参见习近平《加强党对全面依法治国的领导》,《求是》2019年第4期。
[2] 参见黄惠康《从战略高度推进高素质涉外法律人才队伍建设》,《国际法研究》2020年第3期。

律作用，更好地保护中国公民和企业的利益；新冠肺炎疫情之后，面对可能到来的对中国的所谓索赔和追责，如何运用外交和领事关系法律制度切实保护中国国家、公民和企业的权利和利益；随着中国公民和企业向国外，尤其是"一带一路"沿线国家旅行和开展经济合作，当地的外交和领事部门如何更好地积极主动发挥作用，如何建立起一整套符合"一带一路"实际需要的条约和法律规则网络，用好现有的条约和机制，深入参与制定新公约机制至关重要；人工智能武器所涉及的国际法问题，包括是否应就人工智能武器制定国际公约，未来人工智能武器发展何去何从，如何从外交层面达成共识、设计相关国际法律制度，都值得深入研究。

在习近平外交思想指引下，中国特色大国外交实践中尊重国际法、坚持运用和发展国际法的特征将更加鲜明。我国在国际法领域积极作为，坚持和平共处五项原则，坚持"义利并举、以义为先"的正确义利观，在全球性挑战面前发挥了大国担当。未来外交法律工作者肩负的使命任务将更加艰巨繁重，我们需要进一步凝聚国际法政学力量，立足于我国外交理论和实践的传承与发展，以人类命运共同体思想为指导，为推进中国特色大国外交作出更大贡献。

第二十二章

国际刑法

第一节 概述

和平与发展仍是当今时代主题。不能忘却的是，今天之"和平"实属来之不易，是 70 多年前世界反法西斯战争胜利的成果。第二次世界大战的结束催生了纽伦堡国际军事法庭（International Military Tribunal at Nuremberg，下称"纽伦堡法庭"）与远东国际军事法庭（International Military Tribunal at Far East，下称"东京法庭"），并由此开创了划时代的现代国际刑法（International Criminal Law）实践。

国际刑法内容极其丰富，本章并未面面俱到，而仅选择阐述国际刑法中最为重要的基本内容，澄清当前国际刑法中的疑点难点问题，指示国际刑法的未来发展趋势。国际刑法是一门独立学科，且是一门兼具刑事实体法、程序法和国际法学的综合性独立法学学科，是国际法领域内最具有强制力的学科领域，其对国际政治和国际关系皆产生了深远的影响。国际刑法学兼具的刑事法与国际法的内容与体系，具有一种边缘学科的性质。当今的国际格局表明，必须要继续坚定地捍卫《联合国宪章》的宗旨和原则，维护以联合国为核心的国际体系和以国际法为基础的国际秩序——这也指明了国际刑法研究的未来和趋势。

一 国际刑法的渊源

国际刑法与国际法其他分支相比，具有一些比较鲜明的特征，这些特征也影响到了国际刑法的渊源问题。例如，国际刑法是对国际罪行进行起诉、审理和惩治的国际法律规范体系，目的是维护整个国际社会的共同利益，是为了惩治国际严重罪行，因此，它与国家主权紧密相联，具有明显的正义性和很强的制裁性，并在学科方面融合了法律、社会、政治及文化等多方面的要素。①

根据《国际法院规约》（Statute of the International Court of Justice）第38条第1款的规定，通说认为，国际法的渊源主要包括条约、习惯国际法和一般法律原则，而"司法判例及各国权威最高的公法学家学说"则作为确定法律规则的辅助资料。② 一方面，国际刑法作为国际公法的一个分支，国际法的渊源理论自然也适用于国际刑法。另一方面，由于国际刑法兼具国际法的刑事方面和刑法的国际方面这种双重性质，关于其法律渊源的讨论就显得更为特殊和复杂一些。

一是对"国际刑法渊源"本身的含义存在不同理解，有观点认为，国际刑法的渊源是指国际刑法的出处，并由此主张只有条约和习惯国际法才是国际刑法的渊源；但是，亦有观点指出，除了条约和习惯法本身关系密切之外，国际刑法和国际人道法也在其发展过程中赋予了"一般法律原则"这一渊源以新的"生命"——当条约或习惯法无法为国际司法机构的法官提供用于处理手上案件的清晰规则时，一般法律原则就成为了一种"便利的"法律渊源。二是就国际刑法渊源的思路有不同的理解，认为国内法同样也是国际刑法的渊源。这种主张亦体现了国际刑法的特殊性之所在。例如，在国际刑法实践中存在着一些属于国际国内混合性质的法庭（hybrid tribunals 或 mixed tribunals），如东帝汶特别法庭、塞拉利昂特别法庭、柬埔寨特设法庭、黎巴嫩问题特别法庭

---

① 参见朱文奇《现代国际刑法》，商务印书馆2015年版，第3—7页。
② 《国际法院规约》第38条第1款规定："本法院对陈诉的各项争端，应依照国际法予以裁判，裁判时应适用：（甲）不论一般或特殊国际协约，确立诉讼当事国明示承认的规则者；（乙）国际习惯，作为通例的依据而经接受为法律者；（丙）一般法律原则为文明各国所承认者；（丁）在第59条规定之下，司法判例及各国权威最高的公法学家学说，作为确定法律规则之辅助资料者。"关于国际法渊源的探讨，可参见李浩培《国际法的概念和渊源》，贵州人民出版社1994年版；Hugh Thirlway, *The Sources of International Law*（Oxford University Press, 2019）.

等,① 这些法庭的《规约》要求适用其本国的国内法——即罪行发生地国的法律,但同时也在司法程序方面要求法庭适用更高的所谓"国际化"的标准。② 因此,国际刑法的渊源这个问题,它既源于国际公法,也具有自身的特殊性。国际刑法的渊源问题是国际公法渊源问题的一个延伸,而它在这方面所引起的特殊性问题,及其对国际公法渊源理论的影响,也值得作进一步的思考和研究。③

二 纽伦堡原则

在国际法和国际关系的发展史上,有相当长的一段时间是"有罪不罚";战争罪行为被国际法予以追究是近现代社会的现象,从不追究到追究,国际刑法经历了一个发展过程:从第二次世界大战后的纽伦堡审判和东京审判,到冷战结束后的前南刑庭和卢旺达国际刑事法庭(United Nations International Criminal Tribunal for Rwanda,ICTR,下称"卢旺达刑庭")④ 等,再到被誉为"国际刑法发展里程碑"的国际刑事法院,国际社会在惩治国际罪行方面取得了极大的进展。⑤ 具体而言,纽伦堡审判和东京审判不仅开创了国际法历史上真正开始追究个人刑事责任的实践,而且这两个审判所体现出来的国际法原则,即"纽伦堡原则",很快就被以联合国大会决议的方式得到了整个国际社会的承认。

1946 年 12 月 11 日,联合国大会通过了著名的《确认纽伦堡法庭

---

① See Aaron Fichtelberg, *Hybrid Tribunals*: *A Comparative Examination* (Springer, 2015); John D. Ciorciari and Anne Heindel, *Hybrid Justice*: *The Extraordinary Chambers in the Courts of Cambodia* (University of Michigan Press, 2014).

② 参见朱文奇《现代国际刑法》,商务印书馆 2015 年版,第 128 页。

③ See Birgit Schlütter, Developments in Customary International Law: Theory and Practice of the International Court of Justice and the International ad hoc Criminal Tribunals for Rwanda and Yugoslavia (Martinus Nijhoff Publishers, 2010); William Schabas, The International Criminal Court: A Commentary on the Rome Statute (Oxford University Press, 2nd edition, 2016).

④ 卢旺达刑庭是由联合国安理会于 1994 年 11 月 8 日通过第 955(1994)号决议设立的特别法庭。根据该法庭《规约》,它只受理对自然人提起的刑事诉讼,管辖范围仅限于 1994 年 1 月 1 日至 1994 年 12 月 31 日发生在卢旺达境内的罪行,以及发生在卢旺达邻近国家由卢旺达公民犯下的罪行,包括种族灭绝罪、反人类罪以及违反《日内瓦公约》共同第三条和《第二附加议定书》的行为。2015 年 12 月 30 日,卢旺达刑庭完成了它的司法审判工作。参见刘大群《联合国临时法庭对国际刑法发展的贡献》,载中国国际法学会主办《中国国际法年刊(2018)》,法律出版社 2019 年版,第 15—51 页。

⑤ 参见朱文奇《现代国际刑法》,商务印书馆 2015 年版,第 51—97 页。

组织法所认定的国际法原则》的决议,确认了七个方面的重要国际法原则,即国际法上的"纽伦堡七原则"。①

纽伦堡原则在国际刑法的起源与发展中有着非常重要的地位和作用,其中规定的个人刑事责任原则奠定了国际刑法的重要基础,此后,不管国际法关于主体部分在学术理论上如何被解释,国际罪行在实践中已明确无误地适用于个人:国际罪行事实上并不是由抽象的集体做出的,而是由具体个人犯下的,只有定罪处罚犯下如此罪行的个人,才能使国际法的规则得到有效实施。②

三 国际刑法中的管辖

对国际犯罪的刑事管辖有四种原则,即属地管辖原则、属人管辖原则、保护管辖原则和普遍管辖原则。其中,前三个原则是各国国内刑法中普遍坚持的原则,而后一个原则是国际刑法中所特有的原则。属地管辖原则,是指凡在本国领域内实施的犯罪,无论犯罪者是本国人还是外国人或无国籍人,都适用本国刑法。属人管辖原则,是指凡本国国民或在本国有常住地的人犯罪,无论其在本国领域之内实施还是在本国领域之外实施,都适用本国刑法。保护管辖原则,是指凡侵害本国国家利益或本国国民利益的犯罪,不论犯罪人是本国人还是外国人或无国籍人,也不论犯罪发生在本国领域之内还是本国领域之外,都适用本国刑法。

国际刑法中比较有特点的是普遍管辖原则,这一原则相当重要,由此产生的争议也颇多。普遍管辖原则是指每个主权国家都有权对国际犯罪实行刑事管辖,而不论这种犯罪是否在本国领土内发生,不论是否由本国国民实施,也不论是否侵害本国国家或国民的利益,只要罪犯在其领土内被发现。这一管辖原则的理论依据在于,这些国际罪行的性质是如此之严重,以至于侵犯了整个国际社会的利益,因此,任何国家都可以基于普遍管辖原则对它们实施管辖。普遍管辖原则还要求相应公约缔

---

① 联合国大会决议:《确认纽伦堡法庭组织法所认定的国际法原则》,A/RES/95 (I),1946 年 12 月 11 日,https://undocs.org/en/A/RES/95 (I)。

② *United States et al. v. Araki Sadao et al.*, The Tokyo Major War Crimes Trial: The Records of the International Military Tribunal for the Far East, with an Authoritative and Comprehensive Guide (2002), Vol. 1, Judgment, p. 223.

约国遵守"或引渡或起诉"（aut dedere aut judicare）的原则。这一原则的含义使它构成了一种独具特色的管辖体系，克服了世界各国囿于国家主权在同国际犯罪作斗争中可能出现的漏洞，从而在同国际犯罪斗争中发挥着重要的作用。

有关刑事管辖权的国际实践是不一致的。① 国家有权处理在其领土内实施的任何犯罪，这是公认的。此外，国家还可以对自己国民在境外实施的犯罪行使管辖权（积极属人管辖权），这也是公认的。但是，一国何时可以惩罚外国人在境外实施的犯罪，以及外国人何时不受该国刑法的管辖，则存在争议。以"皮诺切特案"②为例，该案一方面凸显的问题是，如果一国的统治者在其任内犯有严重侵犯人权的暴行，而在其卸任后其本国的法律和司法制度未能有效保证他就这些暴行负有刑事上的责任，那么国际社会可以怎样将其绳之以法；另一方面，"皮诺切特案"也反映了普遍管辖权原则可能会带来过度行使管辖权的担忧。过度行使管辖权的指责并不是关于各国依据国际法有权做什么，更多的担忧是，国内法院有可能被用来对某个或特定的政府发动意识形态或政治方面的攻击。

国际刑事司法制度的发展尚未达到成熟，普遍管辖原则面临诸多挑战。由此，正确认识、理解思考这一原则，对于运用国际刑法同国际犯罪作斗争，具有重要的意义。尤其对我们国家而言，还将有助于解决我国刑法与国际刑法的衔接问题，完善我国的刑事管辖立法。

第二节　国际罪行与个人刑事责任

一　国际罪行

国际罪行（国际犯罪）的定义是国际刑法的基础问题。在国际刑法规范及惯例中有多少种国际犯罪，其具体罪名是什么，一直就存在不

---

① 参见李世光、刘大群、凌岩主编《国际刑事法院罗马规约评释》，北京大学出版社2006年版。

② 关于"皮诺切特案"的评析，可参见边永民编著《国际公法案例选》，对外经济贸易大学出版社2006年版，第221—249页。

同意见。这一方面是由国际刑法本身的模糊性造成的；另一方面是因为对国际刑法规范及惯例的不同理解所致。综合有关国际刑法公约、惯例以及司法实践，目前关于国际刑法中有共识的核心罪名（core crimes）有四个：灭绝种族罪、危害人类罪、战争罪和侵略罪。本部分主要介绍这四个侵害"国际社会共同利益"的核心国际罪行的相关概念与构成要件；同时，也简要介绍另外两个虽然不属于《罗马规约》管辖范围内，但同样在国际社会有共识的国际犯罪：酷刑罪以及与恐怖主义相关的犯罪。

（一）灭绝种族罪

在国际法中，灭绝种族罪（也称种族灭绝罪）是一种特殊的严重的国际罪行。在卢旺达国际刑事法庭审判的"坎班达案"中，它曾被法庭的主审法官嘎玛（Gama）直截了当地认定是国际法中的"罪中之罪"（the crime of crimes）。[1]

种族灭绝罪系指犯有蓄意全部或局部消灭某一民族、族裔、种族或宗教团体的罪行，[2] 包括五种应当受到惩罚的行为：杀害该团体的成员；致使该团体的成员在身体上或精神上遭受严重伤害；故意使该团体处于某种生活状况下，以毁灭其全部或局部的生命；通过强制施行办法，意图防止该团体内的生育；强迫转移该团体的儿童至另一团体。种族灭绝的这一定义最早是确立于1948年的《防止及惩治灭绝种族罪公约》（Convention the Prevention and Punishment of the Crimes of Genocide，下称《灭种罪公约》）。自此之后，惩治灭绝种族罪的前南刑庭和卢旺达刑庭先后成立，从而开启了惩治种族灭绝罪的国际司法实践。

灭绝种族罪作为国际法上的一项罪行，具有特定的犯罪构成要件，即行为要件（客观方面）和心理要件（主观方面）。这两个要件缺一不可，其中主观要件——特定意图，是证明被告犯有灭绝种族罪的重点和难点所在。因此，被普遍接受的关于灭绝种族罪的定义，它为认定这一

---

[1] ICTR, *Prosecutor v. Kambanda*, Case No. ICTR 97 - 23 - S, Judgement, 4 September 1998, para. 16.

[2] 《防止及惩治灭绝种族罪公约》所列出的"受保护团体"共有4个：民族团体（national group），以是否具有统一国籍为判断依据；族裔团体（ethnical group），从文化层面进行界定；种族团体（racial group），以遗传特征为界限；宗教团体（religious group），以宗教信仰为标准。参见朱文奇《现代国际刑法》，商务印书馆2015年版，第286—291页。

犯罪设置了极高的门槛。

种族灭绝罪的"特定意图"证明标准极高。主观上"特定意图"需要从一系列直接证据和相关事实中证成,在实践中绝非易事。"特定意图"涉及"全部或局部"的解释以及"团体"的定义。根据国际法委员会的解释,种族灭绝罪的特定意图必须是蓄意毁灭某一团体,该团体构成一个"单独且明确"的实体,而非仅仅是某些具有某一团体成员身份的个体。这一解释也得到了卢旺达刑庭在"巴基理施玛案"中的认可。这一"特定意图"的存在很重要,因为如果没有基于"团体"的区别,蓄意毁灭的意图和犯罪行为就无从谈起。关于对这一特定意图的理解与证明,国际司法实践表明,每个概念都应该结合特定的政治、社会和文化背景在个案中作评估。

(二) 危害人类罪

危害人类罪,也有称为"反人类罪"或"反人道罪"。危害人类罪是特别严重和恶劣的罪行,其针对的是无辜的平民,构成对人的尊严的严重伤害和攻击,侵犯的是基本人权。国际刑法中的"危害人类罪",现已成为所有国际刑事司法机构管辖范畴内的国际罪行。但是,在国际刑事司法机构成立和审判之前,危害人类罪并没有一个被国际社会普遍接受的定义,也没有任何国际条约曾对该罪行予以规定,它是国际法后来发展的结果,在国际刑法的发展过程中不断地完善。

第二次世界大战接近尾声时,苏联、美国、英国、法国于1945年8月8日签订了《关于控诉和惩处欧洲轴心国主要战犯的协定》(Agreement for the Prosecution and Punishment of the Major War Criminals of the European Axis)。为起诉和审判危害人类罪行的纳粹德国罪犯,该协定的附件《纽伦堡国际军事法庭宪章》(Charter of the International Military Tribunal)第6条C项首次明确规定危害人类罪,该规定的具体内容如下:"在战争前或战争期间对平民犯下的谋杀、灭绝、奴役、驱逐出境和其他不人道行为,或在执行法庭管辖范围内的任何罪行时,以政治、种族或宗教理由进行迫害的行为。参与共同策划或共同执行前项犯罪的领导、组织者、教唆犯和共犯,对实施反人类罪的所有行为负责,不得享受国家豁免权。"

《罗马规约》第7条规定了危害人类罪的定义(因篇幅所限,此处不详列）。上述条款规定了危害人类罪11项具体的罪目，即谋杀；灭绝；奴役；驱逐出境或强行迁移人口；监禁或以其他方式严重剥夺人身自由；酷刑；强奸、性奴役、强迫卖淫、强迫怀孕、强迫绝育或严重程度相当的任何其他形式的性暴力；迫害行为；强迫人员失踪；种族隔离；其他不人道行为。

（三）战争罪

战争罪是违反战争法规与惯例的行为，也就是违反国际人道法的行为。战争罪并非指某一具体的罪行，而是一个种类的罪行。

根据国际法，在阐述战争罪或战争法之前，必须要区分处理战争合法性问题的国际法，以及经常提及的国际人道法。在第一次世界大战之后对战争责任人进行审判的尝试中，有两种行为被纳入了考虑范围，一种是"挑起战争并与战争的开始相关的行为"，另一种是"违反战争法规和惯例以及违反人道的法规的行为"。在后来的《纽伦堡宪章》中，被纳入管辖权范围的有三种罪行：反和平罪、战争罪以及危害人类罪。"挑起战争并与战争的开始相关的行为"即对应反和平罪，而"违反战争法规和惯例的行为"即对应于战争罪，它是违反"交战规则"（*jus ad bello*）的行为，其与另一类与战争行为相关的法律规则——"战争权利"（*jus ad bellum*）相区别，后者调整着完全不一样的法律关系。

《罗马规约》第8条规定了战争罪的基本概念与行为要件，同样采取了穷尽列举的方式，由于篇幅所限，此处不再详列。从《罗马规约》的规定可以发现，战争罪有四大类别。第一类是《罗马规约》第8条第2款第1项规定的严重违反1949年8月12日《日内瓦公约》的罪行，即对有关的《日内瓦公约》规定保护的人或财产实施的罪行。第二类是第8条第2款第2项规定的"严重违反既定范围内适用于国际武装冲突的法规和惯例的其他行为"。第三类是第8条第2款第3项规定的，在非国际性武装冲突中，严重违反1949年8月12日4项《日内瓦公约》共同第3条的行为，即对不实际参加敌对行为的人（包括已经放下武器的武装部队人员，以及因病、伤、拘留或任何其他原因而失去战斗力的人员）实施的罪行。第四类是第5项规定的"严重违反国际法既定范围内适用于非国际性武装冲突的法规和惯例的其他行为"。

（四）侵略罪

在目前所有国际罪行当中，侵略罪与政治联系最紧密，因此它也是最为复杂的一种国际罪行。在国际刑法的历史上，除纽伦堡法庭和东京法庭曾对德国和日本法西斯以反和平罪进行起诉、审判和定罪量刑以外，其后所有国际刑事司法机构还没有就"侵略罪"行使过管辖权。究其原因，是因为国际法难以发展出一个国际社会能普遍接受的关于侵略罪的定义。

国际法上的一些最重要的法律文件，如《联合国宪章》里有禁止对他国使用武力的规定，但却没有关于何为"侵略罪"行为的定义。2010年6月12日，在乌干达首都坎帕拉召开的会议上，国际刑事法院成员国通过了一项修正《罗马规约》的决议，由此将侵略罪的定义以及国际刑事法院对侵略罪行使管辖权的条件正式纳入了《罗马规约》。①这被认为是"继纽伦堡和东京审判后，国际社会长达六十余年的努力，再次向穷兵黩武的国家及其领导人发出的警示，实现了以司法维护国际和平与安全的理想"。②缔约国以协商一致方式同意"删除《罗马规约》第5条第2款"，并同意增加第8条之二、第15条之二和之三。在新增加的第8条之二中，《罗马规约》规定了对"侵略罪"的定义。

至此，关于国际刑事法院侵略罪管辖权延宕近二十年的争论暂告一段落。但侵略罪有关问题还远未画上句号。首先，要使侵略罪的管辖权真正有意义，必须推动更多的缔约国接受或批准侵略罪修正案，但从各方分歧意见看，这将是一项艰难的任务。其次，启动侵略罪管辖权给法院带来了新的重大职责，也给法院带来挑战和难题，包括如何启动第一项侵略罪情势调查，如何在具体案件中正确解释和适用《罗马规约》、侵略罪修正案及大会通过的决议中一系列相互关联复杂微妙的条款，如何恰当处理法院对侵略罪的管辖与安理会在维护和平与安全方面职责的关系等。这些都有待法院在其司法实践中作出解答。

（五）酷刑罪

《禁止酷刑和其他残忍、不人道或有辱人格的待遇或处罚公约》

---

① "Review Conference of the Rome Statute concludes in Kampala", https://www.icc-cpi.int/Pages/item.aspx? name = review% 20conference% 20of% 20the% 20rome% 20statute% 20concludes% 20in% 20kampala&ln = en.

② 凌岩主编：《国际刑事法院的理论与实践》，中国政法大学出版社2019年版，第77页。

（下称《禁止酷刑公约》）于1987年生效。截至2021年9月，《禁止酷刑公约》有172个缔约国。最近一个缔约国是苏丹。《禁止酷刑公约》规定，每一缔约国应采取有效的立法、行政、司法或其他措施，防止在其管辖的任何领土内出现酷刑的行为。任何特殊情况，不论为战争状态、战争威胁、国内政局动荡或任何其他社会紧急状态，均不得援引为施行酷刑的理由。此外，《禁止酷刑公约》还要求，对在其管辖的领土内发现的被指控实施了酷刑的人，缔约国有义务起诉或引渡。

《禁止酷刑公约》不仅仅是一份人权保障条约，它更规定，酷刑是国际法上的罪行。《禁止酷刑公约》的第1条定义了"酷刑"，即"酷刑"是指为了向某人或第三者取得情报或供状，为了他或第三者所作或涉嫌的行为对他加以处罚，或为了恐吓或威胁他或第三者，或为了基于任何一种歧视的任何理由，蓄意使某人在肉体或精神上遭受剧烈疼痛或痛苦的任何行为，而这种疼痛或痛苦是由公职人员或以官方身份行使职权的其他人所造成或在其唆使、同意或默许下造成的。纯因法律制裁而引起或法律制裁所固有或附带的疼痛或痛苦不包括在内。

（六）与恐怖主义有关的犯罪

联合国安全理事会于2001年9月通过的第1373（2001）号决议确立了整体上打击恐怖主义和加强国际反恐合作的框架。这一决议是在2001年"9·11"事件发生后不久，安理会根据《联合国宪章》第七章通过的。第1373号决议中规定，根据《联合国宪章》第七章，所有会员国有义务"确保把参与资助、计划、筹备或犯下恐怖主义行为或参与支持恐怖主义行为的任何人绳之以法，确保除其他惩治措施以外，在国内法规中确定此种恐怖主义行为是严重刑事罪行，并确保惩罚充分反映此种恐怖主义行为的严重性"。

由于目前关于恐怖主义定义的争议是很大的，无论是第1373号决议还是其他联合国文书都没有对恐怖主义这一术语作出过全面的定义，但是，由于国际恐怖主义带来的危险，国际社会将特定形式行为界定为恐怖主义行为，例如劫机破坏航空器、劫持人质以及杀害外交官员和国际受保护人员等方面，目前已经达成高度的共识，并通过了一些将这些行为形式化的条约，比如2001年生效的《制止恐怖主义爆炸事件的国际公约》，对于所规定的罪行作出了定义，并要求所有缔约国有义务在国内法上将这种行为定为刑事罪行,并规定,针对在一国领土范围内发现的且被指控实施了这一罪行的人,这一国家负有或起诉或引渡的义务。

二 个人刑事责任

个人刑事责任是国际刑法中较有特色的部分。一般而言,国际刑法是国际法的一部分;国际法主体就是国际刑法的主体。传统上,国际法主体主要是国家,个人和法人只能是国际法的客体。然而,自20世纪特别是第二次世界大战结束以来,随着国际实践的发展,国际法的主体范围似乎有所扩大,政府间国际组织、民族解放运动组织都逐渐被承认为国际法的主体。个人在国际法上也开始具有传统国际法上所没有的比较特殊的地位。①

为了维护社会秩序和保护公民的整体利益,"对个人刑事责任依法进行追究"是各国刑法的一般原则,这也成为了国际刑法中的一个基本原则。因此,国际刑法对个人的国际罪行进行追究,也使得个人是否属于国际法主体的理论发生了很大变化。在现阶段的学术讨论中,有认为个人是国际法部分主体的观点,但个人还不具有国际关系中一般的权利能力和行为能力,还没有达到国际法律人格的一般性的要求。整体而言,有关个人的国际法地位问题牵涉甚广,影响深远,甚至会带来对国际法的重新理解及定义,对国际法的发展具有重要的变革意义,因此从一开始就引起了学界的激烈争论。

《罗马规约》第 25 条规定了"个人刑事责任",但在《罗马规约》谈判中突出的一个问题是,在规定个人刑事责任的同时,是否应该规定法人的刑事责任,以及不作为是否构成个人刑事责任的问题。但由于国际刑法目前阶段主要关注的仍是自然人,而不是国内所称的"法人",因此,《罗马规约》中最终就没有纳入法人刑事责任的规定,并以"行为"(conduct)取代了所有出现"作为或不作为"(act or omission)之处。

国际刑法中的责任模式多种多样,其中主要是个人直接刑事责任,

---

① 参见《国际公法学》编写组《国际公法学》(第二版),高等教育出版社 2018 年版,第 102—114 页。

如唆使、命令、实施或协助犯有战争罪、危害人类罪或灭绝种族罪的行为；责任排除的理由包括精神疾病、醉态、正当防卫、认识错误和被迫行为，等等。在个人刑事责任中，有的责任形式反映了国际刑法的独特性及其关注的重点，其中比较突出的，就是处于指挥官或上级领导地位而产生的责任，① 以及"执行命令不免责"规定：后者针对的是下属服从上级命令去犯罪的情况；而前者则是指挥官没有命令犯罪，但由于有效控制而导致刑事责任的情况。

第三节 国际刑事司法的实践与制度

国际刑法发展的标志之一就是国际社会逐渐成立了不少国际刑事司法机构，它们的目的是惩治国际罪行、终结有罪不罚、实现正义和保障人权。

一 国际刑事法院成立前的审判实践

特设国际刑事法庭的"特设"一词，是指 ad hoc，基本意思就是一事一理。特设国际刑事法庭就是为了起诉和惩治在某一时间内、某一地方发生的某些特定罪行而设立的国际性质的刑事司法机构，它具有临时性质。纽伦堡法庭和东京法庭是第二次世界大战后协定创设的国际军事法庭，对犯有最为严重罪行的战争罪犯进行审判。这两个国际刑事法庭是现代国际法意义上成立最早、对国际刑法最具影响力和冲击力的国际刑事司法机构，它们不仅进一步肯定了战争罪，而且使国际法新增了反和平罪和危害人类罪。

学界关于纽伦堡审判的评价一直有不同的声音。质疑者认为纽伦堡审判违反了"法律不溯及既往"的合法性原则。但是，通过具体考察当时的国家实践，从习惯国际法的角度进行分析，就会得出结论：纽伦

---

① 在追究指挥官责任的国际司法实践方面，虽然纽伦堡法庭和东京法庭在各自的宪章中没有关于指挥官责任的规定，但这两个国际军事法庭的案例中却有不少涉及指挥官责任问题，其中最有代表性的案例就是"山下奉文案"（Tomoyuki Yamashita Case）和"上级命令案"（The Hight Command case）。

堡法庭对"反和平罪"的实践不仅没有违背罪刑法定原则，同时它也是对习惯国际法的发展。① 此外，还应该看到纽伦堡审判和东京审判与国际刑事法院之间的渊源关系，其历史意义在于：开创了个人承担国际刑事责任的先例，并且使"纽伦堡原则"成为国际社会普遍接受的原则。它们给后世留下了许多制度性的遗产：第一次成功实践了个人国际刑事责任原则，开辟了国际刑事法庭追诉并由个人承担刑事责任的先河。

自20世纪90年代"冷战"结束以来，当国际社会再次出现严重违反国际人道法的重大历史事件时，响应国际社会的强烈要求，联合国开始逐渐对发生在世界各地的严重违反国际人道法的行为做出反应。自1993年5月联合国安理会设立前南斯拉夫国际刑事法庭以后，又出现了不少其他的国际刑事司法机构，如卢旺达国际刑事法庭、东帝汶特别法庭、塞拉利昂特别法庭、柬埔寨特别法庭、黎巴嫩问题特别法庭等。前南斯拉夫国际法庭和卢旺达国际刑事法庭是联合国安理会依据《联合国宪章》第七章的规定，并根据有关安理会决议而成立的特设国际刑事法庭，这两个国际刑事法庭持续和系统地发展了国际法中的国际犯罪类型和认定。联合国秘书长安东尼奥·古特雷斯（Antonio Guterres）曾评价道："前南斯拉夫刑庭是建立当代国际刑事司法架构的先驱。该刑庭的创立表达了国际社会崭新的和严肃的承诺，即对那些犯下国际社会所关注的严重罪行的人必须绳之以法。为此，前南斯拉夫刑庭举行了一万多天的庭审，传唤了近5000名证人出庭作证。"②

二　国际刑事法院

国际刑事法院是根据1998年《罗马规约》于2002年成立的常设性国际刑事司法机构。作为人类历史上第一个常设性国际刑事司法机构，国际刑事法院成立的宗旨是从根本上最大限度地保护世界和平安全与福祉、保护人权，规范和惩治整个国际社会最严重的四种犯罪，对国家刑

---

① 参见梅汝璈《远东国际军事法庭》，法律出版社、人民法院出版社2005年版，第25页；朱文奇：《东京审判与追究侵略之罪责》，《中国法学》2015年第4期。
② 参见刘大群《联合国临时法庭对国际刑法发展的贡献》，载中国国际法学会主办《中国国际法年刊（2018）》，法律出版社2019年版，第15—51页。

事管辖权起补充作用；截至 2021 年 9 月，它拥有 123 个缔约国，管辖罪行包括种族灭绝罪、危害人类罪、战争罪和侵略罪，非缔约国也可以通过作出声明来临时接受国际刑事法院的管辖权。在这 123 个缔约国中，非洲有 33 个国家，亚洲与太平洋地区有 19 个国家，东欧有 18 个国家，拉丁美洲与加勒比海地区有 28 个国家，西欧与其他地区有 25 个国家。①

国际刑事法院的审判机构包括预审分庭、审判庭和上诉庭。国际刑事法院在审理案件时适用的法律渊源，是以《罗马规约》及其《犯罪要件》《程序和证据规则》《法院条例》等文件为基础，以其它国际法和国内法规则为补充，所遵循的原则包括罪刑法定、一罪不二审和无罪推定等。这一系列法律渊源是国际刑事法院审判机制得以顺利运行的保障，贯穿于整个诉讼过程。《罗马规约》作为国际刑事法院的基本法律文件，是一个具有宪法性质的条约，是国际刑事法院赖以存在和开展工作的最为基本的法律文件，也是国际刑事法院其他法律文件的基础，并为法院开创了一套自给自足的法律体系。

《罗马规约》下检察官的权力成为众多讨论的中心。《罗马规约》规定，检察官的主要职权是负责接受和审查提交的情势以及有关法院管辖权内的犯罪的事实资料，对国际核心罪行进行调查和起诉——检察官的调查和起诉权，是启动国际刑事法院司法程序的直接驱动力，也是法院及其司法程序中最为活跃的部分。② 除了自行调查权以外，《罗马规约》还赋予了检察官其他权力，包括请求权、资料评估权、自动起诉与撤诉权、通知权、复议权、特权与豁免权。③

因此，《罗马规约》赋予了检察官广泛的权力，如果这些权力被滥用，将严重干扰他国司法和侵犯他国主权。早在国际法委员会最初准备的《罗马规约》草案中，其并不允许检察官在启动情势调查方面有任

---

① "The States Parties to the Rome Statute", International Criminal Court, https://asp.icc-cpi.int/en_menus/asp/states%20parties/pages/the%20states%20parties%20to%20the%20rome%20statute.aspx.
② 参见凌岩主编《国际刑事法院的理论与实践》，中国政法大学出版社 2019 年版，第 176 页；杨力军《〈国际刑事法院罗马规约〉浅析》，《环球法律评论》2002 年第 6 期。
③ 李雪平：《〈罗马规约〉与国际刑事法院所面临的问题》，《法学评论》2002 年第 6 期。

何的自由裁量权,即国际刑事法院的管辖权只能由缔约国或安理会的提交来启动;此后在对《罗马规约》谈判讨论之时,关于能否赋予检察官自行调查权以及如何限制检察官的权力也是争议最大的问题之一。① 检察官的权力过大使其可能成为干涉国家内政的工具。此外,检察官的自行调查权不仅使法院面临来自于个人或非政府组织过多的指控,无法使其集中人力或物力来对付国际上最严重的犯罪,同时也会使检察官面临大量指控而需不断作出是否调查与起诉的政治决策,不得不置身于政治的旋涡,从而根本无法做到真正的独立与公正。

三 国际刑事司法机构与中国

国际刑法的发源地之一就在亚洲,中国对第二次世界大战后国际刑法的发展作出了不可磨灭的卓越贡献。中国自始至终参与了东京审判,派出了自己的法官和检察官。② 此后,在联合国根据《联合国宪章》第七章成立前南刑庭和卢旺达刑庭的过程中,中国也给予了积极的支持。前南刑庭是根据安理会1993年2月和1993年5月的第808号决议和第827号决议成立的,卢旺达刑庭则是根据1994年11月8日第955号决议成立的。中国在安理会表决时对这三个决议均投了赞成票。在前南刑庭成立后,中国政府推荐了我国著名的法学家李浩培教授作为该法庭第一届法官之一,之后我国又先后推荐了王铁崖教授和刘大群先生,他们皆先后当选前南刑庭的法官。此外,他们也担任了卢旺达刑庭上诉庭的法官。

在成立国际刑事法院的过程中,作为一个负责任的大国,中国派代表团全程参与了《罗马规约》的谈判进程,在外交谈判中发挥了积极的作用。虽然中国积极参与建立国际刑事法院的筹备工作,但在1998年7月17日罗马外交大会对《罗马规约》的最终表决时,中国还是投下了反对票,也是当时投反对票的七个国家之一。中国投下反对票的理由,主要是基于以下几点:第一,中国代表团认为《罗马规约》的有些规定不是以国家自愿接受法院管辖为基础,而是在没有经过国家同意

---

① 参见李世光、刘大群、凌岩主编《国际刑事法院罗马规约评释(上册)》,北京大学出版社2006年版,第196—200页。

② 参见梅汝璈《远东国际军事法庭》,法律出版社、人民法院出版社2005年版。

的前提下对非缔约国的义务作出规定，这不仅违背了国家主权原则，而且也不符合《维也纳条约法公约》的规定；第二，中国代表团对《罗马规约》中战争罪和危害人类罪的一些规定持有异议，即中国不同意将国内武装冲突中的战争罪纳入法院的管辖范围，认为《罗马规约》有关国内武装冲突中的战争罪定义超出了习惯国际法的范畴，此外，中国代表团还认为危害人类罪只能适用于战时而非和平时期；第三，中国代表团认为检察官的权力过大，检察官的自行调查权有可能成为其干涉国家内政的工具或卷入政治决策，从而无法做到真正的独立与公正；第四，中国政府一直强调联合国安理会在维护世界和平与安全方面所负的责任，就侵略行为而言，首先需要由安理会进行认定，然后再由国际刑事法院就侵略罪行使管辖权。①

尽管如此，中国并没有远离国际刑事法院，而是一贯肯定和支持国际刑事法院在维护世界和平与安全方面的作用，始终强调，"建立一个独立、公正、有效且具有普遍性的国际刑事司法机构是国际社会的愿望，也是中方的期待"。② 国际刑事法院成立之后，中国一直密切关注法院的发展，自 2002 年起作为观察员列席了每年一届的国际刑事法院缔约国大会及绝大部分的非正式磋商，并发表意见，以负责任的态度积极参与相关问题的探讨，继续为法院的发展作出贡献。中国也派出了代表作为观察员列席了于 2010 年 5 月 31 日至 6 月 11 日在乌干达首都坎帕拉举行的《罗马规约》第一次缔约国审查会议，并在 6 月 1 日的审查会议的一般性辩论中发言阐明中国的立场和关切。在提交情势方面，作为安理会的常任理事国，中国在苏丹达尔富尔情势、利比亚局势、叙利亚局势、朝鲜局势等方面都有相应的解释性声明与发言。

---

① 参见《王光亚谈〈国际刑事法院罗马规约〉》，《法制日报》1998 年 7 月 29 日第 4 版；凌岩主编《国际刑事法院的理论与实践》，中国政法大学出版社 2019 年版，第 3—4 页。
② 《中国代表、外交部条法司副司长马新民在〈国际刑事法院罗马规约〉第 16 届缔约国大会上的发言》（2017 年 12 月 8 日，纽约），载中国国际法学会主办《中国国际法年刊（2017 年）》，法律出版社 2018 年版，第 612—615 页。

第四节　反恐、反腐败与打击跨国
有组织犯罪的全球治理

打击恐怖主义、腐败和有组织犯罪没有地域或文化的界限，它们都是各国共同的责任和义务。此外，恐怖主义、腐败和有组织犯罪之间有着一定的密切联系，有必要采取措施以综合应对。

一　全球治理中的反恐国际合作

恐怖主义活动日益猖獗，已经且正在对世界各国人民造成极其严重的危害，并且还将在今后相当长的时期内，作为影响世界和平与安全的巨大威胁而继续存在。联合国大会将恐怖主义与邪教、黑社会并列，称之为21世纪的"全球性瘟疫""世界三大犯罪灾难之一"。由于恐怖主义是全人类的公害，必须也只能依靠世界各国的协调一致和通力合作来共同应对。

联合国及其专门机构主导制定的反恐法律由19项国际法律文书构成，这19项国际法律文书被国际社会视为反恐国际立法的主干，分别对危害国际航空罪、侵害受国际保护人员罪、劫持人质罪、恐怖主义爆炸罪、非法获取和使用核材料罪、资助恐怖主义罪等恐怖主义犯罪做了规定。反恐国际合作的基础是国家之间的互信。

二　全球治理中的国际反腐败合作

腐败阻碍全球可持续发展目标的实现，是国际社会必须携手治理的重大"毒瘤"。合作打击腐败犯罪、拒绝为腐败分子和腐败资产提供"避罪天堂"是国际社会共识，开展国际追逃追赃是维护和促进全球法治的正义事业。

反腐败作为全球治理的重要内容，其秩序和规则是否公正合理，直接影响全球范围内的反腐败合作，关系全球反腐败治理水平的提升。多年来，各国在打击腐败领域取得了一定的进展，先后通过了《联合国打击跨国有组织犯罪公约》和《联合国反腐败公约》，召开发展融资会议并通过了《亚的斯亚贝巴行动议程》，同时还启动了实现 2030 年议程的国际金融问责制、透明度和廉政问题高级别小组。①

国际反腐败合作的定义是随着腐败定义的发展而发展的，不同组织、不同国家在不同的角度对于腐败的定义也是不同的。早在 20 世纪 70 年代，联合国便开始关注腐败问题，曾经起草过《禁止非法酬付国际公约草案》，但因各国看法不一而没有缔结。2001 年 7 月召开的第一次反腐败国际法律文书政府间专家组会议，正式启动了《联合国反腐败公约》的起草和谈判工作。

《联合国反腐败公约》是唯一一份具有法律约束力的国际性反腐败法律文件，标志着国际反腐败法发展的高峰。② 公约中的方法意义深远，其中许多条款具有强制性，为全面解决全球反腐败问题提供了独特的蓝本。

中国政府参与了《联合国反腐败公约》谈判的全过程，并为公约的制定提出了很多积极的建议。2003 年 12 月 10 日，时任中国外交部副部长的张业遂代表中国政府在《公约》上签字时，还就如何推动公约各项规定的切实执行提出了中国政府的四条建议：缔约国应在相互尊重主权和平等互利的基础上显示真诚合作的政治意愿；缔约国应在司法协助、引渡、追回与返还腐败资产等方面开展有效的国际合作；缔约国应在预防腐败犯罪、追查和发现腐败资产转移方面积极交流与分享经验、信息和资料；加强发展中国家在预防和打击腐败方面的能力建设并特别注重向发展中国家和经济转型国家提供技术和财政援助。《联合国反腐败公约》规定了履约审议机制，中国政府一直高度重视《联合国反腐败公约》的履约审议机制，并重视国际合作在反腐败和履约工作中的重要作用。③

---

① 参见联合国新闻《联合国启动国际金融问责制、透明度和廉政问题高级别小组》，联合国网站：https://news.un.org/zh/story/2020/03/1051861。
② See Cecily Rose et al (eds.), *The United Nations Convention against Corruption: A Commentary* (Oxford University Press, 2019).
③ 参见柳华文《〈联合国反腐败公约〉履约审议机制刍议》，《当代法学》2014 年第 1 期。

三　打击跨国有组织犯罪

《联合国打击跨国有组织犯罪公约》是当前国际社会打击跨国有组织犯罪的重要法律依据。公约附属的三项议定书则针对贩运人口、偷运移民和贩运枪支等跨国犯罪的制裁进行了全面的规范。2000 年 12 月 12 日，中国政府签署了《联合国打击跨国有组织犯罪公约》；2003 年 8 月 27 日，我国第十届全国人民代表大会常务委员会第四次会议决定批准该公约。2003 年 9 月 23 日，中国常驻联合国代表王光亚在纽约联合国总部向联合国秘书长递交了中国加入《联合国打击跨国有组织犯罪公约》的批准书。

2009 年 12 月 26 日，全国人民代表大会常务委员会批准了《联合国打击跨国有组织犯罪公约关于预防、禁止和惩治贩运人口特别是妇女和儿童行为的补充议定书》（下称《禁止贩运人口议定书》）。《禁止贩运人口议定书》自 2010 年起对我国生效。《禁止贩运人口议定书》是国际社会在打击跨国犯罪、应对共同挑战方面反复谈判和集思广益的结果。《禁止贩运人口议定书》几乎获得普遍批准，目前有 178 个缔约方，其中载有第一个达成国际共识的贩运人口定义，并为预防犯罪、保护受害者和起诉犯罪人提供了一个全面框架。[①]

四　跨国犯罪与国际刑事司法合作

国际犯罪活动，与合法的行为一样，常常跨越国家边境。犯罪组织从事各种犯罪活动，这些活动从非法运输货物与人口，到跨境实施的复杂金融骗局，不一而足。企图规避一国刑事问责的逃犯可偷渡到他国藏身。因此，跨国犯罪长期以来都是国际关系以及国际法所关注的一个主题。

2018 年 10 月 26 日，全国人大常委会通过《国际刑事司法协助法》。该法第 2 条定义了国际刑事司法协助，即指"中华人民共和国和外国在刑事案件调查、侦查、起诉、审判和执行等活动中相互提供协助，包括送达文书，调查取证，安排证人作证或者协助调查，查封、扣

[①] 参见柳华文《〈联合国禁止贩运人口议定书〉》，社会科学文献出版社 2011 年版；柳华文《论禁止人口贩运的基础》，《江海学刊》2016 年第 2 期。

押、冻结涉案财物，没收、返还违法所得及其他涉案财物，移管被判刑人以及其他协助"。这一国际刑事司法协助的范围，有较强的伸缩性，又不至于过于宽泛，一般涵盖引渡、遣返或驱逐出境、警务合作等内容。境外追逃追赃是国际刑事司法协助的重要内容。党的十八大以来，中国以追逃追赃和反腐败大案要案为引领，大力拓展国际司法执法合作，稳步构建和扩大合作网络。《国际刑事司法协助法》和《刑事诉讼法》修正案的出台，为中国开展对外司法协助提供必要的法律依据，将有助于境外追逃追赃反腐败国际合作的开展。①

境外缉捕逃犯，需要通过国际司法执法合作。国际合作缉捕逃犯的方式主要有：引渡、遣返或驱逐出境、警务合作、劝返、异地追诉五种。引渡是一种较广为人知的国际刑事司法协助方式，即一国应别国的请求将躲避在本国境内的被告人或被判刑人移交给对其拥有管辖权的请求国。它是国际刑事司法协助的一个重要形态。②

第五节 国际刑法问题的前沿与发展

国际刑法发展很快，这既是国际关系和国际法整体发展的必然结果，也离不开各国国内有关刑事立法的实施与支持；因此，只要国家存在，国家主权原则就不可动摇。③ 同时，国际刑法的发展也与国际人道法密切相关，国际人道法与国际刑法有共同的价值诉求，国际刑法是国际人道法实施的重要保障机制。

中国是日内瓦四公约及其附加议定书的缔约国，多年来，中国政府积极参与了国际人道法与国际刑法的实践，在国际社会为维护国际和平与安全做出了表率。因此，我国国际刑法学界应当在加强对国际刑法问题研究的同时，也需要关注国际人道法的最新发展和前沿问题，进行及时和深入的研究，为丰富和发展国际法理论与实践做出新的贡献。

---

① 参见黄惠康《中国特色大国外交与国际法》，法律出版社2019年版，第295—343页。
② 黄风：《关于建立我国引渡制度的几个问题》，《中国政法大学学报》1988年第2期。
③ 刘亚平：《国际刑法学》，中国政法大学出版社1992年版，第38页。

一 所谓的"灭绝种族罪"及相关问题

认定灭绝种族罪有极为严苛的法律、证据和程序标准,一经认定,将会产生严重法律和政治后果,因此,该罪名不能被用作信口开河、恶意栽赃的政治标签。

根据《灭种罪公约》、习惯国际法和有关司法案例,一旦认定存在灭绝种族犯罪,责任人即应受刑事处罚,相关国家可能会承担国家责任,并在政治和道义上面临谴责,相关国家和地区的民族、种族关系也会受到深远影响。因此,对灭绝种族罪的认定需要经过权威和严格的法律程序,要经得起事实和历史的检验。根据《灭种罪公约》的规定,灭绝种族罪案件要么由行为发生地国家的主管法院管辖,要么由缔约国接受其管辖权的国际刑事司法机构审理。该公约诞生以来,大多数案例都是由国际法院和联合国安理会授权成立的特别法庭认定的,个别国家法院也审理过发生在本国境内的灭绝种族案件。除此之外,任何国家、组织或个人都没有资格和权利随意认定别国犯有"灭绝种族罪"。这种恶意谎言和无端指责都是出于无知和偏见,既缺乏事实根据,也违背了法律的基本原则和常理。

二 国家的刑事责任问题

国家的国际刑事责任问题是与国际罪行概念密切联系的。首次提到国家的国际罪行概念是联合国国际法委员会于1976年一读通过的《国家对国际不法行为的责任条款草案》。该草案第19条第2款规定:一国所违背的国际义务对于保护国际社会的根本利益至关重要,以致整个国际社会公认违背该项义务是一种罪行时,其因而产生的国际不法行为构成国际罪行。第3款具体列举了以下几种情形,作为被称为国际罪行的例子:(1)严重违背对维持国际和平与安全具有根本重要性的国际义务,例如,禁止侵略的义务;(2)严重违背对维护各国人民的自决权利具有根本重要性的国际义务,例如,禁止以武力建立或维持殖民统治的义务;(3)大规模地严重违背对保护人类具有根本重要性的国际义务,例如禁止奴隶制度,灭绝种族和种族隔离的义务;(4)严重违背对维护和保全全人类环境具有根本性质的国际义务,例如禁止大规模污染大气层或海洋的义务。

  国际法委员会认为，它所使用的国家的国际罪行概念不应该与诸如刑法上的国际罪行概念相混淆。将国内法的具体法律形式扩大到国际法中是有疑问的。就使用该概念的目的而言，主要问题不是一国由于违反特定义务所引起的责任是否属于刑事性的国际责任，而是这种责任是否"不同于"违反国家的其他国际义务所产生的责任。① 尽管前述一读通过的第19条条款草案在刚开始时曾获得多数国家的支持，但因相关的国家实践不足以及所引用的证据不能令人信服，所以，在一读通过之后，越来越多的国家提出反对意见，包括联合国安理会的几个大国都反对"国家的国际罪行"这一概念，最终，国际法委员会决定删除第19条，"国家的国际罪行"也因此没有出现在"国家责任"专题二读通过的条款草案里面。②

  因此，对于国家违反某些国际义务的刑事后果问题，国际刑法的实践迄今仍没有新的突破。但是，我们还是应该认识和注意到这一问题背后深刻的理论争论、历史渊源和学派观点。

三　国际法委员会"危害人类罪"议题

  目前国际社会没有专门处理防止及惩治危害人类罪问题的公约。国际法委员会在2013年第65届会议上决定将题为"防止及惩治危害人类罪"的专题列入长期工作方案，在2014年第66届会议上决定将"防止及惩治危害人类罪"专题列入工作方案并任命美国委员肖恩·墨菲先生为特别报告员。在2019年第71届会议上，国际法委员会二读通过了该专题的15条条款草案及评注（下称《条款草案》）。③ 该《条款草案》以及《罗马规约》第7条所载的危害人类罪的定义，将危害人类罪定义为"是指在广泛或有系统地针对任何平民进行的攻击中，在明知这一攻击的情况下，作为攻击的一部分而实施的下列任何一种行为……"，

---

  ① 参见余民才《国际法的当代实践》，中国人民大学出版社2011年版，第257—262页。
  ② 关于国际法委员会在"国家责任"专题中对"国家的国际罪行"（或称为"国家罪行"）问题的讨论，可参见贺其治《国家责任法及案例浅析》，法律出版社2003年版，第18—45页。
  ③ Draft Articles on Prevention and Punishment of Crimes Against Humanity (2019), *Yearbook of the International Law Commission*, 2019, Vol. II, Part Two.

其中"针对任何平民人口进行的攻击"是指根据国家或组织攻击平民人口的政策，或为了推行这种政策，针对任何平民多次实施第一款所述行为的行为过程。《条款草案》第 2 条第一款所述的禁止行为包括十一项，与《罗马规约》的完全相同。可以说，该条款草案几乎完全继承了《罗马规约》的规定，并保留了"政策"要素。特别报告员在第三次报告关于豁免问题的意见时指出，危害人类罪条款草案不处理国家官员和国际组织官员的豁免问题。

《防止及惩治危害人类罪条款草案》是国际法委员会近年工作的一项重要成果。中国在第 75 届联合国大会第六委员会关于"防止及惩治危害人类罪"议题一般性辩论中就是否制订危害人类罪公约问题阐明过我们的原则立场：

第一，制订公约应以确定危害人类罪的定义为前提。危害人类罪问题高度敏感，目前国际社会对其定义没有广泛共识。《条款草案》几乎照搬《国际刑事法院罗马规约》关于"危害人类罪"的定义，而《罗马规约》并非普遍性国际公约，其相关条款不能代表各方共同立场。在国际社会未就"危害人类罪"定义这一根本性问题达成基本共识之前，不宜仓促启动国际立法进程。同样在联大框架下，《关于国际恐怖主义的全面公约》的缔约谈判就因各方对"恐怖主义"的定义无法达成共识而搁浅多年，此为前车之鉴。早在《罗马规约》谈判过程中，危害人类罪是否要与武装冲突相关联，就是一个争议激烈且引起广泛关注的问题。最终，《罗马规约》没有把"武装冲突"规定为危害人类罪的要件。对此，我国政府持保留立场。就法理而言，在战时，对平民发动广泛或有系统的攻击行为与非战时相比，前者的社会危害程度要远远大于后者，而且，前者对国际社会心理的影响也是后者所不可比拟的。取消危害人类罪成立所要求的"武装冲突"要件，实际上是降低了归属于国际刑事法院管辖的核心犯罪的入罪门槛，这显然违背了国际刑事法院成立的宗旨。

第二，制订公约应以充分的国家实践为基础。近年来，联合国大会第六委员会就危害人类罪问题进行过多次讨论。不少国家认为，《条款草案》部分关键条款缺乏基于广泛国家实践的扎实论证，或者是从其他国际公约的规定类推或演绎而来，或者片面倚重不具普遍性的国际刑事司法机构做法。在反映普遍国家实践方面,《条款草案》目前仍存在缺陷。

第三,制订公约应以团结合作的氛围为保障。危害人类罪本是国际社会需共同打击的严重国际罪行,但在近年实践中,屡屡出现被政治化和被滥用的情形。如果超越法律范畴,借危害人类罪问题推行一己私利,进行政治操弄,只会引起各方抵触和不满,影响相关国际合作。没有团结一致、密切协作的氛围,有关"国际立法"进程恐怕难以启动,即使启动也不可持续。基于上述原因,当前形势下就危害人类罪问题制订公约的时机尚不成熟。①

在百年未有之大变局中,随着国际关系、国际秩序和国际法的发展演变,国际刑法的地位和作用也将产生变化。中国于1945年参与了东京审判,是现代国际刑法的雏形缔造者之一,从一开始中国就参与到了国际刑法的实践当中。自中华人民共和国1949年成立以来,中国一贯奉行独立自主的和平外交政策,不仅在和平共处五项原则基础上努力发展同各国政府和人民之间的友好往来,而且在加强国际间刑事司法合作、有效防止和惩治国际犯罪的斗争中坚持不懈地付诸努力。中国在联合国的合法地位恢复以来,先后缔结和参加了一系列旨在同国际犯罪作斗争的国际刑法公约和包含国际刑法内容的公约,从而使我国与国际刑法的联系更为密切。

通过加强对国际刑法的历史考察、实践分析和理论构建,同时加深对世界各国的刑法理论、刑事审判、程序证据等方面的理解,国际刑法的研究将充满活力,其理论与实践辐射力将慢慢随国际形势与国际关系的演进而展开。中国作为最大的发展中国家和安理会五大常任理事国之一,作为联合国崇高理想的践行者,有必要进一步加强对国际刑法的研究,继续融入人类和平与发展的伟大事业,以实际行动推动构建人类命运共同体。

---

① 参见联合国网站:https://www.un.org/zh/ga/sixth/75/documentation.shtml。

第二十三章

和平解决国际争端机制

第一节 和平解决国际争端机制在国际法中的定位

和平解决国际争端是国际法的基本原则。国际争端，狭义来说，是指国际法主体之间，主要是国家之间，由于在法律上或事实上意见不一致或政治利益的冲突所产生的争执。广义的争端不仅包括国家与其他国际法主体之间的争端，还包括以国家为一方，以另一国的自然人、法人或其他非国家实体为另一方，两者之间产生的争端。本文所指的国际争端指的是广义的概念。随着国际法主体的扩大，以及主体之间相互依赖性的增强，我们不能将国际争端仅仅理解为国家之间的争端。《联合国和平解决国际争端手册》在其导言中就指出"本手册包含了除国家以外的法律主体之间的那些争端"。

和平与发展是世界的两大主题。与此相适应，现代国际法不仅是和平共处的法律还是合作发展之法。有效地维护国际社会的和平与安全是国际法自产生以来一直追求的首要价值。格劳秀斯创立国际法学说的直接动因就是解决当时荷兰与葡萄牙之间围绕海洋自由产生的争端。国际争端解决是国际法规范的重要领域，它主要体现为国际法的实施问题，属于法律运行论的范畴。

作为最重要的造法性公约，《联合国宪章》确立了维护国际和平与安全在国际法价值体系中的核心地位。《联合国宪章》第2条第3款规定，所有会员国应该用和平的方法解决它们的争端。经《联合国宪章》

确认，和平解决国际争端原则构成宪章解决国际争端各条款的基础，并成为国际法上集体安全制度的重要原则之一。《国际法原则宣言》也强调："每一国应以和平方法解决其与其他国家之国际争端，俾免危及国际和平、安全及正义。"1982年《关于和平解决国际争端的马尼拉宣言》进一步宣告："所有国家应只以和平方法解决其国际争端，俾免危及国际和平与安全及正义。"由于国际社会的反复实践和反复确认，和平解决国际争端已经成为国际习惯法。这就意味着和平解决国际争端原则不仅对有关国际组织或区域组织的成员、有关条约或国际公约的缔约方有法律约束力，而且对国际社会的所有成员都有法律约束力。

当代国际法中有关国际争端解决的内容日益丰富，涉及到领土争端、海洋争端、贸易争端、投资争端、人权争端等众多领域，已经发展成为现代国际法的一个重要分支——国际争端解决法，即国际法上调节整个国际争端解决进程的各种原则、规则、程序和制度的总体。牛津大学出版社出版的SSCI源刊物《国际争端解决学刊》（*Journal of International Dispute Settlement*）即是在这样的背景下产生的专门研究国际争端解决机制的国际刊物。

第二节 研究国际争端解决机制的重要意义

国际争端通常关系到各国主权与领土完整等重大利益，甚至牵涉到民族、宗教感情和经济权益，并影响到世界和平与发展。通过外交与法律方式来解决国际争端是维护国家和民族利益，避免国际争端演变为武装冲突的有效途径。

当今世界正处于百年未有之大变局。尽管和平、发展、合作、共赢已成为不可逆转的时代潮流，但全球发展依然面临许多深层次问题和矛盾，全球性风险和挑战日益增多，国际局势不断地处于局部的动荡不安中，全球治理体系面临深刻重塑。世界各国越来越需要通力合作，推动建设相互尊重、公平正义、合作共赢的新型国际关系。以和平方式解决国家间的分歧和争端，是维护世界和平与发展的正道，也是世界各国的普遍共识。今天的中国是维护世界和平与发展的坚定力量。随着中国成为世界第二大经济体、中华民族迎来了从站起来、富起来到强起来的伟大飞跃，中国日益走近世界舞台的中央。在和平崛起的过程中，我国面临着来自各方面的挑战，国际争端解决机制是应对这些挑战的现实选择。今天的中国，在全面建成小康社会的目标实现后，全面建设社会主义现代化国家前景光明。但是，前进的道路不会一帆风顺。在前进的道路上我国需要一个长期和平的国际环境。和平解决国际争端有助于为我国的不断发展壮大创造一个良好的外部环境。

纵览宏观国际法史，国际争端解决机制的发展构成了国际法演进的一个重要维度。国际法的历史在某种意义上是国际争端解决法律制度的发展史。国际争端解决机制的建立旨在解决国际争端，国际法得以实施，国际法的效力得以实现。不仅如此，在其运作过程中，国际法得以不断的丰富和发展。目前，国际争端解决机制尽管仍然存在很多问题，但总的趋势是"权力取向"向"规则取向"演变，政治解决优于武力解决，法律解决多于政治解决，极大地推进国际社会迈向法治社会。

在新的时代背景下，我国急需发展和完善具有中国特色同时又符合国际需要的争端解决机制，提升我国在全球治理以及争端解决体系中的国际话语权。在人类命运共同体理念的指引下，研究和平解决国际争端机制具有重要的理论和现实意义。对此，中国国际法学人肩负着重要的历史使命。

第三节 国际争端解决的中国立场

我国一贯奉行和平外交政策，主张和平解决国际争端，历来以和平方式处理与其他国家的关系和历史遗留问题及其现实问题，并尽量采纳国际通行的解决国际争端办法，形成了自己的一套解决国际争端理论及政策。只有清楚地认识到中国的立场和现实，才能以问题为导向，提出切实可行的方案和建议，推动具有中国特色的国际争端解决机制的发展。

一 谈判和协商

新中国一贯重视通过谈判、协商解决国际争端。例如，新中国通过谈判和协商的方式，稳妥处理与中国相关的边界问题。到目前为止，中国已与12个邻国签订了边界条约，全部或基本解决了与这些国家的陆地边界问题。此外，2000年中越两国还正式签署了《中华人民共和国和越南社会主义共和国关于在北部湾领海、专属经济区和大陆架的划界协定》。值得一提的是，中国分别与英国、葡萄牙通过谈判的方式，签订了《中英关于香港问题的联合声明》《中葡关于澳门问题的联合声明》，成功解决了历史遗留下来的中英和中葡两国的领土问题。这是中国对和平解决历史问题的国际法贡献，获得了国际社会的高度评价。

二 国际仲裁

中华人民共和国成立以来，一直对以国际仲裁的方法解决国际争端持非常慎重的态度。中华人民共和国成立之初，除有些对外贸易议定书规定以一定的仲裁方式解决有关贸易合同的争端外，一般的双边条约中均没有载入任何仲裁条款。在中国参加的多边条约中，对以仲裁作为解决争端的条款，中国几乎都作出了保留。在实践中，中国对与邻国之间的领土争端，坚持谈判与协商而不接受仲裁的立场。不过，从20世纪80年代后期开始，中国对以仲裁方式解决国际争端问题的政策有所调整，在经济、贸易、科技、文化等非政治性的国际条约中，中国开始同意载入仲裁条款或争端解决条款中包括仲裁的方法。在中国参加国际公约时，也开始对一些规定有仲裁解决争端的条款不再保留，但仅限于与经济、贸易、科技、交通运输、航空、航海、环境、卫生、文化等有关的国际公约。在实践中，中国也开始把一些经济、贸易、海运等方面的争端提交国际仲裁并得到了较好的解决。

三 国际诉讼

（一）国际法院

中华人民共和国成立后的近20年间，中国政府与国际法院没有任何联系。1972年，中国政府宣布"不承认过去中国政府1946年10月26日关于接受国际法院强制管辖权的声明"。另外，中国从未与其他任何国家订立将国际争端提交国际法院的特别协议；中国参加的国际公约对含有把争端提交国际法院解决的条款，几乎无一例外地作出保留。迄今中国尚未向国际法院提交任何国际争端或案件。中国优秀的专家学者在国际法院和前南刑事法庭任职，积极参加国际法院的司法活动。1984年，倪征燠成功当选为国际法院法官，成为中华人民共和国第一位国际法院的法官；1994年，史久镛担任国际法院的法官，他在2003年至2006年还当选国际法院院长，成为中国第一任国际法院院长。2010年，薛捍勤当选国际法院法官，成为中国第一位女性国际法院法官，并于2018年当选国际法院副院长。中国积极参与国际法院的司法活动，并就"科索沃独立咨询意见案"向国际法院提交书面意见并出席口头陈述程序；就"查戈斯群岛咨询意见案"提交书面意见，阐明中国立场，积极推动争端的和平解决。

（二）国际海洋法法庭

中国虽然于1996年批准了《联合国海洋法公约》，中国的赵理海、许光建、高之国和段洁龙相继出任国际海洋法法庭的法官，但是2006年根据《联合国海洋法公约》第298条的规定向联合国秘书长提交了声明："关于《联合国海洋法公约》第298条第1款（a）（b）和（c）项所述的任何争端（即涉及海域划界、历史性海湾或所有权、军事和执法活动以及安理会执行《联合国宪章》所赋予的职务等争端），中华人民共和国政府不接受《联合国海洋法公约》第十五部分第二节规定的任何程序。"换言之，对于涉及海域划界、历史性海湾或所有权、军事和执法活动以及安理会执行《联合国宪章》所赋予的职务等争端，中国政府不接受《联合国海洋法公约》第十五部分第二节下的任何强制争端解决程序，包括国际海洋法法庭的管辖等。迄今，中国尚未向国际海洋法法庭提交任何国际争端或案件。

中国参加了国际海洋法法庭两个咨询意见的审理。一是2010年国际海底管理局理事会向国际海洋法法庭海底争端分庭提交的关于资助个人和实体在国际海底区域活动的《公约》缔约国的责任和义务的咨询请求。2010年8月18日，中华人民共和国向国际海洋法法庭海底争端分庭提交了书面意见。二是2013年次区域渔业委员会向国际海洋法法庭提交的有关《公约》的国际协议是否规定了申请该法庭发表咨询意见的权力的问题。2013年11月26日，中国也提交了书面意见。

（三）国际刑事法院

2002年7月1日，国际刑事法院随着《国际刑事法院罗马规约》

（以下简称《罗马规约》）的生效而正式成立。许多国家和人民期待已久的追究严重国际犯罪个人责任的国际常设审判机构终于建立和运行。中国积极参与了《罗马规约》制定的整个谈判进程，提出的许多立场和观点被纳入案文。由于一些意见未被采纳，我国最终投了反对票。目前，我国仍然积极关注国际刑事法院的发展。关于对国际刑事法院的研究情况，请参考研究指引国际刑法部分的内容。

第四节 国际争端解决机制的研究现状

在中国，对国际争端解决机制所涉及的几乎所有问题国际法学界都有触及，其中各个领域的研究呈现出不平衡的发展状况。例如，2013年菲律宾单方面提起南海仲裁案之后，国际海洋法从1982年通过《联合国海洋法公约》之后少人问津的"冷门"领域，迅速成为"显学"，并带热了海洋争端的解决机制研究，海洋争端的研究人员和研究成果如雨后春笋般出现，反映了国际法服务国家外交的客观现实需要。近些年来，WTO争端解决机制和国际投资仲裁机制正处在改革的进程中，研究人员和研究成果不断增多。相比以上这些领域，对国际争端解决机制其他方面的研究处在较为平稳的发展中。

以1899年《海牙和平解决国际争端公约》为里程碑，国际争端解决方法经历了由强制方法向和平方法的转变过程。《联合国宪章》第33条系统阐释了和平解决国际争端的两种方法，即法律方法和外交方法。传统国际法认为政治性质的国际争端是一种不可裁判的争端，应当采取政治和外交途径解决[1]。有学者研究了国际裁判中的政治争端和法律争端[2]，指出一个复杂的国际争端往往既包含政治侧面也包含法律侧面，政治争端和法律争端的区分并不是绝对的。所谓的"法律争端"，不仅取决于被提交到法庭的争端的客观性质，还取决于当事国的主观意愿，它是由法庭和当事国共同完成的一个具有高度技术含量的程序政治争端和法律争端的方法。需要注意的是，在理论上区分争端的性质是不无益

---

[1] 徐崇利：《国际争端的政治性与法律解决方法》，《国际政治研究》2018年第2期。
[2] 禾木：《国际裁判中的法律争端与政治争端》，《中外法学》2013年第6期。

处的，但是不能将争端解决的方法硬性地与争端的性质等同。按照《联合国宪章》的规定，争端当事国有权自行选择适用的解决争端的方法。

20 世纪以来，政治方法和法律方法得到了迅速的发展。有学者对谈判、协商、斡旋、调停、调解等政治方法的运作方式和作用等方面进行了研究①。在国际争端解决过程中，司法手段与外交手段虽然性质迥异、各有千秋，但并非互不相关或者互相排斥。实践中两者之间所存在的广泛互动关系成为研究的内容②。在新的国际形势下，进一步发展和完善国际争端的解决方法是国际社会的现实需求。为探索新的、独立的、更加有效的争端解决程序，学者们做出了努力。有学者将人类命运共同体理念蕴含的丰富思想融入国际争端的处理理论，探索创新国际争端处理的新模式和新思路③。和平搁置争端被认为是对现有国际争端解决方式的重要补充。论文从法律视角对和平搁置争端实践进行概括和理论化，将人类命运共同体理念作为支撑和平搁置争端的理论资源，有助于丰富并指导其实践；同时，和平搁置争端在推动构建人类命运共同体进程中可发挥积极作用。

总体来看，更多的研究力量集中于国际争端的法律方法的研究。国际司法成为研究的重点。本文所称的国际司法，涵盖了国际争端的司法解决和准司法解决。前者主要表现为国际法院及其前身常设国际法院、国际海洋法法庭、欧洲联盟法院等国际司法机构的工作；后者则包括国际仲裁、关税与贸易总协定/世界贸易组织（以下简称世贸组织）的争端解决等方式。如何看待和处理与中国相关的国际司法问题，是中国必须认真面对和妥善解决的问题。

国际争端解决的司法化是国际法发展的必然趋势。国际争端解决的司法化是司法正义和理想主义在国际关系中相结合的产物，而全球化则为其结合提供时代背景和社会基础。在全球化的过程中，随着国内政治

---

① 叶兴平：《国际争端解决中的斡旋与调停剖析》，《武汉大学学报》（哲学社会科学版）1997 年第 2 期；漆彤、张生、黄丽萍：《调解在国际争端解决中的发展与应用》，《武大国际法评论》2020 年第 2 期。

② 王惠茹：《国际司法与谈判协商的互动——基于国际法院实践样本的考察》，《国际法研究》2020 年第 1 期。

③ 黄瑶：《论人类命运共同体构建中的和平搁置争端》，《中国社会科学》2019 年第 2 期。

理性向国际社会延伸,司法正义也逐渐延伸至和平解决争端的法律制度。司法正义的核心观念在于通过一个独立、公正的司法机构,进行客观的、无偏向的审判,以实现社会正义。国际司法机构数量的增加及其作用的加强,解决了大量的国际争端,推动了国际关系的和平发展。在解决经贸、投资纠纷,推动区域一体化的发展,惩治严重国际犯罪和加强人权的保护等方面都发挥了重要的作用。从中我们可以看出国际司法制度已经超出了以往定位的在国际法学中仅仅作为"国际争端解决机制"中的一个方面——司法解决的范畴。具有独特对象和研究范围的国际司法制度学或者国际司法组织学作为一门学科已经具有独立存在的条件。所有重要的国际司法机构,无论是全球性和还是区域性的,无论是普遍性的还是专门性的,都被纳入到研究的范围。毫无疑问,作为国际社会中对国际争端唯一具有一般普遍管辖权的国际审判机构,国际法院是研究的重点。

案例研究方法是研究国际争端解决机制的一个重要工具。国际法学者们借助案例分析,研究了国际法院司法运作中的许多重要法律问题,如争端的认定,咨询管辖权与当事国同意原则关系的争议与解决,对领土争端解决作用有限性的制约因素等。从这些案例研究中,我们可以看到国际法院在和平解决国际争端中的功能日益得到重视,其在国际社会中的现实作用不断上升,同时也反映出一些动向和特点①。(1) 各国重视利用国际法院打"法律战",配合其政治外交议程。例如,2018 年 7 月,为反击特朗普政府退出"伊核问题全面协议"并重启对伊朗制裁,伊朗援引 1995 年《美伊友好、经济关系和领事权利条约》将美国起诉至国际法院。特朗普政府随后宣布退出以上条约并主张国际法院无管辖权。2021 年 2 月,国际法院裁定对该案享有管辖权。伊朗认为该判决是其"又一次法律胜利",美国则一改特朗普政府期间的姿态,表示"充分尊重国际法院"。(2) 法院澄清了一些重要的国际法规则,例如管辖权的当事国同意原则,使馆馆舍的法律地位,推动了国际法的发展。(3) 国际法院谨慎地行使管辖权,彰显自身的权威。国际法院在判决中强调,其在行使司法职能时没有义务遵从人权条约机构的解释。

---

① 参见《外交部条法司贾桂德司长:当前国际法形势和我国外交条法工作——在中国国际法学会 2021 年学术年会上的主旨报告》。

在近年来国际司法机构、仲裁庭和人权条约机构倾向于扩权、越权的背景下，国际法院对有关人权条约作出严格解释，彰显了其作为联合国主要司法机关的权威。需要指出的是，过分依赖或过高估计国际法院的功能和作用也是不恰当的，许多因素制约着其作用的发挥①。例如，国际法院不是超国家的机构，其管辖权只能建立在国家"同意"的基础上；国际法院的作用发挥很大程度上还取决于当事国的善意和诚意，离不开一个公正、合理的国际环境；国际法院在程序和实际运作上还有改革和完善的空间。

国际司法机构数量的不断增加，带来了若干问题。例如，由于国际法不成体系，不同国际争端解决机构的管辖权之间以及裁决可能会发生冲突。国际司法机构数量的增加又进一步加剧了国际法的不成体系化。从实践情况看，全球性和区域性的争端解决机制之间，以及普遍性和专门性争端解决机制之间，都有可能发生管辖权冲突。有学者认为管辖权冲突的解决，需要综合运用事先预防和事后补救的不同措施。国际法规则创新和国内法规则在国际法领域延伸运用，能有效避免和解决管辖权之间的冲突②。

从上文可知中国对国际司法的基本立场。如何看待这样的立场？多年来，学者们对此展开了大量的讨论。关于中国对国际法院诉讼管辖权所持的态度，有学者认为中国应该对国际法院采取更为积极的态度，应该加强对国际法院诉讼管辖权应对策略的研究，希望中国在和平解决国际争端方面发挥更大的作用③。有学者分析了中国参与国际司法的困阻并提出了相应的对策④。有的学者则提出：鉴于一国对国际司法体系所应采取的态度不仅要研判该国在当前所具有的参与国际司法的能力，还要考虑该国追求的目标与战略重点，因而在"中国威胁论"甚嚣尘上

---

① 参见赵琪《论国际法院在领土争端裁决中作用的有限性》，《边界与海洋研究》2018年第3卷第6期。
② 廖诗评、李若楠：《论国际争端解决机制管辖权的冲突与协调》，《江淮论坛》2015年第4期。
③ 王勇、管征峰：《五十五年来中国对国际法院诉讼管辖权的态度之述评》，《华东政法学院学报》2002年第3期。
④ 苏晓宏：《中国参与国际司法的困阻与对策分析》，《华东师范大学学报》（哲学社会科学版）2004年第3期。

的背景中,我们应当确立谨慎而积极参与国际司法的立场,通过能力建设增加国际司法的参与度,提升中国的国际声誉和话语权①。中华人民共和国在国际法官和国际仲裁员的推荐、接受国际公约中的强制仲裁和国际诉讼的条款,以及实际参与国际仲裁和国际诉讼三个方面已经均有所作为,这表明中国已经逐步熟悉、掌握并在一定领域内熟练掌握了使用和平方式解决国际争端的法律方法。

WTO 争端解决机制是国际社会和平解决国际争端机制的一部分。其实质就是通过和平的方法来解决成员国之间的贸易纠纷,从而维护多边贸易体制的确定性、稳定性和可预见性。WTO 争端解决机制所包含的特征显示出从强权型外交方式向规则型解决争端法律方式的转化,被认为是国际法发展的新阶段。WTO 法是在国际公法的框架下运行的。越来越多的学者已经认识到 WTO 规则从本质上讲就是国际公法规则。学者们开始从国际公法的角度,利用国际公法原理来分析和研究 WTO 法中的问题。实践证明,国际公法在 WTO 争端解决的运行中对于争端的顺利解决提供必要的帮助和支持,发挥着非常重要的作用②。WTO 争端解决的法律适用、与其他司法机构之间的管辖权冲突和协调等问题都是研究的重点问题,目前仍在探讨中。目前,WTO 上诉机制的改革成为热点,其中,上诉机构的权力范围、程序的透明度、法官的遴选等是亟待解决的问题。今后 WTO 争端解决机制应在国际法的大背景和体制下逐步发展和完善。

晚近,国际投资法的主要矛盾由"南北矛盾"转向"公私冲突",呈现东西竞争、全球化与国内化博弈的局面。国际投资法在演进过程中正经历着从早期片面追求自由化与投资保护向东道国规制权与外国投资者利益保护平衡范式的转变。劳工、环境、人权等非经济目标愈发受到各国的关注。当争端包含这些议题时,投资者倾向于将争端提交给投资仲裁机构解决。目前绝大多数国际投资协定都规定了投资者与国家间争端解决机制(ISDS)。近年来,作为国际投资争端解决机制核心的国际投资仲裁机制(ISDS)面临着重大变革,国际社会由此形成了改革派主张、改良派主张、拒斥派主张等数种变革方案。

---

① 何志鹏:《国际司法中的中国立场》,《法商研究》2016 年第 2 期。
② 徐楚敬:《国际公法在 WTO 争端解决中的作用与应用》,《现代法学》2010 年第 6 期。

随着双向投资大国地位的形成以及涉华案例的增多，中国有必要重新对 ISDS 机制进行选择。大量的关于国际投资争端解决机制的讨论聚焦此问题[①]。2019 年 10 月，中国向联合国国际贸易法委员会提交了改革方案。另外，与可持续发展有关的劳工保护和环境保护被纳入许多双边投资协定中。如何处理人权保护和投资保护的关系成为一个热点问题[②]。晚近国际投资中越来越多的加强东道国监管权、保护公共利益以及人权的呼吁导致国际投资仲裁庭"被迫"处理一些所谓的人权问题，投资者、东道国以及作为第三方当事人的"法庭之友"都有可能在投资仲裁中提出人权方面的意见，尤其是东道国的人权抗辩和反诉的发展表明国际投资的法律保护机制遇到了某些挑战，也因此引出了人权规则和投资规则的适用问题。

关于海洋争端解决机制的研究主要针对的是我国面临的海洋纠纷所作的研究。"南海仲裁案"的出现提出了诸多亟待解决的理论和实践问题。关于这种争端类型的具体问题的研究请参考国际海洋法研究指引部分。

根据《联合国宪章》第 1 条的规定，"以和平方法且依正义及国际法之原则，调整或解决足以破坏和平之国际争端或情势"是联合国的首要宗旨。联合国在和平解决国际争端方面发挥了重要的作用。除了国际法院可以依照司法程序和法律方法予以处理国际争端外，联合国安全理事会和大会以及秘书处都对争端的和平解决负有重要责任，同时还可以利用区域组织或区域方法以及联合国维持和平行动。这一部分的研究情况请参照国际法研究指引的国际组织部分。

第五节　国际争端解决机制研究的未来发展

国际争端解决一直以来都是人类面临的重大课题，也是法学学科的

---

① 参见梁咏《国际投资仲裁机制变革与中国对策研究》，《厦门大学学报》（哲学社会科学版）2008 年第 3 期。

② 参见黄世席《国际投资争端中投资规则与人权规则适用的冲突与挑战》，《当代法学》2018 年第 4 期。

重点研究问题。国际争端解决机制的研究能达到多高的水平从根源上很大程度取决于我们如何正确地看待国际法以及如何正确地运用国际法。这不是作为国际法的分支学科所能解决的问题。

国际争端解决机制是国际公法学的重要组成部分。它既可以成为维护国家利益的工具，又是具有独特价值诉求的体系，还是处理全球性问题的技术治理手段。对其的研究应该进入一个精细化、专业化和多元化的发展阶段。有学者指出，国际争端解决存在"欧洲中心主义"现象，以及国际职业律师群体具有高度专业化、精英化和封闭性的特征。国际诉讼的"欧洲中心主义"在短期内是难以改变的，这一现实对于拥有较少国际诉讼经验的亚洲国家来说，尤为值得审视。①

改革开放以来，中国国际公法学所存在的一些问题，如理论研究薄弱，原创性不足甚至缺失等问题在国际争端解决分支学科的研究中都同样存在②。和平解决国际争端的理论与实践有待进一步加强。特别是要扎实做好国际法的实证研究。对相关领域的国际案例、国家案例和实践做穷尽性研究。唯有如此，才可能在此基础上做出理论贡献，推动中国解决国际争端的理论创新，不断增强中国国际法理论的国际话语权。国际争端解决不仅涉及到法律问题，包括国内法和国际法，还涉及到国际政治、国际关系等多个学科。国际争端解决机制的研究要运用跨学科的研究方法。和平解决国际争端需要从不同学科、不同视角进行合理的理论解释，做出正确的立场选择。

在新的时代背景下，对这一问题的研究要坚持问题导向，贴近国家的现实需要。特别是研究中国面临的重大国际争端解决机制实践问题，不断提高中国国际法实践的国际影响力。

要实现中国从国际法的"被动适应者"向"主动引领者"的转变，中国国际法学者尚需做出巨大的努力。诚如有学者所指出的：与传统国际法强国相比，我国运用国际法的意识、经验、能力和机制还存在发展不平衡不充分的问题，在参与和利用国际司法机构等局部领域有明显

---

① 廖雪霞：《法律职业视角下的国际争端解决》，《开放时代》2020年第6期。
② 杨泽伟：《新中国国际法学70年——历程、贡献与发展方向》，《中国法学》2019年第5期；黄瑶、林兆然：《中国国际公法研究四十年——历程、经验与展望》，《法学》2018年第10期。

短板。

一言以蔽之，对于国际争端解决机制的研究一方面要夯实基础理论的研究，为创新新理论、新机制奠定坚实基础；另一方面要密切理论联系现实，为中国的和平崛起，为切实维护国家和民族利益贡献力量。

第二十四章

国际人道法

第一节　国际人道法作为法律领域和研究领域的定位

国际法人道法"是保护战争及武装冲突受害者和适用战争与武装冲突行为的法律规范"①；国际人道法学科则是国际法学中，以国际人道法及其相关问题为研究对象的学科。

在古代社会中，就曾存在具有人道性质的规则。在近代国际法产生以后，战争法与和平法一直并列为国际法的两大主要内容。现在国际法中的国际人道法则以1864年的《改善战地武装部队伤者境遇的日内瓦公约》为起点。

传统的战争法分为两大部分，一部分有关诉诸战争的规则或权利（*jus ad bellum*），也可理解为"开战法"；另一部分规范战争行为的规则（*jus in bello*）。随着1928年《巴黎非战公约》废弃将战争作为追求国家政策的工具，以及1945年《联合国宪章》第2条第4项规定在国际关系上不得使用威胁或武力，国家已经不再具有诉诸战争的权利，因此"开战法"不再是国际法中的有效内容，在国际关系中使用武力的合法性问题成为一个单独的国际法领域和国际法学研究对象。规范战争行为本身的规则不受使用武力是否合法的影响，发展成为一个单独的国际法领域，即国际人道法或武装冲突法。这一领域大致分为两个部分，一部

---

① 《国际公法学》编写组：《国际公法学》（第二版），高等教育出版社2018年版，第406页。

分有关武装冲突中受难者的保护，一般称为"日内瓦法"；另一部分有关对作战手段和方法的限制，一般称为"海牙法"。这两个部分之间的联系日趋紧密、相互影响与融合。与国际法中的大部分领域只是或主要调整国家间关系不同，国际人道法不仅适用于国家间即国际性武装冲突，也适用于国家之内政府军队与非政府武装团体之间或非政府武装团体之间的武装冲突即非国际性武装冲突。国际人道法领域的主要渊源是条约，但习惯依然发挥着重要作用；实际上，这一领域中的许多条约都是对既存习惯的编纂。

国际人道法与国际法的许多领域具有紧密联系，其中最突出的是国际人权法与国际刑法。国际人道法与国际人权法都有关于对人的保护，只不过前者更注重国家或其他行为者的义务，而后者更强调个人的权利。国际人道法仅适用于武装冲突时期，而国际人权法则任何时候都适用。以往的一种认识是在武装冲突时期，国际人道法作为特别法适用，而国际人权法作为一般法不适用，但国际法院在一系列咨询意见和判决中认定，国际人权法在武装冲突时期并不停止适用。因此，在武装冲突时期同时适用国际人道法和国际人权法，以及在其他使用武力的情况中究竟适用国际人道法还是国际人权法还是两者都适用，会造成很多问题。国际刑法是国际法中惩治严重国际罪行、追究个人国际刑事责任的一个领域，而严重违犯国际人道法的行为属于国际刑法的调整对象。例如，国际刑事法院管辖的四类罪行中，战争罪即被定义为严重破坏1949年日内瓦四公约的行为、严重违犯国际法既定范围内适用于武装冲突的法规和惯例的其他行为。除了国际人权法和国际刑法，国际人道法与诸如国际环境法、国际海洋法、空气空间法和外层空间法等国际法领域，也有紧密的联系。

国际人道法与国内法的一些领域也有联系，其中最主要的是军事法领域。国际人道法与国内法中的军事法有紧密的联系，这种联系甚至可以追溯至国际人道法产生之时，即在1864年《日内瓦公约》通过前一年，美国就颁布了《利伯守则》，作为规制作战行动的准则。目前，各国根据国际人道法承担的义务，往往以本国军事法部门中的相关法律、条例、规章、指令、守则体现和履行。另外，各国的刑法往往也会规定违反国际人道法或体现国际人道法的本国法律的刑事责任，因此与国际人道法也有一定的联系。

因此，国际人道法学科即以国际人道法这一领域本身的各种法律原则、规则、规章、制度和机制作为研究对象，同时关注国际人道法与国际法、国内法中相关领域相联系、相交叉而形成和提出的问题。国际人道法学既是国际法学中的一个独立学科，同时又与国际法学中的国际人权法、国际刑法等学科以及国内法学中的军事法、刑事法等学科，具有紧密联系。

第二节　目前的形势和需要

党的十九大报告指出，"世界正处于大发展大变革大调整时期，和平与发展仍然是时代主题"，尽管"和平发展大势不可逆转"，但"世界面临的不稳定性不确定性突出""地区热点问题此起彼伏"。在下一阶段的国际人道法研究中，需要考虑世界和中国的如下形势和需要。

一　武装冲突仍在不断发生

尽管第二次世界大战以后，世界上总体和平，但局部武装冲突不断，特别是进入21世纪以来，局部武装冲突有愈演愈烈之势。据统计，在2020年全世界的69个国家中，仍存在按最宽泛口径统计的武装冲突（即可能包括按国际人道法并不构成武装冲突的治安行动）。[1]

二　新现象或严重现象

进入21世纪，不仅局部武装冲突不断，而且在武装冲突中，出现了一些新现象，或者比以往更严重的现象。（1）单纯的国际性武装冲突并不多见，但非国际性武装冲突增加，国际性和非国际性混合的武装冲突则更多；在许多武装冲突中，交战方不止两个，而是可能涉及多个国家和武装团体，最典型的是2011年爆发并绵延至今的叙利亚战争。（2）武装冲突日益城市化，与以往武装冲突主要发生在人口稀少的空

---

[1] Wars in the Wold, "List of orgoing Conflicts", https://www.warsintheworld.com/?page=static1258254223.

旷地带不同，如今的武装冲突越来越多地发生在人口密集地区如城市中，造成了更多的人道灾难，而且带来了诸如在人口密集地区使用爆炸性武器和武装冲突有意无意造成文化财产的损害等法律问题。（3）所谓的"反恐战争"或反恐行动大量增加并带来大量的法律问题："反恐战争"或反恐行动是仅需适用国际人权法的治安或执法行动，还是需要同时适用国际人权法和国际人道法的武装冲突（而且两者的关系如何）；一国在另一国执行反恐行动时的法律框架；若反恐行动构成武装冲突，如何区分战斗员或平民等。

三　新技术与武装冲突

人类历史上，新的技术总是被首先用于军事目的。突飞猛进的技术被用于军事目的带来了新的作战方法和手段，目前最突出的是网络战和自主武器系统的使用。既存国际人道法原则和规则是否足以规制、如何规制这些作战方法和手段，成为国际人道法领域和国际人道法研究中的紧迫任务。

四　中国的形势和需要

中国已经40多年没有发生大规模武装冲突，30多年没有发生任何武装冲突，但是，中国仍需关注国际人道法的变化和发展，加强国际人道法的研究能力。

首先，中国倡导构建人类命运共同体。在人类命运共同体中，全人类休戚与共，命运紧密相连，任何国家和民族都不能因为本国、本民族没有发生或卷入武装冲突，就对世界其他地方发生的武装冲突置若罔闻。因此，为了推动构建人类命运共同体，中国需要更多地关注世界各地发生的武装冲突以及与其紧密相关的国际人道法领域和研究，"促进全球治理体系变革""为世界和平与发展作出新的重大贡献"。

其次，中国的国家实力包括军事实力不断增强，"国际影响力、感召力、塑造力进一步提高"。中国在国际人道法领域的话语权和影响力与中国的国际地位和军事实力并不相称。中国作为一个负责任的大国，理应在包括国际人道法在内的诸多国际法领域进一步提升自己的话语权和影响力，而加强对这些学科的研究，将构成重要的准备和协助。

再次，中国虽然承平日久，但需居安思危。"世界面临的不稳定性不确定性突出"，不能排除中国在可预见的将来发生或卷入武装冲突的可能性。一旦发生这种情况，在合法合规地完成作战任务、达成军事目标的同时，在"外交战""法律战"中赢得先机、不授人以口实同样重要，而这要以非常专业和发达的国际人道法研究为基础和支撑。即使中国本身不发生或卷入武装冲突，中国派驻联合国各项维和行动的部队和人员也可能被迫卷入武装冲突。① 除了过硬的政治素质和严明的军事纪律外，充分了解和把握国际人道法也将是中国维和部队和人员在复杂的国际政治和舆论环境中圆满完成任务的重要保障。

最后，"一带一路"建设需要多方面的综合性法律保障，而国际人道法是一个几乎被完全忽视的方面。然而，在"一带一路"倡议涉及的许多国家中，正在发生或有可能发生武装冲突，这会给中国的投资以及与东道国的合作带来许多问题和挑战。因此，在研究"一带一路"建设的法律保障时，需要纳入国际人道法的视角和前瞻性的研究准备。

第三节　国际人道法研究的未来发展

一　国际人道法研究现状

自改革开放以后恢复国际法教学与科研以来，国际人道法就一直是国际法学中的一个领域，② 并取得了丰硕的成果。目前，中国从事国际人道法研究和教学工作的人员，主要分布在各个普通院校和科研机构的国际法学科和军事法学科，以及军事院校和科研机构的相关学科。

在承认中国国际人道法学科所取得成就的同时，也需要面对这一学科的不足——有些是学科自身的原因，有些则是外部情况造成的。总体而言，在与国内法各学科相比已经属于"冷门"的国际法学科中，国

---

① 中国军队参加联合国维和行动的情况见国务院新闻办公室《中国军队参加联合国维和行动30年》白皮书，http：//www.gov.cn/zhengce/2020-09/18/content_5544398.htm。
② 例如，改革开放后出版的中国第一本国际法教材中，就有关于国际人道法的专门一章。王铁崖主编：《国际法》，法律出版社1981年版。但该章的标题为"战争法"。此后的国际法教材都惯常地包括有关国际人道法的一章。

际人道法学科也属于不受重视、不够发达的学科。具体来说，国际人道法学科的研究人员较少，特别是相对于中国的人口规模、国家实力和国际地位而言。国际人道法学科的成果也较少，在主流法学期刊上发表的机会很少，在国际上也几乎没有影响力。国际人权法学科对于国际人道法领域中的几乎所有主要和热点问题都有研究，但除了极少数问题外，没有形成规模效应。国际人道法学科的研究者，至少是普通院校和科研机构的研究者，极少有机会参与国际人道法领域的实践。

二 重点研究问题

针对上述与国际人道法有关世界和中国的形势和需要，可以提出如下问题，作为今后中国国际人道法学科的研究方向指引。这些建议并不旨在提出国际人道法学的全部研究范围，也不涉及与武装冲突紧密相关的使用武力的合法性问题。

（一）新技术

新技术用于武装冲突会给国际人道法带来许多挑战。目前的热点有两个，一个是"网络战"，另一个是自主武器。

就自主武器特别是致命性自主武器，最具代表性的是投入实战仅仅20年但发展迅猛的无人机武器系统。这些武器引起的法律问题受到国际法律界的高度关注。2018年，《禁止或限制使用某些可被认为具有过分伤害力或滥杀滥伤作用的常规武器公约》缔约方建立的"与致命性自主武器系统领域新技术有关的政府专家组"提出了10项"可能的指导原则"，并指出就规范和调整这些武器的制度，存在四类备选办法。[①]基于这些原则和办法，中国国际人道法学科应继续重点关注、深化研究的问题有：自主武器与国际人道法中的区分原则、比例原则、预防原则和"马顿斯条款"的关系；自主武器系统特别是具备人工智能的自主武器系统的法律地位问题；自主武器及其使用者违反国际人道法的归责和追责问题；现行国际人道法是否足以规制自主武器，若不能，如何应对的问题。

---

① 《禁止或限制使用某些可被认为具有过分伤害力或滥杀滥伤作用的常规武器公约》缔约方政府专家小组：《致命性自主武器系统领域新技术问题政府专家组2018年会议的报告》，CCW/GGE. 1/2018/3（23 October 2018）。

(二) 打击恐怖主义

进入21世纪以后，无论是对于整个世界还是中国，打击恐怖主义都成为一项重要而迫切的任务。目前需要研究的问题是，若使用武力打击恐怖主义，其何时仅为治安行动，在什么情况下又将构成需要适用国际人道法的武装冲突。若使用武力打击恐怖主义构成武装冲突，其与传统的国际性或非国际性武装冲突的异同如何，对国际人道法提出了什么样的挑战。鉴于中国《反恐怖主义法》第71条已经规定，中国有可能在与有关国家达成协议的情况下，派遣中国人民解放军、中国人民武装警察部队出境执行反恐怖主义任务，因此，更加深入细致地研究反恐与国际人道法的关系，是一个具有极大现实性和一定紧迫性的问题。

(三)"一带一路"建设

中国正在积极稳步推进"一带一路"建设。需要认识到，在"一带一路"沿线的许多国家和地区，都存在或可能发生武装冲突，因此在"一带一路"建设的法律保障中，国际人道法是一个不可忽视的方面。

在这一方面，特别需要注意与私营军事安保公司有关的国际人道法问题。随着"一带一路"建设不断推进，中国海外安保服务的需求不断增加，而无论是使用外国私营军事安保公司提供安保服务，还是建设中国自己的安保公司在海外为中国公司提供安保服务，甚至长远来讲，在国际安保服务市场上占据份额，都涉及大量的法律问题，包括国际人道法问题，需要中国国际人道法学科继续深入关注。同时，对于国内有关私营军事安保公司的立法工作，也需要加强国际人道法视角的研究。另外，在私营军事安保公司方面，还需要特别关注联合国"以雇佣军为手段侵犯人权并阻挠行使民族自决权问题工作组"[①] 的相关研究，特别是其工作组起草的《供人权理事会审议和采取行动的一份可能的私营军事和保安公司公约草案》[②] 的进展情况，以及在瑞士政府和红十字国际委员会主持下制定的《武装冲突期间各国关于私营军事和安保服务公司

[①] 该工作组工作情况的概览见，United Nations, *Mercenarism and Private Military and Security Companies*, United Nation, HRC/NONE/2018/40 (2018)。

[②] 联合国人权理事会：《以雇佣军为手段侵犯人权并阻挠行使民族自决权问题工作组的报告》，UN Doc. A/HRC/15/25 (2010)，附件。

营业的相关国际法律义务和良好惯例的蒙特勒文件》①的实施情况,以便积极参与有关私营军事安保公司的国际法律规范体系的建设过程,增强中国对这一问题和领域的话语权和影响力。

(四) 某些中国未批准的国际人道法条约

基于各种考虑,中国并没有批准或加入若干国际人道法条约,其中最突出的是有关禁止某些类型武器的条约,如1997年通过、1999年生效的《关于禁止使用、储存、生产和转让杀伤人员地雷及销毁此种地雷的公约》,2008年通过、2010年生效的《集束弹药公约》,以及2017年通过、2021年生效的《禁止核武器条约》。中国作为这些条约的非缔约国(美国和俄罗斯联邦也不是缔约国),并不受其法律约束。然而,这些条约生效和有大量国家接受,会影响相关国际人道法规则和制度的发展,给中国带来一定的政治和法律压力。中国国际人道法学科继续深入研究这些条约,无论对于应对其给中国造成的法律压力,还是为中国将来可能批准这些条约做理论准备,都有重大的价值和意义。

(五) 海上武装冲突

无论是为了维护海洋的和海上利益,还是为了保护领土和主权完整,中国在海上使用武力的可能性都始终存在。从国际法特别是国际人道法角度继续深入研究海上使用武力、海上武装冲突的法律问题,包括更细致地研究不是法律文书但影响巨大的1994年关于适用于海上武装冲突的国际法的《圣雷莫海战法手册》,将具有极大的现实意义。从国际人道视角研究海上使用武力、海上武装冲突问题时,还需要特别注意与国际海洋视角的交叉研究。另外,也需要从国际法角度,关注国内立法(如《海警法》)中有关海上使用武力的问题,其中国际人道法也是一个必要的视角。

(六) 军事法研究

军事法领域与国际人道法领域具有紧密联系,在军事法研究中,国际人道法也应该是一个重要的部分和视角。中国《国防法》第67条规定:"中华人民共和国在对外军事关系中遵守同外国缔结或者加入、接受的有关条约和协定。"党中央也已经明确提出要"依法治军",军事

---

① 联合国以其文件形式发布:UN Doc. A/63/46 – S/2008/636 (2008)。

法制建设是其中的一个重要方面。在《国防法》的实施过程和军事法制建设中，如何考虑和吸收中国所接受的国际人道法条约和习惯规则，将其转化为中国军事法律制度的有机组成部分，是一个重要的研究领域。

军事法律领域中，还需要加强对外国军事法律制度的研究，包括其中有关国际人道法的内容。客观来讲，世界其他军事大国在这一方面的做法更有体系，更为成熟，例如美国国防部就于 2015 年发布了总长近 1200 页的《战争法手册》，为其军队负责实施战争法和执行军事行动的人员提供战争法的信息和指导。① 中国国际人道法学科需要加强对外国军事法律制度中有关国际人道法的内容的研究。在这一方面，由圣雷莫国际人道法学院组织编纂的 2006 年《非国际性武装冲突法手册》和 2009 年《交战规则手册》也有重要的参考意义，需要继续予以深入研究。

（七）其他问题

在国际人道法领域，中国国际人道法学科关注较少但值得研究的问题还有城市战的法律问题、特别是在人口密集地区使用爆炸性武器的法律问题，② 国际人道法与环境保护问题，③ 如何加强国际人道法的遵守机制问题，④ 以及因为新冠肺炎疫情而凸显的国际人道法与国际卫生法的关系等。在此方面，红十字国际委员会 2019 年版的《国际人道法及其在当代武装冲突中面临的挑战》⑤ 所列出的六大类问题，可以作为中国国际人道法学科的重点关注对象。

---

① The United States Department of Defense, *Law of War Manual*, 2015, https://dod.defense.gov/Portals/1/Documents/law_war_manual15.pdf.

② 可参见，International Committee of the Red Cross, "War in cities", (2016) 901 *International Review of the Red Cross*。

③ 可参见，International Committee of the Red Cross, *Guidelines on Protection of Natural Environment in Armed Conflict*, Geneva, 2020, https://www.icrc.org/en/document/guidelines-protection-natural-environment-armed-conflict-rules-and-recommendations-relating。

④ 可参见，International Committee of the Red Cross, "Strengthening compliance with international humanitarian law: The work of the ICRC and the Swiss government (2012–2015)", https://www.icrc.org/en/document/strengthening-compliance-international-humanitarian-law-ihl-work-icrc-and-swiss-government。

⑤ International Committee of the Red Cross, *International Humanitarian Law and the Challenges of Contemporary Armed Conflicts-Recommitting To Protection In Armed Conflict On The 70th Anniversary Of The Geneva Conventions*, Geneva, 2020, https://shop.icrc.org/international-humanitarian-law-and-the-challenges-of-contemporary-armed-conflicts-recommitting-to-protection-in-armed-conflict-on-the-70th-anniversary-of-the-geneva-conventions-pdf-ar-1.

参考文献

一 中文专著

白桂梅主编:《国际法》,北京大学出版社 2015 年版。
陈德恭:《现代海洋法》,海洋出版社 2009 年版。
程晓霞:《国际法的理论问题》,天津教育出版社 1986 年版。
戴瑞君:《国际条约在中国法律体系中的地位》,中国社会科学出版社 2020 年版。
邓正来编:《王铁崖文选》,中国政法大学出版社 2003 年版。
段洁龙主编:《中国国际法实践与案例》,法律出版社 2011 年版。
端木正主编:《国际法》(第二版),北京大学出版社 1997 年版。
高之国等:《国际海洋法论文集》,海洋出版社 2006 年版。
龚刃韧:《国家豁免问题的比较研究》,北京大学出版社 2005 年版。
国际公法学编写组:《国际公法学》(第二版),高等教育出版社 2018 年版。
韩燕煦:《条约解释的要素与结构》,北京大学出版社 2015 年版。
何志鹏:《国际法哲学导论》,社会科学文献出版社 2013 年版。
黄惠康:《中国特色大国外交与国际法》,法律出版社 2019 年版。
贾兵兵:《国际公法:理论与实践》,清华大学出版社 2009 年版。
贾兵兵:《国际公法:和平时期的解释与适用》,清华大学出版社 2015 年版。
李浩培:《条约法概论》,法律出版社 2003 年版。
李浩培:《国际法的概念和渊源》,贵州人民出版社 1994 年版。
梁西著、杨泽伟修订:《梁著国际组织法》(第六版),武汉大学出版社 2011 年版。

柳华文：《〈联合国禁止贩运人口议定书〉》，社会科学文献出版社 2011 年版。
慕亚平、周建海、吴慧：《当代国际法论》，法律出版社 1998 年版。
饶戈平：《全球化进程中的国际组织》，北京大学出版社 2004 年版。
万鄂湘主编：《国际法与国内法的关系研究——以国际法在国内的适用为视角》，北京大学出版社 2012 年版。
王铁崖：《国际法》，法律出版社 1995 年版。
王铁崖：《国际法引论》，北京大学出版社 1998 年版。
王勇：《完善我国条约保留制度研究》，法律出版社 2014 年版。
吴慧：《国际海洋法法庭研究》，海洋出版社 2002 年版。
徐宏主编：《国家豁免国内立法和国际法律文件汇编》，知识产权出版社 2019 年版。
银红武：《条约退出权研究》，法律出版社 2014 年版。
余民才：《国际法的当代实践》，中国人民大学出版社 2011 年版。
张海文等主编：《联合国海洋法公约释义集》，海洋出版社 2006 年版。
张乃根：《条约解释的国际法》，上海人民出版社 2019 年版。
赵建文：《国际法新论》，法律出版社 2000 年版。
中国国际法学会：《南海仲裁案裁决之批判》，外文出版社 2018 年版。
中国国际法学会：《中国国际法年刊（2018）》，法律出版社 2019 年版。
中华人民共和国外交部条约法律司编著：《中国国际法实践案例选编》，世界知识出版社 2018 年版。
中华人民共和国外交部政策规划司主编：《中国外交（2020 年版）》，世界知识出版社 2020 年版。
周鲠生：《国际法》（上册），商务印书馆 1976 年版。
周鲠生著、周莉勘校：《国际法大纲》，中国方正出版社 2004 年版。
朱晓青主编：《国际法学》，中国社会科学出版社 2012 年版。
朱文奇：《现代国际刑法》，商务印书馆 2015 年版。
朱晓青、黄列主编：《国际条约与国内法的关系》，世界知识出版社 2000 年版。
朱晓青主编：《国际法学》，中国社会出版社 2012 年版。

二 中文译著

[英] 阿库斯特:《现代国际法概论》,中国社会科学出版社 1981 年版。

[美] 阿瑟·冯迈伦:《国际私法中的管辖权之比较研究》,李晶译,黄进校,法律出版社 2015 年版。

[英] 安德鲁·克利彭:《布赖尔利万国公法》(第 7 版),朱利江译,中国政法大学出版社 2018 年版。

[意] 安东尼·奥卡塞斯:《国际法》,蔡从燕等译,法律出版社 2009 年版。

[美] 汉斯·凯尔森著,王铁崖译:《国际法原理》,华夏出版社 1989 年版。

[美] 劳伦斯·O. 戈斯廷:《全球卫生法》,翟宏丽、张立新主译,中国政法大学出版社 2016 年版。

[韩] 柳炳华:《国际法》(上卷),朴国哲、朴永姬译,中国政法大学出版社 1995 年版。

[美] 路易斯·亨金:《国际法:政治与价值》,张乃根等译,中国政法大学出版社 2004 年版。

[英] 马尔科姆·N. 肖:《国际法(第六版)(上)》,白桂梅、高健军、李永胜、梁晓晖译,北京大学出版社 2011 年版。

[英] 蒂莫西·希利尔:《国际公法原理》(第二版),曲波译,中国人民大学出版社 2006 年版。

[英] 伊恩·布朗利:《国际公法原理》,曾令良、余敏友等译,法律出版社 2007 年版。

[英] 詹宁斯、瓦茨修订:《奥本海国际法》(第一卷,第一分册),王铁崖、陈公绰、汤宗舜等译,中国大百科全书出版社 1995 年版。

三 中文期刊

蔡从燕:《国际法上的大国问题》,《法学研究》2012 年第 6 期。

蔡从燕:《国家的"离开""回归"与国际法的未来》,《国际法研究》2018 年第 4 期。

韩德培、李双元:《应该重视对冲突法的研究》,《武汉大学学报》(社会科学版）1983 年第 6 期。

何田田：《〈国际卫生条例〉下的"国际关注的突发公共卫生事件"：规范分析、实施困境与治理路径》，《国际法研究》2020 年第 4 期。

禾木：《在战争与和平之间——格劳秀斯战争法思想述评》，《国际法研究》2014 年第 4 期。

何志鹏：《人的回归：个人国际法上地位之审视》，《法学评论》2006 年第 3 期。

何志鹏：《中国国际法教学提升的"道"与"术"》，《中国大学教学》2017 年第 4 期。

罗欢欣：《国际法上的领土权利来源：理论内涵与基本类型》，《环球法律评论》2015 年第 4 期。

黄风：《关于建立我国引渡制度的几个问题》，《中国政法大学学报》1988 年第 2 期。

黄惠康：《论习近平法治思想关于国际法治系列重要论述的实践逻辑、历史逻辑和理论逻辑》，《国际法研究》2021 年第 1 期。

李庆明：《论美国域外管辖：概念、实践及中国因应》，《国际法研究》2019 年第 3 期。

柳华文：《论习近平法治思想中的国际法要义》，《比较法研究》2021 年第 1 期。

柳华文：《推动构建人类命运共同体：法律化及其落实》，《厦门大学学报》（哲学社会科学版）2019 年第 6 期。

彭岳：《美国金融监管法律域外管辖的扩张及其国际法限度》，《环球法律评论》2015 年第 6 期。

饶戈平：《本体、对象与范围——国际组织法学科基本问题之探讨》，《国际法研究》2016 年第 1 期。

石佳友、刘连炻：《美国扩大美元交易域外管辖对中国的挑战及其应对》，《上海大学学报》（社会科学版）2018 年第 4 期。

王晓晔、吴倩兰：《国际卡特尔与我国反垄断法的域外适用》，《比较法研究》2017 年第 3 期。

易显河：《普遍管辖权的概念、逻辑和现状》，易显书译，《国际法学刊》2019 年第 1 期。

张晏瑲:《国际渔业法律制度的演进与发展》,《国际法研究》2015 年第 5 期。

曾令良:《现代国际法的人本化发展趋势》,《中国社会科学》2007 年第 1 期。

朱晓青:《新中国国际法治 70 年》,载高培勇主编《新中国法治建设 70 年》,中国社会科学出版社 2019 年版。

四 英文专著

Anthea Roberts, *Is International Law International?* (Oxford University Press, 2017).

Anthony Aust, *Modern Treaty Law and Practice* (Cambridge University Press, 3rd edn., 2013).

A. Whiting, *Cassese's International Criminal Law* (Oxford: Oxford University Press, 3rd edn., 2013)

Danielle Ireland-Piper, *Accountability in Extraterritoriality, a Comparative and International Law Perspective* (Cheltenham: Edward Elgar Publishing, 2017).

Dempsey, P. D., *Public International Air Law* (Montreal, McGill University, 2017).

Ernest K. Bankas, *The state immunity controversy in international law: private suits against sovereign states in domestic courts* (Springer, 2005).

Gian LucaBurci & Brigit Toebes, *Research Handbook on Global Health Law* (Edward Elgar, 2018).

Hugh Thirlway, *The Sources of International Law* (Oxford University Press, 2019).

James Crawford, *The International Law Commission's Articles on State Responsibility (Introduction, Text and Commentaries)* (Cambridge University Press, 2002).

James Crawford, *State Responsibility: The General Part* (Cambridge University Press, 2013).

James Crawford, *Brownlie's Principles of Public International Law* (Oxford:

Oxford University Press, 8th edn., 2012).

James Crawford et al. (eds.), *The Cambridge Companion to International Law* (Cambridge University Press, 2012).

Jean-MarieHenckaerts and Louise Doswald-Beck (eds.), *Customary International Humanitarian Law* (Cambridge University Press, 2005).

Malcolm N. Shaw, *International Law* (Cambridge: Cambridge University Press, 7th edn., 2014).

Michael Schmitt (eds.), *Tallinn Manual 2.0 on the International Law Applicable to Cyber Warfare* (Cambridge University Press, 2017).

Nijman, Janne, and Andre Nollkaemper, (eds.), *New Perspectives on the Divide Between National and International Law* (Oxford University Press, 2007).

OliverDörr and Kirsten Schmalenbach (eds.), *Vienna Convention on the Law of Treaties: A Commentary* (Springer, 2018).

Shelton, Dinah (ed.), *International Law and Domestic Legal Systems: Incorporation, Transformation, and Persuasion* (Oxford University Press, 2011).

Surya P. Sharma: *Territorial Acquisition, Disputes and International Law* (Kluwer Law International, 1997).

Theodor Meron, *The Humanization of International Law* (Martinus Nijhoff Publishers, 2006).

Tom Ruys, Nicolas Angelet and Luca Ferro (eds.), *The Cambridge Handbook of Immunities and International Law* (Cambridge University Press, 2019).

五　英文期刊

Blaine Sloan, "General Assembly Resolution Revisited (Forty Years Later)", (1987) 58 *British Yearbook of International Law* 39.

David J Gerber, "Beyond Balancing: International Law Restraints on the Reach of National Laws", (1984) 10 *Yale Journal of International Law* 185.

Harvard Law School Research in International Law, "Draft Convention on Jurisdiction with Respect to Crime", (1935) 29 *The American Journal of International Law* 439.

Michael Akehurst, "Jurisdiction in International Law", (1972 – 1973) 46 *British Yearbook of International Law* 145.

M. J. Hodaa, "The Aérospatiale Dilemma: Why U. S. Courts Ignore Blocking Statutes and What Foreign States Can Do about It", (2018) 106 *California Law Review* 231.

Ralf Michaels, "Two Paradigms of Jurisdiction", (2006) 27 *Michigan Journal of International Law* 1003.

后 记

为深入学习贯彻习近平新时代中国特色社会主义思想，特别是学习贯彻习近平法治思想和习近平外交思想，努力落实党中央和中国社会科学院以马克思主义为指导、不断推进中国特色哲学社会科学学科体系、学术体系、话语体系建设的要求，在中国社会科学院国际法研究所前所长、现法学研究所所长莫纪宏研究员2019年的提议、领导下，2021年以来在主持国际法研究所工作的法学所国际法所联合党委书记陈国平教授的进一步指导和支持下，我们国际法研究所中青年学者联合撰写了这本《国际法研究导论》。

建立和发展中国特色的国际法理论体系，繁荣中国国际法学，为中国大国外交、法律外交服务，为中国改革开放、全方位对外交往做出应有的贡献，不断促进"一带一路"建设，积极推动构建人类命运共同体，这是中国国际法学界共同的愿望和目标。近年来，党和国家对国际法研究和运用的重视前所未有，中国国际法研究和实践正在不断加强，中国国际法研究迎来了加快发展的良好时机。本书争取反映新近中国国际法研究的基本范畴和内容、重点领域和方向，努力反映与中国当下和未来发展相关的理论观点和实践信息，致力于对国际法研究的推进提供一定程度的指引和帮助。

本书由我牵头主编，由国际法研究所科研人员合作完成，全书共有24章：

第一章"绪论"和第二章"国际法的性质与国际法的发展"（柳华文）；第三章"国际法的渊源"（何田田）；第四章"国际法与国内法的关系"（戴瑞君）；第五章"国际法基本原则"（马金星）；第六章"国

际责任问题"（郝鲁怡）；第七章"国家管辖权、国家豁免"（李庆明）；第八章"国际法主体"（李将）；第九章"国际法上的领土"（罗欢欣）；第十章"南极、北极治理国际法问题"（马金星）；第十一章"国际法上的个人"（郝鲁怡）；第十二章"条约法"（戴瑞君）；第十三章"国际人权法"（孙世彦）；第十四章"国际海洋法"（何田田、王翰灵）；第十五章"国际组织法"（李赞）；第十六章"国际环境法"（何晶晶、马金星）；第十七章"国际卫生法"（何田田）；第十八章"国际劳动法"（李西霞）；第十九章"国际航空法"（张卫华）；第二十章"外层空间法"（张卫华）；第二十一章"外交和领事关系法"（李赞）；第二十二章"国际刑法"（何田田）；第二十三章"和平解决国际争端机制"（蒋小红）；第二十四章"国际人道法"（孙世彦）。

国际法学的框架和内容历史积累时间长，动态发展变化快，囿于主客观条件、作者和编者的能力和水平，实现本书撰写和出版的初衷和目的殊非容易。我们既有推动工作的热忱，又有开展学术阐释、科研总结和指引工作的惶恐。书中的疏漏和不足在所难免，希望各界同仁不吝指正和赐教。大家共同支持和推动中国国际法研究，通过加强国际法研究和运用，为统筹推进国内法治和涉外法治的发展做出贡献。

衷心感谢主持国际法所所务工作的、法学所国际法所联合党委书记陈国平教授和国际法所前所长，现法学所所长、中国社会科学院大学法学院院长莫纪宏研究员。他们作为领导，给予了方方面面的指导和支持。感谢国际法所孙世彦研究员的大力协助，感谢国际法所何田田副研究员、谭观福博士承担了大量的编务、协调工作。特别感谢中国社会科学出版社长期以来对法学所、国际法所科研出版工作的大力支持，特别是王茵副总编辑的无私帮助。感谢出版社所有其他以各种方式帮助本书出版令人尊敬的老师们！

2021年11月，在本书出版的最后阶段，为了参加为期四周的联合国禁止酷刑委员会第72届会议，在外交部和我院以及本单位领导和同事们的大力支持下，我在抗击新冠肺炎疫情的特殊背景下"逆行"来到瑞士日内瓦，既保证了该委员会全员现场开会的成功，又积极发挥了来自中国的委员的作用。参会期间，我更深感作为学者加强国际法研究和运用的重任和使命。

众人拾柴火焰高。希望更多的人关注、参与和推动中国国际法研究。

中国社会科学院国际法研究所副所长　柳华文

2021年11月27日于日内瓦